JEAN VANIER

In Gemeinschaft leben

Meine Erfahrungen

R. BROCKHAUS VERLAG WUPPERTAL

BUNDES-VERLAG WITTEN

Die Edition AUF:ATMEN
erscheint in Zusammenarbeit
zwischen dem R. Brockhaus Verlag Wuppertal
und dem Bundes-Verlag Witten
Herausgeber: Ulrich Eggers

Titel der französischen Originalausgabe:
„La communauté - lieu du pardon et de la fête“
Nouvelle édition 1989
Editions Fleurus, Paris

Deutsch von Michael Marsch

Vom Autor autorisierte geringfügig bearbeitete Lizenzausgabe

R. Brockhaus Verlag Wuppertal / Bundes-Verlag Witten 1999
Umschlag: Dietmar Reichert, Dormagen
Gesamtherstellung: Breklumer Druckerei Manfred Siegel KG
ISBN 3-417-24412-9 (R. Brockhaus V.)
ISBN 3-933660-07-6 (Bundes-Verlag)

Bestell-Nr. 224 412 (R. Brockhaus V.)
Bestell-Nr. 208 807 (Bundes Verlag)

Inhalt

Für Pater Thomas Philippe
(1905–1993),
dem ich die ersten Schritte
in das Gemeinschaftsleben verdanke

Vorwort zur deutschen Ausgabe

von Henri J. M. Nouwen

Lebhaft erinnere ich mich an meine erste Begegnung mit Jean Vanier. Es war Pfingsten in Chicago. Jean hielt mit einer Gruppe von Assistenten der Arche Einkehrtage, Tage der Stille. Außer einigen geistlichen Anregungen wurden nur wenige Worte gesprochen.

Jean hatte mich angerufen: „Komm, bleib für ein paar Tage mit uns zusammen", sagte er, „dann können wir zusammen beten." Als ich ihn zum erstenmal sah, war ich beeindruckt von seiner großen, leicht gebeugten Gestalt, seinem länglichen Gesicht, seiner großen Nase und seinen liebevollen Augen. Er sprach mit sanfter, aber fester Stimme. In seinen Worten lag eine ruhige Autorität, nicht die Spur einer Neigung, von oben herab zu sehen und zu urteilen. Er sagte: „Wir sind sehr froh, daß du gekommen bist, um mit uns in der Stille zu beten ... Vielleicht können wir dir ein Zuhause geben." Was er sagte, berührte mich im Innersten. Stille und ein Zuhause, diese beiden Worte trafen den Kern meines geistlichen Suchens.

Heute, mehr als zehn Jahre nach dieser ersten Begegnung, kann ich mit großer Überzeugung sagen, daß Stille und ein Zuhause, Alleinsein und Gemeinsamsein, Intimität mit Gott und Solidarität mit Menschen die Grundlage von Jean Vaniers Vision sind. Auf dieser Grundlage baute er die „Arche", ein weltweites Netzwerk von Gemeinschaften, wo Menschen mit einer geistigen Behinderung und ihre Betreuer und Betreuerinnen einander ein Zuhause geben.

Dieses Buch „In Gemeinschaft leben", ist der geistliche Wegweiser Jean Vaniers. Keine theoretische Abhandlung über das Gemeinschaftsleben, sondern Ausdruck von fünfundzwanzig Jahren gelebter Erfahrung. Was hier geschrieben vorliegt, ist die Frucht der vielen Freuden und Leiden, die zu einem gemeinsam verbrachten Leben gehören. Viele Angehörige der „Arche" haben daran Anteil durch ihre Erlebnisse und Beobachtungen.

Dies ist kein Buch der Gefühle. Im Gegenteil, ein Buch vom täglichen Kampf, gut miteinander umzugehen, mit einem Herzen, das in Gott verwurzelt bleibt und das sich den anderen hinhält, besonders den Armen. Es verschweigt nicht die Enttäuschungen, die Brüche, die Gefühle der Ablehnung und des Verrats, die Ängste und Qualen, die zum Leben in Gemeinschaft dazugehören. Es hält aber auch die erfreulichen Überraschungen nicht zurück und spricht von Empfindungen der Intimität und selbst von Augenblicken der Ekstase, die sich in der Gemeinschaft ereignen können.

„In Gemeinschaft leben" ist voll Weisheit, geprüft und geläutert durch viele Jahre eines Lebens in Treue. Obwohl Jean Vanier selbst den Text schrieb, haben jene, die jahrelang mit ihm in Gemeinschaft lebten, ihm dazu verholfen, die richtigen Worte zu finden. Sie sprechen nicht nur die Leute der Arche an, sondern alle, die ernsthaft nach einem geistlichen Leben Ausschau halten, in dem Stille und Zuhausesein zusammengehören.

Höchst bemerkenswert an diesem Buch ist sein weiter Horizont. Es umgreift alle Unterschiede der Religion, Kultur, Volkszugehörigkeit, des Alters und persönlichen Lebenshintergrundes. Es spricht zu Männern und Frauen in ganz verschiedenen Umständen. Es ist offen für viele Wege, Mensch zu sein. Aber es ist auch ein Buch mit einem sehr klaren Brennpunkt. Die Armen, die Kleinen, jene durch unsere Gesellschaft an den Rand Gedrängten, stehen in der Mitte. *Sie* rufen zu Einsamkeit und Gemeinsamkeit. *Sie* sind es, die uns die Wege der Liebe lehren. Weit im Horizont und klar im Brennpunkt: Das ist das Charakteristische an diesem Weisheitsbuch.

Jeans große innere Freiheit, erworben durch lebenslanges Gebet, ermöglicht ihm, Gemeinschaft zu bilden, wohin er kommt. All die Jahre hindurch brachte er mir bei, daß Gemeinschaftlichkeit – vor allem anderen – eine Qualität des menschlichen Herzens ist. Sie wird dort offenbar, wo Menschen sich berufen wissen, einander zu vergeben und zu lieben. Das ist die große Herausforderung dieses Buches: diese innere Qualität des Herzens zu entwickeln und zu pflegen. In unserer Zeit mit so viel menschlicher Gebrochenheit, mit so vielen Trennungen und Spaltungen unter den Menschen ist dieses Buch eine reiche Quelle für alle, die das tiefste Verlangen des menschlichen Herzens zu verwirklichen suchen, das Verlangen, dazuzugehören.

Vorwort des Verfassers zur Neuausgabe 1993

Hiermit liegt die Neuausgabe des Buches „Gemeinschaft, Ort der Versöhnung und des Festes“ vor, das ich vor zehn Jahren schrieb. Wenn auch der wesentliche Kern gewahrt blieb, wurde es doch völlig überarbeitet und ergänzt.

Während dieser zehn Jahre habe ich über das Leben in Gemeinschaft viel dazugelernt, sowohl durch die Fehler, die ich selbst begangen habe, als auch durch die Entwicklung unserer Gemeinschaften. Einige haben außergewöhnliche Leiden und Schwierigkeiten durchmachen müssen und sind fast untergegangen. Zwei mußten aus verschiedenen Gründen geschlossen werden. Die dort lebenden Menschen mit einer geistigen Behinderung sind von anderen Gemeinschaften der Arche aufgenommen worden. Alle unsere Gemeinschaften haben Zeiten der Krise und des Wachstums durchlebt. Einige Assistenten haben Wurzeln geschlagen und sind zu Quellen neuen Lebens geworden. Andere sind gegangen, zum Teil weil sie unzufrieden waren, zum Teil weil sie sich gewandelt haben und die Liebe, den Geist und die Gaben, die sie in der Arche empfingen, weitertragen wollten. Und natürlich habe ich vieles von anderen neuen Gemeinschaften gelernt, vor allem von den Gemeinschaften *„Glaube und Licht“*[1], mit denen ich seit ihrer Gründung im Jahre 1971 verbunden bin.

Als ich 1964 mit der Arche begann, war ich noch reich-

[1] *„Glaube und Licht“* ist ein Zusammenschluß von Gemeinschaften, deren Glieder sich regelmäßig zu Feier und Gebet zusammenfinden. Diese Gemeinschaften setzen sich zusammen aus Eltern mit geistig behinderten Kindern und deren Freunden. Vgl. die Adreßhinweise am Ende des Buches.

lich idealistisch. Ich meinte, man könnte eine Gemeinschaft einfach so beginnen – ohne viel Hilfe von außen. Ich ermutigte die Menschen anzufangen, und sie taten es. Sehr bald jedoch stießen sie auf erhebliche Schwierigkeiten. Ich habe die Arche mit Pater Thomas Philippe, einem Dominikaner, begonnen, die anderen Gründer von Gemeinschaften aber waren zumeist allein. Sicher hätten sie von meiner Seite mehr Hilfe gebraucht, ich hätte viel verfügbarer sein müssen. Während der letzten zehn Jahre habe ich feststellen können, wie sehr die Verantwortlichen der Gemeinschaften der Unterstützung bedürfen, wie sehr man sie begleiten und ermutigen muß, damit sie ihre Aufgabe erfüllen und ihrer Berufung treu bleiben können, und daß auch die Assistenten Hilfe brauchen, um den Übergang von einem unabhängigen Leben in der Gesellschaft zu einem verbindlichen Leben in der Gemeinschaft zu bewältigen – und wie sehr auch sie der geistlichen Begleitung bedürfen. Offenbar können sie sich viel intensiver engagieren, wenn ein Priester zur Gemeinschaft gehört. Hierauf komme ich in der Neuausgabe meines Buch ausführlicher zu sprechen.

Auch die Frage der *Sendung* der Gemeinschaft habe ich intensiver behandelt. Was darüber in den ersten beiden Kapiteln der ersten Auflage gesagt wurde, ist hier noch einmal aufgegriffen und weitergeführt worden und bildet die Grundlage für das dritte Kapitel dieser Neuausgabe. Während der letzten zehn Jahre haben sich sowohl in der „Arche“ als auch in „Glaube und Licht“ ökumenische Gemeinschaften gebildet, und zwar in England, Skandinavien, Deutschland, Nordamerika, der Schweiz und Australien. Sie haben mich viel gelehrt über Leiden und Hoffnung ökumenischer Zusammenschlüsse.

Viele Abschnitte dieser Neuausgabe meines Buches mußten also korrigiert und vervollständigt werden. Die Erfahrung des täglichen Lebens in Gemeinschaft hat mein Denken erheblich geklärt und präzisiert.

Diese Ausgabe ist im übrigen ein Gemeinschaftswerk: Auf meine Bitte haben mir viele Mitarbeiter der Arche ihre

Überlegungen und Vorschläge mitgeteilt. Ich danke allen, die vieles in diesem Buch neu zu erhellen geholfen haben.

In weiteren zehn Jahren werde ich diesem Buch sicher noch weitere Korrekturen und Gedanken hinzuzufügen haben. Jeden Tag entdecke ich etwas Neues. Vielleicht aber werden dann andere diese Ergänzungen übernehmen. Wichtig ist nur, im gemeinsamen Leben an Weisheit zu wachsen und sich niemals hinter Regeln und Klischees zu verstecken. Wachsen aber heißt, immer aufmerksamer zu hören auf Gott, den einzelnen und die Gemeinschaft, um herauszufinden, wie sie durch Krisen und Spannungen weiterwachsen können, um Früchte zu tragen und Quellen neuen Lebens zu werden.

Ich hoffe, diese Neuausgabe meines Buches wird einen besseren Beitrag dazu leisten, den Anforderungen gemeinschaftlichen Lebens gerecht zu werden, um die Frohbotschaft der Liebe auf wahrhaftigere Weise zu verkünden.

Einleitung

Früher lebten die Menschen in geschlossenen Gruppen. Man entstammte mehr oder weniger derselben Familie und hatte dieselben Wurzeln. In diesen Gruppen, etwa in der Sippe oder im Dorf, sprach man dieselbe Sprache. Man hatte dieselben Riten und Traditionen, dieselbe Lebensart. Man war derselben Herrschaft untertan, man war unter sich solidarisch. Diese Solidarität erwuchs einerseits aus den Banden von Fleisch und Blut, andererseits aber auch aus der Notwendigkeit, zusammenzuhalten etwa bei der Beschaffung lebensnotwendiger Güter oder zum Schutz gegen Feinde oder gegen Naturkatastrophen. Unter Menschen derselben Gruppe herrschte eine Einheit, die in den Tiefen des Unbewußten wurzelte.

Die Zeiten haben sich geändert. Die Gesellschaft unserer Tage ist aus dem Zerfall dieser mehr oder weniger naturbedingten Gruppierungen hervorgegangen. Wer heute mit anderen am selben Ort lebt, gehört nicht notwendig derselben Gruppe an. Unsere Städte und bald auch die Dörfer setzen sich aus Nachbarn zusammen, die einander nicht mehr kennen. Die Menschen leben in einer pluralistischen Gesellschaft. Viele Kinder entstammen interkulturellen Ehen. In den Städten gibt es keine Solidarität mehr. Jeder verbirgt sich hinter den Mauern seines Hauses. Man hat Angst vor Nachbarn und Eindringlingen. Menschliche Gemeinschaft wird nicht mehr durch die Dorfstraße oder das Stadtviertel bestimmt. Durch die alles beherrschende Mobilität entsteht eine immer intensivere Mischung der Völker, Religionen und Anschauungen.

„Heute fühlen sich Menschen von Städten angezogen, die groß und kompliziert genug sind, alle ihre materiellen

Bedürfnisse zu befriedigen. Sie ziehen es vor, eine zahlenmäßig begrenzte Familie zu haben, die diese Beweglichkeit ermöglicht. Die vorherrschende Soziologie macht uns zu Opfern dieser Strömungen und Tendenzen, als wäre das Unglück der modernen Welt unabwendbar. Aber das ist nicht wahr. Wir selbst haben den Geist der Gemeinschaft zerstört, und zwar an dem Tag, an dem wir unsere persönliche Werteskala einem echten und tiefen Geist der Gemeinsamkeit gegenübergestellt haben. Wir wollen zwar Gemeinschaft, aber mehr noch wollen wir all jene wirtschaftlichen und gesellschaftlichen Vorteile, welche die Beweglichkeit des einzelnen mit sich bringt" (*P. J. Palmer*, A place called community, Pendle Hill Publications, 7).

Der Vertrauensverlust in die Gemeinschaft und ihre herkömmlichen Werte führt die Menschen zu einem immer intensiveren Individualismus. Es ist ein ständiger Kampf um sozialen Aufstieg und Selbstzufriedenheit. Die Auswirkungen auf das Familienleben sind verheerend: Die Großfamilie existiert nicht mehr, man begnügt sich mit der Kernfamilie mit ein oder zwei Kindern, Mann und Frau arbeiten gleicherweise, um soviel Geld wie möglich zu verdienen. Erwarten Mann und Frau aber zuviel voneinander, fordern sie gegenseitig, daß der Partner all ihre gefühlsmäßigen Bedürfnisse abdeckt, so ist der Bruch vorprogrammiert. Genau das erleben wir heute immer häufiger: Familien zerbrechen, der Individualismus wird noch intensiver. Was sich daraus ergibt, ist eine erschreckende Vereinsamung. Man sucht Zerstreuung durch noch mehr Arbeit, noch mehr Verdienst, noch mehr Erfolg, noch mehr Zerstreuung – und das alles außerhalb jeder beständigen und wahrhaftigen Beziehung. Durch zuviel Zerstreuung aber gerät man in eine noch tiefere Vereinsamung, man verfällt einem Teufelskreis des Leidens und der Versuchung, dieses Leiden zu verdrängen.

Natürlich kann niemand in einer derartigen Vereinsamung leben, auch nicht in einem so intensiven Individualismus. Jeder braucht Freunde. Das Bedürfnis, einer Form von Gemeinschaft anzugehören, gehört zur Natur des Menschen – ganz gleich, ob es sich dabei um einen Freundeskreis, eine Familie, einen Klub, eine Clique, einen politischen Kreis, eine religiöse oder irgendeine andere Gruppe handelt. Sind wir isoliert, dann verkümmern wir und sterben.

Mehr noch als vor zehn Jahren, also zum Zeitpunkt der ersten Auflage dieses Buches, verlangen heute viele Menschen nach wahrhaftiger Gemeinschaft, selbst wenn sie sich vor ihren Anforderungen fürchten: nach einer Gemeinschaft, in der sie einem gemeinsamen Ideal nachleben können, in der sie gegenseitig Unterstützung und Ermutigung erfahren, in der sie von ihrer Überzeugung Zeugnis geben und für mehr Frieden und Gerechtigkeit in der Welt arbeiten können.

Zu einer Zeit, in der Familien und Stämme noch geeint lebten, waren die Menschen nicht isoliert. Sie fühlten sich in Sicherheit. Eltern und Respektspersonen aber übten oft eine zu große Autorität über die Kinder aus, anstatt in jedem ein einzigartiges Wesen zu sehen – mit der Fähigkeit, seine eigene Freiheit zu erreichen und zu bestehen. Das persönliche Gewissen war dem Kollektivgewissen unterworfen.

Heute sind die Macht der Gruppe und das Gefühl der Zugehörigkeit weitgehend verschwunden. Das Erwachen eines Bewußtseins persönlicher Freiheit aber hat zu einem intensiven Individualismus geführt. Dieser wiederum könnte durchaus zu einem tieferen Bedürfnis nach Gemeinschaft und Zugehörigkeit sowie zur Entwicklung eines persönlichen Gewissens und nicht zu dessen Unterdrükkung führen. Freilich besteht immer die Gefahr, daß daraus Formen totalitären Machtanspruchs entstehen, um die Menschen vor dem Chaos zu bewahren und ihnen Sicherheit zu geben, und damit die Identität der Gruppe zu wahren. „Ich bin zu der Meinung gekommen, daß Menschen, die keinen Gemeinschaftssinn mehr haben, verkommen und sterben. Die Gemeinschaft ist gleichzeitig die Grundlage der menschlichen Gesellschaft und der Gipfel der gegenseitigen Abhängigkeit sowie der schnellste Weg zur Einheit: Sie ist der Endpunkt unseres Weges. Parker Palmer schreibt: ‚Gemeinschaft bedeutet mehr als die Freude, zusammen zu sein. Sie bedeutet heute wie zu jeder Zeit das Überleben des Menschengeschlechtes.' Ohne die beständige und bereichernde Erfahrung gemeinschaftlichen Lebens und ohne eine bestimmte Vision ihrer künftigen Herrlichkeit, die uns hilft, immer weiter voranzuschreiten, werden wir nicht überleben" (*D. Clark*, Yes to Life, Fountain Paperbacks, London 1987, 22).

In welche Richtung wird die Menschheit sich entwikkeln? Sich dieser Frage zu stellen, ist *die* Herausforderung am Ende des 20. Jahrhunderts.

Kinder leiden an einer tiefen inneren Unsicherheit, wenn in ihrer Familie die Beziehungen gestört sind, wenn die Eltern getrennt oder geschieden sind, wenn nur noch *ein* Elternteil da ist oder wenn sie adoptiert sind. Kinder, die sich nur noch vom Fernsehen, den anderen Massenmedien und einer oberflächlichen Psychologie ernähren, verlieren jeden Sinn für die wahren Werte. Sie haben keinerlei Wurzeln mehr. Sie mögen noch so viele Gaben und Talente haben, sie werden sich nie für etwas entscheiden und ihrem Leben eine Richtung geben können. In vieler Hinsicht fühlen sie sich einfach verloren.

Die Massenmedien überschütten sie andauernd mit Nachrichten aus der ganzen Welt: Krieg, Unterdrückung, Rüstung, Hunger, Katastrophen, Ungerechtigkeit aller Art, unaufhörlicher Vormarsch von Aids. Junge Menschen wissen einfach nicht, was sie mit soviel erschreckenden und verwirrenden Nachrichten anfangen sollen. Sie fühlen sich hilflos und mitschuldig. Die Welt erscheint ihnen als ein einziges Chaos.

Die jungen Menschen der neunziger Jahre sind anders als die der sechziger oder siebziger. Damals suchten sie nach anderen Lebensformen, alternativen Gemeinschaften, einer neuen Gesellschaft. Sie meinten, sie könnten etwas tun, indem sie die bestehenden Strukturen verwerfen und das Risiko eingehen, neue zu entwerfen. Es war auch die Zeit wirtschaftlichen Aufschwungs. Heute aber wollen und können junge Menschen keine Risiken mehr eingehen. Sie fühlen sich zu verunsichert und entwurzelt, sie wissen nicht einmal mehr, was sie eigentlich wollen. Sie fühlen sich ohnmächtig und mitschuldig angesichts der Menge der Leiden und Schwierigkeiten in der Welt. Sie sehen keinerlei Möglichkeit, an einer besseren Welt zu bauen. Viele werden apathisch, fallen in Depressionen, suchen Kompensationen in Banden, Hard Rock, Drogen oder unverantwortlichen sexuellen Beziehungen. Sie versuchen verzweifelt, die Leere und die Sinnlosigkeit ihres Lebens auszufüllen. Oder aber sie streben nach Sicherheit um jeden Preis: Sie lassen sich auf die bestehenden Strukturen ein, arbeiten um der Arbeit willen und versuchen, alles andere zu vergessen. So fallen sie von einem Extrem ins andere.

Haben sie in der Ungeborgenheit einer zerbrochenen Familie gelebt oder aber in einer Familie ohne Wärme und Liebe, dann suchen sie verzweifelt nach einer Gemeinschaft, in der sie sich selbst in der Tiefe entdecken können, in der sie Werte finden können, die ihrem Leben einen Sinn und eine Struktur verleihen. Sie stehen heute vor einer ganz anderen Wahl als früher: entweder die Unsicherheit mit der ganzen Angst, die dazugehört, oder falsche Sicherheiten wie Arbeit, Macht, die Werte dieser Welt oder hermetisch abgeschlossene Sekten.

Eine echte Alternative wäre freilich die Zugehörigkeit zu einer Gemeinschaft, die ihnen ermöglicht, sich selbst zu finden, sich mehr und mehr zu öffnen und in der Liebe zu wachsen.

Ich weiß nicht, ob die Verantwortlichen in Kirche und Gesellschaft sich dieser Wandlungen bei den Jugendlichen heute genügend bewußt sind: Durch alle Angst und Einsamkeit hindurch offenbaren sie einen großen Hunger nach Zugehörigkeit.

Aber dieser Schrei ist nicht nur der Schrei der Jugend, es ist der Schrei aller Menschen. Es ist ein prophetisches Zeichen für das, was der Welt und der Kirche eigentlich fehlt.

Natürlich besteht die Gefahr, daß jene, die sich verloren fühlen, nach Gemeinschaften suchen und auch solche schaffen, die wie Sekten aussehen. Um die Angst zu überwinden, die sie gefangenhält, wollen sie etwas Absolutes: ein Vater- oder Mutterbild, das ihnen allmächtig erscheint, sichere Werte und strenge Gesetze. Sie laufen Gefahr, sich kritiklos und ohne Augenmaß entweder in die Aktion oder ins Gebet zu stürzen oder auch in die Askese – und das mit einer Radikalität, die bis zum Fanatismus reichen kann. Gemeinschaften dieser Art gelten als gefährlich wegen mangelnder Klugheit, Offenheit und Achtung vor der Freiheit des einzelnen. Das ist richtig. Aber man muß auch daran denken, wie tief das Leiden und die Unsicherheit bei manchen jungen Menschen gehen. Sie brauchen tatsächlich Gemeinschaften, die in gewisser Weise für sich leben. Es kommt nur darauf an, daß sie mit Klugheit begleitet werden. Es geht darum, ihnen zu helfen, das Ideal der Gemeinschaft mit Herz und Verstand aufzunehmen und gleichzeitig einen Sinn für die persönliche Freiheit und die Fähigkeit zur Entscheidung zu entwickeln. Sie müssen langsam, aber sicher lernen, sich mehr von Liebe leiten zu lassen als von allzu strengen äußerlichen Gesetzen. Sie sollen zu einer wahrhaftigen Gemeinschaft finden, die ihnen hilft, Männer und Frauen des Gebets und des Mitgefühls zu werden, offen für den Nächsten und die Welt, besonders aber für die Armen, die Unterdrückten, die Verwundbaren, für all jene, die sich verloren fühlen. So können sie zu Friedensstiftern werden.

In unserer Zeit wird vielen bewußt, daß man nicht mehr isoliert von den anderen leben kann, daß jede Gruppe oder jede Nation sich auf ihre Grenzen zurückzieht, daß die gesamte Menschheit, so zersplittert in sich widerstreitende Gruppen sie auch sein mag, nichts anderes ist als eine große Familie. Gruppen, Stämme und Nationen können sich nicht mehr leisten, im Konflikt miteinander zu leben – der Krieg ist heute viel zu gefährlich. Wirtschaftlich und wissenschaftlich sind wir längst voneinander abhängig, alles menschliche Leben bildet ein einziges Gewebe. Über Satelliten, durch Radio und Fernsehen sind wir ständig informiert, was sich auf der anderen Seite der Erde abspielt. Die Menschheit ist heute nur noch *ein* Leib. An diesem Leib aber ist jedes Glied wichtig: Jedes Volk, jede Rasse, jedes Land hat seinen Beitrag zum Leben der ganzen Menschheit zu bieten: daß sie das Leben hat und das Leben in Fülle. Wenn Gruppen, Nationen und Rassen sich voneinander abkapseln und nach Vorherrschaft streben, indem sie einander ihre Kultur, ihre Ideologie, ihren Lebensstil aufzuzwingen suchen und die kulturelle Identität eines anderen Volkes nicht gelten lassen wollen, dann werden sie nicht nur *dieses* Volk dadurch verletzen, sondern auch sich selbst und die ganze Menschheit in Mitleidenschaft ziehen.

Mehr als je zuvor sind wir gerufen, uns die grundlegende Einheit der Menschheitsfamilie bewußtzumachen und jeder Gruppe zu helfen, ihre Identität und ihren Platz in dieser Familie zu finden – und sich immer mehr allen anderen zu öffnen.

Für Gruppen, Gemeinschaften und Nationen wie auch für den einzelnen besteht die größte Gefahr heute darin, sich auf sich selbst zurückzuziehen und sich in sich selbst zu verschließen. Das tut ein kleines Kind, wenn es sich nicht erwünscht fühlt, wenn es nicht anerkannt und geschätzt wird, wie es ist. Sein verwundbares Herz fühlt sich verletzt. Eben weil es so verwundbar und schwach ist und sich selbst nicht zu helfen weiß, zieht es sich aus Angst hinter jene Mauern zurück, die ihm Schutz bieten. Im Innern dieser kleinen Festung aber fühlt das Kind sich schuldig und ist voller Zorn. Es versucht, sich und den anderen weh zu tun, um sich für das eigene Leid und die Vereinsamung zu rächen. Angst isoliert und führt zu Aggression, Eifersucht, Rivalität und Wettstreit. Familien, Gemeinschaften und Nationen erleben häufig denselben Prozeß des Rückzugs auf Grenzen und Sicherheitsmaßnahmen.

Sind sie bereit, sich zu öffnen, dann nur, weil sie sich stark genug fühlen, die anderen zu beherrschen, ihren eigenen Interessen zu dienen und ihre eigenen Ideen den anderen aufzuzwängen – und nicht, weil sie Eintracht und Verständigung suchen.

Wir haben eine solche Angst vor der Verschiedenheit, eine solche Angst vor dem Verlust unserer Identität! Ein Volk, das sich tatsächlich dem anderen annähert, indem es die eigenen Schranken überwindet, wird sogleich wieder Angst haben. Es fürchtet, seine Identität, seine eigenen Werte und sein Zugehörigkeitsgefühl zu verlieren, und also verschließt es sich lieber wieder in sich selbst.

Für die einzelnen wie für die Gemeinschaft ist es wesentlich zu wissen, wie man in seinem Glauben, seiner Identität und seiner Gemeinschaft verwurzelt bleiben und gleichzeitig wachsen kann: sein Leben den anderen hingeben und es von ihnen empfangen. Verharren die Glieder einer Gemeinschaft auf der Ebene der menschlichen, verstandesmäßigen, gesetzlichen und aktiven Symbole des Glaubens, von denen zweifellos Zusammenhalt, Geborgenheit und Einheit ausgehen, dann besteht die Gefahr, daß sie sich in sich selbst verschließen und langsam, aber sicher sterben. Öffnen sie sich im Glauben einerseits der mystischen Dimension, das heißt der Erfahrung der Liebe Gottes, die in der Gemeinschaft und im Herzen jedes einzelnen gegenwärtig ist, und andererseits dem, was alle menschlichen Wesen eint, vor allem aber den Armen, den Schwachen und Unterdrückten, dann werden schließlich auch ihre Herzen weiter werden.

Diese Verwurzelung in Gott als der Quelle allen Lebens und aller Liebe gibt dem einzelnen und der Gemeinschaft eine sehr große Kraft. Gleichzeitig aber ist sie auch herausfordernd, denn sie fordert von uns, in Armut und Unsicherheit zu leben und unsere Sicherheit und unser Vertrauen auf Gott zu setzen. Und gerade davor haben wir Angst, nämlich vor Armut, Unsicherheit und Verwundbarkeit.

Die Jünger Jesu sind berufen, dieses grundlegende Risiko des Vertrauens und des Glaubens an Gott einzugehen. Verwundbarkeit, Leiden und Ablehnung, die sich daraus ergeben können, erscheinen uns als echte Gefahren, weil sie den Tod der Gemeinschaft mit sich bringen können. Genau dieses grundlegende Risiko aber ist Jesus selbst eingegangen: Er hat die Verwundbarkeit, die Unsicherheit und den Tod angenommen, er hat sein ganzes Vertrauen in die Allmacht des Vaters und die Auferstehung gesetzt. Das Kreuz ist der unvermeidliche Übergang zum Ruhm und zur Herrlichkeit. Die Jünger Jesu sind berufen, zu glauben, daß Gewaltlosigkeit, Armut, Annahme der anderen und Vergebung die sichersten Mittel sind, das Leben Gottes zu empfangen und selbst für die Welt zur Quelle des Lebens, des Friedens und der Einheit zu werden.

Gerade in unserer Schwachheit offenbart sich die Stärke Gottes durch den Heiligen Geist, den Beistand, den Tröster. Das Paradox für die Jünger Jesu besteht darin, daß sie nicht leben und das Leben weitergeben können, wenn sie nicht bereit sind, zu sterben: „Amen, amen, ich sage euch: Wenn das Weizenkorn nicht in die Erde fällt und stirbt, bleibt es allein; wenn es aber stirbt, bringt es reiche Frucht" (Joh 12,24).

Junge Menschen suchen heute nach Gemeinschaften, die nicht in sich selbst verschlossen sind, sondern die sich der universellen, der internationalen Dimension öffnen: die nicht auf ihre eigene Kultur beschränkt bleiben, die keine Ghettos sind, sondern die offen sind für das Leiden und das Unrecht in der Welt. Deswegen strömt man nach Taizé oder schließt sich internationalen Bewegungen an, deswegen fühlen sich so viele neue Gemeinschaften berufen, Schwestergemeinschaften in den Entwicklungsländern zu gründen. Offenbar kann eine Gemeinschaft in ihrer eigenen Kultur nicht existieren ohne Verbindung mit ähnlichen Gemeinschaften in anderen Kulturen. Es ist nicht nur der Wunsch, den Ländern der Dritten Welt Gutes zu tun, sondern auch die Gaben jener Länder zu entdecken und zu empfangen, die in wirtschaftlicher Hinsicht weniger entwickelt sind, aber sich oft einen tiefen Sinn der Menschlichkeit bewahrt haben.

Jahrhundertelang waren Gemeinschaften institutionell an die Kirchen gebunden. Heute aber ist vielerorts der Einfluß der Kirchen geschwunden. Viele junge Menschen meinen, die Kirchen befänden sich im Abseits: abgeschnitten von der Wirklichkeit dieser Welt. Gleichzeitig aber führt der Zusammenbruch der Familie, das Erleben von Ungerechtigkeit, besonders in der Dritten Welt, zu einem neuen Ruf nach gemeinsamem Leben innerhalb der Kirchen. Das ist fast überall offensichtlich, besonders aber in den Basiskommunitäten Lateinamerikas. Die Römische Bischofssynode von 1987 über die Rolle der Laien in der Kirche hat die Ortsgemeinden in einem offiziellen Dokument zum ersten Mal als „Gemeinschaft der Gemeinschaften" bezeichnet. Es gibt heute offenbar ein neues Verständnis der Gemeinschaft als Ort der Begegnung mit Gott - oder, wie Martin Buber sagt, als „Ort der Theophanie".

Die Gemeinschaft ist der Ort der Zugehörigkeit, der Liebe, des Sichannehmens, der Sorge um die anderen und des Wachstums in der Liebe. Individualismus und Materialismus führen zu Konkurrenzdenken, Wettstreit und Ablehnung des Schwachen. Die Gemeinschaft aber führt zu Offenheit und zur Annahme. Gibt es keine Gemeinschaft, so verschließen sich die Herzen und sterben.

Der alten institutionellen Kirche, die anscheinend steril und von der Welt abgeschnitten ist, die hauptsächlich an der Erhaltung ihrer Gebäude interessiert und um die Zahl der praktizierenden Gläubigen besorgt scheint, stellt man heute gern die neuen Gemeinschaften gegenüber, die voller Leben und Begeisterung sind, Risiken eingehen, offen und aufnahmebereit sind und sich von den großen Problemen dieser Welt betroffen fühlen: Kampf gegen Ungerechtigkeit, Folter, Drogen und Aids, Kampf für Frieden und Abrüstung, Ökologie und Umweltschutz, eine bessere Verteilung der materiellen Güter, die Befreiung der Frau, die Gleichberechtigung der Behinderten usw. Dieser scheinbare Gegensatz zwischen Institution und Charisma war schon immer eine Schwierigkeit. Schon in der Urkirche lehnt sich Jakobus gegen die Christen auf, die bereits zu institutionalisiert leben und die Armen ablehnen (vgl. den Jakobusbrief im Neuen Testament). Und wie lebendig erschienen die jungen Gemeinschaften eines Franz von Assisi gegenüber der etablierten Kirche seiner Zeit! Aber wir wissen auch, daß mit der Zeit *jede* Gemeinschaft Gefahr läuft, sich zu verschließen und zu einer seelenlosen Institution zu werden, die nur noch von der Befolgung ihrer Gesetze lebt. Die neuen Gemeinschaften von heute können sehr schnell zu den in sich verschlossenen und unfruchtbaren Institutionen von morgen werden.

Selbst wenn Institutionen wie Kirchen und Gemeinden heute in sich selbst verschlossen scheinen, dann muß das noch nicht heißen, daß sie tot sind und verschwinden müssen. Institutionen gehören zur Gesellschaft, sie sind wie das Knochengerüst des Körpers. Die Knochen können zwar verdorrt, der Körper kann krank und wie auf das Skelett reduziert sein, trotzdem braucht er das Knochengerüst. Eine Institution ist lebendig und bei guter Gesundheit in dem Maße, wie sie für die Menschen offen ist, für die Liebe und die Inspiration des Heiligen Geistes. Sie ist dazu da, daß es Priester gibt, die als Hirten für und in der Gemeinschaft dienen, die ihnen die spirituelle und sakramentale Nahrung geben, die sie zu Vertiefung und Wachstum brauchen. Karl Rahner schreibt:

„Natürlich hat, wenn solche Basisgemeinden allmählich die unersetzlichen Grundgemeinden für die bischöfliche Großkirche werden, weil sonst in der heutigen und morgigen Situation die Amtskirche zu einer Kirche ohne Volk zusammenschrumpft, die bischöfliche Großkirche die Aufgabe und Pflicht, von sich aus nach Kräften zur Bildung solcher Gemeinden und deren missionarisch werbenden Tätigkeit anzuregen und beizutragen... Wenn eine solche Basisgemeinde wirklich echt christlich und echt lebendig, das Ergebnis einer christlichen freien Glaubensentscheidung inmitten einer säkularisierten Welt ist, in der das Christentum kaum mehr durch die Macht der gesellschaftlichen Tradition weitergegeben werden kann, dann ist alle kirchliche Organisation im großen ein Dienst an solchen

Gemeinden und nicht umgekehrt diese Gemeinden Mittel zum Zweck einer kirchlichen Bürokratie, die sich selber verteidigt und fortpflanzen will" (*K. Rahner*, Strukturwandel der Kirche als Aufgabe und Chance. Neuausgabe mit einer Einführung von Johann Baptist Metz, Freiburg - Basel - Wien 1989, 137).

Ist die Institution für die einzelnen und die Gemeinschaft da, so sind die Gemeinschaften für den ganzen Leib da: Sie geben der Institution neues Leben. Institution und Gemeinschaft sind nicht dazu da, sich in Ghettos zu verschließen, in denen man sich damit zufrieden gibt zu beten, sondern um zu Quellen neuen Lebens für die Welt zu werden. In seiner Enzyklika *Redemptor hominis* schreibt Johannes Paul II.: „Die menschliche Person ist der erste Weg und der grundlegende Weg für die Kirche" (Nr. 14). Wie Jesus selbst, so ist auch die Kirche dazu berufen, den Armen die Frohbotschaft, den Gefangenen und Unterdrückten die Freiheit zu verkünden und den Blinden das Augenlicht wiederzugeben. Sie ist dazu berufen, den Menschen zu helfen, auf eine größere Freiheit und eine innere Fülle hin zu wachsen, damit alle eins seien.

Der Begriff „Gemeinschaft" ist in diesem Buch wesentlich auf jene Gruppierungen beschränkt, die ihre frühere Lebensweise aufgegeben haben, um gemeinsam mit anderen unter einem Dach zu leben, mit ihnen verbindliche Beziehungen einzugehen und nach einer neuen Sicht des Menschen und seiner Beziehungen mit seinesgleichen und mit Gott gemeinsam zu leben und zu arbeiten. Das ist natürlich ein etwas eingeschränkter Sinn dieses Begriffs - andere mögen dem Wort „Gemeinschaft" eine weitere Bedeutung geben.

Dieses Buch wendet sich vor allem an jene, die schon gemeinsam leben oder gemeinsam leben wollen. Aber vieles bezieht sich auch auf das Leben in der Familie, in dem sich die beiden wesentlichen Elemente gemeinschaftlichen Lebens wiederfinden: einerseits die menschliche Beziehung und das Gefühl der Zugehörigkeit und andererseits die Tatsache, daß man gemeinsam auf dasselbe Ziel und Zeugnis ausgerichtet ist. Ähnlich können weite Teile dieses Buches bezogen werden auf Menschen, unter denen tiefgehende Beziehungen entstanden sind und die, auch wenn sie nicht ständig zusammenleben, sich regelmäßig treffen, um gemeinsam zu beten, sich über ihre Ideale auszutauschen, darin gegenseitige Ermutigung und Unterstützung finden und für die Welt Zeugen der Liebe und der Hoffnung sein wollen. Ich hoffe, daß viele Abschnitte dieses Buches auch zur Bildung von Gemeinschaften in Schulen, Krankenhäusern, Wirtschaftsunternehmen und anderen Bereichen der Gesellschaft beitragen können. Meiner Ansicht nach ist die Schaffung einer gerechten Gesellschaft oder einer einzelnen Institution nicht nur abhängig von den Gewerkschaften als Gleichgewicht der Kräfte zwischen Arbeitgebern und Arbeitnehmern. Viele Menschen suchen heute innerhalb der Unternehmen Orte des Dialoges mit einer echten Beteiligung *aller* an den Entscheidungen und am Gewinn zu schaffen – und ist das nicht schon der Beginn einer Suche nach Gemeinschaft?

Es ist offensichtlich, daß fast alles, was ich hier sage, aus meiner alltäglichen Erfahrung des Lebens in der Arche in Trosly bei Paris entstanden ist, jener Gemeinschaft, in der ich seit fünfundzwanzig Jahren lebe. Aber ich habe auch sehr viel durch den Besuch anderer Gemeinschaften der Arche in der ganzen Welt gelernt – und beim Anhören anderer, die in Gemeinschaft leben.

Die Gemeinschaften der Arche haben eine Besonderheit in dem Sinn, daß wir uns darum bemühen, zusammen mit geistig Behinderten zu leben. Wir wollen ihnen beim Wachstum helfen. Sie sollen so eigenständig wie möglich werden. Aber mehr noch, als etwas für sie zu tun, möchten wir *mit ihnen sein.* Das besondere Leiden des Menschen mit einer geistigen Behinderung wie aller am Rand der Gesellschaft Lebenden besteht darin, sich ausgeschlossen, wertlos und ungeliebt zu fühlen. Durch den Alltag in der

Gemeinschaft und die Liebe, die darin gegenwärtig ist, entdeckt der Mensch mit einer Behinderung, daß er einen Wert hat, daß er geliebt und also auch liebenswert ist.

Ich habe die Arche 1964 begonnen mit dem Wunsch, das Evangelium zu leben und Jesus Christus intensiver nachzufolgen. Jeden Tag entdecke ich intensiver, wie das christliche Leben sich im Engagement gemeinschaftlichen Lebens immer mehr entfalten muß und wie dieses gemeinschaftliche Leben des Glaubens, der Liebe Jesu und der Gegenwart des Heiligen Geistes bedarf, um sich vertiefen zu können. Alles, was ich hier über das gemeinsame Leben sage, ist inspiriert vom Glauben an Jesus Christus.

Das aber will nicht heißen, daß es kein gemeinschaftliches Leben außerhalb des Christentums gäbe. Das zu behaupten widerspräche aller menschlichen Erfahrung und dem gesunden Menschenverstand. Sobald Menschen sich zusammenfinden und gegenseitige Beziehungen leben wollen, ist eine Art Gemeinschaft geschaffen. Die Botschaft Jesu aber lädt die Jünger ausdrücklich dazu ein, einander zu lieben und auf ganz bestimmte Weise in Gemeinschaft zu leben.

Durch die Beziehung zu vielen Menschen, die sich von der Gemeinschaft und von neuen Formen gemeinsamen Lebens angezogen fühlen, wird mir immer klarer, wie wenig man vom gemeinsamen Leben weiß. Viele scheinen zu glauben, zu einer lebensfähigen Gemeinschaft genüge es, einige Menschen unter einem Dach zusammenzubringen, die sich „irgendwie" verstehen oder die sich einem gemeinsamen Ideal verpflichtet fühlen. Die Ergebnisse sind manchmal verheerend! Gemeinsames Leben besteht nicht nur aus Spontaneität und Gesetzen. Gemeinsames Leben bedarf einer gewissen Disziplin und einer besonderen geistlichen Nahrung. Es gibt präzise Bedingungen, ohne die gemeinsames Leben sich nicht vertiefen und entfalten kann, weder in Krisen und Spannungen noch in glücklichen Augenblicken. Sind diese Bedingungen nicht gegeben, so kann es zu allen möglichen Irrwegen kommen, die schließlich zur Auflösung der Gemeinschaft führen – oder aber zur Versklavung der Glieder.

Diese Seiten wollen die für ein gemeinschaftliches Leben notwendigen Bedingungen klarstellen helfen. Was ich geschrieben habe, ist keine Doktorarbeit und keine systematische Abhandlung über das gemeinsame Leben, sondern es sind Momentaufnahmen. Es sind Denkanstöße, die ich nicht in Büchern, sondern im Alltag entdeckt habe: durch meine Irrtümer, mein Versagen, meine Fehler, natürlich auch durch die Inspiration Gottes und die meiner Brüder und Schwestern, durch Momente der Einheit unter uns und auch durch Spannungen und Leiden. Das gemeinschaftliche Leben ist hart, aber es ist gleichzeitig ein wunderbares Abenteuer und kann immer wieder zur Quelle neuen Lebens werden. Ich wünsche mir, daß viele dieses Abenteuer eingehen, das letztlich ein Abenteuer der inneren Befreiung ist: der Freiheit, zu lieben und geliebt zu werden.

„Wie der Vater mich geliebt hat, so habe auch ich euch geliebt. Bleibt in meiner Liebe! ... Das ist mein Gebot: Liebt einander, so wie ich euch geliebt habe. Es gibt keine größere Liebe, als wenn einer sein Leben für seine Freunde hingibt" (Joh 15,9ff).

ERSTES KAPITEL

Ein Herz, eine Seele, ein Geist

Die Gemeinschaft, Ort der Zugehörigkeit

Die Gemeinschaft ist ein Ort der Zugehörigkeit, ein Ort, an dem man seine Heimat und seine Identität findet. Natürlich kann man auch einer anderen Gruppierung als einer Gemeinschaft zugehören: einer Bande, einer Sekte, einer politisch engagierten Bewegung oder anderen Formen von Gruppen. Auch die Gemeinden und die Kirchen sind ein Ort der Zugehörigkeit für viele. Die erste Gemeinschaft, zu der man gehört, ist die Familie. Ein Kind gehört zu seiner Mutter. Diese anfängliche Zugehörigkeit des Kindes zur Mutter, sobald sie es empfangen hat, ist so tiefgehend, daß einige Mütter meinen, ein Recht über Tod und Leben ihres Kindes zu haben, so als hätte das Kind noch kein eigenes Leben im Mutterleib.

Wenn ein Kind das Gefühl hat, niemandem zu gehören, leidet es unter einer unerträglichen Isolierung, die sich in Angst offenbart. Angst ist eine Art innerer Aufruhr, der den ganzen Körper ergreift, Verdauung und Schlaf stört, in Verwirrung bringt und einen Menschen jedes Gefühl dafür verlieren läßt, was er tun soll und wie. Das Kind verschließt sich dann in einem unerträglichen Gefühl des Unnützseins und des Todes, des Hasses und des Zorns. Ein Kind, das sich nicht geliebt fühlt, meint, es sei nicht liebenswert, es sei schlecht. Isolierung wandelt sich sehr bald in Schuldgefühle.

Ist das Kind aber geliebt, geschätzt, hört man ihm zu, behandelt man es respektvoll, dann ist es auch zufrieden. Es weiß, daß es zu jemand gehört. Es weiß sich getragen, behütet, beschützt. Es öffnet sich furchtlos den anderen.

Das tiefste Bedürfnis eines Kindes ist, mit seinem Vater und mit seiner Mutter verbunden zu sein. Dieses Bedürfnis nach Verbundenheit mit anderen ist das Grundlegendste, was es im menschlichen Leben überhaupt gibt. Es ist der Ursprung aller anderen Bedürfnisse und Wünsche. Wird dieser Hunger nach Zugehörigkeit und Verbundenheit nicht erfüllt, dann steigt in diesem Kind die Angst auf – mit allen möglichen Gefühlen der Schuld, der Depression, des Zornes, des Selbsthasses und des Hasses auf andere. Das Leiden daran kann derart unerträglich werden, daß das Kind, ist es stark genug, alles tut, um dieses Leiden zu ersticken, verbergen, vergessen, in einer Traumwelt zu leben und die innere Leere mit Geschäftigkeit, Zerstreuungen und Lärm auszufüllen. Das Gefühl der Vereinsamung, überhaupt alles Leiden wird in einen verborgenen Winkel seines Daseins abgedrängt, eine Art Grab, auf das ein dikker Stein gerollt wird. Alles Elend wird hier begraben – aber damit auch das verwundete Herz, das Hunger und Durst hat nach Verbundenheit mit den anderen. Von diesem Moment an schaffen es manche Kinder, zu leben und etwas zu verwirklichen, sogar Erfolg zu haben, bewundert zu werden und sich selbständig zu machen. Anstelle von Verbundenheit und Liebe suchen sie Bewunderung. Andere Kinder fallen in eine tiefe Depression und lehnen sich gegen die Eltern und die Welt auf, die sie umgeben. Sie suchen Gefährten, mit denen sie am Rand der Gesellschaft leben können. In jedem Fall aber werden diese Kinder in der Tiefe von unbewußten Kräften beherrscht bleiben – von jenen Schuldgefühlen, die in der Tiefe des Herzens verborgen bleiben.

Jeder Mensch hat seine eigene Geschichte. Durch sie ist er einzigartig. Er kann angenommen oder abgelehnt worden sein, er kann eine ganze Geschichte inneren Leidens und schwieriger Beziehungen mit den Eltern hinter sich haben. Dennoch wird es tief in ihm wie in jedem Menschen den Wunsch nach Verbundenheit und Zugehörigkeit geben und gleichzeitig die Angst, dies zu verlieren. Was wir am meisten ersehnen und wovor wir am meisten Angst haben, ist und bleibt die Liebe. Die Liebe macht uns empfindlich und offen für andere – so aber können wir verwundet werden durch Ablehnung und Trennung. Wir können Angst vor der Liebe haben, weil wir Angst davor haben, unsere Freiheit und unsere schöpferischen Fähigkeiten zu verlieren. Wir möchten zu einer Gruppe gehören, aber gleichzeitig haben wir Angst davor, dort einen gewissen Tod zu erleiden, denn wir würden dort vielleicht nicht mehr als einzigartig angesehen werden. Wir wollen die Liebe, aber wir haben Angst vor der Abhängigkeit und dem Engagement, die dazu gehören. Wir haben Angst, gebraucht, manipuliert, erstickt, zerstört zu werden. Der Liebe, der Verbundenheit, der Zugehörigkeit mit all ihren Erfordernissen gegenüber sind wir alle voller gemischter Gefühle.

Um die persönlichen Bedürfnisse zu befriedigen und all das zu kompensieren, was ihnen in der Kindheit gefehlt hat, suchen manche Menschen um nahezu jeden Preis einen Ort der Zugehörigkeit. Sie fühlen sich derart allein, daß sie sogar ihr Gewissen und ihre Wachstumschancen opfern, um zu einer Gruppe zu gehören. Andere haben Angst vor dieser Zugehörigkeit: Angst, daß die Gruppe gerade das in ihnen erstickt und erdrückt, was ihnen am kostbarsten scheint, nämlich ihr persönliches Gewissen, ihre Einzigartigkeit und ihr Hunger nach Verbundenheit. Diese Angst vor der Gruppe hindert sie daran, in Gemeinschaft zu leben. Sie brauchen ihre Unabhängigkeit, was sie nicht daran hindert, andere zu lieben, Mitleid zu haben und Verantwortung zu übernehmen. Sie brauchen eben eine sehr weitgehende persönliche Freiheit.

Es gibt einen großen Unterschied zwischen den Menschen der ärmsten Länder, in denen die Familie im weitesten Sinn des Wortes noch stark ist und zusammenhält, und den Leuten im Westen, wo die Familie in Auflösung begriffen ist und wo die einzelnen ermutigt werden, so individuell wie möglich zu leben: Erfolg, Reichtum, Macht und die größtmögliche Unabhängigkeit zu erstreben. Die ersteren haben ein Gefühl der Zugehörigkeit, Sicherheit, Geborgenheit und des Friedens, aber manchmal sind ihr persönliches Gewissen, ihre Freiheit und ihre schöpferischen Fähigkeiten nicht entwickelt. Sie sind in gewisser Weise Gefangene der Gruppe. Die letzteren dagegen fühlen sich oft allein gelassen in ihrer Ungeborgenheit, sie haben kein Zugehörigkeitsgefühl und keine Identität. Oft kompensieren sie ihre Ungeborgenheit, indem sie Schranken um ihr Herz errichten und die Fähigkeit entwickeln, andauernd etwas zu tun und dadurch sich selbst zu genügen. Sowohl in der Dritten Welt als in den reichen Ländern gibt es heute einen Mangel an echter innerer Freiheit.

Bin ich in afrikanischen Dörfern zu Gast, so wird mir klar, wie die Menschen durch ihre Riten und Traditionen zutiefst in Gemeinschaft leben. Jeder hat das Gefühl, zum anderen zu gehören. Wer zum selben Stamm oder zum selben Dorf gehört, ist wirklich ein Bruder. Ich erinnere mich noch, wie im Flughafen von Abidjan Bischof Agré von Man einen Zöllner umarmte. Sie begegneten sich wie Brüder, denn sie waren aus demselben Dorf. Sie gehörten zueinander. Die meisten Afrikaner brauchen gar nicht von Gemeinschaft zu reden: Sie *leben* Gemeinschaft.

Man hat mir erzählt, daß die Eingeborenen Australiens keinerlei Konsumgüter kaufen – außer Autos, mit denen sie ihre Brüder besuchen. Allein wichtig scheinen ihnen brüderliche Beziehungen. Man sagt, es gäbe eine solche Einheit unter ihnen, daß sie wissen, wann jemand von ihnen stirbt; sie spüren es körperlich.

In seinem Buch „Les Exclus“ (Paris 1974) berichtet René Lenoir von kanadischen Indianern: „Setzt man in einer Kindergruppe einen Preis aus für den, der zuerst die richtige Antwort auf eine Frage weiß, dann beraten sich alle zusammen, und erst, wenn sie sich einig sind, schreien alle auf einmal die Antwort heraus. Es wäre ihnen unerträglich, daß einer gewinnt und alle anderen verlieren. Der Gewinner wäre von den Brüdern geschieden. Er hätte zwar den Preis für sich gewonnen, aber die Gemeinschaft der anderen verloren."

Unsere westliche Kultur ist von Konkurrenzdenken geprägt. Schon auf der Schulbank lernt das Kind „gewinnen". Seine Eltern sind begeistert, wenn es Klassenerster wird. Der materielle Fortschritt des einzelnen und sein Verlangen nach Aufstieg und Ansehen sind uns wichtiger als Brüderlichkeit, Mitleid und Gemeinschaft. Man setzt alles daran, allein in seinem Eigenheim zu wohnen, seine Güter zu hüten und zu mehren, und man schützt sich durch ein großes Schild an der Tür: „Vorsicht vor dem Hund". Aber gerade weil der Westen den Sinn für Gemeinsamkeit so gänzlich verloren hat, entstehen heute allerorten kleine Gruppen, um neu zu entdecken, was die Menschen zutiefst miteinander verbindet.

Wir haben viel von Afrikanern und Indianern zu lernen. Sie zeigen uns das Wesentliche an der Gemeinschaft, nämlich das Zugehörigkeitsgefühl. Sicher kann der ausschließliche Sinn für die Zugehörigkeit sie gelegentlich daran hindern, auch anderen Gruppen mit Liebe und Objektivität zu begegnen. So entsteht ein Stammeskrieg oder ein Religionskrieg. Manchmal ist das Gemeinschaftsleben in Afrika auch nur auf Angst gegründet. Die Gruppe, der Stamm verhelfen zwar zum Leben und geben ein Gefühl der Solidarität, man beschützt und sichert sich gegenseitig, aber das Ganze hat nicht immer etwas Befreiendes an sich. Scheidet man sich von der Mehrheit, so bleibt man allein mit seinen Ängsten und Verwundungen. Man ist den feindlichen Mächten ebenso ausgeliefert wie den bösen Geistern und dem Tod. Die Ängste werden konkret durch Rituale und Fetische, denen zwar gewisse Kräfte des Zusammenhalts innewohnen, wahre Gemeinschaft aber wirkt befreiend.

Ich mag die Schriftstelle: „Ich sage ihm: Du bist mein Volk. Und er sagt mir: Du bist mein Gott" (Hosea 2,25).

Ich erinnere mich noch immer an einen der Schüler Martin Luther Kings, der in einer Versammlung vor mehreren tausend Schwarzen in Chicago zu Beginn der siebziger Jahre sagte: „Mein Volk ist gedemütigt." Mutter Teresa pflegt zu sagen: „Mein Volk hat Hunger."

„Mein Volk" heißt in diesem Sinn nichts anderes als meine Gemeinschaft: die kleine Gemeinschaft derer, die uns umgeben und für die wir da sind. „Mein Volk" sind all jene, die in mein Fleisch eingeschrieben sind wie ich in das ihre. Ob wir uns nah sind oder fern – mein Bruder, meine Schwester bleiben mir ins Herz geschrieben. Ich trage sie, und sie tragen mich. Wo immer wir uns begegnen, erkennen wir uns wieder. Wir sind füreinander geschaffen: aus derselben Materie, Glieder desselben Leibes. „Mein Volk" heißt auch, daß ich ihnen nicht überlegen bin, nicht ihr Hirte bin und sie weide. „Mein Volk" heißt, daß sie zu mir gehören und ich zu ihnen. Was sie angeht, geht auch mich an. „Mein Volk" heißt nicht, daß es noch andere gibt, die ich ablehne, nein, „mein Volk" ist meine Gemeinschaft, all jene, die mich kennen und mich tragen. „Mein Volk" kann und darf nichts anderes sein als ein Sprungbrett zur ganzen Menschheit. Ich kann nicht der „Bruder aller" sein, wenn ich nicht zunächst „mein Volk" liebe.

Je mehr man in die innere Einheit und die Heilung hineinwächst, desto größer und tiefer wird das Gefühl der Zugehörigkeit. Und nicht nur der Zugehörigkeit zu einer bestimmten Gemeinschaft, sondern zur ganzen Schöpfung, zu Erde, Luft, Wasser, Feuer, zu allen Lebenden, ja zur ganzen Menschheit. Gibt die Gemeinschaft einem Menschen das Gefühl der Zugehörigkeit, so hilft sie ihm auch, die unvermeidliche Einsamkeit in der persönlichen Gottesbeziehung zu ertragen. Dadurch aber wird die Gemeinschaft ebenfalls offen auf die ganze Schöpfung und auf alle Menschen hin.

Wir alle gehören zur ganzen Schöpfung, jeder empfängt etwas und gibt etwas. Wir gehören alle zu einem Ganzen. Die Gefahr ist groß, das zu vergessen und sich selbst als Zentrum der Welt vorzukommen: zu denken, daß die anderen für uns da sind. Wir müssen diesem zerstörerischen Egoismus sterben, um für eine Liebe aufzuerstehen, die uns lehrt, zu empfangen und zu geben.

In Gruppen und Klubs aller Art (unter Politikern, Sportlern, in Berufs- und Freizeitvereinigungen) findet man eine gewisse Sicherheit. Man ist glücklich, andere Menschen zu treffen, die ähnliche Interessen haben. Man tröstet und ermutigt sich gegenseitig. Aber oft ist damit etwas Elitäres verbunden. Man ist davon überzeugt, besser zu sein als die anderen – und natürlich nimmt man nicht jeden auf: Dazu braucht man eine gewisse Qualifikation. Oft geben diese Gruppen tatsächlich eine gewisse Sicherheit und ein Gefühl der Zugehörigkeit, aber sie ermutigen nicht zum persönlichen Wachstum. Die Zugehörigkeit dient nicht dem persönlichen Werden.

Man erkennt Menschen, die zu einem Klub oder einer Gemeinschaft gehören, oft an der Kleidung, Haartracht, dem Jargon oder dem Dialekt, an Aufklebern und Abzeichen aller Art. Gruppenbildung führt offenbar unvermeidlich zu Symbolfindung, um dadurch auszudrücken, daß man zum selben Stamm, zur selben Familie, zur selben Gruppe gehört.

Die Gemeinschaft, Ort der Öffnung

Menschen versammeln sich, weil sie von gleichem Fleisch und Blut sind, vom gleichen Dorf oder vom gleichen Stamm. Manche sammeln sich auch auf der Suche nach Sicherheit und Ermutigung; sie finden sich zusammen, weil sie sich ähneln und dieselbe Sicht von sich selbst und der Welt haben. Andere aber wollen in Liebe und Mitgefühl wachsen. Sie bilden wahrhaft Gemeinschaft.

Eine Gemeinschaft unterscheidet sich von einem Freundeskreis dadurch, daß wir in der Gemeinschaft unsere gegenseitige Zugehörigkeit und Verbundenheit tatsächlich ausdrücken: Wir verkünden unsere Ziele und den Geist, der uns eint. Wir anerkennen die Tatsache, daß wir füreinander verantwortlich sind und daß unsere Verbundenheit von Gott stammt, daß sie eine Gabe Gottes ist. Er hat uns erwählt und zusammengerufen zu einem Bund der Liebe und gegenseitiger Herausforderung. Ein Freundeskreis kann auch zu einer Gemeinschaft werden, wenn ein wachsendes Zugehörigkeitsgefühl entsteht, wenn man sich den anderen öffnet und wenn man beginnt, sich verantwortlich füreinander zu fühlen.

Oft gruppieren sich Menschen oder sie werden gruppiert, weil sie sich für eine Elite halten: für das Volk Gottes, für die Besten von allen, für solche, die die Wahrheit besitzen. Oft ist der Gründer einer solchen Gruppe oder eines solchen Volkes prophetisch begabt und wirklich von Gott erwählt. Er hat seinem Volk eine Inspiration, Gebote und Traditionen hinterlassen, die zu Zusammenhalt und Einheit führen und die den einzelnen zu innerer Einheit und einem Lebenssinn verhelfen. Die Gefahr dabei ist jedoch, zu meinen, daß nur dieser Gründer und kein anderer von Gott erwählt ist.

Die Schöpfung ist erfüllt von einer Vielzahl verschiedener Tiere und Fische, Blumen, Früchte und Pflanzen. Alles ist das Werk des einen Schöpfers. Genauso ist es mit den Familien, Stämmen und Gemeinschaften. Jede ist das Werk seiner Liebe. Keine Familie besitzt die ganze Wahrheit. Alle sind berufen, harmonisch zusammen zu leben, ihre Gaben mit anderen zu teilen und die Gaben der anderen zu empfangen. Sie sind berufen, die Länge und die Breite, die Höhe und die Tiefe der Weisheit Gottes zu entdecken: die Schönheit und die Liebe unseres Schöpfers.

Allzuoft arbeiten die Gruppen leider nicht zum Ruhme Gottes zusammen. Sie verschließen sich gegenseitig; jede meint, das auserwählte Volk zu sein, jene Bevorzugten, denen allein er die Wahrheit offenbart hat. Sie verstehen nicht, daß *jede* Gemeinschaft erwählt ist, daß *jede* berufen ist, ein Funken der Herrlichkeit Gottes zu offenbaren, und zwar in Gemeinschaft mit den anderen. Wenn sie nicht zusammenarbeiten, dann schaffen die einzelnen Gruppen eine neue Apartheid. Konkurrenzdenken und Wettstreit breiten sich aus. Das führt zu Eifersucht, Eifersucht aber führt zu Haß und Krieg. Was gut begonnen hat, endet auf bedauerlichste Art. Religiöse und politische Gruppierungen lassen sich wie jeder andere Klub oder Verein von Machtstreben beherrschen, besser zu sein als die anderen und mit Gewalt zu beweisen, daß sie recht haben. Sie lassen sich blenden von den eigenen kollektiven Interessen, von Machtstreben (oder der Angst vor dem Tod). Sie sind unfähig, die Schönheit der anderen zu sehen und anzuerkennen.

Gemeinschaften sind nur dann wahrhaftige Gemeinschaften, wenn sie offen sind für die anderen, wenn sie verletzbar und demütig bleiben und wenn ihre Glieder in Liebe, Mitleid und Demut wachsen. Sie sind keine Gemeinschaften mehr, wenn ihre Mitglieder sich in sich selbst verschließen, wenn sie sicher sind, daß sie allein die Weisheit und die Wahrheit besitzen und daß die anderen es ihr nur nachmachen und in ihre Schule gehen müssen.

Die grundlegende Haltung einer Gemeinschaft, in der eine wirkliche Zugehörigkeit gelebt wird, ist Offenheit, Aufnahmebereitschaft und Hören auf Gott und die Menschen. Das Leben jeder Gemeinschaft ist inspiriert vom Ganzen der Schöpfung und der ganzen Wahrheit und vom Realitätsprinzip. Darum muß auch jede Gemeinschaft offen sein für das Ganze der Schöpfung. Die Gemeinschaft ist gegründet auf Vergebung und Offenheit jenen gegenüber, die anders sind: den Armen und den Schwachen. Sekten bauen Mauern und Schranken um sich auf, und zwar aus Angst: aus dem Bedürfnis, sich zu beweisen und sich falsche Sicherheiten zu schaffen. In Gemeinschaft zu leben aber bedeutet, die Schranken abzubauen, um jene aufzunehmen, die anders sind.

Die Gemeinschaft, Ort gegenseitiger Liebe

Wenn Gemeinschaft Zugehörigkeit und Offenheit bedeutet, dann heißt das auch, *jeden* zu lieben. Anders gesagt, Gemeinschaft definiert sich durch drei Elemente: jeden zu lieben, miteinander verbunden zu sein und diese Sendung zu leben.

In der Gemeinschaft liebt man jeden – und nicht die Gemeinschaft im abstrakten Sinn: das Ganze, die Institution, das Ideal einer bestimmten Lebensform. Was zählt, sind die Menschen: sie so zu lieben, wie sie sind, und so, daß sie wachsen können nach dem Plan Gottes und selbst zu Quellen des Lebens werden – und das nicht nur vorübergehend, sondern beständig.

Weil Menschen miteinander verbunden sind, bilden sie eine Familie, einen Stamm, ein Volk. Und dieses Volk ist gemeinsam dazu berufen, Zeichen und Zeugnis zu sein, eine besondere Sendung zu haben, die sein Charisma und seine Gabe ist.

Viele treten in Gruppen ein, um sich in einer bestimmten Spiritualität ausbilden zu lassen und um Kenntnisse über Gott und die Menschen zu erwerben. Aber das ist dann noch keine Gemeinschaft, sondern eine Schule. Zur Gemeinschaft kommt es erst dann, wenn man sich gegenseitig liebt und um das Wachstum eines jeden besorgt ist.

Esther de Waal schreibt über die Regel des heiligen Benedikt: „Es ist sehr eindrücklich, wie der Abt und der Cellerar beständig um die Brüder besorgt sind: um jeden einzelnen in seiner Einzigartigkeit eher als um die Gemeinschaft als Ganzes – ein Ideal, welches die heutige Ideologie so sehr zu beschäftigen scheint. Das gemeinsame Leben wird bei Benedikt nie zu einer abstrakten Idee oder einem Idealismus. Er hätte sicher das Wort von Dietrich Bonhoeffer zu schätzen gewußt: „Wer die Gemeinschaft liebt, zerstört die Gemeinschaft; wer die Brüder liebt, baut die Gemeinschaft auf.“ (*Esther de Waal,* Seeking God, London 1984, 139).

Eine Gemeinschaft, die mehr mit sich selbst beschäftigt ist, um vollkommen, stabil und sicher zu erscheinen, als mit den Menschen und deren Wachstum und innerer Freiheit, ist wie jemand, der einen Vortrag hält und dem es dabei eher um die Schönheit und den Zusammenhang seiner Gedanken geht als um die Verständlichkeit für die Zuhörer. Sie ist wie eine Liturgie, die so schön ist, daß niemand ihr zu folgen vermag und keiner wirklich beten kann.

Die Gemeinschaft darf niemals wichtiger sein als der einzelne. Die Gemeinschaft muß immer auf den einzelnen und sein Wachstum ausgerichtet sein. Schönheit und Einheit der Gemeinschaft ergeben sich aus der Ausstrahlung des einzelnen, aus dem Licht und der Liebe, die er in sich trägt, und aus der Art, wie die einzelnen einander lieben. Gewisse Gemeinschaften (die keine wirklichen Gemeinschaften sind, sondern eher Gruppierungen oder Sekten) möchten das persönliche Gewissen unterdrücken, damit eine größere Einheit entsteht. Sie haben die Neigung, den einzelnen am Denken zu hindern und ein persönliches Gewissen zu haben. Sie unterdrücken das Geheimnis und die Intimität des Menschen - als wäre alles, was mit der persönlichen Freiheit zusammenhängt, gegen das gemeinsame Gewissen der Gruppe gerichtet und stellte eine Art von Verrat an der Gruppe dar. Jeder muß dasselbe denken. Dabei aber manipuliert man die Intelligenz. Es entsteht eine Art Gehirnwäsche. Menschen werden zu Automaten. Die Einheit beruht auf der Angst, man selbst zu sein oder aber sich allein zu fühlen, wenn man sich von den anderen absondert, auf der Angst vor einer tyrannischen Autorität, Angst vor okkulten Kräften und Repressalien (falls man sich je von der Gruppe trennt).

Die Verführung durch Geheimgesellschaften und gewisse Sekten ist groß. Für Menschen mit mangelndem Selbstvertrauen und einer schwachen Persönlichkeit scheint es manchmal sicherer, sich total von den anderen abhängig zu machen und nur das zu denken, was sie denken, zu gehorchen, ohne nachzudenken. Das Gefühl der

Solidarität ist dann um so größer. Der innere Mensch aber dankt ab gegenüber der Allmacht der Gruppe, aus der es praktisch kein Entrinnen mehr gibt. Es ist wie ein andauernder verborgener Handel: Man kompromittiert die Menschen derart, daß sie nicht mehr fortkönnen.

In einer echten Gemeinschaft muß jeder sein inneres Geheimnis wahren können. Er braucht es nicht notwendig preiszugeben und vielleicht auch mit niemand auszutauschen. Es gibt bestimmte Gaben Gottes, bestimmte Leiden und Quellen der Inspiration, die durchaus nicht der ganzen Gemeinschaft mitgeteilt zu werden brauchen. Jeder muß sein persönliches Gewissen und sein geistliches Leben allein vertiefen können. Gerade daraus ergeben sich Schwäche und Stärke der Gemeinschaft: Schwäche, denn es wird immer eine große Unbekannte geben, nämlich die Unbekannte des persönlichen Gewissens des einzelnen, der frei ist, entweder durch eine Vertiefung der unverdienten Gaben zum Aufbau der Gemeinschaft beizutragen, oder aber im Gegenteil der Liebe untreu und also egoistisch zu werden, zu resignieren und damit der Gemeinschaft schaden. Die Schwäche der Gemeinschaft kann sich weiter aus folgendem ergeben: Der absolute Vorrang des einzelnen, seiner Gottesbeziehung und seiner persönlichen Wahrheit kann dazu führen, daß er durch eine neue Berufung von Gott einen anderen Platz in der Gemeinschaft einnimmt und nicht mehr jene Funktion ausübt, welche die Gemeinschaft bis dahin am nützlichsten fand, oder er kann die Gemeinschaft sogar körperlich verlassen. Die Wege Gottes mit einem Menschen sind nicht immer die menschlichen Wege oder jene, welche die Verantwortlichen für jemanden entschieden haben, noch auch die Wege der menschlichen Vernunft und Erfahrung. Aber aus dem Vorrang des einzelnen kann sich auch die Stärke der Gemeinschaft ergeben, denn nichts ist stärker als ein Herz, das liebt und das sich Gott und den anderen hingibt. Liebe ist stärker als Angst.

Zugehörigkeit ist hingeordnet auf das Werden des einzelnen. Ein junger Mann oder ein junges Mädchen können ihre Familie verlassen, weil diese Familie sie erdrückt und weil sie etwas anderes brauchen, um zu wachsen und zu größerer Reife zu gelangen. Das gilt auch für die Gemeinschaft. Die Gemeinschaft ist hingeordnet auf Werden und Wachsen des Gewissens des einzelnen. Wenn eine Gemeinschaft aus irgendeinem Grund erstickend wird, dann muß man vielleicht das Risiko auf sich nehmen, sie zu verlassen, so schmerzlich die Trennung auch sein mag. Die Gemeinschaft als solche ist niemals ein Ziel in sich selbst. Sie ist hingeordnet auf die einzelnen, die Nächstenliebe und die Gottesbeziehung. Sicher darf eine solche Trennung nicht nur deswegen geschehen, weil das Gemeinschaftsleben hart ist und weil der neue Verantwortliche mir nicht gefällt. Sie muß immer das Ergebnis einer langen Periode der Reifung und einer echten Unterscheidung sein.

Wenn die Gemeinschaft nicht nur zur Bildung eines kollektiven Gewissens da ist, trotz aller Sicherheit, die das bedeutet, sondern wenn sie tatsächlich für das Wachstum des Gewissens und der Freiheit des einzelnen entsteht, dann wird es immer auch Augenblicke geben, in denen der einzelne sich im Konflikt mit der Gemeinschaft befindet. Aus Angst vor dem Konflikt und der Isolierung, die daraus entstehen kann, werden die einen sich weigern, ihrer persönlichen Freiheit und ihrem Gewissen zu folgen, und es vorziehen, „kein Aufhebens zu machen", andere dagegen werden sich entscheiden, persönlich zu wachsen. Dafür aber werden sie eine gewisse Isolierung und Angst in Kauf nehmen müssen, denn sie werden sich von der Gruppe getrennt fühlen.

Das wird vor allem dann geschehen, wenn jemand, der zum persönlichen Wachstum berufen ist, zu einer Gruppe gehört, die lau, durchschnittlich und in sich selbst verschlossen ist. Isolierung und Angst aber können zu einer tieferen Gottesbeziehung führen. Weil der einzelne keine Unterstützung mehr in der Gruppe findet, wendet er sich

Gott zu. „Wer dürstet, der komme zu mir." Wer auf diese Art leidet, schöpft neue Kräfte und neue Liebe aus dem Herzen Gottes. Seine Verbundenheit mit dem Vater vertieft sich. Die Wahrhaftigkeit dieser Gottesbeziehung offenbart sich im ständigen Bemühen, Brüder und Schwestern aufrichtig zu lieben, ohne sie zu beurteilen oder zu verurteilen.

Die Gemeinschaft ruft uns, immer mehr wir selbst zu werden. Einige können leicht ersticken und durch die Gruppe manipuliert werden. Sie sind von der Angst beherrscht, abgelehnt zu werden, sobald sie sich im Gegensatz zur Gruppe befinden oder anscheinend anders sind als die anderen. Zugehörigkeit aber sollte immer auf Werden hingeordnet sein. Die Frage, die man sich in diesem Augenblick stellen muß, lautet: „Wem möchte ich gefallen?" Bemühen wir uns immer, Jesus zu gefallen und nicht nur der Gruppe, dann werden wir wachsen, und die Gemeinschaft wird für die einzelnen dasein. Freilich möchte Jesus gleichzeitig, daß wir uns der Gruppe unterordnen. Hier braucht es viel Unterscheidungsvermögen und Klugheit.

Arbeiter kommen in die Fabrik, um ihre Kräfte für einen Produktionsprozeß einzusetzen, aufzubauen, dafür bezahlt zu werden und gut davon zu leben. Soldaten treten in die Armee ein, um sich auf den Verteidigungsfall vorzubereiten. Einzelne Menschen finden sich in einer Gemeinschaft zusammen, weil sie einen Ort schaffen wollen, an dem man sich liebt. Die Gemeinschaft ist nicht dazu da, etwas zu produzieren, was ihr nicht zugehörig ist. Sie ist auch kein Zusammenschluß von Menschen, die für etwas kämpfen. Sie ist ein Ort der Verbundenheit, an dem man einander liebt und füreinander verwundbar wird.

In Gemeinschaft läßt man Schranken fallen. Äußerlichkeiten und Masken verschwinden. Aber das ist nicht einfach. Viele haben das, was sie für ihre Persönlichkeit halten, darauf aufgebaut, ihr verwundetes Herz hinter Mauern der Unabhängigkeit zu verbergen, hinter einer

Haltung, die besagen will: „Ich weiß, und du weißt nicht." Sie sind andauernd aktiv. Ihre Aktivität ist der Ausdruck ihres Bedürfnisses, sich selbst zu bestätigen, Erfolge zu verbuchen, sich im Griff zu haben, Pläne zu machen und anerkannt zu werden. Andere haben ihr Herz hinter einer Maske der Depression, der Schüchternheit und der Unterordnung verborgen. Sie lassen ihr wahres Ich gar nicht mehr an die Oberfläche.

Eine Gemeinschaft beginnt dann, Gemeinschaft zu sein, wenn man sich nicht mehr voreinander verbirgt, wenn man nicht mehr versucht, seine wahren oder vermeintlichen Werte hervorzukehren. Dann endlich sind die Schranken gefallen; man kann beginnen, die Erfahrung gegenseitiger Verbundenheit zu machen.

In seinem Buch „The Different Drum" (New York 1987) spricht Scott Peck von dieser Erfahrung wie vom Wunder der Gemeinschaft: „Ein ganz neuer Friede kommt auf die Versammlung herab. Man scheint leiser zu sprechen, und merkwürdigerweise scheinen die Stimmen dennoch besser zu tragen. Es gibt Momente der Stille, aber darin drückt sich kein Unbehagen aus. Die Stille ist willkommen. Sie ist voller Frieden. Es gibt keinen Überschwang mehr, das Chaos ist vorbei. Es ist, als hätte Musik den Lärm ersetzt. Die Menschen hören einander zu und verstehen sich. Alles ist voller Frieden."

Verbundenheit und Zusammenarbeit

In einer Gemeinschaft sind alle berufen zusammenzuarbeiten. Die Arbeit muß getan werden: Man muß Lebensmittel einkaufen, Gemüse anbauen, das Essen vorbereiten, Geschirr spülen und saubermachen. Gebet und Arbeit müssen pünktlich beginnen. Man muß bestimmte Menschen aufnehmen, andere fortschicken, Alte und Kranke versorgen, die Jungen ausbilden, Geld verdienen, es einnehmen und ausgeben, Buch führen usw. Jeder hat seine Arbeit, über die er Rechenschaft ablegen muß, entweder einem anderen oder der Gemeinschaft gegenüber. Dazu bedarf es der Organisation und der Disziplin innerhalb der Gemeinschaft, sonst entstehen Chaos und Ineffizienz.

Das gilt besonders für das gemeinsame Leben, aber es gilt ebenso, wenn auch nicht im selben Maß, für Gruppen, die sich nur gelegentlich treffen. In einer Gemeinschaft muß die Kraftquelle der praktischen Zusammenarbeit die innere Verbundenheit sein. Weil man einander liebt und sich berufen fühlt, zusammenzuleben und zusammen weiterzugehen, arbeitet man auch praktisch zusammen. Zusammenarbeit ohne innere Verbundenheit schafft sehr schnell ein Klima von Arbeitslager oder Fabrik, wo die Einheit von äußeren Wirklichkeiten geprägt ist. Dann aber gibt es Spannungen und Konflikte.

Innere Verbundenheit gründet in einer bestimmten gemeinsamen Erfahrung der Liebe, nämlich der Erkenntnis, daß wir *ein* Leib sind: *ein* Volk, das von Gott dazu berufen ist, Quelle der Liebe und des Friedens zu sein. Diese Erkenntnis wird eher im Schweigen als durch viele Worte, eher im Gottesdienst als durch die Arbeit zur Wirklichkeit. Im Grunde ist es eine Erfahrung der Öffnung und des Vertrauens, die aus der Tiefe des Herzens hervorbricht. Es ist eine Gabe des Heiligen Geistes.

Vor allem ist die Gemeinschaft ein Ort der inneren Verbundenheit. Darum sollte man im Alltag jene Wirklichkeiten, Symbole, Begegnungen und liturgischen Feste fördern, die das Bewußtsein der Verbundenheit wachrufen. Ist eine Gemeinschaft nur noch ein Ort der Zusammenarbeit, dann ist sie wirklich in Gefahr.

Die Gemeinschaft, Ort der Heilung und des Wachstums

Treten Menschen, die in der Großstadt Isolierung, Aggression und Ablehnung erlebt haben, in eine Gemeinschaft ein, dann finden sie dort jene Wärme und Liebe, die sie zum Leben brauchen. Sie lassen Masken und Schranken fallen und werden verwundbar. Sie erleben eine Zeit der Verbundenheit und der tiefen Freude.

Aber gerade weil sie die Masken fallen lassen und verletzlich werden, entdecken sie auch, daß die Gemeinschaft ein furchterregender Ort ist, eben weil sie ein Ort der Beziehungen ist, weil sie uns unsere verletzten Gefühle offenbart und uns bewußtmacht, wie schwer es sein kann, mit anderen zusammenzuleben, besonders mit bestimmten Personen. Es ist viel leichter, nur mit Büchern und Dingen zu leben, mit Fernsehen, Hunden und Katzen! Es ist viel leichter, allein zu leben – und dann etwas für die anderen zu tun, wenn man gerade Lust hat.

Lebt man andauernd mit denselben Menschen zusammen, dann kommen die ganze Auflehnung, der Haß, die Eifersucht, die Angst vor den anderen, das Machtstreben, das Bedürfnis, zu flüchten oder sich zu verstecken, aus unseren frühesten Kindheitsverletzungen plötzlich zum Vorschein: all jene Momente, in denen wir das Gefühl hatten, nicht geliebt, verlassen oder übermäßig beschützt gewesen zu sein. All dieses Elend scheint wie aus jenem Grab aufzuerstehen, in das wir es verdrängt hatten. Jetzt plötzlich kommt es an die Oberfläche unseres Bewußtseins. Die Nähe bestimmter Menschen, die sich an uns hängen, macht uns Angst, weil sie zu viel von uns fordern oder einfach weil ihre Gegenwart uns an unsere Eltern erinnert, die zu autoritär waren oder die keine Zeit hatten, uns anzuhören.

Die Gemeinschaft ist der Ort, an dem unsere Grenzen, Ängste und Egoismen offenbar werden. Wir entdecken die eigene Armut und die eigenen Schwächen, die Unfähigkeit, sich mit einigen zu verstehen, die Blockaden, gestörten Gefühle und sexuellen Empfindungen, jene Wünsche, die unersättlich scheinen, die Frustrationen und die Eifersucht, den Haß und die Zerstörungswut. Solange wir allein waren, konnten wir meinen, alle Menschen zu lieben. Sobald wir aber mit anderen zusammenleben, bemerken wir, wie unfähig wir sind zu lieben. Wir lehnen die anderen ab, sind in uns selbst verschlossen. Und wenn wir derart unfähig sind zu lieben, was bleibt dann noch Gutes an uns? Es bleibt nichts als die Verzweiflung, die Angst und die Zerstörungswut. Die Liebe scheint eine schöne Illusion, wir sind verdammt, allein zu bleiben und zu sterben.

Gemeinsames Leben ist die oft recht mühsame Offenbarung der Grenzen, Schwächen und Schattenseiten eines jeden einzelnen von uns. Es ist die oft recht unerwartete Offenbarung verborgener Ungeheuer. Diese Offenbarung ist nur schwer erträglich. Sehr bald versuchen wir, die Ungeheuer abzuwimmeln, sie wieder zu verbergen und zu behaupten, daß es sie nicht gibt. Oder aber wir fliehen das gemeinsame Leben und die Beziehung zu den anderen. Oder aber wir behaupten, die Ungeheuer gehören zu den anderen und nicht zu uns. Schuld sind die anderen, niemals wir selbst.

Eine Ehe besteht nicht nur aus der Hochzeitsreise, dazu gehört auch eine Zeit innerer Entäußerung und Trauer. Jeder verliert seine persönliche Unabhängigkeit, jeder opfert sein Ich einer Beziehung, in der Mann und Frau eins werden. Das Leben in Gemeinschaft kennt dieselben Leiden. Die Gemeinschaft ist der Ort, an dem das Machtstreben des Ich mit aller Intensität offenbar wird – und sterben muß, damit die vielen einzelnen zu dem einen Leben werden und zur Quelle neuen Lebens. Jesus sagt: „Wenn das Weizenkorn nicht in die Erde fällt und stirbt, bleibt es allein; wenn es aber stirbt, bringt es reiche Frucht“ (Joh 12,24).

Kommt all dieses innere Leiden an die Oberfläche, dann entdecken wir aber auch, daß die Gemeinschaft ein Ort der Sicherheit ist. Schließlich gibt es dort Menschen, die uns wirklich zuhören. Langsam, aber sicher wird es möglich, ihnen unsere Ungeheuer und Schuldgefühle zu offenbaren, die im Grab unseres Herzens verborgen waren. Die Menschen, die uns begleiten, können uns helfen, all das anzunehmen, indem sie uns zeigen, daß diese Ungeheuer uns vor der Verwundbarkeit zu beschützen suchen: Sie suchen unseren Durst nach Liebe und gleichzeitig unsere Angst vor der Liebe zu verbergen. Sie sind die Wächter an der Pforte unseres verwundeten Herzens. Jeder von uns birgt in sich eine tiefe Wunde der Liebe, einen Hilfeschrei, anerkannt und als einzigartig und wichtig betrachtet zu werden. Unser Herz ist gebrochen, es blutet andauernd. Wir sehnen uns unendlich nach einer unendlichen Liebe, die dennoch konkret ist, die unsere Freiheit nicht unterdrückt, die uns nicht manipulieren will, sondern uns die Entfaltung unserer Freiheit und unserer schöpferischen Kräfte ermöglicht. Das Leben in Gemeinschaft führt zur Offenbarung dieser tiefen Wunde in uns.

Wir können diese Wunde nicht ansehen und nicht annehmen, solange wir nicht entdeckt haben, daß Gott uns auf unglaubliche Weise liebt: daß wir keine schrecklichen Sünder, keine unmöglichen Menschen sind, die ihre Eltern und andere enttäuscht und verletzt haben. Die Erfahrung Gottes im Gebet, die Erfahrung, von der Gemeinschaft geliebt und akzeptiert zu sein, ermöglicht uns langsam, aber sicher, uns so anzunehmen, wie wir sind: mit all unseren Verwundungen und Ungeheuern. Wir sind zwar verwundet, aber wir sind auch geliebt. Wir können jetzt wachsen, wir können offener werden und das Mitleid mit anderen kennenlernen. Wir haben eine Sendung. Die Gemeinschaft wird zum Ort der Befreiung und des Wachstums.

Ein Assistent der Arche sagte mir einmal, wie sehr er sich zeitlebens seinen Brüdern unterlegen fühlte, die alle erfolgreich waren und es zu einer guten Stellung gebracht hatten. In seiner Familie wurde er immer als Versager betrachtet, sein Vater verachtete ihn offenbar so sehr, daß er sich schuldig fühlte und daß er ein gestörtes Bild von sich selbst hatte. Irgendwie war er zur Arche gekommen, um hier Schutz zu suchen, aber das hatte er sich nicht eingestehen können, als er ankam. Er mußte erst eine tiefe Erfahrung des Gebets machen und eine tatsächliche innere Heilung erleben, vor allem dadurch, daß Gott ihm in der Tiefe seines Herzens offenbarte: Du bist mein geliebter Sohn. Aber in der Gemeinschaft hatte er es nicht leicht gehabt, weil er sich andauernd zu bestätigen suchte. Er war entweder zornig oder deprimiert, oder aber er scheute die Beziehungen und den Dialog. Nach und nach aber entdeckte er, daß man ihn so annahm, wie er war. Und eines Tages konnte er auch annehmen, daß seine Kindheitsverletzung ein Geschenk war. Dank dieser Gabe und dank seiner inneren Armut und seines Leidens ist er Gott begegnet und hat die Gemeinschaft entdeckt. Es ist ihm etwas geschenkt worden, das seine Brüder mit all ihrem Erfolg keineswegs bei ihm vermuteten: eine innere Freude, eine Befreiung und ein Friede, die alles übertrafen, was man sich vorstellen kann. Er hat die Freude und den Jubel des verlorenen Sohnes erfahren, so geliebt zu werden, wie er ist – und das mit einer ewigen Liebe.

Jene Wunde, die wir alle in uns tragen und vor der wir andauernd fliehen wollen, kann zum Ort der Begegnung mit Gott und mit den Brüdern und Schwestern werden, sie kann zum Ort der Ekstase und des ewigen Hochzeitsfestes werden. Das Gefühl der Isolierung, der Schuld und der Minderwertigkeit, vor dem wir am liebsten fliehen möchten, wird dann zum Ort der Befreiung und des Heils.

Irgendwo gibt es immer einen Konflikt in unserem Herzen: einen Widerstreit zwischen Hochmut und Demut, zwischen Haß und Liebe, zwischen Vergebung und der Weigerung zu verzeihen, zwischen Wahrheit und Lüge, zwischen Sichöffnen und Sichverschließen. Jeder aber ist gleichzeitig unterwegs zu seiner eigenen Befreiung, zur inneren Einheit und Heilung.

Wenn die Mauern zu fallen beginnen, dann offenbart sich unser Herz in seiner ganzen Schönheit und in seinem ganzen Leiden. Seiner Verwundungen und Sünden wegen ist unser Herz erfüllt von Finsternis und dem Bedürfnis, sich zu rächen. Gleichzeitig ist es aber auch der Ort, an dem Gott wohnt: Tempel des Heiligen Geistes. Wir dürfen keine Angst haben vor diesem verwundbaren Herzen, für das die Sexualität eine ständige Versuchung ist, das hassen und eifersüchtig sein kann. Auf der Suche nach Selbstherrlichkeit und Unabhängigkeit brauchen wir uns nicht in Machtstreben und Wissensdurst zu flüchten. Im Gegenteil, wir müssen nur einwilligen, daß Gott hierin Platz nimmt, dann wird unser Herz gereinigt und erleuchtet. In dem Maß, wie der Stein vom Grabe weggewälzt und unsere eigentliche Sendung offenbar wird, entdecken wir, daß wir geliebt sind und daß uns vergeben ist. Dann aber wird das Grab durch die Kraft der Liebe und den Beistand des Heiligen Geistes zum Ort des Lebens. Unser Herz erfährt Auferstehung in neuer Reinheit. Durch die Gnade Gottes entdecken wir ein neues Leben, empfangen vom Heiligen Geist.

Dieser Abstieg in die Tiefe des Herzens ist ein Tunnel des Leidens, aber auch eine Befreiung zur Liebe. Sicher ist es schmerzhaft, wenn die Mauern des Egoismus und der Selbstherrlichkeit in sich zusammenbrechen. Aber es ist auch eine Befreiung, wenn das Kind in uns neu geboren wird und der alte Egoist stirbt. Jesus sagt, wenn wir nicht werden wie die Kinder, können wir nicht in das Reich Gottes eingehen. Die Offenbarung der Liebe ist für die Unmündigen bestimmt, nicht für die Klugen und Weisen dieser Welt.

Wenn wir wirklich nach unserem Herzen leben, dann leben wir nach dem Heiligen Geist, der in uns wohnt. Wir sehen die anderen, wie Gott sie sieht. Wir sehen ihre Verwundungen und ihre Leiden, aber wir sehen sie nicht mehr als Problemfälle an: Wir sehen Gott in ihnen. Beginnen wir aber, auf diese Art zu leben, nämlich ohne den Schutz der Mauern, dann werden wir sehr verwundbar und sehr arm. „Selig die Armen im Geist, denn ihnen gehört das Himmelreich.“ Genau diese Armut wird zu unserem Reichtum. Denn von diesem Moment an leben wir nicht mehr unserem eigenen Ruhm, sondern für die Liebe und die Kraft Gottes, die sich in unserer Schwachheit offenbart.

Heute gibt es immer mehr Gruppen, die sich an großen Fragen der Zeit orientieren. Es gibt Bewegungen für den Frieden, Umweltschutzbewegungen, Bewegungen gegen die Unterdrückung, für die Befreiung der Frau, gegen die Folter usw. Jede dieser Bewegungen ist wichtig, jede ist ein Zeugnis für die Wahrheit und die Freiheit. Alle arbeiten sie für Gerechtigkeit und Frieden in der Welt, zumindest soweit sie von einem gewissen gemeinsamen Leben ausgehen und sich bewußt sind, daß jeder Mensch eine Welt der Finsternis und des Hasses in sich trägt (und nicht nur bestimmte Gruppen). Sonst laufen sie Gefahr, sehr aggressiv zu werden und die Welt in Unterdrücker und Unterdrückte, in Gute und Böse aufzuteilen. Oft sehen und bekämpfen wir das Böse außerhalb von uns, nur um es nicht in uns zu sehen.

Der Unterschied zwischen einer Gemeinschaft und einer Gruppierung, die sich nur einer bestimmten Sache annimmt, besteht darin, daß die Gruppe den Feind nur außen sieht. Ihr Kampf richtet sich nach außen. Es gibt immer einen, der gewinnt, und einen, der verliert. Die Gruppe weiß, daß sie recht hat und daß sie die Wahrheit hat, und sie möchte dieses Recht und diese Wahrheit den anderen aufzwingen. Die Glieder einer Gemeinschaft aber wissen, daß der Kampf sich innerhalb des einzelnen und innerhalb der Gemeinschaft abspielt und daß dieser Kampf sich gegen alle Mächte des Stolzes, des Elitedenkens, des Hasses und der Depression richten muß. Das sind die Feinde, die andere verwunden und erdrücken, die Spannungen und Spaltungen und Kriege aller Art hervorrufen.

In seinem Buch „People of the Lie“ (New York 1983) schreibt Scott Peck: „Die ersten Knospen unseres Interesses am Dasein und die Quelle unserer Vorurteile, unserer verborgenen Aggressivität, unserer irrationalen Ängste, unserer inneren Erblindung, unserer geistigen Gewohnheiten, unseres Widerstandes gegen das Wachstum sind auch der Beginn eines neuen Entwicklungssprungs. Die wesentliche Gefahr für das Überleben kommt nicht mehr von außen, sondern von der menschlichen Natur selbst. Was unsere Welt wirklich gefährdet, ist unsere Gleichgültigkeit, unsere Aggressivität, unser Egoismus, unser Stolz und unser willentliches Unwissen. Wenn wir die Möglichkeit des Bösen in uns nicht zähmen und uns wandeln, sind wir verloren. Und wie können wir das tun, wenn wir uns nicht dazu entscheiden, das Böse, das in uns ist, genauso präzis, objektiv und rigoros anzuschauen wie das der Außenwelt."

Johannes vom Kreuz sagt, die Liebe Gottes und die Nächstenliebe haben denselben Ursprung und dasselbe Ziel. Wächst man in der Nächstenliebe, so wächst man auch in der Gottesliebe. Verschließt man sein Herz den anderen, so verschließt man es auch Gott.

Johannes, der Jünger, den Jesus liebt, sagt dasselbe in seinen Briefen: „Wenn einer die Güter der Welt besitzt und seinen Bruder Not leiden sieht und sein Herz vor ihm verschließt, wie kann in dem die Liebe Gottes bleiben!" (1 Joh 3,17). „Wer sagt, er sei im Licht, aber seinen Bruder haßt, ist noch in der Finsternis. Er weiß nicht, wohin er geht; denn die Finsternis hat seine Augen blind gemacht" (1 Joh 2,9.11).

Mit all seinen Schwierigkeiten ist das Leben in Gemeinschaft ein außergewöhnlicher Ort des Wachstums.

Jeder Mensch hungert und dürstet nach innerer Verbundenheit, sein Herz ist ein Schrei, geliebt und verstanden und nicht beurteilt und verurteilt zu werden, ein Schrei, als wertvoll und einzigartig, anerkannt zu werden. Aber innere Verbundenheit hat auch ihre Erfordernisse: Man muß aus seiner Nußschale heraus wollen, man muß verwundbar werden, um lieben und andere verstehen zu können, um jeden als einzigartig und unersetzlich anzuerkennen, mit ihm zu teilen und ihm Raum und Nahrung zu geben. Genau dort aber beginnen Leiden, Angst und oft genug die Unfähigkeit zu lieben. Jesus ruft seine Jünger auf, sich gegenseitig zu lieben, wie er sie liebt, und nicht nur, wie man sich selber liebt. Er schlägt ihnen etwas Neues vor: die anderen zu lieben mit der Liebe Gottes, sie anzuschauen mit den Augen Gottes. Und wir können die anderen nicht so sehen und so lieben, solange wir selbst nicht die Erfahrung im Glauben gemacht haben, daß Jesus uns mit einer befreienden Liebe liebt. Erst dann können wir uns öffnen, verletzlich werden, in der Offenheit den anderen gegenüber wachsen und unser Leben hingeben.

Die Gemeinschaft ist der Ort, an dem man lernt, zu lieben und zu Friedensstiftern zu werden. Deswegen ist es dringend notwendig, daß die Gemeinschaften wachsen, sich entwickeln und vertiefen und daß viele neue Gemeinschaften gegründet und unterstützt werden.

Sympathie und Antipathie

Die beiden großen Gefahren für eine Gemeinschaft sind „Freunde" und „Feinde". Menschen, die sich ähneln, finden sich sehr schnell zusammen. Man ist gern mit jemand zusammen, der einem gefällt, der dieselben Ideen hat, dieselben Ansichten, denselben Humor. Man bestärkt sich gegenseitig, man schmeichelt sich: „Du bist wunderbar." – „Du bist auch wunderbar." – „Wir sind beide wunderbar, denn wir sind wirklich intelligent, echt begabt sind wir." Aus menschlichen Freundschaften kann aber sehr schnell ein Klub der Mittelmäßigen entstehen. Man sondert sich ab, man schmeichelt sich gegenseitig und macht sich glauben, man gehöre zu den Besten. Das hindert einen daran, seine innere Armut und seine Verletzungen zu sehen. Die Freundschaft ist dann keine Ermutigung zum Wachstum mehr, Brüdern und Schwestern besser zu dienen, mit den empfangenen Gaben treuer hauszuhalten, intensiver auf den Geist zu hören, mit mehr Vertrauen durch die Wüste in das Gelobte Land der inneren Freiheit zu ziehen. Die Freundschaft wird dann erdrückend wie eine Mauer, die uns daran hindert, auf die anderen zuzugehen und auf ihre Bedürfnisse zu achten. Auf die Dauer können solche Freundschaften auch zu gefühlsmäßiger Abhängigkeit führen. Sie sind dann nur eine andere Form der Knechtschaft.

In einer Gemeinschaft gibt es auch „Antipathien“. Es gibt diejenigen, mit denen ich mich nicht verstehe, die mich blockieren, mir widersprechen, die das aufkeimende Leben in mir ersticken. Ihre Gegenwart erscheint mir bedrohlich, sie machen mir meine eigene Armut bewußt, meine Schuldgefühle, meine Verletzungen, sie lösen Aggressivität in mir aus oder eine Form knechtischer Unterwürfigkeit. Ich kann mich nicht ausdrücken und in Frieden leben. Andere lassen in mir Eifersucht und Neid aufkommen: Sie sind all das, was ich so gern sein möchte. Ihre Gegenwart erinnert mich daran, daß ich nicht bin, was sie sind. Ihre Ausstrahlung und ihre Intelligenz verweisen mich auf meine eigene Armseligkeit. Andere wiederum fordern zu viel von mir, ich kann ihrem andauernden gefühlsmäßigen Anspruch nicht genügen; ich bin gezwungen, sie zurückzustoßen. Diese Menschen sind meine Feinde, sie bringen mich in Gefahr. Selbst wenn ich das nicht zuzugeben wage, hasse ich sie. Sicher ist dieser Haß nur psychologisch und nicht moralisch, das heißt, er ist nicht gewollt. Dennoch würde ich es vorziehen, wenn diese Menschen nicht da wären. Ihr Verschwinden, ihr Tod wäre mir eine echte Befreiung.

Es ist ganz natürlich, daß es in einer Gemeinschaft sowohl eine gefühlsmäßige Nähe gibt als auch Blockierungen zwischen Menschen, die verschieden empfinden. Das hat seinen Grund zumeist in der Unreife unserer Empfindungen, verursacht durch Ereignisse in unserer frühesten Kindheit, über die wir keinerlei Kontrolle haben. Man muß diese frühkindlichen Verletzungen durchaus ernst nehmen. Lassen wir uns aber ausschließlich von unseren Gefühlen leiten, so werden in der Gemeinschaft Cliquen entstehen. Von Gemeinschaft als Ort innerer Verbundenheit kann dann nicht mehr die Rede sein, eher von einer Ansammlung mehr oder weniger in sich verschlossener Gruppen. Kommt man in gewisse Gemeinschaften, dann spürt man solche Spannungen und unterschwelligen Feindseligkeiten sehr bald. Man sieht sich nicht mehr an, man kreuzt sich in den Fluren wie Schiffe in der Nacht. Eine Gemeinschaft ist nur dann echte Gemeinschaft, wenn die Mehrheit der Mitglieder sich ganz bewußt entschlossen hat, diese Schranken zu überwinden und aus jenen „Freundschaften“, in die man sich allzusehr versponnen hat, herauszuschlüpfen, um dem „Feind“ die Hand zu reichen. Aber das ist ein weiter Weg. Eine Gemeinschaft entsteht nicht an einem Tag. Tatsächlich ist sie niemals am Ziel. Sie ist immer unterwegs zu einer noch größeren Liebe; oder aber sie fällt zurück - je nachdem, ob die Menschen es annehmen oder ablehnen, in den Tunnel des Leidens herabzusteigen, um im Heiligen Geist neu zu erstehen.

Die Mauern um jene Gemeinschaften, die sich entweder aus Angst oder elitärem Dünkel in sich selbst verschließen, sind nichts anderes als ein Spiegelbild jener Mauern, die die Menschen innerhalb der Gemeinschaft um ihr verwundetes Herz errichten. Es gibt einen sehr bezeichnenden Abschnitt im Epheserbrief: Paulus sagt, Jesus ist gekommen, um die Mauern der Feindseligkeit einzureißen, die Juden und Heiden voneinander trennten, um aus den beiden eins zu machen (vgl. Eph 2, 14).

Bill Clark gibt ein Beispiel des unerträglichen Leidens im Leben einer Gemeinschaft. Zwei Menschen wohnen im selben Zimmer, der eine drückt gewissenhaft seine Zahnpastatube vom Ende her aus, während der andere, der dieselbe Tube benützt, sie von der Mitte her drückt.

Im fünften Kapitel seines Buches „The Different Drum“ (New York 1987) spricht Scott Peck von Pseudo-Gemeinschaften, in denen man behauptet, in Gemeinschaft zu leben. Alle sind höflich und folgen den Gesetzen und Regeln gehorsam. Man spricht von nichts anderem als von Kleinigkeiten und Allgemeinheiten, hinter alldem aber schwelt eine ungeheure Angst vor Spannungen: die Angst, die verborgenen Ungeheuer hervorkommen zu lassen. Wenn die Menschen wirklich anfangen, aufeinander zu hören, sich zu engagieren, ihrem Herzen Luft zu machen, werden dann nicht auch Zorn und Angst an die Oberfläche kommen, wird man sich dann nicht schlagen, und zwar mit Bratpfannen? Es gibt so viele verdrängte Emotionen im Herzen jedes einzelnen - würde man auf einmal anfangen, sie herauszulassen, weiß Gott, was dann passieren könnte! Es wäre das Chaos.

Aber genau dieses Chaos könnte zur Heilung führen! Die Menschen würden dann verstehen, in welchem Zustand sich die Gemeinschaft befindet, welche fürchterlichen Ängste sie in sich tragen. Sie würden sich leer und verloren fühlen. Was tun? Wie weiter? Gemeinsam würden sie entdecken, daß sie in der Unwahrheit gelebt haben. Aber gerade dann könnte das Wunder stattfinden! Wenn sie sich gemeinsam auf verlorenem Posten fühlen, dann werden sie auch beginnen, sich ihre Leiden, ihre Enttäuschungen und ihre Liebe mitzuteilen – und sich schließlich als Brüder und Schwestern zu entdecken. Sie werden Gott um Licht und um Heilung bitten und die Versöhnung entdecken. Und damit entdecken sie auch die Gemeinschaft.

Der Feind macht mir Angst. Ich bin unfähig, seinen Schrei zu hören, auf seine Bedürfnisse einzugehen. Seine aggressive und beherrschende Haltung erstickt mich. Ich fürchte ihn, und ich möchte, daß er verschwindet. Aber in der Gemeinschaft bin ich berufen, zu entdecken, daß der „Feind" ein Mensch ist, der leidet; gerade durch diesen Menschen soll mir bewußt werden, daß ich selber schwach bin, daß es mir an Reife fehlt und daß ich innerlich arm bin. Und vielleicht möchte ich gerade das nicht sehen. Die Fehler, die ich bei anderen kritisiere, sind oft meine eigenen Fehler, die ich nicht sehen möchte. Wer die anderen und die Gemeinschaft kritisiert, wer die ideale Gemeinschaft sucht, ist oft dabei, die eigenen Fehler und Schwächen zu fliehen. Er sieht den Splitter im Auge des anderen, aber ist sich des Balkens im eigenen Auge nicht bewußt. Er lehnt es ab, die eigene Unzufriedenheit und Verletztheit wahrzunehmen. Die Botschaft Jesu ist deutlich: „Ich sage euch: Liebt eure Feinde; tut denen Gutes, die euch hassen. Segnet die, die euch verfluchen; betet für die, die euch mißhandeln. Dem, der dich auf eine Wange schlägt, halt auch die andere hin ... Wenn ihr nur die liebt, die euch lieben, welchen Dank erwartet ihr dafür? Auch die Sünder lieben die, von denen sie geliebt werden“ (Lk 6,27ff).

Eines der Zeichen des Bösen ist die Tendenz, seine Fehler auf die anderen zu übertragen. Weil man sich nicht mit der eigenen Sünde konfrontieren will oder kann, muß man sich ihrer entladen, indem man die anderen anklagt und verdammt.“ – „Ich weiß, die erste Aufgabe der Liebe ist die Reinigung meiner selbst. Habe ich mich mit der Hilfe Gottes so weit gereinigt, daß ich meine Feinde wirklich lieben kann, dann geschieht etwas sehr Schönes. Dann scheint die Seele so rein zu werden, als würde sie transparent, und ein ganz besonderes Licht durchstrahlt den ganzen Menschen“ (*S. Peck*, People of the Lie, 268).

„Natürlich begegnet man im Karmel keinen Feinden, aber es gibt schließlich Sympathien, man fühlt sich zur einen Schwester hingezogen, während man einer andern wegen am liebsten einen weiten Bogen machte, um die Begegnung mit ihr zu vermeiden, so wird sie, ohne daß sie es weiß, zum Anlaß eines Verfolgtwerdens. Nun, Jesus sagt mir, man müsse diese Schwester lieben, man müsse für sie beten, auch wenn ihr Verhalten mich vermuten ließe, daß sie mich nicht liebt. ‚Wenn ihr nur die liebt, die euch lieben, welchen Dank soll man euch zollen? Denn auch die Sünder lieben jene, von denen sie geliebt werden‘ (Lk 6,32).“[1]

---

[1] *Therese vom Kinde Jesus*, Selbstbiographische Schriften, Einsiedeln [10]1984, 238. Thérèse Martin, meist Therese von Lisieux genannt, trat mit 15 Jahren in den Karmel ein, sie starb mit 24 Jahren. Ihre Autobiographie ist eines der erhellendsten Dokumente über Leiden und Heiligkeit im Leben der Gemeinschaft.

Die Gemeinschaft, Ort der Vergebung

Solange ich nicht annehmen kann, daß ich eine Mischung aus Licht und Finsternis, aus Begabungen und Fehlern, aus Liebe und Haß, aus Altruismus und Egozentrik, aus Reife und Unreife bin, solange ich die Tatsache nicht anerkenne, daß wir alle Kinder desselben Vaters sind, so lange werde ich die Welt weiter in Freunde und Feinde, Gute und Böse einteilen. Ich werde weiter Mauern um mich selbst und um meine Gemeinschaft aufrichten. Und ich werde weiter Vorurteile verbreiten helfen.

Gestehe ich mir aber ein, daß auch ich meine Schwächen und Fehler habe, daß ich gegen Gott, meine Brüder und Schwestern gesündigt habe, aber daß mir vergeben worden ist und daß ich fortschreiten kann auf dem Weg innerer Freiheit und wahrer Liebe, dann kann ich auch die Fehler und die Schwächen der anderen annehmen. Auch ihnen ist von Gott vergeben worden, und sie können in Richtung auf die Liebe und die Freiheit fortschreiten. Ich kann jedes menschliche Wesen mit Realismus und Liebe betrachten. Ich kann beginnen, in jedem die Verwundung zu sehen, die mir Angst macht – aber auch die Gabe, die ich lieben und bewundern kann. Wir sind alle hinfällig und anfällig, aber wir sind auch alle einzigartig und kostbar. Es gibt immer Hoffnung, denn wir alle können fortschreiten zu einer immer größeren inneren Freiheit. Wir können alle lernen, einander zu vergeben.

In einer Gemeinschaft ist es allzu leicht, die anderen zu beurteilen und zu verurteilen. Wir teilen die Menschen in Kategorien ein. „Der ist so und so, und die ist das und das." Damit aber nehmen wir ihnen die Möglichkeit zu wachsen. Jesus sagt uns, wir sollen niemand beurteilen und niemand verurteilen. Es ist *die* Sünde gemeinsamen Lebens. Häufig urteilen wir, weil es etwas in uns gibt, für das wir uns schuldig fühlen, das wir selbst nicht sehen und auch die anderen nicht sehen lassen wollen. Urteilen wir, so weisen wir die anderen ab. Wir richten eine Mauer auf. Vergeben wir, so lassen wir die Mauern fallen. Wir kommen den anderen wieder näher.

Es kommt vor, daß ich andere viel zu schnell beurteile – was sie tun und wie sie Autorität ausüben –, ohne die Umstände und die Tatsachen genügend zu kennen. Es ist viel leichter, von seinen Verwundungen her als aus der Mitte zu sprechen: von dort her, wo Jesus in uns gegenwärtig ist. Man macht so leicht Bemerkungen über die Unvollkommenheiten der anderen, anstatt zu betonen, was einem positiv an ihnen auffällt.

Spricht man von seinen Verwundungen her, so geschieht das oft, um den anderen zu zeigen, daß man jemand ist: Man hat Angst, übergangen zu werden, nicht anerkannt zu werden, etwas zu verlieren. Unser Tonfall kann einen unbewußten Zorn verraten oder aber das Bedürfnis, die anderen zu beherrschen und zu kontrollieren, oder auch die innere Spannung aus Verwirrung oder Angst heraus. Es ist durchaus nicht erstaunlich, daß wir von unseren inneren Verwundungen und Verteidigungsmechanismen her sprechen und von daher die anderen zu schnell verurteilen. Das gehört zu unserer menschlichen Natur. Wir haben alle unsere inneren Verletzungen und Schwächen. Wir können alle vor gewissen Menschen und ihren Gedanken Angst haben. Wir haben alle unsere Schwierigkeiten, dem anderen wirklich zuzuhören und ihn zu schätzen.

Aber wir dürfen uns nicht beherrschen lassen von unseren psychischen Instinkten. Wir müssen unser geistliches Leben vertiefen, um immer mehr auf die Wahrheit und die Liebe zentriert zu sein: auf Gott, um von diesem Zentrum her zu sprechen und zu handeln – und die anderen nicht zu verurteilen, wie er sie nicht verurteilt.

Die anderen annehmen, wie sie sind und ihnen vergeben, können wir nicht wirklich, solange wir nicht entdeckt haben, daß Gott uns so annimmt, wie wir sind, und daß er uns vergibt. Es ist eine ganz tiefe Erfahrung, sich mit all seinen Verwundungen und seiner Kleinheit von Gott geliebt und getragen zu wissen. Die Verantwortung für unsere Sünden und unsere Herzenshärte zu übernehmen und gleichzeitig zu wissen, daß uns vergeben ist, bedeutet eine wirkliche Befreiung. Ich brauche meine Schuldgefühle nicht mehr zu verbergen.

Wir können unsere Feinde und das, was in ihnen gestört ist, nur dann wirklich lieben, wenn wir beginnen, auch das in uns Gestörte zu lieben. Der verlorene Sohn kann niemand mehr verurteilen, nachdem er einmal entdeckt hat, mit welch außerordentlicher Liebe der Vater ihn liebt. Wie könnte er jemanden ablehnen, nachdem er erlebt hat, daß der Vater ihn annimmt, wie er ist - mit allem, was in ihm gestört ist? Der ältere Sohn dagegen urteilt weiter, weil er seine eigenen Verletzungen noch nicht annehmen konnte: Sie waren noch auf dem Grund seines Herzens begraben, und der Grabstein war noch nicht weggerollt.

Wir können nicht wirklich von ganzem Herzen lieben, solange wir nicht entdeckt haben, daß wir vom Herzen Gottes ganz und gar geliebt sind.

Die Gemeinschaft ist ein Ort der Vergebung. Bei allem Vertrauen, das man zueinander hat, wird es immer wieder Worte geben, die verletzen. Man wird immer wieder versuchen, sich selbst in die Mitte zu stellen. Es wird immer wieder eine Situation geben, in der sich jemand in seiner Empfindlichkeit verletzt fühlt. Gemeinsames Leben ist darum immer auch mit einem gewissen Kreuz verbunden. Es muß von der ständigen Bemühung begleitet sein, einander anzunehmen, das heißt, täglich neu einander zu vergeben. Tritt man in eine Gemeinschaft ein, ohne vergeben lernen zu wollen und sich siebenmal siebzigmal vergeben zu lassen, so wird man sehr bald enttäuscht sein.

Aber vergeben heißt nicht nur, jemandem, der sich aufregt und die Tür zugeschlagen hat, der ein antisoziales oder antigemeinschaftliches Verhalten gezeigt hat, zu sagen: „Ich vergebe dir.“ Hat man eine gewisse Machtposition und einen festen Platz in der Gemeinschaft, dann ist es leicht, Vergebung auszuteilen. Vergeben heißt aber auch verstehen, was sich hinter dem Zorn und dem unsozialen Verhalten des anderen verbirgt, was er damit sagen will. Vielleicht fühlt er sich abgelehnt, vielleicht hat er den Eindruck, daß niemand hören will, was er zu sagen hat, oder aber er fühlt sich unfähig auszudrücken, was in ihm vorgeht. Vielleicht ist die Gemeinschaft in ihrer Haltung auch zu streng oder zu steif, zu legalistisch oder zu festgefahren, vielleicht fehlt es ihr auch an Liebe und Wahrheit. Vergeben heißt auch, in sich selbst hineinzuschauen und zu sehen, was ich bei mir ändern muß, warum auch ich um Vergebung bitten muß, warum auch ich leiden muß, was verwundet ist.

Vergeben heißt, nach einer Trennung erneut jenen Bund anzuerkennen, der uns miteinander verbindet – auch mit jenen, mit denen ich mich nicht allzugut verstehe. Es heißt, mich gerade ihnen zu öffnen und sie erneut anzuhören. Es heißt, ihnen Raum in meinem Herzen zu geben. Deswegen ist es niemals einfach zu vergeben. Auch ich muß mich bekehren. Ich muß lernen, zu vergeben und noch einmal zu vergeben und immer wieder zu vergeben, jeden Tag neu. Um uns der Vergebung zu öffnen, brauche ich die Kraft des Heiligen Geistes.

Hab Geduld

Niemand ist Herr seiner Empfindungen: jener anziehenden oder abstoßenden Kräfte, die aus der Tiefe unseres Wesens aufsteigen und die wir nur recht und schlecht zu kontrollieren vermögen. Wir können uns immer nur bemühen, den Neigungen nicht nachzugeben, die Schranken innerhalb der Gemeinschaft zu errichten drohen. Wir können nur hoffen, daß der Heilige Geist uns vergeben und reinigen wird, daß er die verqueren Auswüchse unseres Innenlebens immer wieder zurechtstutzen wird. Unsere Empfindungen sind von Kindheit an durch tausend Ängste und Egoismen geprägt, aber auch durch tausend Gesten der Liebe Gottes. Unsere Gefühlswelt ist eine Mischung aus Licht und Finsternis, sie wird nicht an einem Tag geheilt werden. Dazu bedarf es der ständigen Reinigung und Vergebung, der täglichen Bemühung und vor allem der Gabe des Heiligen Geistes, der uns von innen her immer neu schafft.

Um unsere Empfindungen nach und nach so wandeln zu lassen, daß wir den Feind wirklich lieben können, braucht es einen langen Atem. Wir müssen Geduld haben mit unseren Gefühlen und unseren Ängsten, wir müssen Erbarmen haben mit uns selbst. Um diesen Schritt zur Annahme und Liebe der anderen zu wagen, aller anderen, müssen wir ganz einfach bei der Erkenntnis unserer eigenen Hemmungen, Eifersüchte und Vorurteile anfangen, die alle mehr oder weniger unbewußt sind. Wir müssen erkennen, daß wir arme Teufel sind: daß wir sind, was wir sind. Wir müssen den Vater um Vergebung und Reinigung bitten. Außerdem ist es gut, mit einem Geistlichen oder einem anderen Mann Gottes darüber zu sprechen, der uns vielleicht verstehen lassen kann, was in uns vorgeht, der uns in unserem Bemühen um Aufrichtigkeit bestärkt und uns hilft, die Vergebung Gottes zu entdecken.

Haben wir einmal erkannt, daß etwas in uns schief gewachsen ist, daß wir Hemmungen und Abneigungen haben, dann sollten wir uns auf unsere Zunge konzentrieren. Wir sollten ihr nicht einfach freien Lauf lassen, die so schnell Streitigkeiten heraufbeschwören, die Fehler und die Irrtümer anderer ausbreiten und sich freuen kann, wenn sie dem anderen sein Unrecht nachweisen kann. Die Zunge ist eines der kleinsten Organe, aber sie kann rasch zum Tode führen. Um unsere eigenen Mängel zu verbergen, spielen wir allzugern die Fehler der anderen hoch! Unrecht hat immer der andere! Nehmen wir aber die eigenen Schwächen an, dann ist es auch leichter, diejenigen der anderen mitzutragen.

Johannes vom Kreuz sagt: „Hört niemals, was man von den Schwächen der anderen sagt, und wenn sich jemand über seinen Nächsten beklagt, bittet ihn demütig, euch nichts über ihn zu sagen."

Gleichzeitig sollten wir aufrichtig versuchen, auch die guten Eigenschaften des „Feindes" anzuerkennen. Er muß doch zumindest *etwas* Gutes an sich haben! Weil ich Angst vor ihm habe, hat er vielleicht Angst vor mir. Wenn ich gehemmt bin, ist er es vielleicht auch. Für zwei Menschen, die Angst voreinander haben, ist es schwierig, die guten Seiten des anderen zu entdecken. Sie brauchen jemand, der vermittelt, der versöhnt: einen Friedensboten, dem ich vertraue und von dem ich weiß, daß er sich auch mit dem Feind gut versteht. Vertraue ich diesem Dritten meine Schwierigkeiten an, so kann er mir vielleicht helfen, die guten Eigenschaften des Feindes zu entdecken oder zumindest mein Verhalten und meine Hemmungen zu verstehen. Habe ich aber einmal seine Qualitäten entdeckt, dann kann ich vielleicht eines Tages meine Zunge gebrauchen, auch einmal etwas Gutes über ihn zu sagen. Das ist ein langer Weg. Eines Tages aber wird er zum Ziel führen, nämlich wenn ich den früheren Feind um Rat frage oder ihn um einen Dienst bitte. Ihn um Hilfe oder um einen Dienst zu bitten, bewegt den anderen meist mehr, als ihm einen Dienst zu erweisen oder ihm etwas Gutes zu tun.

Während der ganzen Zeit kann der Heilige Geist uns helfen, für den „Feind" zu beten, daß auch er wächst, wie Gott es möchte, damit eines Tages die ersehnte Geste der Versöhnung Wirklichkeit werden kann.

Eines Tages wird der Heilige Geist mich von der Hemmung und der Abneigung dem Feind gegenüber tatsächlich befreien. Oder vielleicht läßt er mich mit diesem Stachel im Fleisch weiterwachsen, der mich demütigt und mahnt, mich jeden Tag neu zu bemühen. Als der Apostel Paulus darum bittet, vom Stachel im Fleisch befreit zu werden, antwortet ihm Jesus: „Meine Gnade sei dir genug; denn die Kraft wird in der Schwachheit vollendet" (2 Kor 12,9). Schlechte Gefühle und Schuldgefühle sollten uns dabei nicht beunruhigen. Wir sollten vielmehr Gott um Verzeihung bitten wie kleine Kinder und weitergehen. Auch wenn der Weg lang ist, sollten wir uns nicht entmutigen lassen. Eine der Aufgaben gemeinsamen Lebens besteht gerade darin, uns gegenseitig zu helfen, in der Hoffnung gemeinsam weiterzugehen, indem wir uns so annehmen, wie wir sind, und auch die anderen so annehmen, wie sie sind. Geduld und Vergebung sind zentrale Wirklichkeiten gemeinsamen Lebens: Geduld uns selbst gegenüber und den Gesetzmäßigkeiten unseres eigenen Wachstums – und Geduld den anderen gegenüber. Die Hoffnung einer Gemeinschaft gründet sich auf die Annahme und die Liebe dessen, was ich bin und was die anderen sind – und auf die notwendige Geduld und das Vertrauen zum gemeinsamen Wachstum.

Es gibt in der Kommunität eine Schwester, die das Talent hat, mir in jeder Hinsicht zu mißfallen, ihre Manieren, ihre Worte, ihr Charakter schienen mir sehr unangenehm. Sie ist jedoch eine heilige Klosterfrau, die dem Lieben Gott sicher sehr angenehm ist; so wollte ich der natürlichen Antipathie die ich empfand, nicht nachgeben, ich sagte mir, die Liebe dürfe nicht in Gefühlen bestehen, sondern müsse sich in Werken äußern; nun bemühte ich mich, für diese Schwester zu tun, was ich für den mir liebsten Menschen getan hätte. Jedesmal, wenn ich ihr begegnete, betete ich für sie zum Lieben Gott und bot ihm alle ihre Tugenden und Verdienste an. Ich fühlte, dies machte Jesus Freude" (*Thérèse vom Kinde Jesus*, Selbstbiographische Schriften, Einsiedeln [10]1984, 234f).

Wir müssen Gott bitten, daß wir von ihm lernen, jene zu lieben, von denen wir uns nicht angezogen fühlen, und anziehend für jene zu sein, die er uns lieben lehren möchte.

Wachsen in der Liebe heißt sich bemühen, täglich neu gerade denen gegenüber aufnahmebereit, aufmerksam und liebevoll zu sein, mit denen wir am meisten Schwierigkeiten haben: den „Feinden"; den Armen, den Alten, den Schwachen, den Anspruchsvollen, den Leidenden; den Randfiguren der Gemeinschaft, die am meisten Schwierigkeiten haben, sich an die Regeln zu halten; nicht zuletzt auch mit den Jüngsten. Bleibt man diesen vier Prioritäten der Liebe treu, dann wird die Gemeinschaft als Ganzes zu einer Oase der Liebe.

Gegenseitiges Vertrauen

Im Zentrum der Gemeinschaft steht jenes gegenseitige Vertrauen, das aus dem täglichen Vergeben und der Annahme unserer Schwächen und Armseligkeiten und jenen der anderen entsteht. Zu diesem Vertrauen kommt es nicht an einem Tag. Es braucht Zeit, bis sich echte Gemeinschaft bildet. Tritt jemand in eine Gemeinschaft ein, dann spielt er zunächst immer eine bestimmte Rolle. Er möchte dem entsprechen, was die anderen von ihm erwarten. Langsam, aber sicher wird er entdecken, daß die anderen ihn lieben, wie er ist, und ihm tatsächlich vertrauen. Dieses Vertrauen aber muß sich bewähren und andauernd wachsen.

Junge Eheleute lieben sich vielleicht sehr. Aber diese Liebe hat manchmal etwas Oberflächliches, Erregendes, weil man sie gerade erst entdeckt. Die Liebe älterer Eheleute, die gemeinsam Prüfungen durchgestanden haben und aus Erfahrung wissen, daß der andere treu ist bis in den Tod, geht zweifellos tiefer. Sie wissen, daß keine Macht der Welt ihren Bund zu brechen vermag.

Ähnlich ist es in unseren Gemeinschaften. Gerade durch Leiden, durch sehr große Schwierigkeiten, durch Spannungen, die unsere Treue auf die Probe gestellt haben, wächst das Vertrauen. Eine Gemeinschaft, in der echtes gegenseitiges Vertrauen herrscht, ist unerschütterlich.

Die Hauptschwierigkeit für viele, die in Gemeinschaft leben, ist der Mangel an Vertrauen zu sich selbst. Wir haben den Eindruck, nicht liebenswürdig zu sein. Könnten die anderen uns sehen, wie wir wirklich sind, würden sie uns ablehnen müssen. Wir haben Angst vor allem, was im Dunkeln liegt, vor Schwierigkeiten im seelischen oder im sexuellen Bereich. Wir haben Angst, nicht wirklich lieben zu können: himmelhoch jauchzend, zu Tode betrübt – weder das eine noch das andere entspricht dem, was wir sind. Wie also sollen wir überzeugt sein, daß wir geliebt sind mit all unserer Armut und all unseren Schwächen – und daß auch wir lieben können?

Gerade das aber ist das Geheimnis des Wachstums in Gemeinschaft. Und wenn es nun von einer Gabe Gottes käme, die mir vielleicht durch die Güte anderer zuteil wird? Entdecke ich langsam, aber sicher, daß Gott und die anderen mir vertrauen, dann wird es auch einfacher, mir selbst zu vertrauen – und dadurch kann mein Vertrauen zu den anderen wieder wachsen.

In Gemeinschaft leben heißt, das Geheimnis des eigenen Menschseins in seiner Einzigartigkeit zu entdecken und zu lieben. Auf diese Weise werden wir frei. Wir leben nicht mehr nach den Wünschen der anderen oder nach einer Rolle, sondern aus dem Anruf der eigenen Tiefe. Damit aber sind wir frei, die anderen so zu lieben, wie sie sind, und nicht so, wie wir sie haben möchten.

Das Recht, ich selbst zu sein

Ich wollte immer ein Buch schreiben mit dem Titel: „Das Recht, schlecht zu sein“. Vielleicht sollte ich es besser nennen: „Das Recht, ich zu sein“. Eine der großen Schwierigkeiten gemeinsamen Lebens besteht darin, daß man Menschen verpflichtet, anders zu sein, als sie sind. Man erlegt ihnen ein Ideal auf, dem sie zu entsprechen haben. Man erwartet zu viel von ihnen, beurteilt sie zu schnell und stempelt sie ab. Wenn es ihnen nicht gelingt, sich dem Bild oder dem Ideal anzupassen, das man sich von ihnen macht, fürchten sie, nicht mehr geliebt zu sein oder zu enttäuschen. Und sie fühlen sich verpflichtet, sich hinter einer Maske zu verbergen.

Manchmal gelingt es ihnen, sich dem gewünschten Bild anzupassen, dann können sie der Regel der Gemeinschaft folgen. Zumindest an der Oberfläche kann ihnen das den Eindruck vermitteln, vollkommen zu sein, aber das bleibt natürlich eine Illusion. In einer Gemeinschaft handelt es sich nicht darum, vollkommene Menschen zu haben. Eine Gemeinschaft besteht aus Menschen, die miteinander Beziehungen eingehen. Jeder trägt in sich Gutes und Böses, Licht und Finsternis, Liebe und Haß.

Die Gemeinschaft ist nichts anderes als der Boden, auf dem jeder furchtlos auf die Befreiung der in ihm verborgenen Kräfte der Liebe hinwachsen kann. Freilich kann es kein Wachstum geben, solange man nicht erkennt, daß es möglich ist. Und niemand kann weiterwachsen, solange man ihn daran hindert, sich selbst zu erkennen und sich anzunehmen, wie er ist. Jeder hat das Recht, fehlerhaft zu sein und finstere Winkel in seinem Inneren zu haben, in denen sich Eifersucht und Haß verbergen. Diese Eifersüchte und Unsicherheiten gehören zu unserer verletzten Natur, zur Wirklichkeit unseres Daseins. Wir müssen lernen, sie anzunehmen, mit ihnen zu leben, ohne eine Tragödie daraus zu machen. Und langsam, aber sicher werden wir im Wissen, daß uns vergeben ist, auf unsere innere Befreiung zuschreiten.

In vielen Gemeinschaften sehe ich Menschen unter dem Joch unbewußter Schuldgefühle leiden. Sie haben den Eindruck, sie sind nicht so, wie sie sein sollten. Sie bedürfen der Bestätigung und der Ermutigung zu vertrauen. Sie müssen spüren, daß sie auch ihre Schwächen mitteilen können, ohne darum gleich abgelehnt zu werden.

In jedem von uns gibt es etwas, das schon leuchtet, schon bekehrt ist. Aber es gibt auch das, was noch im Dunkeln ist. Eine Gemeinschaft besteht niemals nur aus Bekehrten. Sie besteht aus all jenen Elementen in uns, die noch gewandelt, gereinigt, gestutzt werden müssen. Sie besteht auch aus Nichtbekehrten.

Therese von Lisieux schreibt, im Meditieren des Gebotes Jesu, die anderen so zu lieben wie er sie geliebt hat, habe sie verstanden, wie unvollkommen ihre Liebe zu ihren Schwestern ist: „Ich sah ein, daß ich sie nicht liebte, wie der Liebe Gott sie liebt. Oh! ich begreife jetzt, daß die vollkommene Liebe darin besteht, die Fehler der andern zu ertragen, sich nicht über ihre Schwächen zu wundern, sich an den kleinsten Tugendakten zu erbauen, die man sie vollbringen sieht" (*Therese vom Kinde Jesus*, a.a.O. 232).

Die anderen lieben heißt ihre Gaben anerkennen und ihnen helfen, sie zu entwickeln. Es heißt auch, ihre Verwundungen anzunehmen, Geduld zu haben und voller Mitleid zu sein. Wenn wir nur ihre Gaben und ihre Schönheit sehen, dann erwarten wir viel zuviel von ihnen, dann idealisieren wir sie. Wenn wir nur ihre Verwundungen sehen, dann tun wir zu viel für sie, und wir laufen Gefahr, sie am Wachstum zu hindern.

Von Gott gerufen, so wie wir sind

Wir können uns entscheiden, in einer Gemeinschaft zu leben, weil sie Dynamik und Wärme ausstrahlt. Wir fühlen uns dort so richtig wohl. Gibt es aber eine Krise voller Spannungen und Erregungen, dann beginnen wir, an der Klugheit unserer Wahl zu zweifeln: „Vielleicht habe ich mich doch geirrt!"

Treten wir in eine Gemeinschaft unserer Wahl ein, so werden wir nur dann bleiben, wenn uns bewußt wird, daß eigentlich Gott es war, der uns in diese Gemeinschaft gerufen hat. Erst dann werden wir die innere Kraft finden, auch Zeiten der Verwirrung durchzustehen.

Ist es nicht in der Ehe genauso? Wahre Tiefe gewinnt die Beziehung erst dann, wenn Mann und Frau sich bewußt werden, daß Gott es ist, der sie geeint hat, damit sie einander Zeichen der Liebe und der Versöhnung werden.

Parker J. Palmer schreibt: „Letztlich ist die Gemeinschaft ein religiöses Phänomen. Nur eine transzendente Kraft vermag menschliche Wesen in all ihrer Verbohrtheit und Verwundung auf diese Weise zusammenzuhalten" (a. a. O. 18). Ich möchte dem hinzufügen, nur ein liebender und vergebender Gott kann uns in das Herz der Vergebung führen und uns offen werden lassen für die anderen.

Henri Nouwen sagt: „Wahre Einsamkeit steht nicht im Gegensatz zum gemeinsamen Leben. Sie ist im Gegenteil der Ort, an dem wir uns bewußt werden, daß wir bereits zusammengehörten, bevor wir zusammenlebten. Gemeinschaft ist nicht das Ergebnis menschlichen Willens, sondern eine christliche Antwort auf die Wirklichkeit unserer Beziehungen. Ältere Gemeinschaftsmitglieder wissen, daß all die Jahre hindurch – gerade auch in schwierigen Momenten – man nicht mit Willenskraft durchgehalten hat, sondern Gott die Gemeinschaft zusammenfügte. Tatsächlich ist man Gemeinschaft, weder weil man ein gemeinsames Ziel hat, noch weil man sich liebt, sondern einfach weil man von Gott gerufen wurde" (Solitude and Community, in: Worship, Januar 1978).

Ich bin immer mehr betroffen von den Unzufriedenen in den Gemeinschaften. Leben sie in kleinen Gemeinschaften, dann möchten sie größere, von denen man stärker getragen wird, in denen es mehr gemeinsame Aktivitäten gibt und schönere, besser vorbereitete Liturgien. Leben sie in einer größeren Gemeinschaft, dann träumen sie von der kleinen, idealen Gemeinschaft. Wer viel zu tun hat, träumt davon, mehr Zeit zum Gebet zu haben. Wer viel Zeit für sich hat, scheint sich zu langweilen und sucht verzweifelt nach einer Tätigkeit, die seinem Leben Sinn verleiht. Ehrlich gesagt, träumen wir nicht alle von jenen Idealen einer ganz und gar perfekten Gemeinschaft, in der man in vollkommenem Frieden und vollendeter Harmonie lebt, in der man ein mustergültiges Gleichgewicht zwischen Innerlichkeit und Außenaktivität gefunden hat, in der andauernd eitel Freude und Sonnenschein herrschen? Es scheint schwer, Menschen verständlich zu machen, daß sich ein angestrebtes Ideal niemals vollständig verwirklichen läßt, daß sich das persönliche Gleichgewicht und die erträumte Harmonie erst nach Jahren des Kampfes und des Leidens einstellt und daß sie selbst dann nur in flüchtigen Augenblicken der Gnade und des Friedens spürbar werden.

Ist man immer auf der Suche nach seinem Gleichgewicht, ich würde sogar sagen, sucht man immer nur den persönlichen Frieden, dann findet man ihn nie. Friede ist eine Frucht der Liebe und also des Dienstes an den anderen. Vielen, die ihre Zeit damit verbringen, diesem unerreichbaren Ideal nachzujagen, möchte ich sagen: Suche nicht überall nach dem Frieden, sondern dort, wo du bist, gib dich ganz. Schau nicht in den Spiegel, sondern auf jene, die dich brauchen. Lebe mit denen, die Gott dir heute gibt. Frage dich, wie du ihnen noch mehr dienen kannst – und du wirst den Frieden ganz von selbst finden. Das ideale Gleichgewicht zwischen Innerlichkeit und Äußerlichkeit, zwischen Gebet und Arbeit, zwischen Freizeit und Zeit für die anderen wird sich ganz von selbst einstellen. Du brauchst der vollkommenen Gemeinschaft nicht mehr nachzulaufen. Lebe ganz in der Gemeinschaft, in der du heute bist. Schau nicht auf ihre Fehler. Zum Glück hat sie Fehler! Schau auf deine eigenen Fehler, und wisse, daß sie dir vergeben sind, daß du auch anderen vergeben kannst und daß du noch heute umkehren kannst. Und bete ohne Unterlaß.

Um ein gutes Werkzeug der Liebe Gottes zu sein und zu bleiben, sollte man es vermeiden, gespannt, erschöpft, ausgebrannt, aggressiv, zerstreut oder gar verschlossen zu sein. Wir müssen ausgeruht, eins mit uns selbst und zufrieden und uns der Bedürfnisse unseres Körpers, unseres Herzens und unseres Geistes bewußt werden. Jesus sagt, es gibt keine größere Liebe, als sein Leben hinzugeben für die Freunde. Aber geben wir ihnen kein abgespanntes, erschöpftes und aggressives Leben, bieten wir ihnen lieber ein Leben voller Freude!

Teile deine Schwächen mit

Neulich sagte mir Colleen, die seit mehr als fünfundzwanzig Jahren in Gemeinschaft lebt: „Ich wollte im Gemeinschaftsleben immer transparent sein, ich wollte vor allem kein Hindernis für die Liebe Gottes zu den anderen sein. Jetzt beginne ich, etwas Neues zu entdecken: Ich bin ein Hindernis, und ich werde es immer sein. Aber besteht Gemeinschaftsleben nicht gerade darin, zu entdecken, daß ich ein Hindernis bin und daß ich das meinen Brüdern und Schwestern mitteilen und sie dafür um Vergebung bitten kann?"

Es gibt keine ideale Gemeinschaft. Die Gemeinschaft ist aus Menschen mit ihren Reichtümern, aber auch ihren Schwächen und ihrer Armut zusammengesetzt. Aus Menschen, die sich gegenseitig annehmen und sich vergeben, die verwundbar füreinander sind. Mehr als Vollkommenheit und Hingabe sind Demut und Vertrauen die Grundlagen gemeinschaftlichen Lebens.

Die eigenen Schwächen und die der anderen annehmen ist das Gegenteil von Kleinmut. Es ist kein fatalistisches, hoffnungsloses Hinnehmen. Es ist im wesentlichen ein Bemühen um die Wahrheit, sich von der Illusion zu befreien und an dem zu wachsen, was man ist – und nicht an dem, was man sein möchte oder was die anderen möchten, das man wäre. Erst wenn wir uns bewußt werden, was wir sind und was die anderen mit all ihren Reichtümern und Schwächen sind, erst wenn wir den Ruf jenes Gottes, der uns geschaffen hat, bewußt annehmen, können wir gemeinsam etwas aufbauen. Die Kraft des Lebens muß uns aus der Wirklichkeit dessen zufließen, was wir sind.

Je mehr eine Gemeinschaft in die Tiefe wächst, desto empfindlicher und verletzlicher werden ihre Glieder. Man sollte meinen, das Gegenteil ist richtig: Weil das gegenseitige Vertrauen sich vertieft, werden die einzelnen stärker. Das stimmt einerseits, andererseits aber ändert es nichts an jener wachsenden Empfindlichkeit und Verletzlichkeit, die neue Gnadengaben ermöglichen und durch die man abhängiger voneinander wird. Lieben heißt schwach und verletzlich werden, den anderen gegenüber die eigenen Schranken überwinden und die Mauern fallen lassen. Es heißt die anderen in mein Leben eintreten lassen und immer feinfühliger werden, um in das Leben anderer hineingelassen zu werden. Das Band der Einheit ist die gegenseitige Abhängigkeit.

Didier erklärte das neulich bei einem Gemeinschaftstreffen auf seine Art: „Eine Gemeinschaft baut man wie ein Haus mit allen möglichen Steinen. Was die Steine zusammenhält, ist der Zement. Und Zement ist aus Sand und Kalk. Und Sand und Kalk sind empfindlich: ein Windstoß, und sie fliegen davon. Was bleibt, ist der Staub. So ist es auch mit der Gemeinschaft. Was uns zusammenhält, unser Zement, ist aus dem empfindlichsten und dem ärmsten Zeug gemacht."

Die Gemeinschaft besteht wesentlich aus dem Feingefühl der Menschen in ihrem Alltag: aus kleinen Gesten der Zuvorkommenheit, aus Diensten und Opfern, jenen beständigen Zeichen des „Ich liebe dich" und des „Ich freue mich, mit dir zu sein". Sie besteht daraus, dem anderen den Vortritt lassen, in einem Gespräch nicht unbedingt recht haben wollen und kleine Mühen auf sich nehmen, um den anderen zu entlasten. „Tut nichts aus Ehrgeiz und nichts aus Prahlerei. Sondern in Demut schätze einer den anderen höher ein als sich selbst. Jeder achte nicht nur auf das eigene Wohl, sondern auch auf das der anderen" (Phil 2,3 f).

Wenn Leben in Gemeinschaft darin besteht, die Schranken abzubauen, mit denen wir unsere Verletzlichkeit zu schützen suchen, um die eigenen Schwächen zu erkennen, anzunehmen und daran zu wachsen, dann erscheint es normal, daß Mitglieder, die von ihrer Gemeinschaft getrennt leben, sich besonders verletzlich fühlen.

Wer andauernd im Lebenskampf steht, hat nämlich gezwungenermaßen einen Panzer um sich errichtet, um nicht zu zeigen, wie verletzlich er ist.

Es ist manchmal vorgekommen, daß Menschen, die längere Zeit in der Arche lebten und dann in ihre Familie zurückkehrten, bei sich selbst eine schwer erträgliche Aggressivität entdeckten. (Sie meinten, diese Aggressivität hätten sie endgültig abgelegt!) Sie begannen dann, an sich selbst und ihrer Berufung zu zweifeln. Die wieder auflebende Aggressivität ist aber ganz normal. Man hat gewisse Barrieren abgebaut und muß nun feststellen, daß man derart schutzlos nicht mit Menschen leben kann, die soviel Verletzlichkeit nicht zu respektieren wissen. Man hat diese Verletzlichkeit nicht gespürt, solange man in Gemeinschaft lebte. Aber man kann nicht verletzlich mit Menschen leben, die diese Verletzlichkeit nicht zu respektieren wissen.

Die Gemeinschaft, ein lebendiger Leib

Paulus spricht von der Kirche, der Gemeinschaft der Gläubigen, als von einem Leib mit verschiedenen Gliedern. Jede Gemeinschaft ist ein Leib, und als seine Glieder gehören wir uns gegenseitig. Dieses Zugehörigkeitsgefühl haben wir nicht aus Fleisch und Blut. Es ist uns gegeben durch den Ruf Gottes. Jeder ist persönlich berufen, mit anderen zu leben, mit ihnen zur selben Gemeinschaft, zum selben Leib zu gehören. Dieser Ruf ist die Grundlage unserer Entscheidung, uns miteinander und füreinander zu engagieren und gegenseitig verantwortlich zu sein. „Denn wie wir an dem einen Leib viele Glieder haben, aber nicht alle Glieder denselben Dienst leisten, so sind wir, die vielen, ein Leib in Christus, als einzelne aber sind wir Glieder, die zueinander gehören“ (Röm 12,4f).

In diesem Leib hat jeder eine Rolle zu spielen. „Der Fuß braucht die Hand“, sagt Paulus, Gehör und Gesicht ergänzen den Geruchssinn. Gerade die schwächer scheinenden Glieder des Leibes sind unentbehrlich; denen, die wir für weniger edel ansehen, erweisen wir um so mehr Ehre, und unseren weniger anständigen Gliedern begegnen wir mit mehr Anstand, während die anständigen das nicht nötig haben. Gott aber hat den Leib so zusammengefügt, daß er dem geringsten Glied mehr Ehre zukommen ließ, damit im Leib kein Zwiespalt entstehe, sondern alle Glieder einträchtig füreinander sorgen. Wenn darum ein Glied leidet, leiden alle Glieder; wenn ein Glied geehrt wird, freuen sich alle anderen mit ihm. Ihr aber seid der Leib Christi, und jeder einzelne ist ein Glied an ihm“ (1 Kor 12,23–27).

In diesem Leib hat jeder eine verschiedene Gabe auszuüben, je nach der ihm verliehenen Gnade: „Hat einer die Gabe prophetischer Rede, dann rede er in Übereinstimmung mit dem Glauben; hat einer die Gabe des Dienens, dann diene er. Wer zum Lehren berufen ist, der lehre; wer zum Trösten und Ermahnen berufen ist, der tröste und ermahne. Wer gibt, gebe ohne Hintergedanken. Wer Vorsteher ist, setze sich eifrig ein; wer Barmherzigkeit übt, der tue es freudig“ (Röm 12,6–8).

Dieser Leib, nämlich die Gemeinschaft, muß in Liebe handeln und diese Liebe auch ausstrahlen. Er muß die Werke des Vaters tun, er muß also gleichzeitig ein Leib sein, der betet, und ein Leib, der heilt: der mit jenen leidet und ihnen das Leben gibt, die in Not sind und ohne Hoffnung.

Seine Gaben ausüben

Die empfangenen Gaben ausüben heißt die Gemeinschaft aufbauen helfen. Den Gaben untreu werden heißt der Gemeinschaft schaden. Darum ist es wichtig, daß jedes Glied seine Gaben kennt, sie ausübt und sich für ihre Entfaltung verantwortlich fühlt. Jeder soll sich in seiner Gabe von den anderen bestätigt fühlen und ihnen Rechenschaft über ihre Ausübung geben. Die anderen brauchen die Gabe des einzelnen. Sie haben ein Recht zu wissen, wie sie ausgeübt wird. Sie sollten den, der die Gabe empfangen hat, ermutigen, sie ständig weiter zu entfalten und ihr treu zu bleiben. Seinen Gaben entsprechend findet jeder seinen Platz in der Gemeinschaft. Dadurch wird er nicht nur nützlich, sondern einzig und unersetzlich für die anderen. Nur durch diese Einsicht können Rivalitäten und Eifersüchteleien innerhalb der Gemeinschaft gegenstandslos werden.

Der achte Schöpfungstag“ von Elizabeth O'Connor enthält einige besonders treffende Beispiele für die Lehre des Paulus über die Gaben. Die Autorin erzählt die Geschichte einer alten Dame, die in eine Gemeinschaft eingetreten war. Einige versuchten mit ihr zusammen zu erkennen, worin ihre Gabe besteht. Sie meinte, keine zu haben. Die einen und die anderen sagten ihr zum Trost: „Deine Gegenwart ist deine Gabe.“ Aber damit war sie nicht zufrieden. Einige Monate später entdeckte sie ihre Gabe, im Fürbittgebet jedes Glied der Gemeinschaft namentlich Gott darzubringen. Als sie diese Gabe den anderen mitteilte, hatte sie ihren Platz in der Gemeinschaft gefunden. Die anderen wußten, daß sie diese Schwester und ihr Gebet brauchten, um ihre eigenen Gaben besser ausüben zu können.

Beim Lesen dieses Buches ist mir bewußt geworden, wie wenig wir in der Arche über unsere Gaben sprechen, um uns dabei zu helfen, die Gemeinschaft aufzubauen, wie wenig wir uns bewußt sind, voneinander abhängig zu sein, und wie wenig wir uns ermutigen, unseren Gaben treu zu bleiben.

Eifersucht ist eine der Plagen, welche die Gemeinschaft zu vernichten drohen. Man kennt seine eigene Gabe nicht, oder man glaubt nicht genug daran. Wäre man stärker überzeugt von der eigenen Gabe, dann brauchte man die anderen nicht um die ihren zu beneiden, die einem jeweils schöner und wertvoller erscheinen als die eigene.

Zu viele Gemeinschaften bilden oder verbilden ihre Mitglieder dazu, einander zu gleichen, so als wäre das eine positive Eigenschaft, die man durch Selbstverleugnung erreicht. In diesen Gemeinschaften herrscht das Gesetz. In einer echten Gemeinschaft muß im Gegenteil jeder in der Ausübung seiner Gabe wachsen können, um dadurch die Gemeinschaft aufzubauen. Nur so kann sie schöner werden, kann ihre Ausstrahlung wachsen, kann sie zum Zeugnis für die Wirklichkeit des Reiches Gottes werden. Dabei sollte man freilich nicht nur auf die sichtbaren Gaben schauen, die an eine natürliche Begabung gebunden sein können. Denn es gibt auch verborgene Gaben, die viel tiefer gehen. Das sind jene zarten Gaben des Heiligen Geistes, die an die Liebe gebunden sind und die nur darauf warten, aufzublühen und Frucht zu tragen.

Einige Menschen bringen außergewöhnliche Begabungen mit: Sie sind Schriftsteller, bildende Künstler, Organisationsgenies. Diese natürlichen Talente können zwar zu Gaben des Geistes werden, manchmal aber ist die Persönlichkeit so sehr im Beruf aufgegangen, daß die Talente nur noch zum eigenen Ruhm ausgeübt werden oder um sich selbst zu bestätigen und andere zu beherrschen. In diesem Fall ist es besser, daß der Betreffende seine Talente nicht in der Gemeinschaft ausübt. Es würde ihm schwerfallen, sich wirklich zum Wohl der anderen einzusetzen, denn er müßte erst noch die verborgene Gabe entdecken. Andere dagegen sind beweglicher und offener, sie sind durch ihre Begabung weniger festgelegt. Sie können ihre Kompetenz wie eine Gabe in den Dienst der Gemeinschaft stellen.

Es gibt heute mehr und mehr Gemeinschaften, in denen es nicht nur eine Vielfalt von Gaben, sondern auch von Lebensformen gibt. In den Gemeinschaften der Arche gibt es Verheiratete und Zölibatäre. Es gibt auch Verheiratete, die getrennt leben. Andere sind nicht verheiratet, haben aber Kinder. Die Situation eines jeden ist anders, aber jeder ist Teil des Leibes und wesentlich für Leben und Wachstum des ganzen Leibes. Jeder muß geachtet werden, Platz und Nahrung finden und wachsen können. Allzu schnell vergleichen wir uns mit den anderen – und schon entsteht Eifersucht. Alle miteinander brauchen wir die Kraft des Heiligen Geistes, um anzunehmen, was uns gegeben ist – und ebenso, was den anderen gegeben ist.

Es kommt in einer christlichen Gemeinschaft alles darauf an, daß jeder einzelne ein unentbehrliches Glied einer Kette wird. Nur wo auch das kleinste Glied fest eingreift, ist die Kette unzerreißbar. Eine Gemeinschaft, die es zuläßt, daß ungenutzte Glieder da sind, wird an diesen zugrunde gehen. Es wird darum gut sein, wenn jeder einzelne einen bestimmten Auftrag für die Gemeinschaft erhält, damit er in Stunden des Zweifels weiß, daß auch er nicht unnütz und unbrauchbar ist. Jede christliche Gemeinschaft muß wissen, daß nicht nur die Schwachen die Starken brauchen, sondern daß auch die Starken nicht ohne die Schwachen sein können. Die Ausschaltung des Schwachen ist der Tod der Gemeinschaft" (*D. Bonhoeffer*, Gemeinsames Leben, München 17. Auflage 1980, 80).

Die empfangene Gabe ist das, was man zum Aufbau der Gemeinschaft beiträgt. Wird man der Gabe untreu, so leidet der Aufbau der Gemeinschaft.

Paulus besteht auf der Rolle der Geistesgaben beim Aufbau der Gemeinschaft. Aber es gibt noch andere Gaben, die unmittelbarer an die Liebe gebunden sind. In seinem schon zitierten Buch „Gemeinsames Leben" spricht Bonhoeffer von den verschiedenen für die Gemeinschaft notwendigen

Diensten: dem Dienst, die Zunge in Zucht zu halten, dem Dienst der Demut und der Sanftmut, dem Dienst des Zuhörens, dem Dienst, auch zu den geringsten Kleinigkeiten immer bereit zu sein, dem Dienst, die Brüder zu tragen und zu ertragen, dem Dienst zu vergeben, das Wort zu verkünden und die Wahrheit zu sagen, und schließlich dem Dienst, Autorität auszuüben (a.a.O. 91).

Die Gabe ist nicht notwendig an eine Aufgabe gebunden. Es kann die Art der Liebe sein, mit der man eine Aufgabe erfüllt, wie es auch die Art der Liebe sein kann, die sich in der Gemeinschaft jenseits der Aufgabe zeigt. Einige haben die Gabe, das Leiden des anderen sofort zu spüren, ja es mit ihm zu teilen. Das ist die Gabe des Mitleidens. Andere haben die Gabe zu spüren, wenn etwas in der Gemeinschaft schiefläuft. Sie vermögen den Finger auf die Wunde zu legen. Sie haben die Gabe der Erkenntnis. Andere wieder haben die Gabe des Lichtes, sie sehen grundsätzliche Entscheidungen der Gemeinschaft mit aller Deutlichkeit voraus. Noch andere haben die Gabe, eine Atmosphäre zu schaffen: der Freude, der Entspannung und des Wachstums des einzelnen. Wieder andere haben die Gabe zu erkennen, was für den einzelnen gut ist, und ihn darin zu bestätigen. Noch andere haben die Gabe, andere zu empfangen und aufzunehmen. Jeder also hat seine Gabe und muß sie zum Besten und zum Wachstum aller ausüben können.

Im Innersten des Herzens aber gibt es bei jedem Menschen jene geheimnisvolle und tiefgreifende Beziehung zu seinem Gott und Gemahl, die dem geheimen und ewigen Namen Gottes entspricht. Sicher sind wir dazu da, einander zu stärken und zu nähren (und jeder ist für den anderen eine andere Nahrung), aber alle sind wir vor allem dazu da, jene einzigartige Beziehung zum Vater in seinem Sohn Jesus Christus zu leben.

Die Gabe des einzelnen kann immer nur die Ausstrahlung dieser geheimnisvollen Beziehung auf die Gemeinschaft sein. Seine Gabe erwächst aus dieser Beziehung und drückt sie aus.

Die Gemeinschaft ist jener sichere Ort, an dem jeder sich frei fühlen kann, er selbst zu sein und sich auszudrücken: im Vertrauen zu sagen, was er lebt und denkt. Sicher gelingt es nicht jeder Gemeinschaft vollkommen, allen diese Geborgenheit zu vermitteln, aber sie sollte sich zumindest darum bemühen. Solange einige noch Angst haben, wegen ihrer Ausdrucksweise verurteilt zu werden oder als dumm zu gelten und abgelehnt zu werden, ist das ein Zeichen, daß man noch weiterkommen muß. Im Zentrum der Gemeinschaft muß die Fähigkeit stehen, einander voller Achtung und Zärtlichkeit zuhören zu können. Unser Zuhören muß beim anderen hervorrufen, was es an Schönem und Wahrem in ihm gibt.

Sich ausdrücken heißt nicht nur sagen, was schlecht geht, seinen Frustrationen und seinen Launen Luft machen (auch wenn es manchmal guttut, sie loszuwerden). Sich ausdrücken heißt auch, die tiefsten Beweggründe dessen anzugeben, was man lebt. Oft ist das eine Art, seine Gabe auszuüben und die anderen damit zu stärken und ihnen wachsen zu helfen.

In fast allen Gemeinschaften, die ich kenne, besonders aber in den älteren, gibt es Randfiguren, das heißt Menschen, die sich nicht besonders in die Gemeinschaft einpassen können und die Mühe haben, ihren Platz zu finden. Vielleicht sind sie oft zornig oder depressiv, verschließen sich in sich selbst und lehnen jeden Dialog ab. Vielleicht fühlen sie sich auch überflüssig, ungeliebt, nicht anerkannt, ja sogar verfolgt. Sie finden, daß man ihnen niemals eine Aufgabe gibt. Bietet man ihnen aber eine an, dann lehnen sie sie ab. Sie sind in vieler Hinsicht isoliert und verängstigt, weil sie für niemand da sind. Und weil sie die Wahrheit ihrer Unangepaßtheit nicht annehmen können, müssen sie jemand anderen dafür verantwortlich machen. Dieser jemand ist dann meist die Gemeinschaft. Das Leiden dieser Menschen ist groß. Von Natur aus sind sie nicht gerade einfach. Aber sie sind Kinder Gottes, unsere Brüder und Schwestern. Mit all ihren Schwierigkeiten und Neurosen kann Gott in ihnen und durch sie hindurch am Werke sein zum Wohl und Wachstum der Gemeinschaft. Auch sie haben ihre Gaben beizutragen. Ihr Schrei kann durchaus prophetisch sein. Man sollte ihnen sehr aufmerksam zuhören.

Man darf sie auch nicht zu schnell als seelisch krank abstempeln. Wir müssen lernen, sie zu lieben und ihnen zu helfen, besonders indem wir hören, was sie zu sagen haben. Einige brauchen vielleicht fachliche Hilfe. Aber das kann man nur ins Auge fassen, wenn sie selbst darum bitten – und nicht nur die Gemeinschaft es beschließt. Indem wir uns immer von neuem vergeben, sollten wir uns gegenseitig helfen, gerade jene anzunehmen, die in dieser Beziehung zu Randfiguren geworden sind. Es ist ein gutes Zeichen, wenn die Gemeinschaft diese Menschen verkraften kann, ohne daß sie sich schuldig fühlt und ohne daß sie selbst sich schuldig fühlen müssen. Aber sicher braucht man auch genügend Menschen, die zufrieden sind, um jene zu tragen, die in Unfrieden leben.

Immer sind es der Mensch und sein Wachstum, die zählen. Sie rangieren vor der Regel und den Konstitutionen. Die Verantwortlichen müssen immer das Gleichgewicht zwischen der Achtung vor dem Menschen mit all seinen Verwundungen und Schwierigkeiten und der Einhaltung von Gesetzen und Strukturen wahren. Gesetze und Strukturen sind notwendig, Ausnahmen können nur die Regel bestätigen. Aber die Gesetze sind für die Menschen da und zur Entfaltung ihrer Gaben – und nicht die Menschen für die Gesetze!

Oft begegne ich in Gemeinschaften Menschen, die leiden, weil sie den Eindruck haben, daß man sie beiseite gelassen hat. Nachdem sie jahrelang selbst Verantwortliche waren, haben sie Mühe, ihren neuen Platz in der Gemeinschaft zu finden. Sie trauern ihrer verlorenen Position nach. Sie müssen neu entdecken, daß wir alle zur Gemeinschaft gehören, nicht weil die Gemeinschaft eine großartige Angelegenheit ist und zur Entfaltung unserer Gaben beiträgt, sondern weil Gott uns in die Gemeinschaft gerufen hat. Sie werden hoffentlich entdecken, daß Jesus sie durch ihr Leiden zu einer tieferen inneren Verbundenheit mit dem Vater ruft. Gerade das ist die Gabe, die *sie* in diesem Augenblick zu leben haben. Und ist es nicht letztlich die Berufung *jedes* Menschen? Versteht man diese neue Gabe nicht, nämlich daß man nur durch Leiden und Verdemütigung zur Auferstehung und einer neuen Erfahrung der Liebe Gottes gelangt, dann kann man leicht in der Verbitterung verharren.

Trägt man eine Verantwortung mit „Erfolg", wird man dafür bewundert und geschätzt, dann kann man leicht vergessen, daß unsere Befreiung und der Ursprung inneren Friedens die Beziehung mit Jesus und dem Vater ist. Man kann an einer bestimmten Qualität der Gottesbeziehung vorbeileben und Gott durch die Gemeinschaft ersetzen. Dann aber ist die Gemeinschaft nicht mehr ein Ort der Liebe, die von Gott kommt und zu Gott zurückflutet und sein Leben offenbart, sondern die Gemeinschaft wird zum Selbstzweck. Gott kann sich nur durch unsere Armut und unsere Ohnmacht offenbaren.

Natürlich dürfen die Verantwortlichen und die Leitungsgremien ihre Irrtümer, Ungerechtigkeiten und Mängel an Liebe nicht „vergeistigen", indem sie sagen, wer leidet, soll im Gehorsam sein Kreuz tragen und beten. Nein, so nicht!

Die Verantwortlichen müssen lernen, ihre Irrtümer und Ungerechtigkeiten richtigzustellen, und dafür sorgen, daß jeder, der in Not ist, die geistliche Begleitung findet, die er braucht, und die Möglichkeit erhält, seine Gaben weiter auszuüben. Dazu müssen die Verantwortlichen wirklich Mitleid haben und sich als schöpferisch erweisen können.

Vom „Die Gemeinschaft für mich" zum „Ich für die Gemeinschaft"

Eine Gemeinschaft ist erst dann wirklich ein Leib, wenn die Mehrheit der Mitglieder den Schritt vom „Die Gemeinschaft für mich" zum „Ich für die Gemeinschaft" vollzieht, das heißt, wenn das Herz des einzelnen sich jedem anderen öffnet, und zwar ausnahmslos. Es ist der Übergang vom Egoismus zur Liebe, vom Tod zur Auferstehung. Es ist das eigentliche Osterfest: der Vorübergang des Herrn, aber auch der Übergang vom Land der Knechtschaft zum Gelobten Land, nämlich zur inneren Befreiung.

In Gemeinschaft zu leben bedeutet nicht nur, zusammenzuwohnen. Das kann man auch in der Kaserne oder im Hotel. Die Gemeinschaft ist auch keine Arbeitsgruppe, noch weniger ist sie eine Schlangengrube: Es ist jener Ort, an dem jeder oder zumindest die Mehrheit (man muß immer realistisch bleiben) aus dem Dunkel des Egoismus an das Licht wahrer Liebe gelangt. Liebe ist weder Sentimentalität noch ein vorübergehendes Gefühl. Es ist die Anerkennung eines Bundes, einer gegenseitigen Zugehörigkeit. Es ist das Hören auf den anderen, Besorgtsein um ihn und Sich-innerlich-verbunden-Wissen mit ihm. Es heißt, seine Schönheit zu sehen und sie ihm zu offenbaren. Es bedeutet, auf seinen Ruf und seine tiefsten Bedürfnisse einzugehen. Es heißt mit ihm leiden: mit ihm zu weinen, wenn er weint, und sich mit ihm zu freuen, wenn er sich freut. Lieben heißt auch, glücklich zu sein, wenn er da ist, und traurig zu sein, wenn er fort ist. Es heißt, sich beieinander geborgen zu wissen, und sich zueinander flüchten zu können. „Die Liebe ist eine einende Kraft“, sagt Dionysius Areopagita.

Wenn Liebe heißt, aufeinander zuzugehen, dann heißt sie auch, gemeinsam dieselben Wirklichkeiten anzustreben, dieselben Dinge zu hoffen und zu wollen, sich in derselben Sicht desselben Ideals vereint zu wissen und dadurch zu wollen, daß der andere sich nach dem Willen Gottes und im Dienst am Nächsten verwirklichen kann, daß er seinem Ruf treu bleibt und frei ist, mit allen Fasern seines Herzens Gott und Menschen zu lieben.

Hier finden wir die beiden Pole der Gemeinschaft wieder: ein gegenseitiges Zugehörigkeitsgefühl, aber auch den Wunsch, daß der andere in seiner Hingabe an Gott und Menschen wächst, daß er noch strahlender sei, noch tiefer in der Wahrheit und im Frieden mit Gott und sich selbst. Daß ein Herz diesen Schritt vom Egoismus zur Liebe zu tun vermag, vom „Gemeinschaft für mich" zum „Ich für die Gemeinschaft" und zum „Gemeinschaft für Gott und alle, die in Not sind", bedarf es der Zeit und der vielfachen Reinigung, des ständigen Sterbens zu immer neuer Auferstehung. Um zu lieben, muß man andauernd seinen eigenen Vorstellungen, Verletzlichkeiten und Bequemlichkeiten sterben. Der Weg der Liebe ist mit Opfern gepflastert. Die Wurzeln des Egoismus reichen bis tief in unser Unbewußtes. Von ihnen gehen häufig unsere Spontanreaktionen aus: Abwehr, Aggressivität und Suche nach persönlichem Vorteil.

Lieben heißt aber nicht nur, einen Willensakt zu vollbringen und gewisse Dinge auf sich zu nehmen, um sich beherrschen zu lernen und weniger empfindlich zu werden (das alles ist nur ein Anfang!), sondern lieben heißt auch, sich mit geläutertem Herzen und geläutertem Empfinden spontan dem anderen zuzuwenden. Diese Reinigung in der Tiefe kann jedoch nur durch eine Gabe Gottes geschehen, nämlich durch jene Gnade, die tief in uns ihre Quelle hat, dort wo der Heilige Geist in uns wohnt: „Ich nehme das Herz von Stein aus eurer Brust und gebe euch ein Herz von Fleisch. Ich lege meinen Geist in euch" (Ez 36,26f). Jesus hat uns verheißen, uns den Heiligen Geist zu senden, den Tröster, um uns jene neue Energie, jene Kraft, jene Qualität des Herzens zu verleihen, mit der wir den anderen, selbst den Feind, wirklich aufnehmen und annehmen können, wie er ist: alles ertragen, alles glauben, alles hoffen. Lieben lernen dauert ein Leben lang, denn der Heilige Geist muß auch jene verborgensten Winkel unseres Herzens noch durchdringen können, in denen sich Ängste und Befürchtungen, Abwehrmechanismen und Eifersüchteleien verbergen.

In der Abschiedsrede besteht Jesus dreimal darauf, daß alle eins sein sollen, wie er und der Vater eins sind, und daß sie „in der Einheit bleiben". Diese Worte werden zuweilen auf die Einheit zwischen Christen verschiedener Konfessionen bezogen. Zunächst und zuerst aber beziehen sie sich auf die Einheit der einzelnen innerhalb der Gemeinschaft. Auf diese Einheit hin müssen die Gemeinschaften leben: „ein Herz, eine Seele, ein Geist.“

Offenbar gibt es eine besondere Gabe, die man als solche vom Heiligen Geist erbitten muß: die Gabe der Einheit und der inneren Verbundenheit in ihrer ganzen Tiefe und mit allem, was sie beinhaltet. Es ist wirklich eine Gabe Gottes, die zu erstreben man das Recht und die Pflicht hat.

Die Gabe der Gemeinschaft, nämlich die Gabe der Einheit, erwächst gerade daraus, daß jedes Glied ganz es selbst ist, ganz die Liebe lebt und ganz seine einzigartige Gabe lebt, die sich von der jedes anderen unterscheidet. Die Gemeinschaft ist dann wirklich eins, weil ganz dem Wirken des Geistes unterstellt.

Das Gebet Jesu ist erstaunlich. Seine Sicht der Dinge geht weit über das hinaus, was Menschen sich vorstellen oder wünschen können. Die Einheit des Vaters und des Sohnes ist vollkommen: Sie sind wesensgleich. Jede Gemeinschaft muß diese Einheit anstreben, aber sie kann sich nur im Verborgenen verwirklichen: durch den Heiligen Geist und in ihm. Solange wir auf Erden sind, ist alles, was wir tun können, demütig auf diese Einheit zuzugehen.

Eine Gemeinschaft ist nicht einfach eine Gruppierung von Personen, die gemeinsam leben und sich lieben. Es ist ein Ort der Auferstehung, ein Lebensstrom: ein Herz, eine Seele, ein Geist. Es sind ganz verschiedene Menschen, die sich dennoch lieben, mit allen Kräften auf dieselbe Hoffnung hin leben und dieselbe Liebe Gottes feiern. Daraus ergibt sich die besondere Atmosphäre der Freude und der Offenheit für andere, die jede echte Gemeinschaft kennzeichnet.

„Wenn es Ermahnung in Christus gibt, Zuspruch aus Liebe, eine Gemeinschaft des Geistes, herzliche Zuneigung und Erbarmen, dann macht meine Freude dadurch vollkommen, daß ihr eines Sinnes seid, einander in Liebe verbunden, einmütig und einträchtig, daß ihr nichts aus Ehrgeiz und nichts aus Prahlerei tut. Sondern in Demut schätze einer den andern höher ein als sich selbst. Jeder achte nicht nur auf das eigene Wohl, sondern auch auf das der anderen“ (Phil 2,1–4). „Die Gemeinde der Gläubigen war ein Herz und eine Seele. Keiner nannte etwas von dem, was er hatte, sein Eigentum, sondern sie hatten alles gemeinsam“ (Apg 4,32).

Die Atmosphäre der Freude ergibt sich aus der Tatsache, daß jeder sich frei fühlt, in der Tiefe er selbst zu sein. Um geliebt zu werden, braucht er keine Rolle zu spielen, keine Heldentaten zu vollbringen und nicht vorzugeben, besser zu sein als die anderen.

Er braucht auch nicht einen ganzen Teil von sich selbst hinter Mauern oder einer Maske zu verbergen. Er ist verwundbar für die anderen geworden, weil er verwundbar für Gott ist. Er hat entdeckt, daß er um seiner selbst willen geliebt ist – und nicht wegen seiner intellektuellen Fähigkeiten oder seiner handwerklichen Geschicklichkeit. Wenn jemand beginnt, das zu entdecken und jene Schranken und Ängste fallen zu lassen, die ihn hindern, er selbst zu sein, und die den Heiligen Geist hindern, ihn zu durchströmen, dann wird er einfacher. Einfach sein heißt: wir selbst sein in dem Wissen, daß die anderen uns lieben, wie wir sind. Es heißt, sich in der Tiefe angenommen zu wissen mit all seinen Begabungen und Fehlern. Einfach sein heißt: unserer Berufung und unseren Gaben entsprechend die Liebe Gottes und sein Licht durch uns hindurchscheinen lassen.

Scott Peck schreibt in „The Different Drum“ (New York 1987): „Die Weisheit einer echten Gemeinschaft scheint oft wunderbar ... zumindest in bestimmten Momenten scheint sie mir das Werk Gottes. Das ist sicher einer der Gründe, warum die Freude so oft zur Atmosphäre der Gemeinschaft gehört. Man hat den Eindruck, zumindest für einen Augenblick, in einem gewissen Maße weit weg und den alltäglichen Beschäftigungen enthoben zu sein. Es ist einem, als würden sich Himmel und Erde begegnen.“

Leben die Glieder einer Gemeinschaft wirklich in einer inneren Verbundenheit miteinander und stehen die Armen im Zentrum ihres Lebens, dann ist die Gemeinschaft wie ein Zeichen des Reiches Gottes, ein Zeichen der Gegenwart Gottes. Jesus ist gekommen, der Menschheit zu offenbaren, daß Gott kein ewig einsamer Gott ist, der seinen eigenen Ruhm betrachtet, daß er nicht nur der allmächtige Schöpfer einer wunderbaren Welt ist, sondern auch voller Mitleiden. Gott ist eine Familie aus drei Personen, drei Personen in tiefinnerer Verbundenheit miteinander, ganz einander hingegeben, jede angewiesen auf die andere. Und Gott hat Mann und Frau geschaffen als Abbild der Dreieinigkeit. Er hat sie geschaffen, um in innerer Verbundenheit miteinander zu leben und so ein Spiegelbild seiner Liebe zu sein. Gott wünscht, daß es Gemeinschaften gibt, die Abbilder dieser inneren Verbundenheit des Vaters, des Sohnes und des Heiligen Geistes sind, „daß alle eins seien, wie der Vater und ich eins sind“ (Joh 17).

Johannes Paul II. schreibt in der Enzyklika „Sollicitudo rei socialis“: „Jenseits der menschlichen und naturgegebenen Bindungen, die schon so fest und eng sind, zeigt sich im Licht des Glaubens ein neues Modell der Einheit des Menschengeschlechtes, an dem sich die Solidarität in letzter Konsequenz inspirieren muß. Dieses höchste Modell der Einheit, ein Abbild des innersten Lebens Gottes, des Einen in drei Personen, bezeichnen wir Christen mit dem Wort ‚Gemeinschaft‘ (communio)“ (Nr. 40).

David Clark schreibt in „Yes to Life“ (London 1987): „Im Zentrum der Gemeinschaft des Gottesreiches steht das ebenso göttliche wie menschliche ‚Ja‘, das ein ‚Ja‘ zum gemeinsamen Leben ist. Betrachtet man die heilige Dreieinigkeit in diesem Kontext, dann ist sie kein statisches Symbol, sondern eine Art, die tiefinnere Verbundenheit der drei Personen zu kennzeichnen. Notwendig werden Begegnung und Austausch zwischen Vater, Sohn und Heiligem Geist zu einem beständigen Überfließen oder es hat dieses nie gegeben. Wir sind engagiert in einem andauernden Austausch des Lebens, weil auch Gott das ist. Wir befinden uns in einem ständigen Prozeß des Werdens und des Seins, weil auch Gott das ist, und zwar auf eine ganz bestimmte und sehr tiefe Weise, die uns das Leben gibt ... Dieser beständige Austausch von göttlichem Leben mit göttlichem Leben und von göttlichem Leben mit menschlichem Leben und von menschlichem Leben mit menschlichem Leben bedeutet, daß die Gemeinschaft des Reiches Gottes gekennzeichnet ist durch das Teilen von allem, was wir sind und was wir haben – und dazu gehört auch das Teilen der Liebe."

ZWEITES KAPITEL

Unterwegs zu einem Bund

Eine neue Hoffnung wird geboren

Ich bemerke immer deutlicher, wie beziehungsgestört und wie unreif im affektiven Bereich viele junge Menschen heute sind. Vielleicht hat es ihnen in der Kindheit an einem Klima gefühlsmäßiger Wärme gefehlt, vor allem aber an wahrhaftigen und vertrauensvollen Beziehungen zu den Eltern. Auf der Suche nach gefühlsmäßiger Zuwendung geraten sie oft in Verwirrung und sind dann wie verloren, besonders im Bereich der Werte und der Sexualität. Sie brauchen eine Gemeinschaft, eine neue Familie, um reifer zu werden, heil zu werden und zu innerer Einheit zu finden. Sie brauchen ein Nest, das ihnen Sicherheit gibt: eine gefühlsmäßige Geborgenheit, aus der heraus sie ungefährdet tiefe menschliche Beziehungen eingehen können. Und sie brauchen ältere und erfahrene Menschen, die ihnen Zeit widmen.

Einige junge Leute werden in einer solchen Gemeinschaft Heilung finden und den Sinn ihres Lebens entdekken. Dann werden sie weitergehen und anderswo Wurzeln schlagen. Andere werden bleiben. Die Gemeinschaft wird dann zu ihrem Mutterboden, sie können dort wachsen und Früchte tragen. Von der ersten Berufung, in Gemeinschaft zu leben, bis zur endgültigen Verwurzelung aber werden viele Etappen durchschritten, begleitet von Momenten des Zweifels und Krisen aller Art. Die endgültige Verwurzelung ist dann die *Anerkennung und die Annahme eines Bundes*: eines Bundes, den Gott unter den Menschen errichtet, deswegen ist er heilig. Dieser Bund unter Menschen ist gegründet auf den Bund zwischen jedem einzelnen Menschen und Gott.

Unsere Welt braucht immer mehr Zwischengemeinschaften, das heißt Orte, an denen Menschen verweilen können und eine gewisse innere Befreiung erleben, bevor sie sich endgültig entscheiden. Sie können und wollen nicht in der Familie bleiben, und sie sind auch nicht ausgefüllt mit einem Leben allein in einer Wohnung, im Hotel oder in einem Arbeiterheim. Sie brauchen einen Ort, an dem sie innere Befreiung durch ein Netz von Beziehungen und Freundschaften finden, an dem sie ganz sie selbst sein können – ohne zu meinen, eine Rolle spielen zu müssen oder anders zu sein, als sie wirklich sind.

In diesen Zwischengemeinschaften sollten sie auch eine Arbeit finden können, die ihrem Leben Sinn verleiht, und es sollte ihnen gelingen, sich von den Ängsten zu befreien, die sie erdrücken und sie daran hindern, in der Tiefe sich selbst zu erkennen. Erst wenn sie entdeckt haben, daß sie von Gott und dem Nächsten geliebt sind und daß sie fähig sind, anderen etwas Gutes zu tun, beginnen sie auch, eine Beziehung zu sich selbst in der Tiefe zu entdecken. Sie sind dann frei, zu wählen und wirklich persönliche Pläne zu machen, das heißt, weder die Pläne ihrer Eltern oder ihrer Umgebung auszuführen noch sich gegen diese Pläne aufzulehnen, sondern einem Plan nachzugehen, dem eine ganz eigene Entscheidung zugrunde liegt, der einem persönlichen Wollen und einer Berufung entspricht.

Damit eine Gemeinschaft zu diesem „Zwischenhalt" werden kann, muß es dort einige Menschen geben, für die sie bereits Endstation ist. Viele junge Menschen kommen zur Arche, nachdem sie die Schule, die Universität oder eine unbefriedigende Arbeit aufgegeben haben. Sie sind auf der Suche. Nach einigen Jahren entdecken sie, wer sie wirklich sind und was sie wollen. Sie werden entweder in eine Ordensgemeinschaft eintreten oder heiraten, oder an ihren Arbeitsplatz, oder zu ihren Studien zurückkehren, für die sie jetzt besser motiviert sind.

Andere entscheiden sich zu bleiben. Die Gemeinschaft ist dann nicht mehr nur der Ort ihrer Heilung, ein Ort, an dem sie sich wohl fühlen, sondern es ist der Ort, für den sie sich entschieden haben, an dem sie Wurzeln schlagen wollen, weil sie hier den Ruf Gottes und den Sinn eines gemeinsamen Lebens mit den Behinderten entdeckt haben. Ihr persönlicher Plan wird jetzt eins mit der Zielsetzung der Gemeinschaft. Durch die Pläne anderer fühlen sie sich nicht mehr in Frage gestellt, die Gemeinschaft wieder zu verlassen. Sie haben jetzt einen eigenen Plan, wirklich in der Gemeinschaft zu bleiben.

Wir erleben heute die Geburt einer neuen Hoffnung. Einige träumen noch immer von einer mächtigen christlichen Kultur: Sie träumen vom Rittertum, sie spüren, wie sich überall Egoismus, Haß und Gewalt einschleichen. Sie möchten eine christliche Ordnung mit traditionellen Werten dagegenstellen. Andere wollen die alte Welt, die Welt des Privatbesitzes und des bürgerlichen Reichtums mit Gewalt zerschlagen, um etwas Neues aufzubauen. Noch andere schließlich sehen im Zusammenbruch unserer Zivilisation die Saat einer neuen Welt aufgehen, die sich auf den Werten des Evangeliums, der Gewaltlosigkeit und der Gemeinschaft, kurz auf der Liebe gründet.

Technischer Fortschritt und Individualismus sind zu weit gegangen: Die Illusion einer besseren Welt der Wirtschaft und der Technik ist zerbrochen. Gerade dadurch aber erwachen viele Menschen zu neuem Leben. Viele Junge entdecken, daß *in* ihnen – und nicht in irgendeiner Außenwelt – eine neue Hoffnung lebendig wird, daß sie fähig sind, zu lieben und eine Gemeinschaft aufzubauen, weil sie an Jesus Christus glauben. Eine Neugeburt bereitet sich vor. Eine Fülle von Gemeinschaften wird entstehen. Diese Gemeinschaften werden unter sich verbunden sein und auch mit jenen großen erneuerten Gemeinschaften in Verbindung stehen, die seit Jahren und zum Teil seit Jahrhunderten auf dem Wege sind. Ja, eine neue Kirche wird geboren.

In unserer Zeit gibt es so viel Untreue, so viel zerbrochene Ehen, so viel abgebrochene Beziehungen, so viele Menschen, die ihren Gelübden nicht treu geblieben sind und so viele Kinder, die sich gegen ihre Eltern auflehnen, daß wir immer mehr Gemeinschaften brauchen, die Zeichen der Treue sind. Gemeinschaften von Studenten und Freunden können selbst dann, wenn sie sich nur für kurze Zeit zusammenfinden, Zeichen der Hoffnung sein. Aber Gemeinschaften, deren Glieder einen lebenslangen Bund mit Gott und den Armen eingehen, sind noch wichtiger. Denn sie sind Zeichen der Treue Gottes. Das hebräische Wort für Gnade, *hesed*, bedeutet zwei Wirklichkeiten zugleich: Treue und Zärtlichkeit. In unserer Zeit können wir zwar zärtlich sein, aber untreu, wie wir auch treu sein können, aber ohne Zärtlichkeit. Die Liebe Gottes ist gleichzeitig Zärtlichkeit und Treue. Unsere Welt braucht dringend Gemeinschaften der Zärtlichkeit und der Treue. Und sie sind schon im Entstehen.

Ein Ruf an die Familie

Unsere Zeit ist voll neuer Hoffnung. Ich begegne immer mehr Ehepaaren und Familien, die entdecken, daß ihr gegenwärtiges Berufsleben unmenschlich ist. Sicher verdienen sie viel Geld – aber sie zahlen dafür mit dem Familienleben. Sie kommen erst spät abends nach Hause, die Wochenenden sind oft ausgefüllt mit Geschäftsterminen. Sie sind geistig ganz von der Berufswelt gefangengenommen, sie haben Mühe, die notwendige innere Ruhe zu finden, um in Frieden mit der Familie zu leben. Sie sind sich bewußt, daß sie durch ihre Überaktivität die tiefsten inneren Werte vernachlässigen.

Manche sind ganz in jenem Räderwerk gefangen, das zum beruflichen Aufstieg führt. Sie haben Angst loszulassen, sie fürchten, keinen entsprechenden Arbeitsplatz mehr zu finden. Und sie möchten die materiellen Vorteile nicht missen. Andere aber erkennen den Ernst der Lage. Die

Liebe zur Familie und das Verlangen nach Gott sind größer als Besitzstreben und Suche nach Ansehen im Beruf. Sie träumen vom Leben in Gemeinschaft.

Bevor sie sich entscheiden, sollten sie jedoch ihre Motivationen prüfen. Sind es wirklich nur die unmenschlichen Arbeitsbedingungen, die sie aufgeben wollen? Ist es ein wärmeres Familienleben, nach dem sie sich sehnen? Oder ist es wirklich das Gemeinschaftsleben mit all seinen Anforderungen, das sie suchen? Vielleicht wäre es besser, sie suchten zunächst eine einfachere Arbeit, weniger gut bezahlt, aber mit dem Freiraum, nach und nach zu entdecken, wo ihr Herz schlägt. Vielleicht können sie dann der Gemeinde oder dem Wohnquartier, oder aber einer Gebetsgemeinschaft, die sich regelmäßig trifft, mehr Zeit widmen. Haben sie ein neues Gleichgewicht gefunden, dann können sie daran denken, ihre Arbeit aufzugeben und sich ganz einer bestehenden Gemeinschaft anzuschließen. Dann wird es kein Traum mehr sein, sondern die logische Konsequenz eines längst begonnenen Weges.

In vieler Hinsicht ähnelt die Gemeinschaft einer Familie, aber es sind dennoch zwei ganz verschiedene Wirklichkeiten. Um eine Familie zu gründen, wählen zwei Personen einander und versprechen sich gegenseitig Treue. Aus der Liebe dieser beiden Menschen erwachsen Friede und Gesundheit der Kinder. Tritt man in eine Gemeinschaft ein, so verspricht man nicht nur *einem* Menschen Treue. Die Elternrollen (der Verantwortlichen) wechseln mit dem Wandel der Lebensregel. Man engagiert sich nicht, ständig mit denselben Menschen zu leben. Es kann wunderbar für eine Gemeinschaft sein, Familien aufzunehmen, wie es wunderbar sein kann für die Familien, zu einer Gemeinschaft zu gehören. Aber es muß klar sein, daß die Familie in sich selbst eine kleine Gemeinschaft ist. Ihre Eigendynamik und ihre Originalität müssen respektiert werden. Die Eheleute müssen an ihrer inneren Einheit arbeiten können. Ein Ehepaar ist etwas anderes als zwei Zölibatäre, die miteinander leben. Es sind zwei Menschen, die ein Fleisch geworden sind.

Oft habe ich Gelegenheit, Paaren zu begegnen, die in die Arche eintreten möchten. Manchmal ist der Mann begeistert und voller Idealismus, die Frau aber ist zurückhaltender. Dann frage ich sie meist, ob sie wirklich das Leben in der Arche möchte. Sie antwortet häufig, daß sie ihren Mann von Herzen liebt und daß sie bereit ist, alles zu tun, was er möchte. Eine solche Situation aber ist nicht in Ordnung. Damit ein Paar sich in einer Gemeinschaft engagieren kann, müssen es beide wirklich wünschen. Sie müssen wirklich eins sein und die verschiedenen Krisen überwunden haben, die jedes Paar in den ersten Ehejahren durchzustehen hat. Die Gemeinschaft kann durchaus ein Vorwand sein, bestehende Krisen niemals zu lösen. Und oft projizieren Paare ihre Schwierigkeiten auf die Gemeinschaft. Wenn es zwischen ihnen nicht gutgeht, dann machen sie die Gemeinschaft dafür verantwortlich.

Für Eltern, die Jesus folgen und in Gemeinschaft leben wollen, ist eines der größten Opfer, weniger zu verdienen, als wenn sie nicht in Gemeinschaft lebten. Denn sie können den Kindern nicht dieselben finanziellen Möglichkeiten bieten, die sie selbst in ihrer Jugend hatten. Aber man kann eben nicht alles auf einmal haben!

Wollen wir Jesus folgen, dann müssen wir auch bereit sein, die Konsequenzen unserer Entscheidung zu tragen. Die Kinder dieser Familien haben vielleicht nicht dieselben materiellen Vorteile wie ihre Eltern – aber dafür haben sie die Gemeinschaft entdeckt, und das ist eine wunderbare Gabe!

Es gibt heute immer mehr Familien, die sich dazu berufen fühlen, in Gemeinschaft zu leben, soweit ihnen das möglich ist. Sie wollen eine bestimmte Lebensform mit anderen teilen und einen Bund mit Jesus und den Armen leben.

Sicher ist es ein Reichtum für die Arche, solche Familien bei sich zu haben. Die meisten können nicht in einer Hausgemeinschaft mit Menschen leben, die eine geistige Behinderung haben, weil sie ihren eigenen Haushalt brauchen. Weil sie in sich selbst schon eine Gemeinschaft sind, darf die Familie niemals der größeren Gemeinschaft geopfert werden. Aber auch dann, wenn sie nicht die ganze Zeit mit Menschen mit einer geistigen Behinderung leben können, ist ihre Gegenwart in der Gemeinschaft wichtig. Durch ihre Liebe, ihre gefühlsmäßige Reife, durch die Gegenwart ihrer Kinder bedeuten sie viel für die Schwächsten und für uns alle. Die Art, wie sie den Bund miteinander leben, ist ein Zeichen der Liebe für die Gemeinschaft und für die Welt. Jede Familie, die in sich geeint ist, ist ein Zeichen der Hoffnung und der Auferstehung.

Andere Wege

Es gibt Menschen, denen es schwerfällt, in Gemeinschaft mit anderen zu leben. Sie brauchen viel Einsamkeit, ein großes Gefühl der Freiheit und vor allem die Abwesenheit von Spannungen. Sobald sie unter Druck geraten, reagieren sie depressiv oder aggressiv. Sie können die mit dem gemeinsamen Leben verbundenen Schwierigkeiten nicht ertragen. Sie sind eher dazu berufen, allein oder mit einigen auserwählten Freunden zu leben. Man muß sie nicht denken lassen, das Leben in Gemeinschaft im engeren Sinne sei nichts für sie, sie wären dort nicht am rechten Platz, hätten dazu nicht die rechten Gaben und keine Berufung. Ihre Gaben und ihre Berufung sind einfach andere. Auch sie sind berufen, Zeugen der Liebe zu sein, nur auf andere Art. Sie leben eine Art Gemeinschaft mit Freunden oder in Gruppen, die sich regelmäßig treffen, um miteinander zu beten und zu teilen.

Manche Menschen sind sicher von Jesus berufen, in eine Gemeinschaft einzutreten, um mit Hilfe der Gemeinschaft Hoffnung und Liebe auszustrahlen, aber wie der reiche Jüngling im Evangelium wagen sie nicht, den Schritt zu tun. Weil sie nicht fähig sind, ihre Pläne und ihren Reichtum aufzugeben, lassen sie die Gemeinschaft wieder fallen.

Andere, und das ist die Mehrheit, erleben die Gemeinschaft in der Familie - und manchmal gehören sie gleichzeitig zu einer größeren Gemeinschaft, die sich regelmäßig trifft. Das kann eine Gebetsgruppe sein oder eine Gruppe von *„Glaube und Licht"* oder irgendeine andere Gemeinschaft oder aber ihre Gemeinde.

Noch andere haben gar keine Familie, oder sie leben getrennt. Sie gehören zu keiner Gemeinschaft, ihrer Gemeinde mangelt es an Wärme, und sie fühlen sich vereinsamt. Aber vielleicht können sie Beziehungen herstellen, wenn sie mit Freunden zusammen ältere Menschen oder Kranke, oder Behinderte, oder Einsame besuchen. Und das kann dann schon der Anfang einer Gemeinschaft sein.

Und ich begegne schließlich auch solchen Menschen, die sich einsam fühlen und aus irgendeinem Grunde unfähig sind, in eine Gemeinschaft einzutreten. Es scheint, daß Jesus sie zu einem Leben des Gebets in der Einsamkeit ruft. Das sind die Einsiedler unserer Zeit, verborgen in kleinen Wohnungen und manchmal in Institutionen. Sie geben ihr verwundetes Herz Jesus, damit er es mit seiner Gegenwart erfüllen kann. Es ist wichtig für sie, einen guten geistlichen Begleiter zu finden, der sie mitträgt und ihnen dabei hilft, nicht in einer Traumwelt zu leben, sondern in der Wirklichkeit Jesu.

Viele suchen die Gemeinschaft aus Furcht vor der Einsamkeit. Weil sie nicht mehr allein sein können, treibt es sie unter die Menschen. Auch Christen, die nicht allein mit sich fertig werden können, die mit sich selbst schlechte Erfahrungen gemacht haben, hoffen in der Gemeinschaft anderer Menschen Hilfe zu erfahren. Meist werden sie enttäuscht und machen der Gemeinschaft den Vorwurf, was ihre eigenste Schuld ist. Die christliche Gemeinschaft ist kein geistliches Sanatorium. Wer auf der Flucht vor sich selbst bei der Gemeinschaft einkehrt, der mißbraucht sie zum Geschwätz und zur Zerstreuung, und mag dieses Geschwätz und diese Zerstreuung noch so geistlich aussehen, „Wer nicht allein sein kann, der hüte sich vor der Gemeinschaft ... Umgekehrt aber gilt der Satz: Wer nicht in der Gemeinschaft steht, der hüte sich vor dem Alleinsein" (*D. Bonhoeffer*, Gemeinsames Leben, München, 17. Auflage 1980, 64f.).

Auch ein einsamer Mensch kann mit einigen Freunden eine Gemeinschaft bilden, nicht um zusammenzuleben, sondern um sich gegenseitig zu tragen und verantwortlich füreinander zu sein.

Als ich neulich bei Exerzitien Thérèse zuhörte, ist mir die Verfügbarkeit einiger Alleinstehender als eine Art geheimnisvollen Engagements neu aufgegangen. Sie hatte uns gerade das folgende Gebet vorgelesen, das sie selbst verfaßt hat: „Wir, die dir gegenüber weder in Gelübden des Zölibats noch in der Ehe engagiert sind, die auch nicht unseren Brüdern gegenüber in einer Gemeinschaft engagiert sind, wir möchten unseren Bund mit dir erneuern.

Wir gehen weiter jenen Weg, auf den du uns berufen hast, aber dessen Namen du uns nicht offenbarst. Wir nehmen die Armut an, nicht zu wissen, wohin du uns führst.

Wir nehmen auch die Wunden an, nicht erwählt zu sein, nicht geliebt zu sein, nicht erwartet zu sein, nicht berührt zu sein. Wir nehmen auch die Wunden an, nicht zu wählen, nicht zu lieben, nichts zu erwarten und niemand anzurühren. Wir gehören nirgendwo hin. Unser Zuhause ist kein Zuhause. Wir wissen nicht, wo wir ausruhen sollen. Es geschieht uns, daß wir vor der Wahl der anderen ungeduldig und depressiv werden, traurig ob ihrer Tüchtigkeit. Dennoch sagen wir ja zu unserem Weg. Wir glauben, daß es der Weg unserer Fruchtbarkeit ist, daß wir diesen Weg gehen müssen, um mit dir zu wachsen. Unsere Herzen sind arm und leer, darum sind sie auch verfügbar, ein Leerraum, unsere Brüder aufzunehmen. Unsere Herzen sind arm und leer, darum sind sie auch verwundet. Zu dir steigt unser Durstschrei auf, und wir danken dir, Herr, für diesen Weg der Fruchtbarkeit, den du für uns gewählt hast."

Die erste Berufung

Sich in einer Gemeinschaft zu engagieren bedeutet nicht in erster Linie: zu handeln wie beim Eintritt in eine politische Partei oder in eine Gewerkschaft. Dort braucht man Genossen, die Zeit und Energie opfern, um zu kämpfen. Eine Gemeinschaft ist etwas ganz anderes. Es ist die Erkenntnis aller Glieder, daß Gott uns ruft, gemeinsam zu leben, zu beten und zu arbeiten, um auf den Schrei des Armen zu antworten. Gemeinschaft ist also zunächst eine Frage des *Seins.* Um bereit zu sein, in einer Gemeinschaft Wurzeln zu schlagen, muß man zunächst mehr oder weniger deutlich erkannt haben, daß man „zu Hause" ist in dieser Gemeinschaft, daß man schon ein Glied am Leibe Christi ist. Es ist etwa so wie bei einer Ehe: Mann und Frau erkennen, daß „etwas" entstanden ist, daß sie füreinander geschaffen sind. Erst dann können sie sich entscheiden, zu heiraten und einander treu zu bleiben.

In einer Gemeinschaft beginnt alles mit der Anerkennung einer inneren Verbundenheit mit den anderen; man ist dazu geschaffen, zusammenzuleben. Eines Tages erwacht man und weiß, diese Beziehung besteht. Man kann sich entscheiden, sich zu engagieren und Treue zu versprechen – was freilich von der Gemeinschaft bestätigt werden muß.

Es ist wichtig, von der Erkenntnis einer bestehenden Beziehung oder eines Bundes bis zur Entscheidung nicht allzu lange zu warten: Das wäre das beste Mittel, vom Weg abzukommen und im Graben zu landen.

Begibt jemand sich auf den Weg zur inneren Einheit, auf den Pilgerweg zum gelobten Land, dann heißt das, irgendwann ist er im tiefsten Inneren angerührt worden. Er hat eine grundlegende Erfahrung gemacht, so als wäre sein Herz von Stein vom Stab des Mose angerührt worden und das Wasser wäre hervorgesprudelt, oder als wäre der Stein, der das Grab verschlossen hielt, hinweggerollt worden und sein tiefstes Inneres wäre auferstanden zu neuem Leben. Es ist eine wenn auch noch so schwache Erfahrung der Wiedergeburt, der Befreiung, der Vergebung, der Verzückung, eine Zeit der Verlobung mit der ganzen Schöpfung, mit dem Licht, mit den anderen und mit Gott. Es ist eine Erfahrung von Leben: Ich weiß mich zutiefst eins mit Gott und mit der Schöpfung und bleibe dabei doch ganz ich selbst in allem, was ich an Licht und Leben zutiefst in mir spüre. Es ist die Entdeckung, selbst zu einer sprudelnden Quelle ewigen Lebens geworden zu sein.

Diese Erfahrung am Beginn unserer Pilgerschaft ist wie ein Vorgeschmack der endgültigen Herrlichkeit, der erste Kuß vor dem ewigen Hochzeitsmahl. Damit ist unsere Berufung klar. Sie weist uns den Weg, denn sie offenbart uns das Ziel. Dieser Moment der Verzückung ist die persönlichste Wirklichkeit, die es gibt. Aber sie wird oft in einem vorgegebenen Rahmen konkret: Es kann zum Beispiel die Begegnung mit einem Armen sein, sein Wort ruft in mir eine Antwort hervor, und ich entdecke Quellen verborgenen Lebens in der Tiefe meines Daseins. Dieser Ruf kann auch beim Besuch in einer Gemeinschaft an mich ergehen, ich begegne Menschen, die mir zum Vorbild werden: Indem ich sie anschaue, entdecke ich, was ich selbst sein möchte. Andere Menschen werden mir zum Spiegel meines Inneren, ich weiß mich geheimnisvoll von ihnen angezogen. Oder aber der Anruf geschieht noch heimlicher, noch verborgener auf dem Grunde meines Herzens, vielleicht durch das Evangelium, das ich gerade lese oder höre. Es läßt mich spüren, daß ich das gelobte Land wahrgenommen habe, endlich ein Zuhause, einen Platz gefunden habe. Oft läßt eine solche Erfahrung jemanden in eine Gemeinschaft eintreten – oder sie gibt seinem Leben eine neue Richtung.

Diese Erfahrung kann wie eine Explosion erlebt werden, wie ein lichter Moment, wie eine Überschwemmung des Friedens und der Ruhe, oder aber auch demütiger: wie ein Hoch des Friedens, ein Wohlbefinden, seinen Platz gefunden zu haben und mit den Menschen zusammen zu sein, für die man geschaffen ist. Diese Erfahrung gibt uns neue

Hoffnung. Wir können jetzt voranschreiten, denn wir haben ein Ziel jenseits der materiellen Wirklichkeit und der menschlichen Begrenzungen vor Augen. Wir haben zu ahnen begonnen, daß das Glück möglich ist. Wir haben den Himmel offen gesehen.

Durch diese Erfahrung ist unser tiefstes Inneres offen geworden. Ist man einmal in die Gemeinschaft eingetreten und hat man sich auf den Weg gemacht, so können Wolken die Sonne verfinstern, und das Innere scheint wieder verschlossen. Aber diese Erfahrung bleibt verborgen lebendig im Inneren des Herzens. Man weiß von nun an, daß unser tiefstes Inneres Licht und Liebe ist und daß man auch in der Wüste und in der Glaubensnacht getrost weiterschreiten kann, denn man hat zu einem bestimmten Zeitpunkt die tiefste Offenbarung seiner Berufung erfahren.

Ich bin Menschen begegnet, die beim Besuch einer Gemeinschaft innerlich mit großer Sicherheit gespürt haben, daß ihr Platz dort ist, auch wenn sie äußerlich nichts in dieser Gemeinschaft anzog: weder die Glieder noch der Lebensstil, noch der Ort selbst. Und dennoch wußten sie, ihr Platz ist dort! Diese Art der Erfahrung ist oft ein echter Anruf von Gott. Er muß natürlich durch die Gemeinschaft bestätigt werden und auch durch eine Zeit der Bewährung.

„Verlasse Vater und Mutter – und deine Kultur“

Um in einen Bund einzutreten und einem neuen Volk anzugehören, einer Gemeinschaft mit neuen Werten, muß man ein anderes Volk verlassen: all jene Menschen, mit denen man bis dahin andere Werte und Normen gelebt hat. Überkommene Familienwerte, Reichtum, Besitz, Ansehen, Revolution, Drogen, Verbrechertum und was auch immer. Dieser Übergang von einem „Volk“ zu einem anderen kann zu einer Entwurzelung führen, die Leiden mit sich bringt. Meistens braucht dieser Übergang Zeit. Vielen gelingt er niemals ganz. Sie wollen nicht wählen, mit niemand brechen. Sie behalten einen Fuß in jedem Lager und leben Kompromisse, ohne je ihre Identität zu finden.

Um dem Ruf in eine Gemeinschaft zu folgen, muß ich mich entscheiden. Die grundlegende Erfahrung ist eine Gabe Gottes, die den Menschen zuweilen überrascht. Diese Erfahrung ist außerordentlich empfindlich. Sie ist wie ein winziges Samenkorn, das in die Erde fällt. Ich muß aus dieser anfänglichen Erfahrung Konsequenzen ziehen und gewisse Werte ausklammern, um neue anzunehmen. So wachse ich nach und nach in eine definitive und positive Entscheidung für die Gemeinschaft hinein.

Einige fliehen vor dem Engagement, weil sie Angst haben, durch die Einwurzelung in eine bestimmte Erde ihre Bewegungsfreiheit zu verlieren. Sie meinen, sie könnten nirgendwo anders mehr hinschauen. Sicher, wenn man *eine* Frau heiratet, verzichtet man auf tausend andere! Die persönliche Freiheit wird eingeengt. Aber unsere Freiheit wächst nicht in einem luftleeren Raum. Sie wächst auf einem bestimmten Boden mit bestimmten Menschen. Innerlich wachsen werden wir nur, wenn wir uns anderen gegenüber engagieren.

Wir müssen alle einen bestimmten Tod sterben und einen Moment der Trauer durchleben, sobald wir uns entschieden haben und beginnen, Wurzeln zu schlagen. Wir beklagen, was wir verlassen haben. Aber wir bemerken vielleicht: Wer alles aufgibt, um Jesus zu folgen und in Gemeinschaft zu leben, bekommt es hundertfach zurück. „Amen, ich sage euch: Jeder, der um meinetwillen und um des Evangeliums willen Haus oder Brüder, Schwestern, Mutter, Vater, Kinder oder Äcker verlassen hat, wird das Hundertfache dafür empfangen: Jetzt in dieser Zeit wird er Häuser, Brüder, Schwestern, Mutter, Kinder und Äcker erhalten, wenn auch unter Verfolgungen, und in der kommenden Welt das ewige Leben“ (Mk 10,29–30).

Es macht mir manchmal Kummer mit anzusehen, daß viele Menschen die grundlegende Erfahrung des Rufes nicht ernst nehmen. Es ist, als vergeudeten sie einen Schatz.

Sie vergeuden Zeit und wenden sich vielleicht ganz vom Licht ab. Der Schrei der Hoffnungslosigkeit aber verhallt nicht so bald: der Schrei der Hungernden, der Dürstenden, der Schrei Jesu: „Mich dürstet". Diejenigen, die diesen Schrei nicht ernst nehmen, glauben nicht an sich selbst und an jenen Ruf. Sie wissen nicht, daß es in ihnen eine Quelle gibt, die nur darauf wartet, freigelegt zu werden, um unsere verdorrte Erde neu zu befruchten. Zu viele junge Menschen verkennen die Schönheit des in ihnen verborgenen Lebens, das aufbrechen und sich verströmen möchte.

Manche wagen diesen Schritt nie. Sie haben Angst, ihr erstes Volk zu verraten und zu verletzen, untreu zu werden. Sie haben Angst vor dem Vater und den Vorfahren: Heißt sie zu verlassen denn nicht, sie und ihren Lebensstil zu verurteilen? Jesus sagt: Wer mir Vater, Mutter, Brüder und Schwestern vorzieht, kann nicht mein Jünger sein. Um in eine christliche Gemeinschaft einzutreten, muß man Jesus und die Seligpreisungen seiner eigenen Familie vorziehen – und auch seinen Freunden. Zuweilen üben diese aber einen solchen Druck aus, daß es unmöglich scheint, mit ihnen zu brechen.

Manche Menschen haben auch Angst, in die Gemeinschaft einzutreten, weil sie ihre Identität zu verlieren meinen. Zu einer Gruppe zu gehören und gemeinsame Erkenntnisgrundlagen anzunehmen ist für sie mit der Furcht verbunden, in der Allgemeinheit aufzugehen, die eigene Persönlichkeit und den inneren Reichtum zu verlieren. Diese Angst ist nicht ganz unbegründet. Tritt man in eine Gemeinschaft ein, dann läßt man etwas von sich selbst zurück: Die ungehobelten Seiten der Persönlichkeit müssen sich abstoßen. Manchmal muß auch die Aggressivität, die durchaus ein persönlicher Reichtum sein kann, einer größeren Fähigkeit des Zuhörens weichen und die Ungeduld der Geduld. Eine neue Kraft erwächst aus der Tiefe, und neue Gaben treten zutage. Die Gemeinschaft aber unterdrückt die Identität des einzelnen nicht, ganz im Gegenteil, sie fördert höchstens eine tiefere Identität zutage. Sie weckt die persönlichsten Gaben des einzelnen: jene, die an die Fähigkeit gebunden sind zu lieben.

Manchmal bin ich erstaunt über die Unruhe der Eltern, ihren Sohn oder ihre Tochter als Assistenten in die Arche eintreten zu sehen. Die Eltern kommen dann zu mir und wollen, daß ich die Kinder überzeuge, „etwas Ernsthaftes“ anzufangen, sie scheinen fasziniert von der Absicherung durch einen Universitätsgrad oder eine gute Ehe. Ihr Kind ist dann „untergebracht“. In Gemeinschaft leben, besonders mit geistig behinderten Menschen, scheint ihnen eine Wahnidee oder ohne jede Sicherheit. Sie sagen sich, das könne doch nur ein Jugendtraum sein, der darum auch wieder vergehen wird.

Bei diesen Eltern sieht man den Konflikt zwischen den Werten einer christlichen Gemeinschaft und jenen der modernen Gesellschaft deutlich zutage treten. Der Druck der Eltern ist manchmal so groß, daß ihr Kind nicht weiterzugehen wagt. Haben die Eltern etwa Angst, von ihren Kinder verurteilt zu werden? Auf jeden Fall tut es mir weh, Eltern zu sehen, die sich Christen nennen und die schönsten und tiefsten Strebungen ihrer Kinder im Namen der Sicherheit ersticken.

Diesen Eltern fällt es vielleicht auch schwer, zu unterscheiden zwischen einer Sekte, die ihre Kinder mit psychologischen Tricks verführt und versklavt, und einer christlichen Gemeinschaft, die sie zur Freiheit führt. Getröstet sind sie nur, wenn ihr Kind in einen bekannten Orden eintritt.

Vor hundert Jahren bedeutete der Schritt aus der Familie mit ihrem Rhythmus, ihren Strukturen, ihrem Gehorsamscharakter in eine Ordensgemeinschaft längst nicht so viel wie heute. In unserer Zeit dagegen ist er besonders groß, denn unsere Welt ist geprägt von Individualismus und Unabhängigkeit, vom Streben, auf der Erfolgsleiter immer höher zu steigen. Jeder hat schon die Möglichkeit gehabt, ansehnliche Verantwortung zu übernehmen. Der Übergang ist also schwierig. Für denjenigen, der beim Studium oder bei der Arbeit keinen Erfolg hatte, ist es leichter, in eine Gemeinschaft einzutreten. Aber die Gefahr besteht, daß er dort eine Zuflucht sucht und unfähig ist, seine wirkliche Identität zu entdecken und sich zu entfalten. Aber Gott läßt denen, die ihn lieben, alles zum Guten werden. Und wer sich in der Welt verloren fühlt, kann die Wahrheit durchaus in der Gemeinschaft finden.

Die Gemeinschaften müssen aber auch lernen, diejenigen aufzunehmen, die in der Welt Erfolg hatten. Sie müssen ihnen helfen, sich von der Höhe des Erfolgs herab in echte Beziehungen einzulassen. Aber sie müssen auch jenen helfen, die keinen Erfolg hatten, ihre Motivation zu klären und zu vertiefen.

Jungen Menschen, die jahrelang nur vom Fernsehen gelebt haben, wird es nicht leichtfallen, sich beim Eintritt in die Gemeinschaft von echten menschlichen Beziehungen gestärkt zu finden. Wer den Eltern, der Gemeinschaft und sich selbst gegenüber nur aggressiv war, wird Mühe haben zu vertrauen. Die immer nur brillant, bewundert und geschätzt sein wollen, werden sich schwertun, den Alltag und den Kleinkram in der Gemeinschaft anzunehmen. Mehr als irgendwann bedarf es heute einer besonderen Gnade Gottes, den Schritt von der Unabhängigkeit, der Isolierung und der Ablehnung innerhalb der Gesellschaft zum Leben in Gemeinschaft zu tun.

Wer die Nestwärme einer Familie mit vielen Brüdern und Schwestern kennengelernt hat, sagt zuweilen: „Ich brauche keine Gemeinschaft.“ Vielleicht braucht er die Gemeinschaft wirklich nicht – aber die Gemeinschaft braucht ihn! Er kann den anderen, vor allem den Armen und Schwachen, soviel bringen! Darum sollte er auf den Ruf Jesu hören: „Verkaufe alles, was du hast, gib dein Geld den Armen, und dann folge mir nach!“

Die Grundlage eines Engagements in der Gemeinschaft ist oft ein Akt des Glaubens: eine Neugeburt in die Gemeinschaft hinein. Lebt man allein oder in der Familie, dann konstruiert man sich seine Identität durch berufliche Erfolge, Freizeitgestaltung und Familienfreuden. In der Gemeinschaft findet man nicht immer und sicher nicht sofort eine Arbeit, die einem dieselbe Befriedigung und dasselbe Selbstwertgefühl verleiht wie früher. Man hat den Eindruck, etwas von sich selbst verloren zu haben. Man kann diese Amputation nur annehmen, wenn man sich von der Gemeinschaft und ihrem Gebet getragen weiß.

Geduldig muß man auf den Augenblick der Wiedergeburt warten. Das Samenkorn muß tatsächlich in die Erde fallen und sterben, damit neues Leben entstehen kann. Der Weg ist oft weit und die Nacht sternenlos, die Morgendämmerung läßt auf sich warten.

In den Bund eintreten heißt, sich mit Vertrauen auf ein neues Leben einlassen: auf ein Leben, das auf dem Grunde der Persönlichkeit schon keimt, das man vielleicht erahnt und das, wenn man ihm nur genug Erde, Wasser und Sonne zukommen läßt, mit neuer Kraft erstehen wird. Die Zeit der Ernte bleibt dann nicht aus.

Ich bin oft erstaunt über die Anzahl der Menschen, die zu einer Gemeinschaft gehören wollen. Alle ihre Energien sind dadurch mit Beschlag belegt, so daß sie unfähig sind, den Ruf des Armen zu hören und jene zu sehen, die ihnen nahestehen und die ihre Aufmerksamkeit, Liebe und Gegenwart brauchen würden. Es scheint, daß ihr Vorhaben sie blendet. Die beste Art für sie, sich auf den Eintritt in die Gemeinschaft vorzubereiten, ist, jene zu lieben und für jene dazusein, die ihnen nahestehen. Dann wird der Weg zum Leben in Gemeinschaft sich wie von selbst ergeben.

Die Anfänge innerhalb der Gemeinschaft

Tritt jemand in die Gemeinschaft ein, dann ist es wichtig, ihm deutlich zu sagen, was man von ihm erwartet, nicht nur in bezug auf die Arbeit und die Zeiteinteilung, sondern auch auf die innere Haltung. Er muß die Haltung der Gemeinschaft in grundlegenden Fragen wie Reichtum, Sexualität, Machtausübung und Autorität kennen. Er muß ganz klar seine Rechte und Pflichten kennen: was geschieht, wenn er krank wird, über wieviel freie Zeit er verfügt, von welchen Vergünstigungen er profitieren kann. Er muß auch wissen, wie lange die Probezeit dauert. Diese Fragen nicht gleich zu klären, führt meist zu Verwirrung. Darum muß man mit denen, die neu eintreten, viel sprechen. Man muß sie begleiten, bestärken und ermutigen und ihnen all die Unterstützung gewähren, deren sie bedürfen.

Wer in eine Gemeinschaft eintritt, begibt sich aus seiner eigenen Kultur heraus – aus seinem Freundeskreis und seiner Unabhängigkeit – in diejenige der Gemeinschaft. Das kann für einige eine erhebliche Prüfung bedeuten. Sie können noch nach Wochen oder Monaten von der Angst befallen werden, isoliert zu sein. Sie können in Zweifel und Verwirrung geraten. Man muß ihnen gerade in dieser Zeit sehr viel helfen.

Es ist wichtig, denen, die in eine Gemeinschaft eintreten, eine entsprechende spirituelle Ausbildung zu ermöglichen: jene geistliche Nahrung und Hilfe, die sie brauchen, um Durststrecken durchzustehen. Man kann nicht von ihnen verlangen, aufzugeben, was ihnen Freunde, Unabhängigkeit und Freizeit bedeutet haben, ohne ihnen eine neue Nahrung anzubieten, die ihnen die Kraft gibt, den Anforderungen des Lebens in Gemeinschaft zu entsprechen.

Entstandene Bindungen anerkennen

Manche treten in die Gemeinschaft ein, weil sie sich von einem Stil der Einfachheit und der Armut angezogen fühlen. Man teilt miteinander, man nimmt andere auf. Die menschlichen Beziehungen stehen im Vordergrund. Manche kommen auch aus Angst vor den Anforderungen des Lebens in der Welt. Sie hoffen, wo man spontan ist und zu feiern versteht, können sie sich besser entfalten. Nach und nach aber entdecken sie, daß Gemeinschaftsleben nicht nur darin besteht. Um durchzuhalten, muß man eine gewisse Disziplin auf sich nehmen und auch Strukturen anerkennen. Und man muß sich jeden Tag neu bemühen, seinen angestammten Egoismus zu überwinden. Man entdeckt auch, daß gemeinsames Leben nicht nur eine Stilübung ist, sondern daß man von Gott dazu berufen sein muß, den anderen beim Hineinwachsen in die innere Freiheit mitzutragen, das heißt, sich für ihn verantwortlich zu fühlen. Und das fordert viel. Aber es geht nicht nur darum, für die anderen Verantwortung zu tragen und sich für sie zu engagieren, sondern anzunehmen, daß auch die anderen mich lieben und mittragen. Gemeinsam leben heißt, in eine Beziehung gegenseitiger Abhängigkeit einzutreten: in einen Bund. Und das ist noch schwieriger, noch fordernder. Denn es beinhaltet die Anerkennung der eigenen Schwächen.

Diese Entwicklung auf ein echtes Mittragen der anderen hin wird oft blockiert durch die eigene Angst. Es ist einfacher, auf der Ebene eines sympathischen Miteinanders zu bleiben, wo sich jeder seine Freiheit und einen gewissen Abstand erhält. Aber man wächst dann nicht weiter, man verschanzt sich hinter seinen eigenen Angelegenheiten und seiner Bequemlichkeit.

Man tritt in eine Gemeinschaft ein, um glücklich zu sein. Man bleibt, um andere glücklich zu machen.

Für jene, die kommen, um in Gemeinschaft zu leben, ist die erste Zeit fast immer idyllisch: Alles ist vollkommen. Man scheint unfähig, die Fehler zu sehen. Man sieht nur Vorzüge: Alles ist wunderbar, alles ist schön, man hat den Eindruck, von Heiligen umgeben zu sein, die all das sind, was man selbst gern sein möchte.

Dann aber kommt die Zeit der Enttäuschung. Man ist müde, fühlt sich allein gelassen und frustriert von den Verantwortlichen, man versagt, bekommt Heimweh ... Während dieser Zeit der Depression erscheint alles finster: Man sieht nur noch die Fehler der anderen und der Gemeinschaft, alles regt einen auf, man meint sich von Heuchlern umgeben, die nur auf das Gesetz pochen und in Strukturen denken oder aber total desorganisiert und inkompetent sind. Kurz, das Leben scheint unerträglich. Je stärker man die Gemeinschaft idealisiert und die Verantwortlichen auf den Sockel gestellt hat, desto intensiver ist die Ernüchterung. Von himmlischen Höhen stürzt man senkrecht in den Abgrund.

Sind diese beiden Phasen erst einmal durchgestanden, kann endlich die dritte beginnen: jene des Bundes. Man wird realistisch und engagiert sich. Die Mitglieder erscheinen einem dann weder als Heilige noch als Teufel, sie sind schlicht und einfach Menschen. Jeder ist eine Mischung aus Gut und Böse, aus Licht und Schatten. Aber jeder ist auch im Wachsen begriffen. Jeder lebt aus Hoffnung. Man beginnt, Wurzeln zu schlagen. Die Gemeinschaft ist weder in den Höhen noch in den Tiefen zu finden. Sie ist hier und jetzt auf dieser Erde zu Hause. Man wird bereit, mit ihr zu gehen. Man nimmt die anderen und die Gemeinschaft an, wie sie sind. Man vertraut, daß man gemeinsam wachsen kann.

Während der ersten Monate und Jahre der Gegenwart in einer Gemeinschaft sollte man regelmäßig Bilanz ziehen. Es ist sehr ungerecht, von jemand zu verlangen, nach einigen Jahren die Gemeinschaft wieder zu verlassen, wenn man ihm niemals gesagt hat, daß etwas an seiner Haltung nicht stimmt. Wie soll jemand wachsen und sich ändern können, wenn man ihm nicht hilft und ihm nicht seine Grenzen aufzeigt?

Die Entscheidung, Wurzeln zu schlagen

Ich bin immer mehr betroffen vom Leiden der jungen Menschen. Es ist nicht erstaunlich, daß manche es besonders schwer haben, Wurzeln zu schlagen. Viele haben eine mehr oder weniger unglückliche und unruhige Kindheit hinter sich. Viele haben vorzeitig sexuelle Erfahrungen gemacht, die es ihnen schwer werden lassen, sich verbindlich zu engagieren. Außerdem ist man heute geneigt, alles in Frage zu stellen. Man hat Angst vor dem Wort. Man zweifelt die Autorität an. Gleichzeitig hat man den Eindruck, daß unsere Welt sich in einem erschreckenden Tempo verändert. Alles ist in Bewegung. Ein junger Mensch kann sich für heute engagieren – aber wie soll er sich für morgen festlegen? Man muß viel Geduld haben mit jenen, denen es in vieler Hinsicht an innerem Halt fehlt und die unfähig sind, endgültig ja zu sagen. Sie leben in einer zu existentialistischen Welt. Finden sie aber jemand, der ihnen vertraut, dann werden sie langsam, aber sicher entdecken, was Treue heißt – und dann werden sie sich auch engagieren können.

Viele haben Angst vor dem Engagement in der Gemeinschaft, weil sie sich noch nicht entschieden haben, ob sie heiraten wollen oder allein bleiben. Solange ein Mensch dieses Problem noch nicht gelöst hat, kann er in der Gemeinschaft nicht Wurzeln schlagen.

Es ist sicher gut, daß es in einer Gemeinschaft Menschen gibt, die sich diese Frage stellen. Aber es ist ebenso wichtig und notwendig, daß andere sich bereits entschieden haben. Für manche bedeutet das, den Rest ihres Lebens allein zu bleiben und ganz auf den Ruf Jesu und der Armen einzugehen. Sie verzichten damit auf den Reichtum eines Familienlebens. Sie leben ganz in der Hoffnung auf die Gabe Gottes und in dem Wunsch, noch verfügbarer für Jesus, die Armen und das Evangelium zu werden. Das heißt jedoch nicht, daß sie nicht unter diesem Verzicht leiden, zumindest in gewissen Augenblicken. Aber sie setzen ihren Glauben und ihre Hoffnung auf den Anruf Jesu und die Gemeinschaft mit den Armen.

Für andere löst sich das Problem durch die Hingabe an Gott und die Ereignisse, indem sie dem Glauben und der Gottesbeziehung den ersten Platz einräumen und das durch ihre Lebensart bezeugen. Sie nehmen es auf sich, voll und ganz in der Gemeinschaft zu leben, sich den Armen gegenüber zu engagieren und das Gebet zur Mitte ihres Lebens zu machen. Kommt die Ehe auf sie zu, so nur in diesem Rahmen, damit sie zu zweit und später auch mit den Kindern diesem inneren Verlangen entsprechen können. Die beste Art, eine wirkliche Ehe einzugehen, ist, sich für einen bestimmten Lebensstil zu engagieren, indem ich weiß, was ich leben möchte. Auf diese grundsätzliche Entscheidung kann sich die Intimität mit dem anderen dann aufbauen: Ich gehe den Weg gemeinsam, weil ich weiß, was ich will. Es ist gefährlich, die Intimität zu suchen, bevor ich mich nicht für einen bestimmten Lebensstil entschieden habe. Und ich sollte es auch nicht außerhalb des Kontextes meiner Wahl tun.

Es ist wichtig, daß jene, die sich nicht engagieren, weil sie noch vor der Frage der Ehe stehen und sich „unvollständig“ fühlen, solange sie noch nicht gewählt haben oder gewählt worden sind, aufrichtig bleiben und sich der inneren Erwartung stellen. Manche kritisieren die Gemeinschaft, aber ihre Kritik will nur besagen: „Ich will mich nicht engagieren.“ Kritik gehört zu ihrem Abwehrsystem. Es wäre aufrichtiger zu sagen, für mich ist die Zeit noch nicht gekommen, mich zu engagieren. Ich möchte zuerst heiraten. Meine Ehe ist mir wichtiger als das Engagement in der Gemeinschaft. Es ist wichtig, daß man solche Überlegungen offen aussprechen kann, um den echten Grund zu entdekken, warum man sich in der Gemeinschaft nicht wohl fühlt.

Man ist durchaus im Recht, sich nicht wohl zu fühlen, wenn die Zeit dazu noch nicht reif ist. Aber es ist genauso wichtig, daß andere, die den Ruf Gottes und den Schrei der Armen gehört haben, in die Gemeinschaft eintreten, um Zeugen des Reiches Gottes und Zeichen dafür zu sein, daß die Liebe wirklich ist und daß es eine Hoffnung gibt.

Wenn eine Gemeinschaft eines ihrer Glieder drängt, sich zu entscheiden, bevor die Zeit gekommen ist, dann hat die Gemeinschaft selbst noch nicht ihre Freiheit gefunden. Dann ist sie zu stark verunsichert, dann ist sie noch an Personen gebunden. Vielleicht ist sie unter dem Druck gemeinschaftlichen Hochmuts zu schnell gewachsen. Sind unsere Gemeinschaften aber aus dem Willen Gottes geboren, ist der Heilige Geist die Quelle, dann wird uns der Vater im Himmel auch die notwendigen Menschen senden. Eine Gemeinschaft muß nicht nur lernen, Menschen in Freude gehen zu lassen, sondern auch vertrauen, daß Gott ihr andere Brüder und Schwestern sendet: „Ihr Ungläubigen, sucht zuerst das Reich Gottes, und alles übrige wird euch im Überfluß dazugegeben werden.“

Manche fühlen sich schon nach einigen Tagen in der Arche derart zu Hause, daß sie sagen können, sie bleiben für den Rest ihres Lebens. Sie sind sicher, im rechten Hafen gelandet zu sein. Bei anderen braucht das Zeit, sie entdecken erst nach und nach, daß sie zu Hause sind und daß sie nicht weiterzusuchen brauchen. Die Zeit des endgültigen Jasagens ist für jeden verschieden.

Das endgültige Ja

Einen Bund mit den anderen eingehen heißt: in derselben Erde Wurzeln schlagen. Gott hat uns gerufen, gemeinsam Zeichen der Treue und der Liebe zu sein. Selbst wenn wir schon mit dem Eintritt in die Gemeinschaft beginnen, einen Bund zu leben, dann muß dieser Bund zu einem bestimmten Zeitpunkt besiegelt werden, der sehr feierlich sein kann. Vor kurzem war ich zu einer Einsegnung von Diakonissen in Paris eingeladen, zur Ablegung ihrer Gelübde auf Lebenszeit. Während die Priorin den einzelnen Schwestern ein Brustkreuz anlegte, sagte sie zu ihnen folgende Worte, die mich zutiefst getroffen haben: „Empfange jetzt dieses Kreuz. Es ist Zeichen deiner Zugehörigkeit zu Gott im Herzen unserer Gemeinschaft. Diese Gemeinschaft ist von nun an die deine. Du bist mit uns verantwortlich für ihre Treue.“ Genau das heißt: einen Bund eingehen.

Du bist eingeladen zu einem Bund mit Gott und den Brüdern und Schwestern, besonders aber mit den Ärmsten. Da gibt es nichts zu warten: „Ich ermahne euch, ein Leben zu führen, das des Rufes würdig ist, der an euch erging. Seid demütig, friedfertig und geduldig, ertragt einander in Liebe, und bemüht euch, die Einheit des Geistes zu wahren durch den Frieden, der euch zusammenhält: *Ein* Leib und *ein* Geist, wie euch durch eure Berufung auch *eine* gemeinsame Hoffnung gegeben ist; *ein* Herz, *ein* Glaube, *eine* Taufe, *ein* Gott und Vater aller, der über allem und durch alles und in allem ist“ (Eph 4,1–6).

Esther de Waal schreibt in ihrem Buch „Seeking God“ (London 1984): „Ohne Wurzeln zu schlagen, können wir weder unsere Zugehörigkeit entdecken noch wirklich wachsen. Ohne Stabilität können wir weder die grundlegenden Fragen des Lebens angehen noch uns selbst recht erkennen. Monastische Beständigkeit heißt eine bestimmte Gemeinschaft, einen bestimmten Ort, bestimmte Menschen – und keine anderen – als meinen Weg zu Gott akzeptieren.“

Erst wenn wir wirklich Wurzeln geschlagen haben, beginnen wir auch die Früchte zu sehen. Wirklich verwurzelt zu sein heißt auch, mit einem neuen Sinn für seine Sendung zu leben. Eine neue Fähigkeit, sein Leben hinzugeben, ist geboren, und zwar nicht nur in mir, sondern im ganzen Leib Christi, in der ganzen Gemeinschaft.

DRITTES KAPITEL

Sendung

Unterwegs zum einen Ziel

Jesus begann seine Sendung damit, Männer und Frauen zu berufen, denen er sagte: „Verlaß alles, was du hast, und folge mir nach." Er hat sie erwählt, sie geliebt und sie eingeladen, seine Freunde zu werden. Damit hat alles begonnen: mit einer persönlichen Beziehung zu Jesus, mit der inneren Verbundenheit mit ihm.

Dann hat er die Zwölf zusammengerufen, die seine Freunde werden sollten, und sie haben begonnen, in einer Gemeinschaft zu leben. Offenbar ist das nicht immer einfach gewesen. Sehr bald haben die Jünger begonnen, sich zu streiten, wer der Größte unter ihnen ist. Das Leben in Gemeinschaft hat all ihre Ängste und Eifersüchte offenbart.

Danach hat Jesus sie ausgesandt, um eine Mission zu erfüllen: Sie sollten die Frohbotschaft den Armen verkünden, die Kranken heilen und die Menschen befreien, indem sie die bösen Geister austrieben.

Nachdem er sie nur relativ kurze Zeit bei sich behalten hatte, sandte er sie aus, daß sie aus eigener Erfahrung jenes neue Leben kennenlernten, das in ihnen aufkeimte und sie befähigte, Leben weiterzugeben, wenn sie nur Jesus folgten und ihn handeln ließen: in ihnen und durch sie hindurch.

Die Leiden der Gemeinschaft sind angesiedelt zwischen der Freude an dieser inneren Verbundenheit mit Jesus und der Freude, das Leben anderen weiterzugeben, nämlich ihrer Sendung durch Jesus.

Wenn Menschen sich zusammenfinden, um gemeinsam zu leben und sich zu lieben, dann geschieht das, weil sie mehr oder weniger bewußt daran denken, daß sie als Gruppe eine Sendung haben, daß sie gemeinsam von Gott dazu berufen sind und daß sie den anderen eine Botschaft der Liebe zu vermitteln haben.

Wo zwei oder drei im Namen Jesu versammelt sind, da ist er mitten unter ihnen. Die Gemeinschaft ist Zeichen dieser Gegenwart, sie ist Zeichen der Kirche. Viele, die an Jesus glauben, leben dennoch allein und mehr oder weniger in Not: die Ehefrau, die Schläge bekommt, die Patienten einer psychiatrischen Klinik, jene, die allein leben, weil sie zu empfindlich sind, mit anderen zu leben. Sie alle können Jesus vertrauen, denn ihr Leid ist Zeichen seines Kreuzes, Zeichen einer leidenden Kirche. Eine Gemeinschaft aber, die betet und liebt, ist Zeichen der Auferstehung. Genau das ist ihre Sendung.

Die Sendung, sein Leben hinzugeben

Die Menschheit ist eine Einheit. Wir gehören alle zu derselben menschlichen Rasse, zu demselben Menschengeschlecht. Wie verschieden wir auch sein mögen nach Rassen und Kulturen und Behinderungen – wir sind alle menschliche Wesen und alle Brüder und Schwestern.

Als ich in Papua/Neuguinea war, bin ich einmal in die Berge gegangen. Dort traf ich Männer und Frauen eines bestimmten Stammes. Die Frauen hatten nur wenig an und die Männer nicht viel mehr! Ich habe mit ihnen von Menschen mit einer geistigen Behinderung gesprochen und von der Arche. Dann haben sie mir Fragen gestellt. Sie haben mir von ihrem Leben erzählt, von Krankheit und Tod, von Freuden und Leiden der Beziehung innerhalb der Familie und unter den Familien, von den Männern, die zu viel trinken und von der Gewalttätigkeit: Dieselben Fragen hätte man mir genausogut in London oder New York stellen können. Wir sind wirklich alle von derselben Art.

Die grundlegenden Fragen der Menschheit drehen sich immer um dasselbe: um Liebe und Haß, um Schuld und Vergebung, um Krieg und Frieden, um Wahrheit und Lüge (oder Illusion), um den Sinn von Leben und Tod, um den Glauben an Gott. Jede Gemeinschaft strebt auf die eine oder andere Weise danach, eine universelle Wahrheit zu offenbaren, die sie wie einen Schatz im Acker gefunden hat. Sie strebt danach, die Frohbotschaft zu verkünden und Antworten auf die grundlegenden Fragen zu finden. Sie möchte diese Wahrheit leben, weil sie weiß, daß dieser Glaube sie zu einem schöneren und erfüllteren Leben geführt hat: zur Liebe, zum Frieden, zur Wahrheit, zur Freiheit und zur Gotteserkenntnis. Sie möchte all das Schöne, was sie empfangen hat, den anderen weitergeben.

Es gibt einen großen Unterschied zwischen einer Gemeinschaft und einem Zusammenschluß von Menschen, die für eine bestimmte Sache kämpfen. Eine Gemeinschaft sagt: „Komm und sieh." Sie möchte die Wahrheit auf eine gewaltlose Weise offenbaren und sie den anderen anbieten. Sie lädt Gäste ein, um Fragen zu stellen und ihre Lebensweise kennenzulernen. Eine Gemeinschaft weiß, daß die grundlegenden Fragen, die das Leben betreffen, nur in Frieden und innerer Freiheit gelöst werden können. Niemand kann jemand anders dazu verpflichten, daß er liebt und daß er frei wird. Wer für eine Sache kämpft, organisiert sich für den Kampf, bei dem er siegen möchte. Er versucht, anderen seine Ideen auf aggressive Weise aufzuzwingen. Meist sucht er vor allem die äußere Veränderung – und nicht so sehr die innere Wandlung. Das ist natürlich anders, wenn jene, die für etwas kämpfen, in Gemeinschaft leben.

Klubs und geschlossene Gruppen, die auf Rasse und Kompetenz pochen, um neue Mitglieder zu werben, sind elitär. Sie möchten sich selbst und anderen beweisen, daß sie überlegen sind. Damit zeigen sie den anderen, daß sie unterlegen sind und daß die frohe Botschaft nicht für sie bestimmt ist. So gesehen ist die Menschheit gespalten durch ein ganzes System der Apartheid: Es gibt keinerlei universelle Botschaft der Hoffnung und der Freiheit.

Gemeinschaften können Aktivitäten haben, sie können Käse herstellen, Bier oder Wein. Sie können neue landwirtschaftliche Techniken lehren, die perfekter sind als die alten. Sie können Krankenhäuser und Schulen bauen. Sie können sich kulturell engagieren, indem sie Bücher veröffentlichen, Bibliotheken unterhalten oder die Kunst fördern. Aber all das gibt ihrem Leben noch keinen Sinn. Denn die Sendung einer Gemeinschaft besteht vor allem darin, Quelle des Lebens für andere zu sein, das heißt, den anderen eine neue Hoffnung zu geben, einen neuen Sinn des Lebens. Die Sendung besteht darin, den anderen ihre grundlegende Schönheit zu offenbaren: den Wert und die Bedeutung, die sie in dieser Welt haben, ihre Fähigkeit, zu lieben und zu wachsen, gute Dinge zu tun und Gott zu begegnen. Sie besteht darin, ihnen eine neue Hoffnung und eine innere Freiheit zu geben. Sie besteht darin, sie aufzuschließen für neue Energien, die in ihnen aufbrechen können. Sie besteht darin, sie vom Joch der Angst und der Schuld zu befreien. Den anderen das Leben zu geben heißt: ihnen zu offenbaren, daß sie von Gott geliebt sind, wie sie sind: mit der ganzen Mischung aus Gut und Böse, Licht und Finsternis, die in ihnen verborgen ist, ihnen zu sagen, daß der Stein vom Grab weggerollt ist, der all ihre Häßlichkeit verborgen hielt, daß ihnen vergeben ist und daß sie in Freiheit leben können.

Jesus möchte, daß jeder von uns Frucht bringt, aber er möchte auch, daß wir gemeinsam noch mehr Frucht bringen und daß wir auf diese Weise zu seinen Jüngern werden (Joh 15).

Jedes Lebewesen bringt neues Leben hervor; so kann es geschehen, daß es von einer Generation zur anderen neue Vögel, Fische, Bäume, Blumen und Früchte gibt. Die Fruchtbarkeit der Schöpfung ist unglaublich; das Leben strömt von einem Geschöpf zum anderen. Gemeinsam geben Mann und Frau das Leben weiter, sie zeugen neues Leben und gebären Kinder[1].

Aber es gibt nicht nur diesen körperlichen und biologischen Aspekt der Zeugung. Nach der Geburt, ja selbst schon davor, vermitteln die Eltern dem Kind die Freude am Leben und offenbaren ihm seine Schönheit durch die Art, wie sie es annehmen und lieben. Aber sie können ihm auch den inneren Tod wünschen und ihm seine Häßlichkeit und seinen Unwert offenbaren durch die Art, wie sie dieses Kind ablehnen oder es übermäßig beschützen. Durch Liebe und Zärtlichkeit, Annahme und Zuhören können wir Leben weitergeben.

Der ganze Inhalt der Botschaft Jesu ist die Gabe des Lebens. Jesus ist gekommen, uns das Leben zu geben und es in Fülle zu geben. Er ist gekommen, all die Blockaden aufzuheben, die uns daran hindern, das Leben fließen zu lassen. „Der Ruhm Gottes", schreibt Irenäus von Lyon im 2. Jahrhundert, „ist ein lebendiger Mensch." Gemeint ist der Mensch, der in der Fülle lebt. Jesus ist gekommen, um die Frohbotschaft den Armen zu verkünden, den Unterdrückten die Freiheit und den Blinden das Augenlicht wiederzugeben. Er ist gekommen, uns zu befreien, neue Tore zu öffnen und neue Wege zu erschließen. Er ist gekommen, um uns von der Schuld zu befreien, uns zu heilen, uns zu einen, uns zu retten und zu erlösen. Er gebietet den Jüngern, diese Sendung weiterzuführen, die Leben, Fruchtbarkeit und Freiheit verleiht – jene Sendung, zu der die ganze christliche Gemeinschaft berufen ist.

Als Jesus seine Jünger ausgesandt hat, hat er ihnen geboten, arm zu sein und nichts mitzunehmen. Und er hat ihnen geboten, Dinge zu tun, die ihnen selbst unmöglich waren. Das gilt gleichermaßen für jede Sendung. Die Gemeinschaften und ihre Glieder sind gerufen, arm zu sein und unmögliche Dinge zu tun, wie zum Beispiel eine Gemein-

[1] Siehe dazu: *J. Vanier*, Heilende Gemeinschaft, Salzburg 1985.

schaft aufzubauen. Sie sollen Werkzeuge der Heilung, der Versöhnung, der Vergebung und der Einheit sein. Die Sendung besteht darin, das Leben Gottes anderen weiterzugeben. Das kann nicht geschehen, wenn die Gemeinschaften und die einzelnen nicht wirklich arm und demütig sind und das Leben Gottes durch sich hindurchfließen lassen. Zur Sendung gehört also eine doppelte Armut. Sie erfordert gleichzeitig Vertrauen in den Ruf Gottes und in seine Vollmacht, die sich in unserer Armut, Kleinheit und Demut offenbaren.

In dem Maße, wie die einzelnen und die Gemeinschaften reich, selbstzufrieden, stolz auf ihre Kompetenz und ihre Macht sind, in dem Maße, wie sie nur das tun wollen, wozu sie sich fähig fühlen, können sie das Leben Gottes nicht weitergeben. Sie geben das, was sie haben, das heißt ihre Selbstzufriedenheit.

Allgemeine und besondere Sendung

Die Sendung, Leben zu geben und zu befreien, muß sich in erster Linie auf die Glieder der Gemeinschaft erstrecken. Sie beginnt bei ihnen: Sie treten in die Gemeinschaft ein, um in der inneren Freiheit zu wachsen und dann diese Freiheit den anderen zu geben, sie auszustrahlen und ihnen die Frohbotschaft zu verkünden. Diese Sendung geschieht an verschiedenen Orten und zu verschiedenen Zeiten auf verschiedene Art und Weise. Das Leben weiterzugeben ist die allgemeine Sendung jeder Gemeinschaft und jedes einzelnen. Aber jede Gemeinschaft hat eine besondere Sendung, das heißt ihre eigene Art, das Leben weiterzugeben – je nach Zielsetzung der Gemeinschaft.

Die im 6. Jahrhundert von Benedikt gegründeten Gemeinschaften waren ganz auf das Gebet konzentriert. Die heutigen Gemeinschaften von Mutter Teresa von Kalkutta kümmern sich um arme und einsame Menschen, die am Leben zerbrochen sind und im Sterben liegen. Die Gemeinschaft von Taizé ist auch auf das Gebet konzentriert, ihr Leben ist der Einheit der Kirchen gewidmet. Die Gemeinschaft von Lanza del Vasto (die auch den Namen Arche trägt) pflegt seit Jahren naturnahe Lebensformen nach den Prinzipien der Gewaltlosigkeit. Die lateinamerikanischen Basisgemeinschaften leben ganz mit den Armen, um für ihre grundlegende Würde und ihre Menschenrechte einzutreten, ihrer Stimme Gehör zu verschaffen und ihnen einen Platz in Kirche und Gesellschaft zu erkämpfen.

Jede Gemeinschaft hat ein dreifaches Anliegen: jeden Menschen zu lieben, miteinander verbunden zu sein und die Sendung zu leben. Jede hat einen anderen Lebensstil, andere Regeln und Strukturen, andere Prioritäten im täglichen Leben, allen gemeinsam aber ist die Sorge um die anderen, nämlich sie zu lieben, ihnen die frohe Botschaft zu verkünden und ihnen mehr Frieden und mehr innere Freiheit zu vermitteln.

Jede neue Gemeinschaft ist von Gott geschaffen. Zu einer bestimmten Zeit läßt er einen Mann oder eine Frau oder eine Gruppe auf einen Schrei oder auf eine besondere Not der Menschheit Antwort geben. Dieser Schrei kann für alle hörbar sein wie der Schrei der Sterbenden in den Straßen von Kalkutta oder der Schrei der Kinder in den Straßen von New York oder der Menschen mit einer körperlichen oder geistigen Behinderung. Aber dieser Schrei kann auch ein Geheimnis für einige wenige bleiben wie die Notwendigkeit, im 6. Jahrhundert inmitten der Kirche Oasen des Gebetes zu schaffen, oder im 13. Jahrhundert in Assisi Gemeinschaften entstehen zu lassen, die sich der Armen annehmen. Es gibt einen verborgenen Schrei im Herzen Gottes, im Herzen der Kirche und im Herzen der Heiligen, nämlich zu hungern und zu dürsten nach Leben. Und schließlich gibt es die verborgenen Tränen der Reichen, die sich mit ihrem Reichtum, ihrem Egoismus, ihrer inneren Leere, ihren Irrtümern und Illusionen und ihren Sünden herumschlagen und verzweifelt nach dem Leben suchen. Jede neue Gemeinschaft und ihr Gründer haben ihr eigenes

Charisma, eine Gabe und eine Sendung, die eine Antwort auf diesen Schrei ist.

Eine Gemeinschaft wird zur Einheit und bekommt eine Ausstrahlung, wenn alle Glieder ein Gefühl der Dringlichkeit ihrer Sendung haben. Es gibt in der Welt zuviel Menschen ohne Hoffnung, zuviel Schreie ohne Antwort, zuviel einsam Sterbende. Eine Gemeinschaft lebt dann in der Fülle, wenn sie sich bewußt wird, daß sie nicht für sich selbst da ist, auch nicht um ihrer eigenen Heiligung, sondern um die Gabe Gottes anzunehmen und mit Gott Hunger und Durst in den Herzen der Menschen zu stillen: durch Gebet, Opfer, Liebe und einen Geist des Dienens. Eine Gemeinschaft ist dazu berufen, Licht in einer Welt der Finsternis, eine Quelle lebenspendenden Wassers für die Kirche und die Menschheit zu sein. Wird die Gemeinschaft lau, wird die Welt verdursten, trägt sie keine Frucht mehr, werden die Armen vor Hunger sterben.

Dieses Gefühl der Dringlichkeit besagt freilich nicht, daß man überaktiv, nervös und ängstlich werden muß. Es besteht kein Gegensatz zwischen einem Gefühl der Hingabe, des Vertrauens, des Friedens und einer gewissen Entspanntheit und Gelassenheit. Es geht eher um eine Bewußtwerdung des Leidens und des Bösen in der Welt, aber gleichzeitig auch um die Tiefe, die Breite und die Universalität der Frohbotschaft.

Ziele klären

Manche Menschen möchten zusammenleben, ohne genau zu wissen, warum. Sie wollen einfach in Gemeinschaft leben. Wenn die besonderen Ziele oder das Warum eines gemeinschaftlichen Lebens nicht ganz klar sind, dann gibt es schnell Konflikte – und alles wird zusammenbrechen. Spannungen in einer Gemeinschaft kommen oft daher, daß die einzelnen sehr verschiedene Erwartungen haben und sie nicht ausdrücken. Man entdeckt sehr schnell, daß das, was die einen und die anderen anfänglich wollten, ganz verschiedenen Vorstellungen entsprach. Ich stelle mir vor, daß das in der Ehe auch so ist. Es geht nicht einfach darum, gemeinsam leben zu wollen. Soll das Bestand haben, dann muß man wissen, was man gemeinsam tun will und was man gemeinsam sein will.

Dazu gehört, daß die ganze Gemeinschaft eine Charta oder eine Regel haben muß, die bis in die Einzelheiten deutlich macht, warum man gemeinsam lebt und was man von jedem erwartet. Dazu gehört auch, daß man noch vor der eigentlichen Gründung genügend Zeit hat, um dieses gemeinsame Leben vorzubereiten und zu klären, was man will und was nicht.

Bruno Bettelheim schreibt in einem seiner Bücher: „Ich bin überzeugt, daß gemeinschaftliches Leben nur dann aufblühen kann, wenn es ein Ziel außerhalb seiner selbst anstrebt. Eine Gemeinschaft ist nur möglich als Ausdruck tiefgehender Hingabe an eine Wirklichkeit außerhalb der Gemeinschaft."

Je wahrhaftiger und schöpferischer sich eine Gemeinschaft in der Suche nach dem Wesentlichen und der Verwirklichung ihrer Ziele erweist, desto mehr werden ihre Glieder dazu berufen sein, über den eigenen Schatten zu springen und einig zu sein. Umgekehrt gilt, je nachlässiger eine Gemeinschaft sich ihrem ursprünglichen Ziel gegenüber verhält, desto eher wird die Einheit sich aufreiben und von Spannungen zersetzt werden. Die Glieder sprechen dann nicht mehr davon, wie sie noch besser auf den Ruf Gottes und den Schrei der Armen antworten können, sondern nur noch von sich selbst: von *ihren* Problemen, *ihren* Strukturen, *ihrem* Reichtum und *ihrer* Armut. Zwischen den beiden Polen einer Gemeinschaft, nämlich ihren Zielvorstellungen und der Einheit der Glieder, besteht ein enger Zusammenhang.

Das Zugehörigkeitsgefühl zu „meinem Volk", der Bund mit der Verheißung, die ihm innewohnt, bilden sicher das Herzstück gemeinsamen Lebens. Es fragt sich nur: Wer ist

„mein Volk"? Sind „mein Volk" nur jene, mit denen ich lebe und die sich für denselben Weg entschieden haben wie ich, oder sind es jene, für die die Gemeinschaft geschaffen wurde? Um es an einem Beispiel zu verdeutlichen: Drei Menschen führen ein gemeinsames Leben in einem Armenviertel. Sie versuchen, die anderen so diskret und liebevoll aufzunehmen wie möglich. Sie haben sich aus Liebe zu Jesus dazu entschlossen. Sie sind also gesandt. Allein durch ihr Dasein wollen sie die Liebe des Vaters bezeugen. Durch ihr Leben wollen sie die Frohbotschaft des Evangeliums verkünden. Ist nun „ihr Volk" die Gruppe, der sie zugehören und die sie geistig trägt, vielleicht sogar auch materiell – oder sind es die Menschen des Elendsviertels, ihre Nachbarn? Für wen sind sie bereit, ihr Leben zu geben?

Dieselbe Frage stellt sich uns in der Arche. Setzt sich die Gemeinschaft vor allem aus den „Assistenten" zusammen: jenen Helfern, die freiwillig und aus mehr oder weniger übereinstimmenden Gründen kommen – oder aber vor allem aus den geistig behinderten Menschen, die sich nicht ausgesucht haben zu kommen, sondern die von Sozialämtern, Kliniken, Familien geschickt wurden? Ob nun Assistenten oder Behinderte – wir haben *eine* Gemeinschaft gewollt und nicht zwei. Das ist theoretisch zwar ganz schön – aber gibt es in der Wirklichkeit nicht eine Neigung unter den Assistenten, eher untereinander Gemeinschaft zu haben und sich damit zufriedenzugeben? Es ist nämlich wesentlich schwieriger und fordert ein andauerndes Sterben, wirklich mit den Ärmsten Gemeinschaft zu haben und sich mit ihnen zu identifizieren. Je näher man den Assistenten ist, desto mehr läuft man Gefahr, sich von den Armen zu entfernen, denn man kann sein Herz nicht überall zugleich haben.

Aber man kann noch weiter gehen. Darf man die Gemeinschaft, „mein Volk", überhaupt auf jene begrenzen, die Assistenten und die Behinderten, die unter einem Dach leben? Gehören nicht auch die Menschen aus der Nachbarschaft dazu und der Freundeskreis?

In dem Maße, wie jemand in der Liebe wächst, wie sein

Herz sich weitet und die Gemeinschaft im engen Sinn heranreift, wird auch die Wirklichkeit des Gemeinsamen, wird „mein Volk“ sich ausweiten.

Dennoch muß jeder in der Gemeinschaft klare Prioritäten setzen: Wo soll er investieren? Für wen soll er sein Leben hingeben?

In dem oben erwähnten Fall der drei im Armenviertel Lebenden müßte die Gruppe, der sie angehören, wie eine Energiequelle für sie sein, die es ihnen ermöglicht, noch mehr zu „ihrem Volk“, nämlich den Ärmsten, zu stehen. Dann gibt es keinen Kampf, kein Spannungsfeld der Zugehörigkeiten mehr. Die Quelle ist da, die Bäume zu nähren, daß sie Früchte tragen. Die Früchte wiederum tragen den Samen für morgen. Ähnlich geht es auch in der Arche zu. Die Einheit unter den Assistenten sollte jedem helfen, den Behinderten noch näher zu sein und die Gemeinschaft zu fördern. Die eine Zugehörigkeit hebt die andere nicht auf, sie ergänzen sich gegenseitig. Sie bilden eine Einheit. Liebe ist wesentlich Gabe – und nicht Besitz.

Kleine Schwester Magdeleine, die Gründerin der Kleinen Schwestern von Jesus, schreibt ihnen: „Um eure religiöse Würde und eure Innerlichkeit mit Gott vor äußeren Gefahren zu bewahren, braucht ihr euch nicht verpflichtet zu fühlen, Barrieren zwischen euch und den Laien aufzurichten. Ihr braucht nicht zu Randfiguren der Gesellschaft zu werden. Werdet *ein* Leib mit der ganzen Menschheit wie Jesus. Dringt in diesen Leib ein, und heiligt eure Umgebung durch die Einheit eures Lebens, durch eure Freundschaft, eure Liebe, euer ganz dem Dienst hingegebenes Leben, das sich so weit mit dem Leben der anderen vermischt, daß ihr ganz eins seid mit ihnen und nichts sein wollt als der Sauerteig, der den Teig aufgehen läßt“ (Du Sahara au monde entier, Paris 1981, 410).

Christliche Gemeinschaften sind dazu da, den Leidenden Leben und Hoffnung zu bringen.

Man tritt in die Gemeinschaft ein, um mit anderen zu leben, aber auch und vor allem, um mit ihnen die Ziele der Gemeinschaft zu leben: um auf den Ruf Gottes und auf den Schrei der Armen zu antworten.

Im Buch Exodus heißt es: „Die Israeliten stöhnten unter der Sklavenarbeit; sie klagten, und ihr Hilferuf stieg aus ihrem Sklavendasein zu Gott empor. Gott hörte ihr Stöhnen, und *Gott gedachte seines Bundes* ... Der Herr offenbarte sich Mose und sprach: Ich habe das Elend meines Volkes in Ägypten gesehen, und ihre laute Klage über ihre Antreiber habe ich gehört. Ich kenne ihr Leid. Ich bin herabgestiegen, um sie der Hand der Ägypter zu entreißen und aus jenem Land hinaufzuführen in ein schönes, weites Land, in ein Land, in dem Milch und Honig fließen" (Ex 2,23–3,8).

Und Gott sandte Mose, um sein Volk zu befreien.

Der Bund zwischen Gott und den Armen ist heute ebenso gültig wie gestern. Gott beruft Menschen zum Leben in Gemeinschaft, um auf den Schrei der Armen und der Unterdrückten zu antworten.

Der Hunger und der Schrei des Armen

Zu jeder Zeit und in jeder Religion haben Menschen versucht, ihrem Hunger nach Gott Ausdruck zu verleihen. Einige dieser Gemeinschaften waren auf dem Gipfel eines Berges oder in der Wüste angesiedelt – fern vom Chaos der Städte. Dieses Leben war karg und wesentlich auf die persönliche Gottesbeziehung ausgerichtet: auf die Kontemplation. Es war geregelt durch Zeiten der Anbetung und der gemeinsamen Arbeit. Andere Gemeinschaften, besonders jene christlicher Inspiration, wurden gegründet, um sich dem Dienst an den Armen und Kranken, an notleidenden Kindern und den Hungernden in den Ghettos und im Chaos der Städte zu widmen.

Der Hunger nach dem Ewigen, dem Wahren, dem Schönen, dem Reinen und die Anziehungskraft der Armen und Verwundeten scheinen derartig gegensätzlich! Und dennoch: im durchbohrten Herzen Jesu bilden beide Kräfte eine Einheit. Jesus offenbart uns, daß er den Vater liebt, daß er ihm zutiefst verbunden ist – und gleichzeitig zeigt er uns, daß er jeden Menschen liebt und besonders die Leidenden und die Abgelehnten.

Um diese Liebe mit aller Deutlichkeit zu offenbaren, hat er selbst zerbrochen und abgelehnt werden wollen: der Schmerzensmann, ein Mensch voller Angst und Tränen. Er hat der Gekreuzigte werden wollen.

Darum suchen die Gemeinschaften, die sich in seinem Namen zusammenfinden, die Einheit mit dem Vater durch ihn und in ihm und mit ihm. Und gleichzeitig suchen sie den Armen die Frohbotschaft zu bringen: die Befreiung der Gefangenen und Bedrückten.

Je nach Ort und Zeit, in denen der Ruf Gottes gehört wird, ist es der eine oder der andere Aspekt dieser Sendung, der sich stärker entfaltet, immer aber sind beide Aspekte gleichzeitig gegenwärtig. Es gibt jene, die in die Wüste und auf die Berge gerufen sind, um durch den Gekreuzigten eine Einheit mit Gott zu suchen und für die Gekreuzigten dieser Welt zu beten. Und es gibt jene, die gemeinsam berufen sind, ihr Leben für die Gekreuzigten dieser Welt zu geben. Beide suchen eine immer tiefere und persönlichere Einheit mit Jesus, um zu lieben, wie er geliebt hat.

Jede Gemeinschaft und jede Familie ist gerufen, diese beiden Formen der Sendung zu leben, wenn auch auf ganz verschiedene Art: einerseits zu beten und andererseits auf besondere Weise dazusein für die Ärmsten, die Kleinsten und die Schwächsten, ob nun im Inneren der Gemeinschaft oder außerhalb – je nachdem, wozu ein jeder berufen ist. Gott aber bleibt die Quelle, zu der wir *alle* gerufen sind; und diese Quelle des Lebens muß sprudeln durch uns für alle, die hungern und dürsten. „Wie der Vater mich geliebt hat, so habe ich euch geliebt. Ich gebe euch ein neues Gebot, liebt einander."

Einige beginnen an jener Quelle zu trinken, die vom Herzen Gottes ausgeht. Sie entdecken erst später, daß sie berufen sind, dieses Wasser denen zu reichen, die dürsten.

Andere beginnen damit, vielen zu trinken zu geben, aber sie werden sich bewußt, daß der Brunnen ihres Herzens schnell ausgeschöpft ist, und sie entdecken dann die Quelle im Herzen Gottes, die ihnen zur Quelle lebenspendenden Wassers wird, zur Quelle ewigen Lebens.

Das Leben in Gemeinschaft ist nichts Außergewöhnliches oder Heldenhaftes, es ist kein Elitedasein für Helden der Spiritualität. Es ist für alle da: für jede Familie und jede Gruppe, die gegenseitig engagiert leben möchte. Es ist die menschlichste Art zu leben: diejenige, die die meiste Freude bringt, die einen wirklich erfüllt. Treten wir in die innere Verbundenheit mit dem Vater ein, so treten wir auch in die Verbundenheit mit den Menschen ein. Wir öffnen unser Herz den Ärmsten und Schwächsten. Diese innere Verbundenheit bewegt unser Herz, sie läßt die Wasser des Mitleidens aufsprudeln und läßt uns damit in eine noch tiefere Verbundenheit mit dem Vater eintreten.

Manchmal ist es einfacher, den Schrei der Armen zu hören, die weit von uns entfernt sind, als den Schrei unserer Brüder und Schwestern innerhalb der Gemeinschaft. Es ist keine Heldentat, auf den Schrei von jemand zu antworten, mit dem man täglich zusammenlebt und der uns längst auf die Nerven geht. Vielleicht kann man auch gar nicht auf den Schrei der anderen antworten, solange man den Schrei seines eigenen Herzens nicht erkannt und angenommen hat.

Wenn man „sein Volk“ kennt, das Volk der Armen, dann wird man sich auch bewußt, daß man dieses Volk braucht, daß man gegenseitig abhängig voneinander ist. „Mein Volk“ öffnet mir das Herz und ruft mich, es zu lieben. Ich bin nicht besser als „mein Volk“, nein, wir gehören zusammen, die einen wie die anderen, geeint in demselben Bund, der vom Bund Gottes mit seinem Volk ausgeht, dem Bund zwischen Gott und den Ärmsten.

Jesus und der Arme

Jesus offenbart uns eine noch größere Einheit zwischen der persönlichen Betrachtung des Ewigen und der persönlichen Beziehung mit den Gebrochenen und Verworfenen. Vielleicht findet sich hier das größte Geheimnis des Evangeliums und des Herzens Christi: Er beruft seine Jünger nicht nur, den Armen zu dienen, sondern ihn selbst in diesem Ärmsten zu entdecken und durch sie dem Vater zu begegnen. Jesus sagt uns, daß er im Armen verborgen gegenwärtig ist, daß der Arme er selbst ist. Darum wird durch die Kraft seines heiligen Geistes die kleinste Geste der Liebe dem beschränktesten Menschen gegenüber eine Geste der Liebe zu Gott. Jesus ist derjenige, der Hunger und Durst hat, der gefangen ist, fremd, nackt, obdachlos, krank, sterbend, unterdrückt, gedemütigt. Leben mit den Armen heißt leben mit Jesus. Leben mit Jesus heißt leben mit den Armen (vgl. Mt 25). „Wer einen dieser Kleinsten in meinem Namen aufnimmt, nimmt mich auf; und wer mich aufnimmt, nimmt den auf, der mich gesandt hat" (Lk 9,48).

Wer mit den Armen lebt, das heißt in der Gegenwart Jesu in den Armen, ist also nicht nur berufen, etwas für die Armen zu tun und sie als Objekte der Nächstenliebe zu betrachten, sondern vielmehr in ihnen die Quelle des Lebens und der inneren Verbundenheit zu erkennen. Er sollte nicht nur die Armen befreien wollen, sondern auch von ihnen befreit werden, nicht nur ihre Wunden heilen, sondern sich auch von ihnen heilen lassen, nicht nur sie evangelisieren wollen, sondern sich auch von ihnen evangelisieren lassen.

Christliche Gemeinschaften führen das Werk Jesu fort. Sie sind gesandt, seine Gegenwart bei den Armen zu sein, die in Finsternis und Verzweiflung leben.

Wer in eine Gemeinschaft eintritt, entspricht auch dem Ruf und dem Schrei der Armen und Bedrückten. Er tritt in den Bund mit Jesus und den Armen ein. Er begegnet Jesus im Armen.

Wer sich dem Armen nähert, tut es zunächst in einem Bestreben der Hochherzigkeit, um ihm zu helfen und ihn zu schützen. Er hält sich für einen Retter. Oft stellt er sich selbst auf einen Sockel. Aber wenn er den Armen berührt und eine liebende und vertrauende Beziehung zu ihm herstellt, wird sich ihm das Geheimnis entschleiern. Im Herzen der Unsicherheit des Armen gibt es eine Gegenwart Jesu. Dort entdeckt er das Sakrament des Armen, und dort rührt er das Geheimnis des Mitleidens an. Der Arme scheint die Schranken der Macht, des Reichtums, der Fähigkeiten und des Stolzes zu brechen. Er läßt jene Panzer schmelzen, die das menschliche Herz um sich errichtet hat, um sich zu schützen. Der Arme offenbart Jesus Christus. Er läßt jenen, der gekommen ist, um ihm zu helfen, die eigene Armut und die eigene Verletzlichkeit entdecken. Er läßt ihn auch seine Liebesfähigkeit entdecken: die Fähigkeit des eigenen Herzens, andere zu lieben. Der Arme hat eine geheimnisvolle Kraft. In seiner Schwäche wird er fähig, die verhärteten Herzen anzurühren und ihnen jene Quellen lebenspendenden Wassers zu offenbaren, die in ihnen verborgen sind. Es ist die ganz kleine Hand des Kindes, vor der man keine Angst hat und die sich durch die Gitterstäbe des Gefängnisses unseres Egoismus hindurchzwängt. Diese kleine Hand vermag das Schloß zu öffnen. Sie befreit. Und Gott verbirgt sich in diesem Kind.

Die Armen evangelisieren uns. Deswegen sind sie der Schatz der Kirche.

In der Arche entdecken die Assistenten zunächst, daß sie berufen sind, die Frohbotschaft den Armen zu verkünden und ihnen die grenzenlose Liebe Gottes zu offenbaren. Einigen Behinderten können sie tatsächlich helfen, die Schwelle zu einem Leben im Glauben zu überschreiten. Ist diese Schwelle aber erst einmal überschritten, so sind es die Menschen mit einer geistigen Behinderung, die die Assistenten im Glauben weiterführen. Sie werden zu unseren Meistern.

Der Schrei nach Liebe

Als ich in Trosly ankam, diesem kleinen Dorf im Norden von Paris, habe ich Raphael und Philippe aufgenommen. Ich habe sie eingeladen, mit mir zu leben um Jesu und des Evangeliums willen. So ist die Arche gegründet worden. Als ich diese beiden Menschen aufgenommen habe, die aus einem Heim kamen, wußte ich, daß es fürs Leben sein würde. Wie wäre es möglich gewesen, Bindungen mit ihnen einzugehen, neue Familien mit ihnen zu gründen und sie dann wieder in das Krankenhaus zurückzuschicken oder irgendwo anders hin?

Als ich die Arche begann, war es mein Ziel, eine Familie zu gründen: eine Gemeinschaft mit denen, die arm und schwach sind wegen ihrer geistigen Behinderung und die sich einsam und verlassen fühlen. Der Schrei von Raphael und Philippe verlangte nach Liebe, nach Achtung, nach Freundschaft und nach wahrer Beziehung. Natürlich wünschten sie, daß ich gewisse Dinge für sie tat, aber noch tiefer wünschten sie, geliebt zu werden in Wahrhaftigkeit mit einer Liebe, die ihre Schönheit und jenes Licht zu schätzen wußte, das in ihnen leuchtete, mit einer Liebe, die ihnen ihren eigenen Wert und ihre Bedeutung in dieser Welt offenbarte. Ihr Schrei nach Beziehung hat in mir meinen Schrei nach Beziehung geweckt. Sie haben mich in mir selbst einen Brunnen, eine Quelle des Lebens entdecken lassen, eine Quelle lebenspendenden Wassers.

In unserer Gemeinschaft der Arche an der Elfenbeinküste haben wir Innocente aufgenommen, die eine schwere geistige Behinderung hat. Sie wird nie viel sprechen, nie wieder gehen noch wachsen können, sie bleibt in vieler Hinsicht ein Kind von wenigen Monaten. Aber ihre Augen und ihr Körper sprühen vor Liebe, wenn man sie mit Liebe in den Arm nimmt. Ein wunderbares Lächeln verklärt ihr Gesicht, ihr ganzes Wesen strahlt Freude und Frieden aus. Für Innocente sind Gedanken, so schön und so tief sie sein mögen, keine große Hilfe. Sie braucht kein Geld, sie braucht keine Stärke und keine Arbeit. Sie will sich auch nicht selbst beweisen. Sie möchte nur, daß man sie liebevoll anhört und daß es eine Beziehung gibt. Wenn sie die Gabe der Liebe empfängt, dann zittert sie vor Freude, wenn sie sich verlassen fühlt, dann verschließt sie sich in ihrem Leiden oder in ihrer Angst. Es ist, als wäre sie dem Tode andauernd nahe. Je ärmer, älter, kränker ein Mensch mit einer schweren geistigen Behinderung ist, desto mehr ist sein Schrei ausschließlich ein Schrei nach Beziehung und nach Freundschaft. Und desto mehr weckt er das Herz dessen, der diesen Schrei hört und auf ihn antwortet.

Andere Menschen, die wir in der Arche aufgenommen haben, haben mehr Möglichkeiten zu wachsen, und dennoch ist ihr tiefstes Anliegen dasselbe wie das von Innocente: Beziehung und Freundschaft, nicht eine besitzergreifende Freundschaft, sondern eine Freundschaft, die ihnen das Leben vermittelt und sie zum Wachstum ruft. Die Liebe ist nicht etwas Sentimentales, es ist etwas viel Tieferes, es ist eine Kraft, die dem anderen eine größere innere Freiheit verleiht und ihn wachsen läßt. Die Liebe widersetzt sich nicht der Kompetenz. Die Liebe ist dazu da, kompetent zu sein. Die Liebe geht bis dahin, Menschen mit einer Behinderung den Mut zu geben, unabhängig zu werden, die Gemeinschaft zu verlassen, sich dem Leid der Trennung auszusetzen, um noch mehr zu wachsen. Aber diese äußere Trennung steht nicht im Widerspruch zur Beziehung, im Gegenteil: Die Beziehung kann sich intensivieren, denn sie ist die Frucht des Vertrauens und nicht der Angst oder der Ablehnung.

Inneres Leiden

Der Schrei, der vom Herzen des Armen aufsteigt, der Schrei nach Liebe, nach Anerkennung und Beziehung, offenbart jene Quelle der Liebe, die in uns ist – und auch unsere Fähigkeit, Leben weiterzugeben. Gleichzeitig offenbart er unsere Herzenshärte und unsere Ängste. Dieser Schrei ist derart fordernd! Oft sind wir verführt von dem

Reichtum, von der Macht und den Werten unserer Gesellschaft. Wir möchten die Leiter menschlichen Erfolgs hinaufsteigen. Wir möchten anerkannt werden wegen unserer Effizienz, unserer Macht und unserem Wert. Der Schrei des Armen ist eine Bedrohung für den Reichen, der in uns ist. Wir sind oft genug bereit, den Armen Geld und vielleicht noch ein bißchen Zeit zu geben, aber wir haben Angst, unser Herz zu geben, in Beziehung mit dem Armen zu treten: in eine persönliche Beziehung der Liebe. Tun wir das wirklich, dann müssen wir unserem Egoismus und unserer Herzenshärte sterben.

Der Schrei nach Liebe, der im Herzen der Armen aufsteigt, ist gleichzeitig Leiden und Angst – und manchmal ein Todeskampf. Sie haben solche Angst, nicht liebenswert zu sein, und sie haben derart viel Unterdrückung und Ablehnung erlitten! Wenn der Ruf der Armen das Mitleiden im Herzen jener wachruft, die mit ihnen leben, dann können Ängste und Leiden der Armen auch die Ängste und die Leiden derer wachrufen, die den Schrei der Armen hören. Deswegen ist es schwer und macht Angst, verletzten Menschen zu begegnen. Ihre Angst scheint unsere Angst zu wekken und innere Wunden bei denen wachzurufen, die ihnen nahe sind.

Viele Assistenten der Arche haben auf diese Weise gelitten. Das kann Zorn und selbst Haß den Armen gegenüber hervorrufen. Es ist erschreckend, in sich die Mächte der Finsternis und des Hasses aufsteigen zu sehen. Es ist nicht erstaunlich, daß manche versucht sind, wieder zu gehen, und daß andere versuchen zu vergessen oder so zu tun, als wäre nichts geschehen. Andere bitten einen erfahrenen Begleiter um Hilfe, und sie entdecken, daß ihre eigene Verletzung sie wirklich zu Brüdern und Schwestern jener macht, denen zu dienen sie gekommen sind. Sie entdecken auch, daß Jesus nicht nur im Armen verborgen ist, der ihnen nahe ist, sondern auch in jenem Armen, der sie selbst sind.

Man kommt zur Arche, um den Armen zu dienen, und man kann nur dann bleiben, wenn man entdeckt, daß man selbst ein Armer ist, und daß Jesus gekommen ist, um die Frohbotschaft nicht nur denen zu verkünden, die den Armen dienen wollen, sondern den Armen selbst.

Gesandtsein schließt also wie von selbst jede Haltung der Überlegenheit und des Herrschenwollens aus. „Wir wissen, und ihr wißt nicht. Ihr müßt uns anhören, wenn ihr wissen wollt, wie es ist – sonst werdet ihr unglücklich."

Unsere Sendung entspringt unserer Armut und unserer Verwundung, aber auch unserem Vertrauen in die Liebe Gottes und seiner Liebe zu jedem einzelnen. Das Bewußtsein, gesandt zu sein, ist kein Elitedasein, es ist empfangenes Leben, das aus dem Grab unseres Daseins aufsteigt, um zur Quelle des Lebens zu werden. Es ist jenes Leben, das aus der Überzeugung hervorgeht, selbst befreit zu sein durch die Versöhnung – ein Leben, das aus unserer Schwäche und unserer Verletzlichkeit geboren ist. Gesandt sein heißt, den anderen mitteilen, daß wir in Demut, Kleinheit und Armut leben können, weil Gott in unserem Herzen wohnt, weil er uns neues Leben schenkt, weil er uns befreit. Umsonst haben wir empfangen, umsonst können wir geben.

Solange es noch Angst und Vorurteile in den Herzen gibt, wird es auch Krieg und himmelschreiende Ungerechtigkeit geben. Um die großen politischen Probleme zu lösen, muß sich zuerst unser Herz wandeln lassen. Es muß sich der Liebe öffnen: dem Teilen und der Versöhnung. Die Gemeinschaft ist der Ort, welcher jedem von uns ermöglicht, wirklich als Mensch zu leben, auf die innere Heilung zuzugehen und in der Liebe und der Wahrheit zu wachsen, um auf die Einheit, die Versöhnung und die innere Befreiung zuzugehen. Ängste und Vorurteile werden dann geringer werden, das Vertrauen in Gott und die anderen wird aber wachsen. Die Gemeinschaft kann dann von einer Lebensqualität Zeugnis geben, die ein neues Licht auf die Verwirrung und die Spaltungen unserer Welt wirft. Die Antwort auf den Krieg ist ein Leben als Brüder und Schwestern, die

Antwort auf die Ungerechtigkeit ist das Teilen, die Antwort auf die Verzweiflung ist das Vertrauen und die grenzenlose Hoffnung, die Antwort auf Haß und Vorurteile ist Vergebung.

Für die Gemeinschaft arbeiten heißt arbeiten für die Menschheit; arbeiten für den Frieden innerhalb der Gemeinschaft heißt die anderen annehmen, wie sie sind, und ihnen andauernd vergeben, es heißt arbeiten für den Frieden in der Welt und für wahrhaftige Lösungen der politischen Probleme, es heißt arbeiten für das Reich Gottes. Es heißt auch arbeiten dafür, daß jeder leben kann und die geheimen Freuden verkosten, die nur der Bund mit dem Ewigen gebären kann.

Zur Sendung gehört auch der Kampf mit den Kräften des Bösen, die Spaltung bringen und Menschen und Gruppen in die Isolierung und dadurch in Angst und Unsicherheit führen wollen, die sie in eine Welt der Angst und der Aggression sperren möchten. Ihnen gegenüber stehen die Kräfte der Liebe und des Vertrauens, sie lassen Menschen offen werden für Demut, Vergebung, Mitleiden und Verstehen, für Aufnahmebereitschaft, Einheit und Frieden. Der Kampf zwischen den Mächten des Guten und des Bösen ist in jedem Menschen und in jeder Gemeinschaft gegenwärtig. Er spielt sich auch zwischen den Gemeinschaften und der Welt ab, die sie umgibt. Wenn die Gemeinschaften den Ruf zu ihrer Sendung wirklich leben, dann werden sie immer gegen die sie umgebenden Kulturen ankämpfen müssen. Die Welt mit ihren falschen Werten wird versuchen, die Gemeinschaften zu isolieren, sie als töricht, utopisch und lebensunfähig hinstellen zu wollen. Die Welt wird versuchen, in die Gemeinschaften falsche Werte einzuschmuggeln, um innerhalb der Gemeinschaft Spaltungen hervorzurufen, die Flamme des Geistes und der Liebe verlöschen zu lassen und ihnen Reichtum und Sicherheit vorzugaukeln.

In Gemeinschaft leben heißt immer auch: auf die eine oder andere Weise Verfolgung leiden. Die Glieder der Gemeinschaft müssen sich der Schwere des Kampfes bewußt sein. Sie müssen bereit sein, diesen Kampf im Gebet mutig durchzustehen. Der Teufel möchte nicht, daß es Gemeinschaften der Liebe gibt. Er wird alles tun, sie zu entmutigen, sie zu verletzen und letztlich zu zerstören.

Um Jesus in den Armen und Kranken zu begegnen, muß man ihm vor allem im Gebet und in der Eucharistie begegnen. „Wer meinen Leib ißt und mein Blut trinkt, bleibt in mir, und ich bleibe in ihm."

Im Laufe der Jahre habe ich entdeckt, daß es keinen Widerspruch zwischen meinem Leben mit den Armen und meinem Gebetsleben zu geben braucht. Sicher offenbart sich Jesus mir in der Eucharistie, und ich brauche Zeit für ihn im stillen Gebet. Aber er offenbart sich auch im Leben mit den Brüdern und Schwestern. Meine Treue Jesus gegenüber verwirklicht sich in meiner Treue den Brüdern und Schwestern in der Arche gegenüber, besonders den Ärmsten.

Wenn ich Exerzitien halte, so nur wegen dieses Bundes. Dieser Bund ist der Daseinsgrund meines Lebens. Alles übrige ist nur Dienst.

In der Kirche widmen sich einige Gott in einem Leben des Gebetes und der Anbetung, andere haben die Aufgabe, die Frohbotschaft zu verkünden oder Gesten des Erbarmens im Namen der Kirche auszuführen. Mein Platz in Kirche und Gesellschaft ist es, mit den Armen und den Schwachen unterwegs zu sein: daran zu arbeiten, daß jeder von uns wächst, daß wir gemeinsam wachsen, daß wir uns gegenseitig tragen, um unserem inneren Wachstum treu zu bleiben: unserem gemeinsamen Weg zu einer größeren inneren Freiheit und manchmal auch zur äußeren Eigenständigkeit.

Ströme lebenspendenden Wassers für die ganze Menschheit

Der Prophet Ezechiel hatte eine Vision von Wasser, das aus dem Tempel hervorströmt. Zunächst war es ein kleines Rinnsal, das dann anschwoll, bis es zu einem unüberwindlichen Fluß wurde. An seinen Ufern gab es eine Fülle von Bäumen, die andauernd Früchte trugen. Die Blätter waren Heilmittel, auch von den Wassern gingen heilende Kräfte aus: wo sie hinkamen, entstand Leben im Überfluß, und die Fische waren zahlreich. Der Evangelist Johannes hatte eine ähnliche Vision von einem Fluß des Lebens, „durchsichtig wie ein Kristall, der ausgeht vom Lamm und viel Frucht bringt“ (Offb 22).

Ist der Tempel nicht der Leib Christi, der Ort, an dem Gott wohnt? Geht das lebenspendende Wasser für die ganze Menschheit nicht vom durchbohrten Herzen Jesu aus? Und ist dieser Tempel, der Leib Christi, nicht die Kirche?

Jede Gemeinschaft ist auf das Herz Jesu und auf seinen Leib, die Kirche, aufgepfropft. Eine Gemeinschaft kann nicht die Quelle selbst sein. Sie ist immer nur Teil eines Größeren. Sie ist Zeichen, Offenbarung und Frucht der Quelle des Lebens, die berufen ist, die Menschheit zu reinigen, zu heilen, ihr Leben und Freiheit zu geben und sie Frucht tragen zu lassen. Keine Gemeinschaft ist isoliert. Jede Gemeinschaft wird geboren aus allen anderen. Sie wird geboren durch den Glauben der Männer und Frauen, die den anderen Gemeinschaften von Generation zu Generation zum Leben verholfen haben, seitdem Christus am Kreuz gestorben ist und seitdem er von dort aus gerufen hat: „Vater, vergib ihnen.“ Aus seinem durchbohrten Herzen ist das Leben hervorgegangen. Er hat Maria und Johannes in einem Bund der Liebe geeint. Die Gabe des Glaubens und der Liebe, der Vergebung und der Hoffnung hat sich vom einen zum anderen übertragen, von einer Gemeinschaft zur anderen, von einer Generation zur anderen. Und jede Gemeinschaft gibt neuen Menschen und neuen

Gemeinschaften das Leben. Der Geist der Gemeinschaft ist ein schöner Strom, der erleuchtet und der erwärmt und der sich mitteilt durch die Verbundenheit der Herzen.

Eine Gemeinschaft existiert weder für sich selbst noch zu ihrem eigenen Ruhm. Sie geht hervor aus etwas Größerem und Tieferem, nämlich aus dem Herzen Gottes, das danach dürstet, der Menschheit ihre Vollendung zu bringen. Die Gemeinschaft ist niemals ein Selbstzweck. Sie ist ein Zeichen, das dazu einlädt, weiterzugeben und vorwärtszukommen, das zur Liebe beruft: „Komm zur Quelle, die aus dem Ewigen hervorgeht und sich in jedem Akt der Liebe innerhalb der Gemeinschaft offenbart, in jedem Augenblick der Kommunion." Darum dürfen die Gemeinschaften niemals isoliert voneinander bleiben, sie sind gerufen, in Beziehung zu leben und zusammenzuarbeiten, sie gehören zu dem einen Leib, der Himmel und Erde verbindet: jene, die uns vorangegangen sind mit denen, die gegenwärtig auf der Erde sind. Alle zusammen bereiten sie die Saat, die aufgehen und Frucht bringen wird in kommenden Generationen. Sie bereiten die Wege für morgen, die den Leib Christi zur Vollendung führen werden. Jede Gemeinschaft ist nichts anderes als ein Zeichen der befreienden Liebe Gottes. Einige offenbaren diese Liebe Gottes durch ein Leben der Betrachtung, durch die Anbetung und das Verweilen im Verborgenen, im Geheimnis und der Ekstase der Liebe Gottes. Andere verkünden das Wort der Wahrheit. Wieder andere wenden sich voller Zärtlichkeit den Menschen zu, deren Herzen und Körper verletzt sind, um ihnen das neue Leben, die Versöhnung und den Frieden Gottes zu vermitteln.

Jede Gemeinschaft braucht die Verbundenheit mit anderen Gemeinschaften, um sich gegenseitig zu tragen, zu ermutigen, zu unterstützen, zu bestätigen. Gemeinschaften, die in einer Grenzsituation des Leidens sind, die gegen übermenschliche Kräfte der Finsternis, der Gewalttätigkeit und des Bösen kämpfen müssen, bedürfen des ständigen Zustroms der Liebe durch die Kontemplativen in den Klöstern, die sich nachts erheben, um zu beten - und auch die

Kontemplativen mitten in der Welt: die Alten, die Armen, die Müden, die Kranken. Eine Gemeinschaft, die sich absondert, wird verdorren und sterben, eine Gemeinschaft in Beziehung mit anderen, die beten, empfängt neues Leben, um es weiterzugeben. Genau das aber ist die Kirche, die die ganze Menschheit durchdringt, um sie zu befruchten.

Und diese Kirche ist lebendig, nicht nur in denen, die an Christus glauben, sondern auch in allen, die durch alle Jahrhunderte, die seinem Kommen vorausgegangen sind, und in allen Jahrhunderten, die seinem Kommen folgen, die unter der Führung des Geistes das Licht und die Wahrheit und die Liebe Gottes gesucht haben und suchen werden: Mitleiden und Befreiung aus der Vergebung der Sünden. Wir sind alle geeint, in dem einen Leib, im Leib der Menschheit der der Leib Christi ist, seitdem das Wort Fleisch geworden ist, um einer von uns zu sein.

Wir sind gerufen, zusammenzuleben in Liebe und Mitleid, Zeugen und Zeichen jener Ströme lebenspendenden Wassers, die aus dem Herzen Gottes hervorquellen und die ganze Menschheit einladen zum ewigen Hochzeitsmahl des Lammes.

Immer und immer wieder müssen wir daran denken, daß dieses Wasser nicht nur von oben und aus den Orten des Lichtes hervorbricht, sondern auch aus den gebrochenen Herzen und Körpern der Armen. Wir müssen lernen, uns gerade ihnen anzunähern, um unseren Durst zu stillen, denn gerade sie lassen das durchbohrte Herz Jesu, des Gekreuzigten, uns allen gegenwärtig werden.

VIERTES KAPITEL

Wachstum

Eine Gemeinschaft entwickelt sich wie ein Kind

Jeder ist unterwegs auf der Reise des Lebens. Jeder ist Pilger. Unser Wachstum vom Kleinkind zum Greis ist gleichzeitig ein langer Weg und ein kurzer. Er bewegt sich zwischen zwei Schwächen: der des Säuglings und der des Sterbenden.

Die Handlungsfähigkeit des Menschen wächst andauernd – bis sie wieder abnimmt. Das Kind, der Jugendliche befinden sich auf dem Weg zur Reife des Erwachsenen. Sie brauchen Jahre, um zu jener Reife zu gelangen, zu der eine gewisse Eigenständigkeit und Kraft gehören. Später dann kommen Krankheit und Ermüdung dazu. Man wird abhängiger – bis hin zur gänzlichen Abhängigkeit des Greises.

Wenn die Handlungsfähigkeit des Menschen lange Zeit zunimmt, um eines Tages wieder abzunehmen, so können seine Herzensklugheit, seine Gottesbeziehung und seine Verbundenheit mit den Menschen ständig weiterwachsen. Das Wachstum des Herzens kennt genaue Stationen: Das Kleinkind lebt von der Liebe und der Gegenwart der Eltern. Die Zeit des Kindseins ist jene des Vertrauens. Der Jugendliche lebt von Großzügigkeit, Utopie und Hoffnung. Der Erwachsene verwirklicht, engagiert sich, nimmt Verantwortung wahr. Es ist die Zeit der Treue. Der alternde Mensch schließlich findet die Zeit des Vertrauens wieder, die für ihn auch Weisheit bedeutet. Der Greis, der nicht mehr handeln kann, hat Zeit zum Schauen und zum Vergeben. Er hat einen Sinn für das, was Leben heißt: die Annahme der Wirklichkeit. Er weiß, daß Leben nicht nur handeln und bewegen bedeutet, sondern auch annehmen und lieben. Er hat das Stadium überwunden, in dem man meint, sich durch Tüchtigkeit beweisen zu müssen.

Bei all diesen Stadien gibt es Etappen zu überwinden. Jedes Stadium bedarf der Vorbereitung und der Ausformung. Jedes bringt mehr oder weniger Leiden mit sich, vor allem den Schmerz, verzichten zu müssen.

Das Leben ist eine Reise, ein Weg, ein Wachsen auf eine realistischere und wahrhaftigere Liebe hin. Es ist eine Reise auf die innere Einheit hin. Bildet das Kleinkind in seiner Schwäche noch eine Einheit mit der Mutter, so treten, je größer es wird, desto deutlicher die Unterschiede hervor zwischen Gefühlswelt und Beziehungswelt, Wille und Trieb, Innerlichkeit und Äußerlichkeit, zwischen dem, was man lebt, und dem, was man sagt, zwischen Traum und Wirklichkeit. Mit dem Wachstum des Menschen auf Selbständigkeit hin werden die Ängste vor seiner Schwäche, seiner Verwundbarkeit, seiner Begrenztheit auf Leiden und Tod hin bewußter. Aus Angst vor Verletzungen umgibt er sich mit einem Panzer – und weiß es. Unsere Reise ist die Integration unseres Wesenskerns mit all seinen Stärken und Schwächen, Reichtümern und Armseligkeiten, all seinen Licht- und Schattenseiten.

Wachsen heißt, sich langsam, aber sicher aus der Enge jener Sicht zu befreien, die von selbstherrlichen Vergnügungen, Sympathien und Antipathien bestimmt ist, um zu unbegrenzten Horizonten uneingeschränkter Hingabe vorzustoßen – dorthin, wo wir alle Menschen lieben können, für alle offen sind und nichts anderes mehr wollen, als alle glücklich zu sehen.

Wie es die verschiedenen Lebensalter des einzelnen gibt, so gibt es auch im Leben einer Gemeinschaft Stadien, von denen jedes der Vorbereitung und der Ausformung bedarf und jedes mit mehr oder weniger Leid verbunden ist.

Es gibt die Zeit der Gründung und des Anfangs. Es gibt die Zeit, in der die Gemeinschaft langsam, aber sicher ihren Rhythmus findet. Sie beginnt sich zu entfalten und zu wachsen. Es gibt auch oft die Zeit der Pubertät: Man spürt, daß die Gemeinschaft einzig ist und von Gott gesegnet, daß sie etwas Besonderes ist. Man ist noch naiv: Man besitzt die Wahrheit, man ist großzügig und idealistisch. Nach und nach entdeckt man, manchmal durch eine Krise, daß man doch noch nicht vollkommen ist, daß man Irrtümer begangen hat und daß es noch andere Gemeinschaften gibt, die auch von Gott gesegnet sind – und mit denen es gut wäre zusammenzuarbeiten. Nach einiger Zeit treten weniger Neue in die Gemeinschaft ein. Das Durchschnittsalter steigt. Während dieser Zeit kann es Spannungen geben, nämlich wenn die Zeit der Übernahme durch die neuen Verantwortlichen noch nicht gekommen ist oder nicht gut vorbereitet war. Und schließlich kann es Momente geben, da die Gemeinschaft zu altern scheint und krank wird. Diese Etappen sind weniger deutlich als im menschlichen Leben, aber sie existieren dennoch. Auf eine gewisse Weise wiederholen sie sich zyklisch, und zwar so lange, wie die Gemeinschaft selbst besteht. Gemeinschaften werden geboren, sie wachsen und geben neues Leben – und dann werden sie älter und müssen wiedergeboren werden. Es gibt auch verschiedene Etappen in der Ausübung der Autorität und in der Entwicklung der Leitungsstrukturen. Die Gemeinschaft und ihre Verantwortlichen müssen darüber wachen, daß diese Übergänge reibungslos geschehen.

Viele Spannungen in der Gemeinschaft kommen daher, daß die einen oder die anderen das Wachstum verweigern. Denn zum Wachstum einer Gemeinschaft gehört auch das Wachstum des einzelnen. Es gibt immer einige, die sich den Wandlungen widersetzen. Sie verweigern die Entwicklung, sie wollen, daß die Dinge bleiben, wie sie waren.

Wie im menschlichen Leben auch, wollen viele das Wachstum und die Erfordernisse der neuen Etappe nicht wahrhaben. Sie wollen Kinder bleiben, und sie wollen schon gar nicht altern.

Eine Gemeinschaft ist immer im Wachstum begriffen.

David Clark schreibt in „Yes to Life“ (London 1987): „Der Weg zur Gemeinschaft ist ein Weg ständiger Entdeckung. Wir wissen nicht viel vom Weg, der vor uns liegt. Wir machen keine Reise mit einer detaillierten Karte und folgen keiner Route, bei der man uns genau sagt, wann wir wo ankommen. Wir wissen nicht einmal, wohin wir gehen.“

Die Gemeinschaft von Taizé ist ein gutes Beispiel des Wachstums und der Anpassung an die äußeren Ereignisse und an die Inspiration des Heiligen Geistes. Kathryn Spink schreibt in ihrem Buch „A universal Heart“ (London 1986): „Frère Roger ist sich bewußt, daß nichts geschieht ohne eine langsame Reifung und daß die Gemeinschaft Tag für Tag fortschreiten muß in dem Wissen, daß nur ganz langsam Christus zum Zentrum ihrer Liebe wird. Die Brüder müssen bereit sein, Christus zu lieben, ohne ihn zu sehen, und so im Geist wachsen ... Die Geschichte des gemeinsamen Lebens der Brüder ist gekennzeichnet durch eine ständige Suche nach einer diesem Wachstum günstigen Daseinsweise. Einige Elemente entwickeln sich ständig und wandeln sich häufig ... In Taizé ist das Suchen und das Neuschöpfen niemals abgeschlossen. Wenn auch auf andere Art und Weise, so waren die letzten Jahre doch genauso schöpferisch wie die ersten.“

Auch nach fünfundzwanzig Jahren gemeinsamen Lebens wird es nicht einfacher, in Gemeinschaft zu leben. Im Gegenteil, wer in eine Gemeinschaft eintritt, ist ein wenig naiv! Er ist voller Illusionen, aber er hat auch die notwendige Gnade, individualistischem und egoistischem Leben zu entsagen.

Wer aber seit fünfundzwanzig Jahren in Gemeinschaft lebt, weiß aus Erfahrung, daß es nicht immer einfach ist. Er ist sich seiner eigenen Grenzen und auch jener der anderen bewußt. Er kennt das ganze Gewicht seines Egoismus.

Gemeinsames Leben ist etwas wie die Wüstenwanderung auf das Gelobte Land hin, auf die innere Befreiung. Das jüdische Volk begann erst gegen Gott zu murren, nachdem es das Rote Meer schon durchquert hatte. Bis dahin war es von dem Außergewöhnlichen seiner Befreiung fasziniert. Das Abenteuer vermochte es zu locken: Alles schien besser als das Joch der Knechtschaft.

Erst später, als man die Tyrannei der Ägypter weitgehend vergessen hatte und das Außergewöhnliche dem Alltäglichen und dem geordneten Leben weichen mußte, begann man gegen Mose zu meutern. Zur Zeit der Gründung einer Gemeinschaft ist es leicht, die Flamme des Heldentums wachzuhalten. Spannung mit der Umgebung feuert die Herzen zu Großmut an. Man möchte sich nicht kleinkriegen lassen.

Schwieriger wird es erst, wenn die Jahre vergehen und man sich immer intensiver mit seinen eigenen Begrenzungen auseinandersetzen muß. Kein Heldentum beflügelt mehr die Einbildungskraft. Der Alltag scheint fad. All jene Dinge, von denen man sich endgültig losgesagt zu haben meinte, stehen mit verführerischer Kraft wieder da: die Bequemlichkeit, das Gesetz des geringsten Aufwands, das Sicherheitsbedürfnis und die Angst, gestört zu werden. Man hat nicht mehr die Kraft, der Verführung zu widerstehen, seine Zunge zu beherrschen und anderen zu vergeben. Trennwände schießen in die Höhe. Man sondert sich ab.

Böse Zungen behaupten, Gemeinschaft beginnt mit Geheimnis und endet mit Verwaltung: mit einer Begeisterung und einer Liebe, die alle Schwierigkeiten überwindet, mit der Freude am Risiko und einem unerschütterlichen Glauben an die Vorsehung – aber bald folgen Ernüchterung, materielle Sorgen, Verwaltung, Bankkonten und die Angst vor dem Risiko. *Die* Herausforderung für eine wachsende Gemeinschaft besteht darin, die Strukturen so anzupassen, daß sie immer dem Wachstum des einzelnen und den wesentlichen Zielen der Gemeinschaft dienen – und nicht irgendeiner Tradition oder gar der Autorität oder deren Prestige, das man nicht anzurühren wagt. Man stellt heute gern Geist und Struktur gegenüber. Die Herausforderung besteht tatsächlich darin, Strukturen zu schaffen, die dem Geist dienen, die in sich eine Stärkung der Gemeinschaft bedeuten.

Es gibt durchaus eine Art, Autorität auszuüben, Entscheidungen zu treffen und selbst Finanzen zu verwalten, die dem Evangelium und den Seligpreisungen entsprechen und von daher zu Quellen lebenspendenden Wassers werden.

Gemeinschaft bedeutet Einheit des Herzens und des Geistes. Gemeinschaft besteht aus einem Gewebe von Beziehungen. Beziehung aber bedeutet, auf den Schrei des Bruders und der Schwester zu antworten, besonders auf den Schrei der Armen, Schwachen und Verletzten, und sich für sie verantwortlich zu wissen. Das aber fordert heraus und stört. Deswegen ist man leicht geneigt, an die Stelle von Beziehungen und Herausforderungen Gesetze, Regeln und Verwaltungsmaßnahmen zu setzen. Es ist leichter, einem Gesetz zu gehorchen, als Menschen zu lieben. Deswegen enden einige Gemeinschaften in Reglement und Verwaltung, anstatt in der Liebe zu wachsen: den anderen anzunehmen und sich selbst hinzugeben.

Vom Heldentum zum Alltag …

Eine Gemeinschaft zu gründen ist relativ einfach. Es wird immer wagemutige Menschen geben, die auf der Suche nach dem Helden in sich sind, gern auf dem Fußboden schlafen, viele Stunden am Tag arbeiten und in zerfallenen Häusern leben. Camping macht Spaß! Eine Zeitlang ist jeder bereit, gewisse Härten auf sich zu nehmen. Eine Gemeinschaft in Gang zu bringen ist kein Problem. Es findet sich immer genug Energie, eine Rakete zu starten. Problematischer ist schon, sie auf die rechte Umlaufbahn zu bringen, den oft mühsamen Alltag durchzustehen, mit Brüdern und Schwestern zusammenzuleben, die wir uns nicht ausgesucht haben, sondern die uns gegeben worden sind – und mit immer größerer Wahrhaftigkeit die Ziele der Gemeinschaft anzustreben.

Eine Gemeinschaft, die nur eine Rakete des Heldentums zu starten vermag, ist aber noch keine echte Gemeinschaft. Zu echter Gemeinschaft gehört ein Lebensstil, eine bestimmte Haltung, eine Art, die Wirklichkeit zu leben und anzuschauen, vor allem aber die Treue im Alltag. Der Alltag setzt sich aus den einfachsten Dingen zusammen: Essen bereiten, Geschirr schmutzig machen und abwaschen, Zimmer aufräumen und Sitzungen aushalten. Der Alltag besteht aus Gabe, Hingabe, Freude und Festlichkeit und aus siebzig mal siebenmal vergeben. Eine Gemeinschaft wird erst dann echt, wenn ihre Mitglieder akzeptiert haben, keine großen Taten zu vollbringen, keine Helden sein zu wollen, dafür aber jeden Tag mit neuer Hoffnung zu leben – so wie Kinder mit Staunen den Sonnenaufgang ansehen und beim Untergang für den Tag danken. Gemeinschaft wird erst dann wirklich, wenn man erkannt hat, daß die Größe des Menschen darin besteht, seine Kleinheit, sein Menschsein und seine Erdgebundenheit anzunehmen – und Gott dafür zu danken, daß er in das menschliche Dasein mit aller Begrenztheit jenen Samen der Ewigkeit eingesenkt hat, der durch die kleinsten Gesten alltäglicher Liebe und Vergebung offenbar wird.

Die Schönheit des Menschen besteht in der Beharrlichkeit, über jeden neuen Tag zu staunen.

Die Vision klärt sich

Auf die Zeit des Heldentums und des Kampfes, auf die erste Zeit des Staunens und der Begeisterung folgt die Periode, in der sich Vision, Ziele und Spiritualität der Gemeinschaft klären und schriftlich niedergelegt werden können. Es klären sich dann meist auch die Identität, der Platz in der Gesellschaft und in der Kirche und in der Geschichte der Menschheit. Man erkennt deutlich, wie die Gemeinschaft gegen den Strom der Kultur schwimmen muß, in welchem Sinn sie prophetisch ist, welches die Gefahren für sie und ihre Mitglieder sind und welche besondere Bildung diese brauchen. Es ist wichtig für das Leben der Gemeinschaft, eine Vision und ein intellektuelles Verständnis zu haben. Aber dieses intellektuelle Verstehen muß immer aus dem Staunen und der Dankbarkeit geboren werden, die im Herzen der Gemeinschaft wach bleiben müssen.

In der Arche haben wir eine gewisse Zeit gebraucht, um uns klarzuwerden, daß unser Charisma darin besteht, mit Menschen mit einer geistigen Behinderung zu leben und nicht mit *jeder* Art von Behinderung. Wir haben mehrere Jahre gebraucht, um zu entdecken, daß wir berufen sind, in das einzutreten, was die Leiden und die Freuden einer Gemeinschaft ausmacht. Heute brauchen wir Zeit, um unsere Spiritualität klar zu formulieren und auch die Art, wie wir von „unserem Volk" genährt werden, um deutlicher zu sehen, was die Arche kennzeichnet und sie von anderen Gemeinschaften unterscheidet, wie zum Beispiel der Brüder und Schwestern von Mutter Teresa.

Eine Gemeinschaft muß ihre Spiritualität genau formulieren und den Gliedern helfen, sie zu leben, denn diese Spiritualität wird ihnen helfen, in der inneren Einheit und in der Gottesbeziehung zu wachsen. Jede Gemeinschaft stellt einen Aspekt des Evangeliums und des Lebens Jesu besonders heraus: Franz von Assisi offenbart uns die Schönheit und die Gabe der Armut, während Benedikt gezeigt hat, was ein Leben des Gebetes und der Arbeit bedeutet. Andere Gemeinschaften sind Zeugen des Friedens in einer konfliktgeladenen Welt – und das in einem Geist der Gewaltlosigkeit.

Die Spiritualität einer Gemeinschaft besteht aus ihrem Charisma und dem Ort der Treue. Diese offenbart sich in der Art, wie man arbeitet und betet, in den Begegnungen und den Feiern, im Lebensrhythmus und der Art, den Alltag zu leben, in den Prioritäten der Gemeinschaft. Die Spiritualität der Arche offenbart sich in der Art, mit Menschen mit einer geistigen Behinderung zu leben und in ihnen Jesus zu sehen. Aber eine Spiritualität ist immer auf das verborgene geistliche Leben hin orientiert. Ziel ist immer die Beziehung zu Jesus und dem Vater im Heiligen Geist und die Verbundenheit mit unseren Brüdern und Schwestern.

Aus einem menschlichen Sicherheitsbedürfnis heraus besteht immer die Gefahr, eine Gemeinschaft von ihren Anfängen an in allen Einzelheiten des täglichen Lebens planen zu wollen, ebenso ihre Organisation und ihre Spiritualität. Dann aber sind die Gedanken schneller als das Leben und suchen einen zu beherrschen. So aber wirkt der Heilige Geist nicht durch uns. Eine Gemeinschaft, die gerade erst geboren ist, muß zunächst vor allem *leben.* Das Leben muß den Strukturen und den schriftlichen Fixierungen vorausgehen. Die Gemeinschaft wächst, vertieft und entwickelt sich mit der Zeit unter der Inspiration des Heiligen Geistes, natürlich immer in eine bestimmte Richtung und nach den klaren Prinzipien, die jene der Gründung sind. Aber alles darf nicht im voraus geplant sein. Man muß das Wesentliche vom Zufälligen unterscheiden. Wenn Neue in die Gemeinschaft eintreten, haben sie ihr Wort mitzureden bei der Entwicklung der Gemeinschaft. Jeder bringt seine Art zu sehen und seine Inspirationen mit.

Doch durch die Ereignisse wandelt sich die Art, wie man etwas macht – und nach und nach bildet sich eine gemeinsame Vision heraus. Hat man einen zu detaillierten Plan, bevor man mit der Gemeinschaft beginnt, so kann das tatsächlich den Heiligen Geist ersticken. Ebenso kann der Wunsch, andauernd für alles offen zu bleiben, das Wachstum behindern. Alles hat seine Zeit. Es gibt eine Zeit für die Zeugung, eine Zeit für die Geburt und das Wachstum. Später gibt es dann auch eine Zeit, um neu zu entdecken, was einem schon gegeben ist, und darüber nachzudenken. Gott gibt uns ein Herz, um uns von seiner Liebe und seinem Geist inspirieren zu lassen, aber er hat uns auch einen Geist gegeben, um zu lesen und zu verstehen, um zu unterscheiden und in Regeln und Strukturen festzulegen, was er uns sagt und was er uns durch das Leben der einzelnen und die Geschichte der Gemeinschaft geschenkt hat.

Menschen mit einem romanischen Temperament neigen dazu, eine Vision auszusprechen und durchzusetzen und dann die Wirklichkeit nach dieser Vision zu beurteilen und ihr anzupassen. Sie haben Schwierigkeiten, die Wirklichkeit richtig zu lesen, zu verstehen und auszuwerten. Eine solche Vision aber ist viel zu theoretisch. Leute angelsächsischen Charakters sind pragmatischer, sie vermögen zu hören, verstehen und bewerten, was die Wirklichkeit besagt, aber manchmal mangelt es ihnen an der Vision. Eine Gemeinschaft braucht beides, sie braucht eine Vision, aber sie braucht auch, daß man auf den Heiligen Geist hört und die Wirklichkeit zu lesen versteht, die der Gemeinschaft ermöglicht, die Vision zu verändern und anzupassen.

Heute noch mehr als irgendwann brauchen die Menschen Verständnis für das, was eine Gemeinschaft ist, was ihre Gesetzmäßigkeiten des Wachstums und der Vertiefung sind, welche Nahrung sie braucht und worin ihre Gefahren bestehen. Wir müssen uns dessen systematisch bewußt werden, denn wir leben in einer von den Massenmedien und einer Zivilisation des Erfolgs, des Vergnügens und der Unabhängigkeit beherrschten Welt, in der die Werte der Gemeinschaft weitgehend verachtet und verkannt werden. Viele möchten eine Gemeinschaft nur um des Vergnügens wegen, mit anderen zusammen zu sein, aber sie lehnen die Erfordernisse gemeinsamen Lebens ab. Sie wollen gleichzeitig Freiheit und Gemeinschaft: die Freiheit, nur das zu tun, was sie wollen und wann sie es wollen, und die Gemeinschaft aus Freude am Austausch. Aber zur Gemeinschaft gehören gewisse Strukturen und Werte, man kann nicht alles auf einmal haben, man muß wählen. Um wählen zu können aber braucht es eine gewisse Klarheit. Im Bereich der Sexualität ist das offensichtlich: Man kann nicht alles tun, was man will, wenn man in Gemeinschaft lebt. Zum Leben in Gemeinschaft gehört eine gemeinsame Ethik sowie eine gemeinsame Stellungnahme in bezug auf den Reichtum und die Ausübung der Macht. Es gibt auch Menschen, die eine Gemeinschaft ohne Autorität wollen. Das wäre vielleicht einige Monate oder Jahre möglich, freilich nur unter der Bedingung, daß es eine kleinere Gemeinschaft ist und daß es dort einige reife Menschen gibt; aber sobald es eine Krise gibt, wird das unmöglich. In Gemeinschaft leben heißt also: über all diese Themen nachdenken. Jeder muß die Vision der Gemeinschaft mit all ihren Inhalten zu der seinen machen, sonst wird sich eine andere Vision in das Leben der Gemeinschaft einschleichen, ohne daß man es bemerkt.

In einer Gemeinschaft gibt es immer auch die Gefahr, daß die Menschen wie Kinder bleiben: zu abhängig von den Elternfiguren. Sie vermögen gut zu leben, zu arbeiten und zu beten, aber sie denken nicht nach über das, was sie leben. Wenn die Menschen diese Bewußtwerdung ablehnen und nur unter „der Inspiration des Geistes" bleiben oder sich von ihrer Affektivität leiten lassen, dann ist die Gemeinschaft in Gefahr.

Natürlich müssen wir wie Kinder bleiben und uns den Sinn für das Staunen bewahren, aber wir müssen auch klug sein, indem wir wissen, wie man eine Gemeinschaft leitet und ihr Tiefe gibt, wie man die Saat der Liebe vor den Mächten des Bösen, der Verführung und der Unterdrükkung schützt.

Je mehr eine Gemeinschaft wächst und sich verwurzelt, desto mehr muß sie entdecken, welchen Sinn sie ihrem Leben und ihrer Sendung geben will. Der Sendung einer Gemeinschaft können die grundlegenden Fragen der Welt und der Kirche nicht fremd sein. Eine lebendige Gemeinschaft besteht aus wahrhaftigen menschlichen Beziehungen: Es ist eine Gemeinschaft des Lebens – und nicht nur eine Gruppierung von Menschen, die etwas zusammen *tun*. Je lebendiger sie ist, um so klarer muß sie sich über die grundlegenden Fragen menschlichen Lebens sein: Leiden und Tod, Wachstum und innere Heilung, Platz von Mann und Frau in der Gesellschaft, Sinn der Sexualität, Familie und Zölibat. Die Gemeinschaft muß wissen, was sie von Gewaltausübung, Autorität und Wachstum zur Freiheit und Verantwortung hält. Sie muß einen Sinn für den Platz Gottes, des Gebetes und der Religion im menschlichen Dasein haben. Sie muß auch eine Vision haben, was Armut und Reichtum angeht. Und sie muß eine klare Sicht der Beziehung zwischen Liebe und Kompetenz haben. Eine Gemeinschaft muß sich des Platzes in der Kirche und der Welt von heute bewußt sein. Sie muß wissen, wie sie sich gegenüber Leiden und Ungerechtigkeit in der Welt verhält. Sie muß auch wissen, wie sie auf den Schrei und die Verzweiflung der Jungen reagiert. Die Gemeinschaften müssen Symbole finden, um ihr Verständnis dieser grundlegenden Wirklichkeiten zu bezeichnen. Denn man kann nicht gemeinsam wachsen und seine Beziehungen vertiefen, ohne diese Fragen zumindest anzugehen. Die Tradition der Gemeinschaft muß auch einen Beitrag dazu leisten, wie man zu einer Antwort auf diese Fragen kommt. Man wird sich nur langsam, aber sicher der Bedeutung und dieser Tradition bewußt werden.

Von der Monarchie zur Demokratie

Zu Beginn einer Gemeinschaft entscheidet der Gründer alles und macht alles allein. Langsam gesellen sich Mitarbeiter hinzu: Brüder und Schwestern. Es entstehen Bindungen. Der Verantwortliche fragt um Rat. Er ist nicht nur jener, der diktiert, was zu geschehen hat, sondern er hört auf die anderen. Ein gemeinsamer Geist entsteht. Der Verantwortliche beginnt die Gaben der einzelnen zu entdekken. In bestimmten Bereichen sind sie fähiger als er selbst. Sie haben Gaben, die er nicht hat. Er übt seine Autorität aus, indem er ihnen größere Verantwortung überträgt. Er lernt, sich selbst zu sterben, um die anderen leben zu lassen. Er bleibt das Bindeglied und die Bezugsperson, der Koordinator, der die anderen in ihrer Verantwortung bestätigt und über den Geist und die Harmonie des Ganzen wacht. In Krisenzeiten wird er seine Verantwortung wahrnehmen müssen, denn er bleibt der letztlich Verantwortliche. Läßt die Disziplin nach, muß er zur Ordnung mahnen. Nach und nach wird er zu einem entfernten Beziehungspunkt, bleibt aber gleichzeitig ganz gegenwärtig – bis zu dem Tag, an dem er ganz verschwindet und seinen Platz einem Nachfolger überläßt. Damit ist seine Aufgabe erfüllt. Sein Werk wird weitergehen. Seine Aufgabe bestand zuletzt darin, abzutreten.

Ähnlich ist es auch mit der von den Eltern ausgeübten Autorität. Zu Beginn tun sie alles für ihre Kinder, aber nach und nach werden Vater und Mutter zu Freunden, mit denen man sprechen kann. Werden sie älter, können sie sogar wieder zu Kindern werden. Eltern müssen ständig bereit sein, ihren Besitzanspruch aufzugeben, das Leben der Kinder sich entfalten zu lassen und es nicht zu ersticken. Wer eine Gemeinschaft gründet, muß lernen, langsam, aber sicher zu verschwinden und sich nicht an seiner Autorität festzuhalten.

Ein wichtiger Übergang im Leben der Gemeinschaft ist der Tag, an dem der Gründer oder die Gründerin sich bewußt werden, daß die Gemeinschaft nicht *ihr* Projekt ist, sondern das Projekt *Gottes*, daß sie selbst nur das Werkzeug waren und daß sie berufen sind, abzutreten.

Es ist wichtig, daß den einzelnen innerhalb einer Gemeinschaft Aufgaben und Verantwortungen anvertraut werden, die ihnen die Entfaltung eigener Initiativen ermöglichen. Aber es ist ebenso wichtig, daß diese Initiativen von der Gemeinschaft bestätigt werden oder aus gemeinsamer Erkenntnis entstehen. Sonst richten sie sich nämlich gegen die Gemeinschaft. Sie werden zum Unternehmen eines einzelnen, der dadurch beweisen möchte, daß er es besser weiß als die Gemeinschaft. Allzuoft findet man in Gemeinschaften jene, die sich überlegen fühlen, sich für Retter halten. Zur gemeinschaftlichen Erkenntnis gehört es, daß alle oder zumindest die Verantwortlichen deutlich zu sehen versuchen, wo die eigentlichen Schwerpunkte liegen und in welche Richtung man sich bewegt. In diesem Bereich darf es weder leidenschaftlich zugehen, noch darf man die anderen von seinen eigenen Ideen überzeugen wollen und diese in den Vordergrund stellen. Jeder muß die Vorstellungen des anderen wirklich hören, so daß sich langsam und leidenschaftslos die Wahrheit herausbildet. Das kann viel Zeit in Anspruch nehmen. Aber der Aufwand lohnt sich. Denn wenn sich alle einig sind, macht auch jeder das gemeinsame Vorhaben zum eigenen.

Manche Gemeinschaften scheinen von Persönlichkeiten gegründet, die unbedingt Chef sein müssen, die sich immer etwas beweisen müssen: „ihre" Gemeinschaft aufbauen, „ihr" Unternehmen durchsetzen. Gründern muß man andauernd behilflich sein, nicht dieser Versuchung zu erliegen und ihre Motivationen klar zu erkennen. Es scheint besser, daß zwei oder drei eine Gemeinschaft gründen, gemeinsam den Weg zu erkennen suchen und sich gegenseitig kontrollieren. Sonst läuft der Gründer Gefahr, in „seiner" Schöpfung aufzugehen: Er macht alles allein und stellt „seinem Kind" gegenüber Besitzansprüche. Er hört auf keinerlei Kritik und umgibt sich mit Schmeichlern (die immer um die Gemeinschaft schleichen). Eine Gemeinschaft erstickt, wenn der Gründer jene drosselt, die gekommen sind, ihm zu helfen, nämlich seine Brüder und Schwestern. Wenn er ihnen nicht vertraut, wenn er die Verantwortung nicht mit ihnen teilt, wenn er ihnen keine Initiative läßt. Wenn der Gründer einer Gemeinschaft anfängt, sich mit „seinem Kind" etwas zu beweisen, dann ist das ein Zeichen von Stolz, etwas Ungesundes also, das sterben muß. Eine Gemeinschaft ist für die Menschen da, die in ihr leben – und nicht nur für den Gründer. Die Verantwortung ist ein Kreuz, das er zwar tragen muß, aber sehr bald mit anderen teilen, damit die Gaben jedes einzelnen sich entfalten können. Wenn der Gründer nicht lernt, nach und nach zu verschwinden, stirbt die Gemeinschaft – oder aber sie wirft den Gründer ab.

Von Zeit zu Zeit begegne ich Menschen, die eine Gemeinschaft gründen wollen. Nach fünfundzwanzig Jahren gemeinsamen Lebens würde ich niemandem empfehlen, eine Gemeinschaft zu gründen – von Ausnahmen abgesehen, die sich auf deutliche Zeichen Gottes stützen. Ich empfehle Interessierten meist, in einer bereits bestehenden Gemeinschaft mitzuleben und sich zum rechten Zeitpunkt von dieser Gemeinschaft aussenden zu lassen, um eine neue zu gründen. Will man eine Gemeinschaft gründen, muß man ein Gefühl der Zugehörigkeit und der Sendung haben. Man braucht jemand, der einen bestätigt, einen trägt, einen überwacht und berät. Die ersten christlichen Gemeinschaften sind von Menschen gegründet worden, die der Gemeinschaft der Jünger angehörten. Am Pfingsttag beteten sie mit Maria, der Mutter Jesu. Sie wurden vom Apostelkollegium ausgesandt und bestätigt.

Öffnung zu den Nachbarn und zur Welt

Bevor man eine Gemeinschaft gründet, sollte man mit dem Dorf oder dem Wohnviertel Kontakt aufnehmen, in dem man sich niederläßt. Zu viele Gemeinschaften entstehen, ohne diese Kontakte vorher geknüpft zu haben. Nehmen diese Gemeinschaften noch Behinderte oder Notleidende auf, dann gibt das eine Katastrophe. Die Nachbarn werden sie unweigerlich ablehnen. Die Gemeinschaft ist kein Zeichen mehr, sie wird zu einem Auswuchs. Hätten die Gründer sich die Zeit genommen, den Nachbarn ihr Vorhaben zu erläutern, dann hätte man sie vermutlich verständnisvoller aufgenommen. Können die Behinderten des Dorfes selbst aufgenommen werden, dann ist die Lebensgemeinschaft wirklich in die Dorfgemeinschaft integriert. Es ist kein Zeitverlust, mehrere Monate damit zu verbringen, Kontakte und freundschaftliche Bande mit den Nachbarn zu knüpfen. Erst dann sollte man mit der Gemeinschaft beginnen.

Ich spreche hier aus Erfahrung, denn zu Anfang der Arche habe ich sehr viele Irrtümer begangen. Ich habe immer mehr Menschen aufgenommen, die mit einer geistigen Behinderung aus einer psychiatrischen Klinik kamen. Ich war begeistert von ihnen (und vielleicht geschah es auch als Reaktion auf das Unrecht, das man ihnen angetan hatte). Aber ich war mir weniger bewußt, was die Menschen im Dorf erlebten, wenn sie sahen, daß wir schon wieder ein neues Haus eröffneten. Und dann geschah natürlich, was geschehen mußte: Sie gruppierten sich (zumindest einige von ihnen), um eine Petition gegen die Arche zu unterschreiben. Wir haben mehrere Monate einer echten Spannung und des Leidens durchlebt, die man sicher hätte vermeiden können, wenn wir von Anfang an enger mit dem Dorf zusammengearbeitet hätten.

Damit eine Gemeinschaft zum Zeichen wird, müssen die Nachbarn sie als positiven Beitrag zu ihrem Wohnviertel oder ihrem Dorf sehen. Es ist gut, wenn jemand in der Gemeinschaft den Alten und Kranken behilflich ist, wenn das Haus jedem offensteht, wenn es ein Ort der Zuflucht für alle ist, die leiden und in Not sind. Es ist gut, jemanden in der Gemeinschaft zu haben, der den Alten und Kranken der Nachbarschaft helfen kann, und wenn die Gemeinschaft auch jene aufnimmt, die leiden und in Not sind.

Je mehr eine Gemeinschaft in die Tiefe wächst, desto intensiver muß sie auch in die Umgebung integriert sein. Zu Beginn ist eine Gemeinschaft an die vier Wände des Hauses gebunden. Nach und nach aber muß sie sich Nachbarn und Freunden öffnen. Einige Gemeinschaften bekommen Angst, wenn sie zu spüren beginnen, daß die Nachbarn sich mit ihnen engagieren möchten. Sie fürchten, ihre Identität zu verlieren und ihr Vorhaben nicht mehr im Griff zu haben.

Aber handelt es sich dabei nicht gerade um die echte Ausweitung der Gemeinschaft? Zuweilen ist es wichtig, die Mauern der Gemeinschaft zu schleifen. Dazu gehört, daß jeder das Engagement des anderen achtet und daß Pflichten und Rechte jedes einzelnen deutlich abgegrenzt werden. Jeder wird verantwortlich für die anderen – zumindest bis zu einem gewissen Grad. Jeder muß das Seine beitragen, so daß echte Bindungen entstehen können. So kann selbst eine kleine Gemeinschaft nach und nach zum Sauerteig werden: zum Ort der Einheit aller und für alle. In dem Maße, wie eine Gemeinschaft in ihrem Wohnviertel Wurzeln schlägt, wie sie sich ausweitet, wie die Nachbarn sich mitengagieren, wird sie auch entdecken, daß gewisse Gesetzmäßigkeiten und Ungerechtigkeiten das Wachstum der Menschen verhindern, besonders benachteiligter Minderheiten. Die Gemeinschaft wird dann politisch Stellung beziehen müssen. Sie wird die Gesetze zu verändern suchen und gegen die Ungerechtigkeit kämpfen. Sie wird vielleicht nicht gut angesehen sein bei der jeweiligen Regierung. Die Opposition wird sie um jeden Preis vor ihren Wagen zu spannen suchen. Es wird für eine solche Gemeinschaft schwierig sein, zwischen den Extremen ihren eigenen Weg zu finden.

Margarita Mayano hat uns daran erinnert, daß der Schmetterling, um sich zu entpuppen, aus der Larve ausbrechen muß und daß ein Kind, um geboren zu werden, Gewalt anwendet. Um einer neuen Gesellschaft zum Leben zu verhelfen, bedarf es manchmal einer gewissen Gewalt. Aber diese Gewalt muß aus der Einheit und dem Vertrauen erwachsen und fördernd wirken, nicht zerstörend.

Eine Gemeinschaft, die wächst, entdeckt nach und nach, daß sie nicht nur für sich selbst da ist. Sie gehört der ganzen Menschheit, sie ist für alle Menschen da. Ihr ist eine Gabe zuteil geworden, die sie für alle Menschen fruchtbar und zugänglich machen muß. Verschließt sie sich in sich selbst, so wird sie ersticken. Eine beginnende Gemeinschaft ist wie ein Samen, aus dem einst ein Baum wird, der Frucht trägt in Fülle und in dem die Vögel des Himmels ihre Nester bauen können. Sie muß ihre Arme weit öffnen, um unverdient zu geben, was sie unverdient empfangen hat. Fällt ein Samen vom Baum, so entsteht ein neuer Baum. So geht das Leben weiter, und Wachstum entsteht. Und so werden auch neue Gemeinschaften geboren.

Eine Gemeinschaft muß sich immer in Erinnerung rufen, daß sie Zeichen und Zeugnis für alle Menschen ist. Die Mitglieder müssen sich die Treue halten, um wachsen zu können, aber auch um Zeichen der Hoffnung für andere zu sein.

Eine Gemeinschaft sollte gleichzeitig von der Gesellschaft getrennt und auf sie hin offen sein. Lebt sie Werte, die sich von jenen der Gesellschaft unterscheiden, wird sie notwendig von der Gesellschaft getrennt sein. Ist sie zu offen, wird sie niemals ihre eigenen Werte wahren und vertiefen können. Sie wird keine Identität und kein Eigenleben haben. Sie wird einen Kompromiß mit dem Zeitgeist und den Werten der Gesellschaft suchen oder sich von ihnen beeinflussen lassen. Sie ist nicht mehr frei, ihrer eigenen Wahrheit zu folgen. Ist sie zu verschlossen, dann kann sie nicht wachsen. Sie kann jene echten Werte nicht erkennen, die es in jeder Gesellschaft gibt. Sie kann leicht einer Schwarzweißmalerei verfallen: „Wir haben recht, also haben die anderen unrecht." Sie wird unfähig, ihre eigenen Irrtümer und Schattenseiten zu sehen. Eine Gemeinschaft ist berufen, nach und nach in die Beziehung mit den anderen hineinzuwachsen, zuerst mit den Menschen aus der Nachbarschaft. Durch diese neuen Freunde wird die Gemeinschaft sich ausweiten, jeder wird dem anderen wachsen helfen. Nicht einer wird recht haben und die anderen unrecht, sondern alle werden sich gegenseitig helfen.

Eine Zeitlang waren zum Beispiel die Ordensgemeinschaften zu sehr in sich selbst verschlossen. Viele sind daran fast erstickt. Sie haben das gespürt und haben sich auf die Gesellschaft hin geöffnet. Einige sind vielleicht zu weit gegangen, sie haben ihr Mönchsgewand abgelegt, um den Menschen näher zu sein. Aber damit haben sie oft auch ihre Tradition aufgegeben. Sie sind der ursprünglichen Inspiration des Gründers untreu geworden. Sie haben ihre Identität verloren. Sie sind keine Gemeinschaft mehr.

Spürt eine Gemeinschaft, daß sie am Aussterben ist, so sollte sie nicht versuchen, nur äußerlich etwas zu verändern, etwa die Regel oder die Kleidung. Der Augenblick ist gekommen, sich von innen her zu erneuern, neues Vertrauen zu persönlichen Beziehungen und zum Gebet zu schöpfen und den Armen und Notleidenden nahe zu sein.

Ist das geistliche Leben intensiv genug, und ist es wirklich die Liebe, die die Gemeinschaft inspiriert und leitet, dann werden die Äußerlichkeiten auch wieder in den Hintergrund treten – nicht aber vorher.

Die Prüfung – eine Wachstumsetappe

Prüfungen sind notwendige Wachstumselemente jeder Gemeinschaft. Unter Prüfungen verstehe ich hier alles, was schwer zu ertragen ist, was Armut und Verfolgung bedeutet, was an der Gemeinschaft rüttelt, was ihre Schwächen offenbart: all ihre Spannungen und äußeren Kämpfe, all jene Schwierigkeiten, die durch die Bewältigung einer neuen Etappe entstehen.

Eine Gemeinschaft zu gründen bedarf es der Auseinandersetzung mit allen möglichen Elementen. Ist aber die Gemeinschaft einmal auf dem Weg, dann können die anfänglichen Energien schwinden. Man läuft Gefahr, nach Kompensationen in der Bequemlichkeit, in der Sicherheit, in der Zerstreuung und in Kompromissen mit anderen Werten zu suchen.

In einer therapeutischen Gemeinschaft wird das besonders deutlich. Zu Beginn nimmt man schwierige Menschen auf: Depressive, die alles kurz und klein schlagen. Nach und nach aber beruhigt sich alles, und kommt einmal ein „Schläger", dann meint man, ihn nicht mehr aufnehmen zu können. Die Energien, mit allen möglichen Schwierigkeiten fertig zu werden und auch die schwierigsten Menschen zu integrieren, sind wie verschwunden. Der Zeitpunkt kommt, wo man es nur noch gut miteinander haben möchte – aber diese Selbstzufriedenheit bewirkt schon ein Nachlassen der Einheit der Gemeinschaft.

Prüfungen sind wichtig für eine Gemeinschaft. Sie verpflichten uns, die ursprüngliche Spannkraft wiederzufinden, die Energie, mit Schwierigkeiten fertig zu werden: Sie verpflichten die Menschen, das anzuschauen, was sich in ihnen und in der Gemeinschaft tut, sich selbst in bezug auf ihre Ziele und ihr Gebetsleben neu zu situieren und eine Qualität der Einheit und der Energie wiederzufinden, um auf die entstandenen Schwierigkeiten eingehen zu können.

Eine Gemeinschaft, die sich bereichert und in Sicherheit wiegt, die nur noch ihre Güter und ihren Ruf zu verteidigen sucht, ist bereits im Absterben begriffen. Sie wächst nicht mehr in der Liebe. Eine Gemeinschaft lebt, solange sie arm ist, solange ihre Mitglieder spüren, daß sie zusammenhalten müssen, und sei es auch nur um des täglichen Brotes willen, solange sich jeder bewußt ist, daß wenn er nicht arbeitet, die anderen nichts zu lachen haben.

Gerade wenn eine Gemeinschaft schon weitgehend zerrüttet ist, wird man oft wieder bereit, miteinander zu sprechen und sich anzusehen. Man wird sich bewußt, daß es um Leben und Tod geht: Geschieht nicht etwas grundlegend Neues, so wird das Alte verschwinden. Oft muß man bis auf die Talsohle hinabsteigen, um zur Wahrheit zu gelangen: um seine eigene Armut zu bekennen – und daß man einander braucht, um gemeinsam zu Gott zu schreien. Prüfungen fügen eine Gemeinschaft dann enger zusammen, wenn genügend Vertrauen vorhanden ist, sie anzunehmen und durchzustehen. Erleidet ein Glied der Gemeinschaft einen schweren Unfall, dann treten kleinliche Aggressivitäten und Interessen automatisch zurück. Der Schock vertieft die Einheit und stellt die Gemeinschaft vor das Wesentliche. Eine neue Solidarität entsteht, um die Prüfung anzunehmen und zu bestehen.

Prüfungen, die eine oberflächliche Sicherheit zerbrechen lassen, setzen oft verborgene Energien frei. Aus der Verletzung ersteht die Gemeinschaft in neuer Hoffnung.

Spannungen

Auch Spannungen sind notwendige Wachstumsfaktoren. Sie ergeben sich aus persönlichen Konflikten, aus der Weigerung, persönlich und gemeinschaftlich weiterzuwachsen, aus dem Zusammenprall verschiedener Egoismen bei schwindendem Interesse an der Gemeinschaft, aus Reibungen der verschiedenen Temperamente, aus seelischen Schwierigkeiten einzelner. Solche Spannungen sind etwas ganz Natürliches. Es ist normal, daß man Angst bekommt, wenn man mit seinen eigenen Begrenzungen und Schattenseiten konfrontiert wird oder wenn sich vor einem plötzlich eine innere Wunde auftut. Es ist normal, daß man sich verkrampft, wenn die Verantwortung wächst und man nicht weiß, wie man damit fertig werden soll, weil man sich verunsichert fühlt. Täglich seinen eigenen Interessen zu sterben tut weh, man beginnt innerlich zu schreien. Es ist normal, daß man sich verkriecht, daß man Angst hat, daß man auf der Stelle tritt, daß man nicht weiterkommt, daß man sich verkrampft, wenn neue Mitglieder der Gemeinschaft Angst und Aggressivität mitbringen. Es ist normal, daß uns zuweilen der geistige Atem ausgeht, entweder weil wir müde sind oder mit inneren Spannungen geladen oder an etwas leiden. Spannungen können tausend Gründe haben.

Jede Spannung konfrontiert die ganze Gemeinschaft und den einzelnen mit seiner Armut, Unfähigkeit, Müdigkeit, Aggressivität und Depressivität. Daraus kann etwas sehr Wichtiges entstehen, nämlich das Bewußtsein, daß der Kern der Gemeinschaft in Gefahr ist. Geht alles gut und meint die Gemeinschaft ein Erfolg zu sein, so laufen die Mitglieder Gefahr, sich gehen zu lassen. Sie hören wenig aufeinander. Durch die Spannungen aber werden sie auf die Wirklichkeit ihrer Armut verwiesen. Durch Gebet, Dialog, Geduld und gegenseitiges Bemühen müssen sie die Krise zu überwinden suchen, um die verlorene Einheit wiederzufinden. Spannungen lassen auch deutlicher werden, daß Gemeinschaft mehr ist als nur menschliche Wirklichkeit, daß sie zum Leben und zum Wachsen immer auch des Geistes Gottes bedarf. Oft bedeuten Spannungen auch notwendige Etappen zu einer tieferen Einheit, denn sie lassen Schwächen offenbar werden, die Wandlungen in der inneren Ausrichtung und der Strukturierung der Gemeinschaft erfordern – oder einfach mehr Demut. Erst wenn schon lange schwelende Spannungen brutal zutage treten, kann man versuchen, ihre wahren Gründe zu erkennen und Abhilfe zu schaffen.

Ich habe entdeckt, daß im Chinesischen „Krise“ soviel bedeutet wie Gelegenheit und Gefahr. Jede Spannung, jede Krise kann zur Gelegenheit neuen Lebens werden, wenn wir sie mit Klugheit angehen, sonst kann sie zu Tod und Spaltung führen.

Spannungen und Streß kommen von einem Mißverhältnis zwischen den Schwierigkeiten, mit denen man es zu tun hat, und der Unterstützung und der Nahrung, die man erhält. Wenn die Schwierigkeiten zu groß sind und die Unterstützung minimal, lebt man viel vom inneren Streß, und das kann sich nicht nur ausdrücken in schlechter Laune und in einem unterschwellig unvernünftigen Verhalten, sondern auch durch ein gesteigertes Bedürfnis nach Kaffee, Alkohol, Zärtlichkeit usw. In Streßperioden laufen wir Gefahr, uns in unserem Kummer auf die Suche nach menschlichem Trost zu machen: nach Zerstreuung und Kompensationen, nach Werten, die man schon aufgegeben hatte, als man in die Gemeinschaft eintrat. Damit sich dieses Leiden in einen Schrei verwandelt, braucht man Begleitung. So können Spannungen uns zerbrechen lassen – oder aber zum Wesentlichen zurückführen.

Es gibt nichts Schädlicheres für das gemeinsame Leben, als bestehende Spannungen zu verbergen: so zu tun, als wären sie nicht vorhanden, sich hinter Höflichkeiten zu verstecken und dem Gespräch aus dem Wege zu gehen. Spannungen oder Störungen können nämlich auch Vorzeichen neuer Gnaden sein, eine Einkehr Gottes in der Gemeinschaft ankündigen. Aber sie müssen mit echter menschlicher Klugheit beachtet werden. Es besteht auch die Gefahr, eine Spannung zu schnell spirituell behandeln zu wollen, das heißt, sie als eine Prüfung zu betrachten, die man vor Gott allein austragen muß, anstatt mit einer dritten Person oder einer äußeren Autorität darüber zu sprechen und sie dadurch zu lösen versuchen.

Oft entstehen Spannungen oder Prüfungen dadurch, daß die Gemeinschaft den Sinn für das Wesentliche verloren hat, die ursprüngliche Vision. Sie ist dem Ruf Gottes und der Armen untreu geworden. Spannungen bedeuten dann einen neuen Anruf zur Treue. Um den Frieden wiederzufinden, muß die Gemeinschaft ihre Verletzungen erkennen, Gott um Verzeihung bitten und ihn anflehen, ihr neues Licht und neue Kraft zu geben.

Wir müssen lernen, Spannungen als etwas Alltägliches anzunehmen, und versuchen, sie im Bemühen um Vertiefung und Wahrhaftigkeit zu überwinden. Sie zu lösen bedeutet nicht, voreilig Konfrontationen heraufzubeschwören. Indem man eine Spannung in Gegenwart aller Beteiligten explodieren läßt, findet man noch nicht notwendig die Einheit wieder. Jemandem seine Begrenzungen, seinen Egoismus, seine Eifersucht, seine Unfähigkeit zum Dialog bewußtzumachen, hilft ihm nicht notwendig, sie zu überwinden. Es kann ihn in eine noch größere Angst, ja an den Rand der Verzweiflung treiben.

Im allgemeinen kann man jemandem seine Begrenzungen nur dann bewußtmachen, wenn man ihm gleichzeitig hilft, die notwendigen Kräfte zu ihrer Überwindung zu entdecken: seine Liebesfähigkeit, seine Güte, sein Vertrauen zu sich selbst und zum Heiligen Geist. Niemand kann das Böse in sich selbst annehmen, wenn er sich nicht geliebt und geachtet fühlt, wenn er nicht spürt, daß man ihm vertraut. Niemand kann seinen Egoismus und seine Ängste überwinden, wenn man ihm nicht entdecken hilft, daß er liebenswürdig ist. Das ist die Rolle des Verantwortlichen: die Schönheit und den Wert eines Menschen, auch eines gespannten und aggressiven Menschen, aufzuspüren und den Mitgliedern der Gemeinschaft zu helfen, das auch zu tun. So kann der einzelne, der sich nicht abgewiesen fühlt, sondern angenommen und geliebt weiß, nach und nach seine positiven Energien im Dienst an den anderen entfalten. Schwinden die Ängste, so beginnen die einzelnen, vorurteilslos einander anzuhören! Sie beginnen zu verstehen, warum dieser und jener sich so und nicht anders verhält – und die Spannungen werden langsam verschwinden. Es geht darum, die anderen anzunehmen und zu lieben, wie sie sind – mit all ihren Egoismen und ihrer Aggressivität. Diese gegenseitige Annahme, die langsam, aber sicher zu einer echten Aufnahme des anderen in mein Leben werden kann, braucht Zeit und Geduld. Sie kann viele Begegnungen erfordern, viele oft mühsame Gespräche – oder auch nur eine stille, friedliche und feinfühlige Annahme des anderen.

Wir sollten Spannungen weder zudecken noch sie vorzeitig aufbrechen lassen, sie vielleicht mit Feingefühl, Vertrauen und Hoffnung behandeln – und wissen, daß wir sie erleiden müssen. Sie erfordern Geduld und tiefes Mitgefühl. Panik und naiver Optimismus sind fehl am Platz. Zu einer realistischen Haltung gehören Zuhören-Können und gemeinsames Suchen nach der Wahrheit.

Neben subjektiven und gefühlsmäßigen Faktoren gibt es in Spannungen auch immer Elemente objektiver Wahrheit und echter Meinungsverschiedenheiten, die man nicht verbergen darf. Es ist gefährlich, eine störende Wirklichkeit nicht direkt anzuschauen unter dem Vorwand, daß der andere gefühlsmäßige Probleme hat. Ebenso ist es nicht richtig, wenn man nicht sieht, daß einige Menschen sich sehr wohl ihrer Meinungsverschiedenheiten bedienen können, um gegenseitige Probleme im Gefühlsbereich auszutragen.

Spannungen kommen auch daher, daß einige zu sehr auf ihre Meinung festgelegt sind. Mit der Zeit werden sie sich öffnen und andere Dimensionen der Wirklichkeit entdekken. Ihre Sicht wird sich ändern, die Spannung wird nachlassen. Deswegen muß man Spannungen gegenüber Geduld haben können und sie nicht immer sofort lösen wollen. Will man zu schnell handeln, so drängt man einige dazu, auf ihrem Standpunkt zu beharren, anstatt nachzugeben.

Gewisse Spannungen rühren daher, daß die Gemeinschaft anscheinend entgegengesetzte Werte in sich birgt. Die Größe der Gemeinschaft besteht dann in dem Versuch, sie in Einklang zu bringen. So möchten wir in der Arche nicht nur eine christliche Gemeinschaft sein, sondern auch den Anforderungen des Staates entsprechen, zumindest was unsere Arbeit angeht. Wir müssen Männer und Frauen des Herzens sein, die dem Gebet hingegeben sind - und gleichzeitig kompetent. Einige Menschen leben eher diese Werte, andere eher jene. Das ist gut so, aber es bedeutet manchmal, Spannungen zwischen den einzelnen auszuhalten. Derlei Spannungen verschwinden meist in dem Maße, wie die Gemeinschaft und die einzelnen eine gewisse Reife erlangen.

Andere Spannungen entstehen aus der Tatsache, daß die Gemeinschaft sich entwickelt und daß neue Gaben und Wirklichkeiten offenbar werden, die nach und nach ein neues Gleichgewicht erfordern, vielleicht sogar eine Weiterentwicklung der Strukturen. Man muß vor allen Dingen keine Angst haben vor Spannungen, die man nicht immer deutlich formulieren kann. Man muß den Augenblick abwarten können, in dem die Gemeinschaft bereit ist, diese Fragen friedlich und wahrhaftig anzugehen.

Der Heilige Geist läßt aus Altem immer Neues entstehen. Ich bin erstaunt, wenn ich in der Geschichte der Kirche sehe, mit welchen Leiden und Kämpfen dies vor sich geht. Es gibt immer Neues, das aufbricht: Neue Propheten, neue Heilige erheben sich, um zu verkünden, was althergebracht ist – aber auf eine ganz neue Art. Es gibt in der Kirche immer eine Spannung zwischen den Konservativen und den Progressiven. Die Konservativen haben immer Angst vor dem Neuen und sehen darin eine Bedrohung, eine Gefahr und einen Irrtum, sie verdammen das, und manchmal zerstören sie, was neu ist und sie stört. Die Progressiven können recht irritiert sein durch das, was althergebracht ist und es als falsch, korrumpiert, schlecht und wertlos ablehnen und damit brechen wollen. Die gleichen Spannungen existieren in jeder Gemeinschaft, je nachdem, ob sie sich nach den Inspirationen des Heiligen Geistes und nach den Bedürfnissen des Augenblicks weiterentwickelt, oder ob sie jede Wandlung ablehnt. Ein Verantwortlicher kann durch diese Spannungen geradezu gekreuzigt, in zwei Richtungen gerissen und oft von beiden Seiten kritisiert oder verdammt werden. Er muß zu sehen versuchen, was in jeder der Tendenzen wahr ist und die Augen auf das Wesentliche gerichtet halten. Er muß einerseits das Prophetische an den neuen Formen von dem einfachen Bedürfnis nach Veränderung unterscheiden können und andererseits sehen, was am Althergebrachten echt ist und nicht verändert werden darf – und was Angst vor Veränderung und Unsicherheit ist. Er muß geduldig das Licht des Heiligen Geistes erwarten und auch die anderen zur Geduld auffordern.

Oft genug sind die Spannungen in der Gemeinschaft eine Gabe und eine Gnade. Einige sind wie Geburtswehen, wenn etwa verschiedene Menschen verschiedene Aspekte der Vision betonen, die zunächst wie Gegensätze aussehen, aber dann gar nicht stimmen. Es will besagen, daß Gott noch kein Licht zur Harmonisierung neuer Strukturen gegeben hat – und daß man das Leiden und die Spannung weiter tragen muß in der Erwartung der Auferstehung, wie

Maria von Magdala am Karsamstag darauf gewartet hat. Durch dieses Leiden bleibt jeder in der Kleinheit und der Demut, im Gebet und im Flehen. Durch Leiden bleibt auch jeder wachsam, die Wahrheit mehr zu lieben und zu suchen als seine eigenen Ideen.

Liebe und Weisheit zu erlangen nimmt schon für den einzelnen viel Zeit in Anspruch. Bei einer Gemeinschaft aber geht dieses Wachstum noch langsamer vor sich. Die Glieder einer Gemeinschaft müssen Zeit haben. Sie müssen wissen, daß viele Dinge Wirklichkeit werden, wenn man ihnen nur die notwendige Zeit dazu läßt. Es ist ein schwerer Irrtum, die Dinge unter dem Vorwand der Klarheit und der Wahrheit vorantreiben und sie zu schnell klären zu wollen. Es gibt Menschen, die Auseinandersetzungen und das Offenbarwerden von Spannungen lieben. Aber diese Neigung ist nicht immer gesund. Eher sollte man sich Zeit lassen. Natürlich muß jeder achtgeben, Probleme nicht dadurch zu verdecken, daß er sich weigert, vorhandene Unzufriedenheit zur Kenntnis zu nehmen und unbewußte Spannungen bewußt werden zu lassen.

In vielen Gemeinschaften gibt es jemand, der verletzlicher und schwieriger ist als die anderen – und darum die Aggressivität aller anderen auf sich zieht. Man wird immer über diesen einen herfallen, immer wird man gerade ihn kritisieren und sich über ihn lustig machen. Jedes Glied der Gemeinschaft hat in einem verborgenen Winkel seines Herzens irgendwelche Schuld- oder Mangelgefühle. Diese können sehr schnell die Form der Angst annehmen. Man fühlt sich „unbehaglich“ – man projiziert seine eigenen Ängste und Grenzen auf einen anderen, Schwächeren. In vielen Gemeinschaften findet man einen Sündenbock für alle persönlichen und gemeinsamen Ängste.

Ist eine solche Abwehrbewegung erst einmal im Gange und die persönliche Aggressivität im Spiel, dann ist es nicht leicht, sie zu stoppen. Für das Gleichgewicht der Gemeinschaft ist es jedoch unerläßlich, diese ablehnende Haltung von ihrer Zielscheibe abzulenken. Denn eine Gemeinschaft kann nicht davon leben, daß eines ihrer Glieder verfolgt wird. Bewußt oder unbewußt muß ein anderer, vom Heiligen Geist inspiriert, alle Aggressivität auf sich nehmen. Das kann zum Beispiel dadurch geschehen, daß er den Clown spielt. So kann die brutale und herablassende Aggressivität sich langsam wandeln. Die elektrische Spannung der Ablehnung wird dann zum Licht allgemeinen Gelächters.

Viele Spannungen rühren daher, daß man nicht wahrhaben möchte, daß auch die Verantwortlichen ihre Schwächen haben. Man ist beständig auf der Suche nach dem idealen Vater – und Enttäuschung führt zur Angst. Auch diese Spannungen sind gut. Jeder muß für sich entdecken, daß der Verantwortliche auch nur ein Mensch ist und daß er sich irren kann, ohne daß man dadurch gleich das Vertrauen zu ihm zu verlieren braucht. Jeder muß zur eigenen Reife heranwachsen können und eine echte Beziehung zum Verantwortlichen finden. Aber auch der Verantwortliche muß bereit sein, sich zu entwickeln und weniger Angst zu haben.

Einen Bruder oder eine Schwester fortschicken

Gewisse Gemeinschaften zerfallen durch innere Spaltungen und Reibereien. Schon in den allerersten christlichen Gemeinschaften wurden nach Zeiten der Gnade und der Einheit Spaltungen spürbar. Ein Geist der Eigenbrötelei trat auf: einige waren für Paulus, andere für Apollos (vgl. 1 Kor 3,1–4).

Auch Johannes spricht in seinem ersten Brief von tiefgehenden Spaltungen. Es gab echte Brüche innerhalb der Gemeinschaft. Einige gingen, weil sie die Gemeinsamkeit mit den Brüdern, die Lehre der Apostel und besonders die Autorität des Johannes ablehnten (vgl. 1 Joh 2,19).

Judas hat zwar eine Zeitlang mit den elf Aposteln und mit Jesus gelebt, aber sein Herz war voller Bosheit und Eifersucht. Schon bevor Satan ihn zum endgültigen Verrat trieb, hat er sich in seinem Herzen von den anderen abgesondert. Jesus hatte ihn berufen, aber aus einem uns unbekannten Grunde hat er aus der Tatsache, zur Umgebung Jesu zu gehören, Nutzen ziehen wollen, um sein persönliches Vorhaben durchzusetzen. Es ging für ihn nicht mehr darum, Jesus zu dienen, sondern Jesus für seine eigenen Zwecke zu nutzen.

Wann muß man jemanden fortschicken, der sich in seinem Herzen schon von der Gemeinschaft abgesondert hat, aber noch mit ihr lebt? Der einen Geist der Zwietracht sät, um die schwächsten Glieder um sich zu scharen, um sie für seine eigenen, zerstörerischen Zwecke zu nutzen? Diese Menschen voller Eifersucht sind zuweilen überdurchschnittlich intelligent und bringen eine erhebliche Fähigkeit mit, die Schwächen der Verantwortlichen und der Gemeinschaft aufzuspüren und auszunutzen. Sie stellen sich gern als die Klarsichtigen hin, die allein fähig sind, Ungerechtigkeiten auszugleichen und Situationen zu retten. Sie sind verführerisch und geschickt genug, um Spaltung zu schaffen, Verwirrung zu stiften und die Autorität zu schwächen. Man kann sie unmöglich ihr Werk der Spaltung innerhalb der Gemeinschaft weiterführen lassen, nachdem jeder Versuch eines Dialogs gescheitert ist. Sie fortzuschikken scheint allerdings ebenso unerträglich, besonders wenn sie schon lange mit der Gemeinschaft gelebt haben. Dennoch sagt Jesus: „Wenn dein Bruder sündigt, dann geh zu ihm und weise ihn unter vier Augen zurecht. Hört er auf dich, so hast du deinen Bruder zurückgewonnen. Hört er aber nicht auf dich, dann nimm einen oder zwei Männer mit, denn jede Sache muß durch die Aussage von zwei oder drei Zeugen entschieden werden. Hört er auch auf sie nicht, dann sag es der Gemeinde. Hört er aber auch auf die Gemeinde nicht, dann sei er für dich wie ein Heide oder ein Zöllner“ (Mt 18,15–17).

Allein die Verantwortlichen der Gemeinschaft können über eine Entlassung befinden. Sie müssen dabei auch ihre eigene Schuld bekennen. Vielleicht haben sie nicht gewagt, den einzelnen bereits zu korrigieren und mit ihm zu sprechen, als die ersten Zeichen der Spaltung auftraten. Vielleicht haben sie die Situation schleifen lassen, waren zu naiv, haben gehofft, daß alles wieder ins Lot kommt. Vielleicht haben sie ihn und seine Fähigkeiten kräftig genutzt. Aber selbst wenn er zur verspäteten Einsicht seiner Fehler kommt, darf das die Gemeinschaft nicht daran hindern, entschieden zu handeln. Wenn jemand zum Stein des Anstoßes für die Jüngeren in der Gemeinschaft geworden ist, dann muß man sich von ihm trennen. Die Verantwortlichen dürfen aber auch nicht vorschnell überall einen Skandal wittern und Menschen fortschicken, nur weil sie „mekkern". Oft führt gerade die Weigerung, Meinungsverschiedenheiten anzuhören, zu Blockierung und Hochmut. Hätte man gleich zugehört, hätte man zugegeben, daß auch die Gemeinschaft ihre Schwächen und Fehler hat und das Notwendige unternommen, um diese Fehler zu korrigieren, dann wären die Meinungsverschiedenheiten vielleicht verschwunden – oder sie hätten sogar zu konstruktiven Veränderungen geführt.

Es geht für die Verantwortlichen und die Gemeinschaft nicht darum, Menschen nur deswegen fortzuschicken, weil sie stören, weil sie schwierig sind, weil sie vielleicht nicht am rechten Platz sind und weil sie die anderen in Frage stellen. Fortschicken kann man wirklich nur jene, die sich innerlich schon ganz von der Gemeinschaft abgesondert haben, die eine echte Gefahr des Anstoßes darstellen, indem sie einige gegen die Verantwortlichen beeinflussen und das Vertrauen zu ihnen unterhöhlen. Diese Menschen spalten die Gemeinschaft und bringen sie von ihrer ursprünglichen Zielsetzung ab.

In diesem heiklen Bereich der Spaltungen kann es keinerlei Regel geben, es sei denn, daß man der Geduld, Wachsamkeit und Festigkeit bedarf und die eigenen Strukturen und Dialoginstanzen achtet. Solange der einzelne in die Gruppe eingebunden ist und keine Möglichkeit hat, das Gift des Zwiespalts zu verspritzen, gibt es keinen Grund, ihn fortzuschicken. Tragen und ertragen wir ihn mit den schwachen Mitteln, die wir haben! Erst wenn er anfängt, andere gegen die Gemeinschaft zu beeinflussen, besteht Gefahr. Darum muß jeder andauernd achtgeben, daß er nicht bewußt oder unbewußt Anlaß zu Streitigkeiten gibt. Jeder muß sich ständig bemühen, Werkzeug der Einheit zu sein. Das soll natürlich nicht heißen, daß man immer und überall mit den Verantwortlichen übereinstimmen muß. Aber man muß sich mit den Verantwortlichen in Wahrhaftigkeit auseinandersetzen wollen. Niemand, der in Gemeinschaft lebt, ist sicher vor dem Gift des Hochmuts aus verletzter Empfindlichkeit, anfangs ein Tröpfchen, das den ganzen Menschen überschwemmen kann.

Es braucht viel Zeit und Klugheit, eine Gemeinschaft aufzubauen. Aber es braucht wenig, um sie zerbrechen zu lassen und sie zu zerstören, indem man einen starken intelligenten Menschen als Mitglied aufnimmt – mehr, weil man seine Kompetenz braucht, als daß man erkannt hat, ob sein Platz wirklich in der Gemeinschaft ist. Wenn dieser Mensch stolz und zerstörerisch ist, wenn er Macht sucht, wenn es keine starken Persönlichkeiten in der Gemeinschaft gibt, um ihm gegenüberzutreten und ihn zur Ordnung zu rufen, dann läuft die Gemeinschaft Gefahr, zu zerbrechen und zu sterben.

Wir dürfen niemals vergessen, daß der Satan der Feind der Liebe und der Verbundenheit ist. Er haßt Gemeinschaften, in denen man in der Liebe und der Erkenntnis Jesu wächst. Er tut alles, um Unfrieden zu stiften, Spannungen und Spaltungen zu schaffen und die Gemeinschaft zu zerstören.

Das äußere Auge oder die äußere Autorität

Es wird mir immer klarer, daß Gemeinschaften, sie mögen klein oder groß sein, nicht allein fertig werden können. Die einzelnen vermögen Spannungen innerhalb der Gemeinschaft nicht allein zu lösen: Sie brauchen Hilfe von außen, um Entwicklungen recht zu verstehen und neue Strukturen zu finden, die den Wachstumsstadien entsprechen. Jede Gemeinschaft sollte darum ein „äußeres Auge“ haben, das regelmäßig zu Besuch kommt: jemand, mit dem alle Mitglieder der Gemeinschaft sprechen können, soweit es nötig ist. Jemand, der vor allem die Verantwortlichen berät und der Gemeinschaft hilft, sich zu entwickeln und die in Spannungen verborgenen Botschaften Gottes zu entschlüsseln.

Dieses „äußere Auge“ sollte jemand mit einem gesunden Menschenverstand sein, etwas von menschlichen und gemeinschaftlichen Beziehungen verstehen – und jemand, der die grundlegenden Ziele der Gemeinschaft liebt und ihre Strukturen achtet.

Dieser Mensch kann den Gemeinschaften auch dabei helfen, sich selber richtig einzuschätzen. Man muß gelegentlich in aller Freiheit sein eigenes Gemeinschaftsleben prüfen: sehen, worauf man noch mehr zu achten hat, spüren, ob man seine schöpferischen Kräfte eingebüßt hat und ob man in Gewohnheiten und Routine verfallen ist. Das „äußere Auge“ soll auch darauf achten, ob die Sitzungen wirklich lebendig und wahrhaftig sind oder ob sie zu einem Zeitverlust werden. Es ist viel leichter, das mit der Hilfe eines „äußeren Auges“ zu tun.

Yves Bériot sagte vor einiger Zeit, wie wichtig es wäre, Menschen zu haben, die die Gemeinschaften besuchen und die bei ihnen die Funktion eines Schwammes ausüben, nämlich die Angst absaugen. Tatsächlich empfindet sich fast jede Gemeinschaft weit von ihrem Ideal entfernt und machtlos gegenüber der Gewalttätigkeit und Depressivität derer, die sie aufnimmt. Jeder von uns ist meilenweit entfernt vom Ideal des Evangeliums. Dadurch entstehen jene ständigen Ängste und Schuldgefühle, welche die schöpferischen Kräfte lähmen und zu Traurigkeit und Verzweiflung führen.

Das „äußere Auge“ kann auch die Funktion des Gedächtnisses übernehmen. Es ist immer wichtig, daß jemand von außen kommt, um zu sagen: „Erinnerst du dich noch?“ Er ruft damit die Anfänge, die Geschichte, die Traditionen der Gemeinschaft und auch die schweren Stunden ins Bewußtsein zurück. Um Zukunftspläne zu schmieden, muß eine Gemeinschaft ihre Vergangenheit gut verarbeitet haben und einen Sinn für die eigene Tradition entwickeln. Das ist einer der Gründe, weswegen die äußere Autorität nicht allzuoft gewechselt werden sollte. Die Kontinuität ist wichtig.

Die Rolle der äußeren Autorität ist heikel. Sie besteht darin, so klar wie möglich die positiven Kräfte innerhalb der Gemeinschaft zu sehen, um sie zu fördern – und auch die negativen Kräfte aufzuzeigen. Die äußere Autorität kann den Menschen nicht sagen, was sie zu tun haben, aber sie kann ihnen Ratschläge erteilen, Vorschläge machen und Orientierungen geben. Sie hilft ihnen, sich in der Hoffnung zu erneuern und die Geschehnisse zu entdramatisieren. Sie muß sich bewußt sein, daß ihre Rolle immer nur vorübergehend ist und daß die Gemeinschaft mit denselben Menschen weiterleben muß.

Das „äußere Auge“ ist besonders wichtig während der Dürreperioden der Gemeinschaft, um sie zu Vertrauen, Geduld und Gebet aufzurufen.

Am Anfang hat eine Gemeinschaft einen Gründer, der ihr den Geist und die Vision gibt und der die letzte Verantwortung trägt. Aber in dem Maße, wie die Gemeinschaft wächst und Wurzeln schlägt, braucht sie eine Regel, welche die Ziele und den Geist definiert, und sie braucht auch Konstitutionen (vgl. sechstes Kapitel, Abschnitt „Strukturen der Gemeinschaft“), in welchen die Art der Leitung festgelegt wird: die Strukturen der Autorität, die Verteilung der Aufgaben, die Art der Wahl der Verantwortlichen und die Dauer ihres Mandats.

Eine Gemeinschaft braucht eine äußere Autorität, die besonders die Verantwortlichen bestätigen, trösten und ermutigen kann, aber die auch zu ermahnen und zu kontrollieren weiß, falls das notwendig wird. Sie muß auch klar und deutlich eingreifen, wenn die Verantwortlichen inkompetent und unfähig sind, den Geist und die Ziele der Gemeinschaft weiterzuverfolgen oder wenn sie sie zu ihren eigenen Zwecken mißbrauchen und es Ungerechtigkeiten gibt.

Die äußere Autorität ist notwendig, weil die Menschen schwach und fehlbar sind und weil die Kräfte des Bösen von außen und von innerhalb der Gemeinschaft so stark sind, daß die Gemeinschaft ohne äußere Autorität früher oder später Gefahr läuft, zu zerbrechen oder zu sterben oder Ungerechtigkeiten den Personen gegenüber zu begehen.

Für gewisse therapeutische Gemeinschaften kann der Garant der Staat sein, der eventuell ein Kontroll- und Bewertungssystem entwickelt. Es kann auch ein Aufsichtsrat sein. Viele christliche Gemeinschaften sind an ihren Bischof gebunden. Er oder sein Vertreter bestätigt die Gemeinschaft, ihre Regeln und ihre Konstitutionen. Der Bischof ist also der Garant. Andere Gemeinschaften sind an eine Autorität gebunden, die aus einem Netz von Schwestergemeinschaften gewählt wird. Diese Person wird Provinzial- oder Regional-Oberer, Diener oder Koordinator genannt.

Ich habe ein bißchen Angst, daß Gemeinschaften ohne Tradition sich weigern, eine solche äußere Autorität anzunehmen. Sie werden ihren Gründer nicht lange überleben. Und er selbst läuft Gefahr, Fehler zu begehen, wenn er nicht kontrolliert wird.

Jeder Mensch, der in einer Gemeinschaft der Liebe und Weisheit wächst, läßt die ganze Gemeinschaft mitwachsen. Jeder Mensch, der sich persönlich weigert zu wachsen und der nicht weiterkommen will, hindert die ganze Gemeinschaft am Wachstum. Jedes Glied der Gemeinschaft ist verantwortlich für sein eigenes Wachstum und für das Wachstum der ganzen Gemeinschaft.

Menschlich zu wachsen heißt, die Fähigkeit zu handeln mit der Stimme des Herzens in Einklang zu bringen. Allzuoft ergibt sich die Handlungsweise aus unserer Angst: der Angst vor Beziehungen, vor Verletzlichkeit oder sogar vor der Liebe, Angst vor der Abhängigkeit, der Sexualität und selbst vor unserer eigenen verborgenen Tiefe.

Unser Handeln ist oft eine Flucht oder der Wunsch, sich etwas zu beweisen.

Wenn wir in Frieden mit uns selber sind, wenn wir die tiefsten Verletzungen und unsere Schwäche endlich angenommen haben, wenn wir in Beziehung mit unserem Herzen und unserer Fähigkeit zur Zärtlichkeit sind, dann wird auch die Aktion aus unserem Herzen geboren und kann zur Quelle des Wachstums werden.

Eine Gemeinschaft wächst wirklich, wenn jeder die Vision und den Geist in sein Herz und seinen Verstand aufgenommen hat. Auf diese Art nimmt er sie, wie sie sind, und wird dafür verantwortlich. Wenn man die Vision sich nicht wirklich zu eigen macht, neigt man leicht dazu, andere nur nachzuahmen oder nur einen Ort der Zugehörigkeit zu suchen. Das ist gefährlich, es kann einen hindern, zur inneren Einheit zu wachsen.

Es gibt viele, die in unsere Gemeinschaften der Arche eintreten, um Menschen mit einer Behinderung helfen zu können. Und das ist gut so. Es gibt auch solche, die selber wachsen wollen und spüren, daß sie andere brauchen, damit man ihnen hilft, damit man sie anregt und sie ermutigt. Die Gemeinschaft ist für sie der Ort ihres Wachstums und ihres Lernens. Das ist besser, solange sie sich bewußt bleiben, daß ihr Wachstum an das der anderen gebunden ist.

Die eintreten, weil sie meinen, sie hätten dem Leben der Armen und Schwachen etwas hinzuzufügen, erleben oft einen Schock, wenn sie beginnen, sich bewußt zu werden, daß sie selber Schwächen und Grenzen haben und daß auch die anderen Assistenten solche haben. Es ist immer einfacher, die Schwächen der Behinderten anzunehmen – denn darauf ist man gefaßt, und dazu ist man da – als seine eigenen Schwächen zu erkennen. Oft ist man durchaus nicht darauf gefaßt. Von sich selbst und den anderen Assistenten erwartet man nur Positives.

Der Beginn jeden Wachstums aber ist die Annahme der eigenen Schwächen.

Ich bin immer zutiefst berührt, wenn ich mit Männern und Frauen spreche, die Probleme mit dem Alkohol haben. Das Bedürfnis zu trinken, das psychisch, aber auch biologisch ist, ist derart stark in ihnen! Oft kommt dieses Bedürfnis von einer Gewohnheit, die man angenommen hat, um die innere Leere zu überbrücken und das Leiden zu mildern: die Angst, die Isolierung und die Schuldgefühle. Wir haben alle einen Hang zu Beruhigungsmitteln in der einen oder anderen Form. Einige können sehr zerstörend wirken, wie das Trinken oder die Drogen, andere anscheinend weniger, aber auch sie sind gefährlich. Das gilt für Menschen, die ihre Angst mit Arbeit zu betäuben suchen oder mit dem Fernsehen oder mit besitzergreifenden Beziehungen oder mit einem unwiderstehlichen Bedürfnis, sich in den Mittelpunkt zu stellen und beklatscht zu werden. Wir können uns alle andauernd an irgend etwas hingeben, natürlich unter dem Vorwand, etwas Gutes zu tun, um damit unsere Angst zu verbergen und uns zu beruhigen. Wir sind alle versucht, unser inneres Leiden damit zu mildern, daß wir uns von dieser Art von Dingen beherrschen lassen. Wir haben alle Schwierigkeiten, diesen Versuchungen zu widerstehen und das Leiden, die Leere und die Angst anzunehmen, um in der Wahrheit, der Heilung der Gottesbeziehung und im Mitleiden Fortschritte zu machen.

Es gibt auch Menschen, die das Leiden, sich nicht liebenswert zu fühlen, dadurch fliehen, daß sie immer irgend etwas tun! Damit vermeiden sie es, sich in tiefere Beziehungen einzulassen. Andere aber treten in eine Gemeinschaft ein, um sich über das Leiden, nicht liebenswert zu sein, hinwegzutrösten, indem sie alles tun, was man von ihnen verlangt. Unbewußt sagen sie sich: „Wenn ich auf eure Bedürfnisse eingehe, dann müßt ihr, die Gemeinschaft oder auch Gott mir danken und glücklich sein, daß ich da bin – und ihr *müßt* mich lieben."

Tatsächlich werden diese Menschen sich niemals wirklich entfalten und wachsen können. Es ist wichtig, daß man in Gemeinschaften, in denen die Bedürfnisse oft unbegrenzt sind, derart falsche Verhaltensweisen aufmerksam beobachtet, weil sie sich so leicht hinter der Maske der Großzügigkeit und der Güte verbergen. Wir müssen jedem helfen, in immer größerer Wahrheit und Tiefe die innere Überzeugung zu leben, daß Gott ihn liebt, so wie er ist.

Ich neige dazu, so zu tun, als könne jeder in Gemeinschaft leben. Mit wachsender Erfahrung im gemeinsamen Leben, vielleicht auch mit wachsendem Glauben werde ich mir der wahren Wurzeln des Wachstums in der Liebe bewußter. Ich verstehe die Grenzen und Schwächen der menschlichen Energien besser: die Mächte des Egoismus, der Angst, der Aggressivität und des Bedürfnisses, sich aufzudrängen. Sie beherrschen das Leben der Menschen und richten Schranken auf. Wir finden aus unserer Höhle und unseren Beschränkungen nur heraus, wenn der Geist Gottes uns anrührt, wenn er die Barrieren einreißt, hinter denen wir uns verschanzen, wenn er uns rettet und heilt.

Jesus ist vom Vater gesandt, weder um uns zu richten noch um uns im Gefängnis unserer Grenzen und Schattenseiten zu belassen, sondern um uns zu vergeben und zu befreien, indem er in den Nährboden unseres Lebens die Saat seines Geistes einsenkt. Wachsen in der Liebe heißt den Geist Jesu in uns wachsen lassen.

Dieses Wachstum gewinnt ganz neue Dimensionen, wenn wir Jesus in unser Inneres eindringen lassen, um uns von ihm neues Leben und neue Energien schenken zu lassen.

Wir können weder auf die Früchte unserer eigenen Bemühungen hoffen, andere zu lieben, noch auf die Psychoanalyse, die uns unsere Schwierigkeiten und Hemmungen bewußtmachen möchte, noch auch auf eine gerechtere Gliederung der politischen und wirtschaftlichen Strukturen, die das Leben der Menschen bestimmen und ihre persönlichen Werte und Lebensformen beeinflussen. All das kann notwendig sein – aber wahres Wachstum kommt von Gott allein, wenn wir nämlich aus der Tiefe des Herzens zu ihm schreien und wenn wir uns vom Geist durchdringen lassen. Wachstum in der Liebe bedeutet Wachstum im Geist. Die Stadien der Liebe sind die Stadien der Gottesvereinigung in der Tiefe unseres Wesens.

Um in der Liebe zu wachsen, muß das Gefängnis unseres Egoismus aufgesprengt werden. Das bedeutet leiden, sich bemühen, sich immer neu entscheiden. Wer eine gewisse Reife der Liebe erlangen will, das Kreuz der Verantwortung zu tragen, muß Sturm und Drang und die Utopien der Jugend hinter sich lassen. Und während dieses Wachstums brauchen wir einen Freund, einen Begleiter, einen klugen Berater, jemand, der uns auf unserem ganzen Weg begleitet und uns die schweren Momente überwinden hilft (Näheres zur Frage der Begleitung im siebten Kapitel).

Menschen innerhalb von Gemeinschaften fragen sich manchmal, wie man feststellen kann, ob man wächst. Paulus sagt uns das ganz deutlich im ersten Korintherbrief: Liebe besteht nicht in Heldentum und außergewöhnlichen Taten, auch nicht im Sprachengebet, in der Gabe der Prophetie und der Erkenntnis, nicht im außergewöhnlichen Glauben und der Hingabe aller Güter an die Armen, sogar nicht einmal im Martyrium. Liebe besteht darin, geduldig und dienstbereit zu sein, nicht eifersüchtig und nicht stolz. Sie redet nicht immer nur von sich, stellt die eigenen Vorzüge nicht zur Schau. In Liebe wird man nichts tun, was dem anderen schadet, nicht seinen eigenen Interessen nachgehen, sondern den Interessen der anderen dienen.

Man läßt sich nicht irritieren, läßt sich nicht verbittern, nicht zur Aggressivität reizen. Man sucht nicht das Böse beim anderen, freut sich nicht an der Ungerechtigkeit, sondern ist in allem um die Wahrheit bemüht (vgl. 1Kor 13). Im fünften Kapitel des Galaterbriefs sagt Paulus: Wachstum in der Liebe ist Wachstum in der Freude und der Geduld, der Güte und der Großzügigkeit, der Treue, der Sanftheit, der Selbstbeherrschung. Es ist also das Gegenteil von Neigung zu Spaltung, Haß, Streitigkeiten, Eifersucht, Zorn, Neid und allen anderen dunklen Neigungen in uns wie Begierde, Unreinheit, Ausschweifungen, Götzendienst (vgl. Gal 5,13-26).

Die wesentlichste Eigenschaft zum Leben in Gemeinschaft ist die Geduld: Man muß bereit sein anzuerkennen, daß man selbst, daß die anderen und die Gemeinschaft als Ganzes Zeit zum Wachstum brauchen. Rom ist nicht an einem Tag erbaut worden. Um in Gemeinschaft leben zu können, muß man Zeit haben – und sie gern haben wie einen Freund.

Und wer ein Freund der Zeit ist, sagt nicht den ganzen Tag, ich habe keine Zeit, er zieht nicht in den Krieg gegen die Zeit, er nimmt sie an und ist gut zu ihr.

Seine Illusionen verlieren

Die Gefahr für jede Gemeinschaft wie für jeden einzelnen ist, sich Illusionen zu machen. Das geschieht immer dann, wenn wir uns den anderen verschließen. Eine Gemeinschaft, die sich den anderen verschließt, lebt in der Illusion, allein die Wahrheit zu besitzen – oder aber sie hat Angst vor der Wandlung, Angst, sich mahnen zu lassen, Angst, so zu erscheinen, wie sie in ihrer ganzen Armut ist. Die Verantwortlichen weigern sich, auf andere zu hören. Sie finden alle möglichen Beweise und Motivationen geistlicher Art, um ihre Überzeugung noch zu bestärken, daß sie allein vom Heiligen Geist erfüllt und in direkter Beziehung zu Gott stehen. Das ist vielleicht ein Grenzfall, aber jeder einzelne wie auch jede Gemeinschaft hat Angst, in Frage gestellt zu werden. Die Gefahr besteht, Spannungen und Dinge, die schiefgegangen sind, zu verbergen, zumindest sie nicht wahrhaben zu wollen und sie direkt anzugehen.

Scott Peck schreibt in seinem Buch „The Road Less Travelled“ (New York 1978): „Die Wahrheit ist die Wirklichkeit. Was falsch ist, ist auch nicht real. Je klarer wir die Realität der Welt sehen, um so fähiger sind wir, mit ihr umzugehen. Je weniger klar wir die Realität dieser Welt sehen – weil unser Geist durch die Lüge, falsche Vorstellungen und Illusionen getrübt ist –, um so weniger werden wir fähig sein, die rechten Verhaltensweisen zu finden und kluge Entscheidungen zu treffen ... Wir versuchen, die Wahrheit oder die Wirklichkeit zu umgehen, wenn sie zu Leiden und Störung führt. Wir können unser Verhalten nur dann in Frage stellen, wenn wir die notwendige innere Disziplin aufbringen, um dieses Leiden zu überwinden. Eine solche Disziplin setzt voraus, daß wir wirklich der Wahrheit hingegeben sind, das heißt, daß wir die Wahrheit, soweit wir sie überhaupt erkennen können, immer für wichtiger und wesentlicher halten als unser eigenes Leben, als unsere Bequemlichkeit ... Ein ganz der Wahrheit hingegebenes Leben zu führen heißt, auch damit einverstanden sein, daß man persönlich in Frage gestellt wird ... aber die Neigung, jeder Infragestellung zu entgehen, ist so gegenwärtig in jedem Menschen, daß man sie fast als bezeichnend für die menschliche Natur ansehen kann“ (S. 44, 51 ff).

Wesentlich für das Wachstum des einzelnen und der Gemeinschaft ist ja gerade, ganz der Wahrheit hingegeben zu sein, selbst und vielleicht vor allem, wenn diese Wahrheit verletzend ist. Man kann nicht wachsen wollen, solange man in Lüge und Illusion verharrt, solange man Angst hat, daß die Wahrheit ans Licht kommt.

Wie oft verbergen wir unsere Ängste, unsere Ungerechtigkeiten, unsere Unfähigkeiten und unsere Verlogenheit! Wir können uns sogar hinter den Geboten verbergen wie die Pharisäer und die Schriftgelehrten! Wir sollten uns vielmehr der Wahrheit öffnen und sie offenbar werden lassen, selbst wenn sie unsere radikale Armut und unsere Sünde ans Licht bringt. Dann schreien wir zu Jesus, dem Retter und Erlöser, der uns den Heiligen Geist sendet, der uns leitet und uns vergibt. Nur dann wird die Wahrheit uns auch frei machen.

In der Nachfolge Jesu hatte Petrus vermutlich vier Krisen durchzustehen, die erste schon bei der Berufung. Der Abschied vom Familienleben und vom Beruf als Fischer muß ihm zeitweise recht schwergefallen sein. Aber die Liebe zu Jesus und die Hoffnung haben ihn das Heimweh überwinden lassen. Dann kam eine weitere Krise: Jesus war nicht so, wie Petrus wollte. Petrus wäre ein prophetischer und messianischer Jesus lieber gewesen: einer der nicht darauf bestand, ihm die Füße zu waschen, und der nicht von seinem eigenen Tod sprach. Die größte Krise kam freilich erst, als Jesus freiwillig seine Schwäche und seinen Tod annahm. Da hat Petrus ihn verleugnet. Die vierte Krise schließlich war der Verlust jeder Illusion über sich selbst und die Begegnung mit der eigenen Armseligkeit, da war Petrus der Verzweiflung nahe. Genau das sind die vier großen Krisen im Leben der Gemeinschaft. Die erste, die noch am wenigsten schwierig ist, kommt immer beim Eintritt in die Gemeinschaft. Es gibt Bereiche in uns selbst, die an die Werte gebunden bleiben, die wir verlassen haben. Die zweite Krise kommt, wenn man entdeckt, daß die Gemeinschaft nicht so vollkommen ist, wie man meinte, daß sie ihre Schwächen und ihre Fehler hat: Das Ideal und die Illusionen zerfallen dann, man ist plötzlich mit der Wirklichkeit konfrontiert. Die dritte Krise kommt, wenn man sich von der Gemeinschaft wenig verstanden oder abgelehnt fühlt, wenn ich zum Beispiel als Verantwortlicher nicht wiedergewählt werde oder wenn man mir nicht die Funktion gibt, die ich erhofft hatte. Die vierte und die schmerzhafteste Krise kommt, wenn ich zutiefst enttäuscht bin von mir selbst, wenn ich Auflehnung, Eifersucht und Frustration in mir aufsteigen fühle.

Um sich ganz und gar in eine Gemeinschaft einzugliedern, muß man zwar durch diese Krisen hindurch, aber alle führen gleichzeitig auch zu neuer Vertiefung, zum Übergang in eine neue innere Freiheit. Zu allen gehören der Verlust von Illusionen und die fortschreitende Annahme der Wirklichkeit, wie sie nun einmal ist.

Illusionen zu verlieren ist mit viel Leid und Tränen verbunden. Alle leben wir mehr oder weniger von Illusionen, die uns vor Verwundbarkeit schützen. Wenn sie zusammenbrechen, finden wir uns einer erschreckenden Leere gegenüber, die sich wie der Tod anfühlt. Elisabeth Kübler-Ross benennt die Etappen, die der Annahme des Todes vorausgehen: erstens Weigerung der Wirklichkeit, zweitens Auflehnung gegen die Wirklichkeit, drittens Streit mit Gott und schließlich viertens Depression. Dieser Prozeß kann ebenso schmerzhaft wie langwierig sein. Aber ist er einmal vollzogen, dann sind wir in der Wahrheit wiedergeboren – und die Wahrheit wird uns immer befreien.

Wachsen heißt also sterben lernen. Ist das nicht letztlich der Sinn unseres Lebens? Schon mit vierundzwanzig Jahren verlieren wir täglich hunderttausend Gehirnzellen, die sich nicht mehr erneuern. Zum Glück haben wir noch mehr! Wenn wir wachsen wollen, müssen wir vieles aufgeben! Im Erwachsenenalter dürfen wir uns nicht mehr benehmen wie Kinder. Wir müssen lernen, Verantwortung zu übernehmen. Sind wir einmal verheiratet, so müssen wir die Freiheit von Junggesellen aufgeben. Im Alter müssen wir auf Fähigkeiten, Gesundheit und Verantwortlichkeiten verzichten. Verbringen wir unsere Zeit damit, das Vergangene zu beklagen, so werden wir zu Gefangenen dessen, was war. Sicher soll man einen Verlust beweinen, aber man muß auch trauern können, um in der Gegenwart zu leben und voll Zuversicht die Auferstehung zu erwarten. Sehen wir also dem Tod nicht mit Bedauern und Schuldgefühlen entgegen, das Leben nicht genutzt zu haben, sondern erwarten wir mit Vertrauen die zukünftigen Gaben: die Vereinigung mit dem Ewigen!

Manchmal hat man Angst, Jesus zu folgen, weil man Angst hat vor dem, was man dabei verliert. Es fällt uns derart schwer, auf gewisse Werte und Güter zu verzichten, die, wie wir meinen, zu unserer Entfaltung beitragen. Viele Menschen ziehen es deshalb vor, gar nicht erst mit Jesus anzufangen.

Aber Jesus sagt uns Mk 10,29–31: Wenn wir bereit sind, auf Vater, Mutter, Brüder und Schwestern, Haus und Hof zu verzichten, werden wir sie hundertfach in dieser Welt mit all ihren Verfolgungen zurückbekommen, und in der kommenden Welt das ewige Leben erhalten. Das ist ein gutes Geschäft – aber es setzt den Glauben voraus!

Für Petrus war es einfach, Jesus zu folgen, solange er Wunder tat. Jesus schien wirklich der Messias zu sein, der Israel nach all den Jahren der Demütigung unter der römischen Besetzung die Würde des auserwählten Volkes wiedergeben konnte. Es ist einfach, in eine blühende Gemeinschaft einzutreten, die wunderbare Dinge vollbringt, aber es wird schwieriger, in einer Gemeinschaft zu bleiben, sobald sie arm, zerbrochen und gedemütigt erscheint – wie es schwieriger wird, Jesus auch dann noch zu folgen, wenn er scheinbar total versagt. Es ist niemals einfach, etwas zu verlieren und zu sterben. Und dennoch besteht das Geheimnis des Wachstums für einen Christen darin, Leiden, Kleinheit und Demütigung anzunehmen. Erst dann leben wir das Geheimnis des Glaubens – und erst dann wird die Kraft Gottes wirklich offenbar.

Es ist schrecklich, junge Menschen enttäuscht, verwundet und zynisch zu sehen, nachdem sie schon einige Jahre in Gemeinschaft gelebt haben – und das nur, weil sie sich nicht angenommen und verstanden fühlen. Die schlechte Erfahrung kann ihnen jede Freude daran nehmen, sich einzubringen. Sie können sich dann von politischen Bewegungen oder von der Phantasiewelt der Psychoanalyse gefangennehmen lassen. Damit soll nicht gesagt sein, daß Politik und Psychoanalyse ohne Bedeutung sind. Aber es ist schade, daß Menschen sich einfangen lassen, weil sie enttäuscht sind oder weil sie ihre Grenzen nicht annehmen konnten. Es gibt falsche Propheten unter denen, die in Gemeinschaft leben: Sie können andere faszinieren und Begeisterung aufkommen lassen, aber durch mangelnde Klugheit oder Hochmut werden sie junge Menschen immer wieder enttäuschen. Die Welt der Gemeinschaft kann voller Illusionen sein – und es gibt heute allzuviele Sekten, die junge Menschen zu fesseln vermögen.

Es ist nicht immer einfach, das Wahre vom Falschen zu scheiden, zu spüren, wo das wahre Korn wächst und wo das Unkraut wuchert. Wer die Absicht hat, eine Gemeinschaft zu gründen, sollte sich mit klugen Männern und Frauen umgeben, die wirklich eine Gabe der Unterscheidung haben. Ich bitte all jene um Vergebung, die voller Begeisterung in meine Gemeinschaft oder in andere Gemeinschaften der Arche gekommen sind und die enttäuscht von unserem Mangel an Offenheit und Wahrhaftigkeit und von unserem Hochmut wieder gegangen sind.

Die Gefahr für den, der einen Bund verkündet und in die Gemeinschaft und ihren Bund eingetreten ist, besteht darin, nach einigen Jahren gemeinsamen Lebens den kindlichen Blick und die Offenheit des jungen Menschen zu verlieren. Er läuft Gefahr, sich auf „seinen“ Bereich zu beschränken. Er neigt dazu, „seine“ Funktion und „seine“ Gemeinschaft mit Beschlag belegen zu wollen. Hat man sich einmal im gemeinsamen Leben engagiert, wie macht man es dann, daß man nicht aufhört, in der Liebe zu wachsen und sich immer weiter in die menschliche Verunsicherung zu begeben? Ist man einmal in dieser Erde verwurzelt, dann muß man auch weiterwachsen! Das heißt unter anderem, man muß bereit sein, sich stutzen zu lassen und manchmal sogar sich brechen zu lassen, um reiche Frucht zu tragen.

Es kann tatsächlich gefährlich werden, sich innerhalb einer Gemeinschaft ausschließlich *einer* Aktivität und der damit verbundenen Verantwortung zu widmen – und einer jener Aktivisten zu werden, der niemals aufhört und sich nicht entspannen kann. Wenn man immer nur für die anderen arbeitet, wenn man sich immer nur für sie verausgabt, wenn man sich immer mehr mit den Funktionen und ihren Vorrechten identifiziert, dann hält man schließlich eifersüchtig daran fest. Unbewußt entsteht eine fürchterliche Angst, loszulassen – denn das würde den Tod und die Auseinandersetzung mit der inneren Leere bedeuten. Es ist unerläßlich, daß jene, die schwere Verantwortung tragen, sich regelmäßig über ihr inneres Leben befragen: Bin ich beim Ausverkauf aller Werte? Verzettele ich mich in der Aufgabe? Oder finde ich noch Zeit für geistige Nahrung? Es ist viel einfacher, an der Oberfläche dahinzuleben und zu arbeiten, als ständig die Beziehung in der Stille zu suchen und auf jenem Grunde unseres Daseins anwesend zu sein, wo Gott gegenwärtig ist.

Je mehr Aufgaben und je mehr Verantwortung man in der Gemeinschaft übernimmt, desto kontemplativer muß man werden. Nährt man sein Gefühlsleben in der Tiefe nicht mit dem in Gott verborgenen Gebet, verbringt man nicht regelmäßig eine gewisse Zeit in der Stille, nimmt man sich keine Zeit für die Brüder und Schwestern, um aus ihrer Gegenwart neue Kraft zu schöpfen, dann wird man sehr bald verbittert. Nur wer sich ständig aus der Tiefe erneuert, kann die innere Freiheit bewahren. Wer die eigene Tiefe und ihre Verletzungen scheut und sich immer nur in die Arbeit flüchtet, wird bald zum Tyrann, zum unerträglichen Verantwortlichen, der um sich herum keinen Frieden schafft, sondern ständig neue Konflikte.

Der erste Ruf besteht oft darin, Jesus zu folgen oder sich darauf vorzubereiten, große und wunderbare Dinge für das Reich Gottes zu tun. Die Familie, die Freunde und die Gemeinschaft werden uns dann restlos bewundern und entsprechend zu schätzen wissen. Der zweite Ruf kommt später, nämlich wenn wir bereit sind, *keine* großen und heldenhaften Dinge für Jesus zu tun. Es ist eine Zeit des Verzichts, der Demütigung und der Demut. Wir glauben uns unnütz, wir werden nicht anerkannt. Wenn der erste Durchgang sich im Licht vollzieht, an der hellen Sonne, dann geschieht der zweite oft in der Nacht, im Finstern. Wir meinen uns allein und verwirrt, wir haben Angst. Wir beginnen an unserem Engagement zu zweifeln, das wir im Licht eingegangen sind. Wir haben den Eindruck, zerbrochen zu sein – und das gleich in mehr als einer Hinsicht. Aber dieses Leiden ist nicht unnütz. Durch den Verzicht können wir zu einer neuen Weisheit der Liebe kommen. Allein durch das Leiden des Kreuzes können wir auch den Sinn der Auferstehung entdecken lernen.

Jeder trägt seine Verletzungen und seine Wunde. Es ist die Wunde der Einsamkeit, die wir zu fliehen suchen, entweder durch Überaktivität oder durch Fernsehen oder durch hundert andere Dinge. Es fällt uns schwer, allein zu sein. Einige treten in die Gemeinschaft ein und glauben, dadurch die Wunde heilen zu können. Sie sind schnell enttäuscht. Solange man jung ist, kann man diese Unzufriedenheit mit einer gewissen Großzügigkeit bemänteln. Man flieht die Gegenwart und macht Zukunftspläne: Morgen wird alles besser. Ist man aber vierzig geworden – die Zukunft ist Vergangenheit, und trotzdem trägt man immer noch dieselben Wunden der Unzufriedenheit mit sich herum –, dann läuft man Gefahr, sich entmutigen zu lassen. Man wird sich bewußt, daß es keine großen Zukunftspläne mehr geben kann. Im übrigen trägt man die Müdigkeit und die Schuld der Vergangenheit mit sich herum. Solange man nicht entdeckt hat, daß diese Wunde der Einsamkeit zum Menschsein gehört und daß man also mit ihr leben muß, besteht die Gefahr, sie zu fliehen. Man kann sie nur annehmen, wenn man entdeckt, daß Gott uns liebt, wie wir sind, und daß der Heilige Geist auf geheimnisvolle Weise in dieser Wunde gegenwärtig ist.

Oft durchlebt man nach einigen Jahren der Gemeinschaft eine Krise. Sie folgt auf die Enttäuschung, die mit der Einsamkeit verbunden ist. Man meinte mehr oder weniger bewußt, die Gemeinschaft würde einen in jeder Hinsicht erfüllen – und dennoch bleibt die Wunde. Man wendet sich vielleicht der Ehe zu in der Hoffnung, dadurch vom Leiden an der Einsamkeit erlöst zu werden. Hier aber besteht die Gefahr, zusätzlich enttäuscht zu werden. Man kann eine Ehe nur dann eingehen, wenn man bereit ist, seine Wunde anzunehmen und ganz für den anderen dazusein.

Die Zeit des Alterns ist die kostbarste Zeit des Lebens. Sie ist der Ewigkeit am nächsten. Es gibt zwei Arten zu altern. Man kann in Angst und Verbitterung altern und zu jenen Greisen gehören, die in der Illusion und der Vergangenheit leben. Sie kritisieren alles, was um sie herum geschieht. Ihre Unzufriedenheit stößt die jungen Menschen ab. Sie haben sich in Traurigkeit und Einsamkeit verschlossen. Aber es gibt auch das Altern mit dem Herzen eines Kindes. Man ist endlich von Aufgaben und Verantwortung befreit und hat eine zweite Jugend vor sich. Man hat den staunenden Blick des Kindes wiedergefunden, aber auch die Weisheit des gereiften Menschen erlangt. Man hat die Jahre der Arbeit in sein Dasein integriert und ist nicht mehr von Machtausübung abhängig. Die Größe des Herzens jener Menschen und ihre Art, Grenzen und Schwächen anzunehmen, strahlen auf die ganze Gemeinschaft aus. Es sind jene Wesen der Sanftmut und des Erbarmens, die Mitleiden und Vergebung verkörpern. Sie werden zu den verborgenen Schätzen einer Gemeinschaft: zu Quellen der Einheit und des Lebens.

Gebet, Bereitschaft und gemeinsames Leben

Einige Gemeinschaften beginnen mit dem Dienst an den Armen. Die Mitglieder sind voller Großzügigkeit und Idealismus, manchmal etwas utopisch und oft aggressiv in bezug auf die Reichen. Nach und nach entdecken sie die Notwendigkeit des Gebets und der Verinnerlichung. Sie werden sich bewußt, daß ihre Großzügigkeit sie aufzehrt und daß sie zu Aktivisten werden, deren Energien sich nur noch nach außen wenden. Eines sozialen Ideals wegen sind sie im Begriff, ihre Innerlichkeit aufzugeben. Sie verstehen nicht mehr zu leben. Wenn sie in dieser Richtung weitermachen, dann werden sie bald den Kampf (den Klassenkampf, den Kampf gegen die Staatsgewalt und die Reichen) allem anderen überordnen. Sie werden zu einer politischen Bewegung mit marxistischen Tendenzen. Sie sind keine christliche Gemeinschaft mehr.

Andere Gemeinschaften beginnen mit dem Gebet, vor allem die aus der charismatischen Erneuerung hevorgegangenen. Nach und nach entdecken sie die Notwendigkeit des Dienstes an den Armen und eines echten Engagements ihnen gegenüber.

Die Öffnung auf Gott in der Anbetung und die Öffnung auf die Armen durch ihre Aufnahme sind die beiden Pole des Wachstums und der Gesundheit einer Gemeinschaft. Die Gemeinschaft selbst muß sich ihrer Identität immer deutlicher bewußt werden. Sie muß als *ein* Leib fortschreiten, aber jedes Glied muß seine Gaben ausüben können und sich anerkannt fühlen samt seinen Gaben.

Wenn die Gemeinschaften, die mit dem Dienst an den Armen begonnen haben, nicht die Vertiefung im Gebet und das Entstehen einer inneren Verbundenheit der Liebe aus der Feier der Eucharistie erleben, dann laufen sie Gefahr, eine Gruppe zu werden, die nur noch für Gerechtigkeit kämpft. Wenn sie mit dem Gebet und der Anbetung angefangen haben und nicht das Mitleiden entdecken, das ihnen durch jene erwächst, mit denen sie leiden, dann laufen sie Gefahr, legalistisch und steril zu werden.

Die drei grundlegenden Elemente der Gemeinschaft sind: das Gebet oder die Gemeinschaft mit dem Vater durch und in Jesus, die Gegenwart der Armen und der Dienst an ihnen und schließlich das Bewußtsein, in dem *einen* Leib geeint zu sein. Diese drei Elemente sind notwendig, damit eine Gemeinschaft gesund ist und wächst. Jesus hat jeden der Apostel in eine persönliche Beziehung der Liebe berufen. Dann hat er sie zu einer Gemeinschaft geeint, und schließlich hat er sie gesandt, die Frohbotschaft den Armen zu verkünden.

Von der eigenen Großzügigkeit zum Anhören der Armen

Die Gemeinschaften, die mit dem Dienst an den Armen beginnen, müssen langsam, aber sicher die Gabe der Armen erkennen. Sie beginnen mit viel Großzügigkeit, aber sie müssen dazu lernen, zuzuhören. Wichtig ist nicht, etwas für die Armen oder die Notleidenden zu tun, sondern ihnen dabei zu helfen, Selbstvertrauen zu gewinnen, ihre Gaben zu entdecken. Es geht nicht darum, mit viel Geld in einem Elendsviertel aufzutauchen, um dort ein Spital oder eine Schule zu bauen. Es geht eher darum, Zeit mit den Menschen dieses Viertels zu verbringen, um ihnen zu helfen, ihre Fähigkeiten und Nöte zu entdecken, und dann gemeinsam mit ihnen die notwendigen Gebäude zu errichten. Diese Gebäude werden vielleicht nicht so schön sein, aber sie werden besser gebraucht werden, und sie werden auch beliebter sein, denn sie sind das Werk aller – und nicht das eines wohlwollenden Außenseiters. Das Ganze wird wesentlich mehr Zeit brauchen, aber jeder wirklich menschliche Dienst braucht seine Zeit.

Einige Gemeinschaften wachsen, indem sie auf die Bedürfnisse ihrer Mitglieder hören: auf ihr Streben nach Bildung und Wohlstand. Dieses Wachstum ist meist materieller Art. Man sucht das beste und das praktischste Gebäude, wo jeder sein Zimmer hat. Diese Gemeinschaften sterben sehr bald wieder aus.

Andere Gemeinschaften wachsen, indem sie auf den Schrei der Armen hören. Das führt meist zu einer größeren eigenen Armut, um den Armen näher zu sein.

Läßt eine Gemeinschaft sich in ihrem Wachstum vom

Schrei der Armen leiten, dann geht sie in die Wüste und die Unsicherheit. Aber sie darf auch wissen, daß sie sich dem Gelobten Land nähert, nicht dem der Sicherheit, sondern dem des Friedens und der Liebe. Sie wird immer eine lebendige Gemeinschaft bleiben.

Zeichen der Gesundheit und der Krankheit einer Gemeinschaft

Weigern sich die Mitglieder einer Gemeinschaft, zu den Zusammenkünften zu kommen, fehlt der Ort des Gespräches, hat man Angst zu sagen, was man denkt, wird die Gruppe von einer Persönlichkeit beherrscht, die jede Meinungsäußerung verhindert, flieht man in Außendienste, anstatt sich an der Arbeit innerhalb der Gemeinschaft zu beteiligen, dann ist die Gemeinschaft in Gefahr. Sie ist kein Zuhause mehr, sondern eher ein Hotel-Restaurant. Haben die Mitglieder einer Gemeinschaft keine Freude mehr daran, zusammen zu sein, zusammen zu leben, zusammen zu beten und zusammen zu arbeiten, suchen sie andauernd Kompensationen außerhalb der Gemeinschaft, sprechen sie immer nur von sich selbst und von ihren Schwierigkeiten anstatt von ihrem gemeinsamen Ziel, auf den Schrei der Armen zu antworten, dann ist das ein Zeichen sicheren Untergangs.

Ist eine Gemeinschaft bei guter Gesundheit, dann ist sie auch ein Anziehungspol. Die Jungen engagieren sich, die Besucher kommen gern. Hat eine Gemeinschaft Angst, Besucher und neue Mitglieder aufzunehmen, macht sie zuviel Einschränkungen und fordert zuviel Garantien, so daß praktisch niemand mehr kommen kann, entfernt sie aus ihrem Inneren die Armen und die Schwierigen, die Greise und die Kranken, dann ist das ein schlechtes Zeichen. Es ist dann keine Gemeinschaft mehr, eher eine tüchtige Arbeitsgruppe.

Es ist auch ein schlechtes Zeichen, wenn eine Gemeinschaft nach Strukturen totaler Absicherung in bezug auf die

Zukunft sucht, wenn sie zum Beispiel viel Geld auf der Bank hat. Nach und nach schaltet sie jedes Risiko aus. Sie braucht dann nicht mehr auf Gottes Hilfe zu vertrauen. Sie hat aufgehört, arm zu sein.

Die Gesundheit einer Gemeinschaft erweist sich an der Art, wie sie unerwartete und arme Besucher aufnimmt, an der Freude und der Einfachheit der Mitglieder unter sich, am Vertrauen in schwierigen Momenten, an der erfinderischen Liebe, auf den Schrei der Armen zu antworten. Sie erweist sich vor allem im Eifer und der Treue den grundlegenden Zielen der Gemeinschaft gegenüber, für Gott und die Armen offen zu sein.

Es ist wichtig für eine Gemeinschaft, bei sich selbst Zeichen der Zerrüttung oder aber der Vertiefung rechtzeitig zu erkennen. Von Zeit zu Zeit sollte sich die Gemeinschaft fragen, wo sie steht. Das ist nicht immer einfach, denn man muß auch lernen, Prüfungen durchzustehen. Aber es gibt untrügliche Zeichen für Leben und Tod, die man entziffern lernen muß.

Offen sein für andere

Bei fast jeder neuen Gruppierung ist es schwer festzustellen, ob man eine Gemeinschaft oder eine Sekte vor sich hat. Erst wenn man ihr Wachstum eine Zeitlang verfolgt, kann man das wirklich erkennen. Eine echte Gemeinschaft wird nämlich immer offener. Eine Sekte dagegen gibt sich den Anschein der Offenheit, aber mit der Zeit wird sie sich immer mehr verschließen. Eine Sekte setzt sich aus Menschen zusammen, die meinen, die Wahrheit gepachtet zu haben. Sie sind unfähig zuzuhören, fanatisch und verschlossen: Außer der Sekte kein Heil. Sie haben die Fähigkeit verloren, persönlich zu denken. Alle anderen sind im Irrtum. Sie scheinen freudig und entspannt – und dennoch hat man den Eindruck, daß es schwache Persönlichkeiten sind, die mehr oder weniger manipuliert werden. Sie sind wie gefangen in einer unechten Freundschaft, aus der sie sich nicht mehr lösen können. Die Sprache des Elitären klingt ungut! Es ist kein Zeichen von Gesundheit zu glauben, daß man die Wahrheit gepachtet hat und das Recht hat, alle anderen zu verurteilen. Auf jeden Fall hat eine solche Haltung nichts zu tun mit der Botschaft Jesu Christi. Eine christliche Gemeinschaft gründet sich auf das Bekenntnis, daß wir alle Sünder sind, daß wir alle der Vergebung bedürfen und daß wir sieben mal siebenundsiebzigmal vergeben müssen. „Seid barmherzig, wie es auch euer Vater ist! Richtet nicht, dann werdet auch ihr nicht gerichtet werden. Verurteilt nicht, dann werdet auch ihr nicht verurteilt werden" (Lk 6,36f). Eine christliche Gemeinschaft in der Nachfolge Jesu sollte seinem Beispiel folgend empfehlen und nicht befehlen. Die Liebe der Brüder untereinander und zu allen Menschen muß jenes Licht sein, das andere anzieht.

Die Sekte unterscheidet sich von der Gemeinschaft auch dadurch, daß die Mitglieder sich mehr und mehr an eine einzige Bezugsperson binden: den Gründer, den Propheten, den Hirten, den Chef, den Heiligen. Er hält alle weltliche und geistliche Macht in Händen. Er hält alle Glieder unter seiner Herrschaft. Sie lesen seine Texte und leben von seinen Worten. Der falsche Prophet wird es immer ablehnen, daß andere als er selbst zur Gruppe sprechen. Er hält all jene fern, die seiner Alleinherrschaft bedrohlich werden könnten. Er umgibt sich mit Befehlsausführenden, die unfähig sind, selbständig zu denken.

Bei der Entstehung einer echten Gemeinschaft hat zunächst der Gründer allein die geistliche Autorität und alle Entscheidungen gehen auf ihn zurück. Auch wenn er genau auf den Heiligen Geist hört, muß er bereit sein, sich anderen Personen innerhalb jener Kirche unterzuordnen, zu der er gehört. Nach und nach muß er den einzelnen innerhalb der Gemeinschaft helfen, andere Bezugspersonen zu finden und auf ihre innere Freiheit hinzusteuern: Sie müssen nicht notwendig denken und handeln wie er, sondern eigenständig werden, jedoch im Geist der Gemeinschaft.

Echte christliche Gemeinschaft hat immer eine Vielzahl von Bezugselementen: Außer der Persönlichkeit des Gründers gibt es zum Glück noch die Heilige Schrift, die Tradition der Kirchen, den Ortsbischof – und den Heiligen Vater, soweit sie katholisch ist. Vor allem aber muß jeder innerhalb der Gemeinschaft ganz persönlich auf den Geist Jesu bezogen sein, der in ihm gegenwärtig ist. Und die Gemeinschaft sollte auch Beziehungen zu anderen Christen haben, die im Geiste Jesu leben.

Zu Anfang ist es ganz natürlich, und es kann sogar notwendig erscheinen, daß eine Gemeinschaft von sich selbst fasziniert ist und sich ein wenig idealisiert. Würde sie sich nicht einzigartig vorkommen, dann wäre sie vielleicht niemals gegründet worden. Es ist wie in der menschlichen Liebe! Zu Anfang idealisiert man den anderen bestimmt: Für die Eltern ist das Neugeborene das schönste aller Kinder, für den Jungverheirateten ist seine Frau die schönste aller Frauen. Mit der Zeit werden Eltern und Ehepartner realistischer – und vielleicht auch engagierter, liebender und treuer.

Zu Beginn mag eine Gemeinschaft manchmal ein wenig verschlossen sein. Das scheint verständlich. Sie ist sich ihrer Fähigkeiten und Eigenschaften durchaus bewußt und dankt Gott dafür. Am Anfang einer Ehe muß ein Paar sich auch die Zeit nehmen, an der Gemeinschaft zu arbeiten. Das ist kein Egoismus, sondern ein für das Wachstum notwendiges Durchgangsstadium. Mit der Zeit muß die Gemeinschaft jedoch Abstand von den eigenen Problemen gewinnen und die Schönheit anderer Gemeinschaften entdecken: die besonderen Gaben anderer Gruppierungen – und damit auch die eigenen Grenzen. Hat sie ihre Identität gefunden und erfahren, wie der Heilige Geist sie leitet, dann muß sie vor allem auf die Offenbarungen des Geistes bei den anderen achten. Sie darf nicht glauben, daß die Führung durch den Heiligen Geist das ausschließliche Vorrecht der eigenen Gemeinschaft ist. Sie muß auch hören lernen, was er den anderen zu sagen hat. Das ermöglicht der Gemeinschaft, die eigenen Gaben und die eigene Sendung neu zu entdecken, und ermutigt sie, ihnen treuer zu sein.

Gleichzeitig wird sie ihren Platz in der Kirche und der Welt entdecken. Achtet die Gemeinschaft nicht auf diesen Aspekt, dann läuft sie Gefahr, einen entscheidenden Wendepunkt ihrer Entwicklung zu verfehlen.

Ob eine Gemeinschaft lebendig ist, zeigt sich auch an ihren Außenbeziehungen. Eine Gemeinschaft, die in sich selbst verschlossen bleibt, erstickt. Lebendige Gemeinschaften nehmen Verbindung mit anderen auf und bilden ein weltweites Gewebe der Liebe. Weil es nur *einen* Geist gibt, der inspiriert und belebt, ähneln sich all jene Gemeinschaften, die aus ihm geboren oder wiedergeboren werden – oft ohne sich gegenseitig zu kennen. Die Saat, die er heute in der ganzen Welt aussät, ist wie ein prophetisches Zeichen für morgen. Wer aus derselben Saat geboren ist, ist auch desselben Geistes. Es ist ein Zeichen der Reife einer Gemeinschaft, sich freundschaftlich mit anderen zu verbinden. Sie kann sich ihrer Identität durchaus bewußt sein, und sie braucht Vergleiche nicht zu fürchten. Sie liebt im Gegenteil die Eigenart, durch welche sie sich von anderen unterscheidet. Jede Gemeinschaft hat ihre eigenen Gaben, die eigene Früchte tragen müssen. Alle Gemeinschaften aber ergänzen einander in der einen Kirche. Sie brauchen einander. Denn alle sind Zweige jenes einen Baumes der Kirche, in dem alle Vögel des Himmels ihr Nest bauen können.

Ich bin immer wieder erstaunt über die Vielfalt und die Vielzahl der Gemeinschaften, die es heute in der Welt gibt: Ob es nun die klassischen Ordensgemeinschaften sind, die auf Benedikt zurückgehen und durch die Liebe zu neuem Leben erblühen, oder jene Gemeinschaften, die der Heilige Geist neu entstehen läßt. Einige sind innerhalb der Kirche, andere existieren außerhalb jeder Institution. Sie vereinen junge Menschen mit prophetischen Intuitionen auf der Suche nach einem neuen Lebensstil. Sie alle gehören zu der weltweiten „unsichtbaren Kirche“. Jeder dieser

Gemeinschaften hat ihren Geist, ihren Lebensstil, ihre Regel. Jede einzelne ist einzigartig. Es gibt Gemeinschaften, die auf den Geist der Anbetung und des kontemplativen Gebets gegründet sind wie der Karmel und auch jene, die eher durch Schweigen geeint sind als durch das Wort und die auf Bernhard von Clairvaux oder Teresa von Ávila zurückgehen. Verwandt mit ihnen sind die in unserem Jahrhundert entstandenen Kleinen Schwestern und Brüder von Charles de Foucauld, die schweigend und betend in den Armenvierteln und Ghettos der ganzen Welt gegenwärtig sind. Ihre Kontemplation ist untrennbar mit der Gegenwart unter den Ärmsten verbunden.

Und schließlich gibt es alle jene Gebetsgemeinschaften, die mehr oder weniger mit der charismatischen Erneuerung verbunden sind: Menschen, die sich zum gemeinsamen Gebet zusammenfinden, aber in der umgebenden Gesellschaft verwurzelt bleiben. Da gibt es etwa die Foyers de Charité, die auf Marthe Robin zurückgehen: Sie sind heute schon über die ganze Welt verbreitet, um jene aufzunehmen, die die Stille suchen. Außerdem besteht in vielen Teilen der Welt das Madonna House von Catherine Doherty, ebenfalls eine christliche Gemeinschaft, die auf Gebet und Stille gegründet ist. Oder man denke an die weit verbreiteten Gemeinschaften des Focolare von Chiara Lubich. Und es gibt auch ökumenische Gemeinschaften, wie jene der Brüder von Taizé, der Schwestern von Grandchamps in der Schweiz – und schließlich Gemeinschaften, die das unmittelbare Ziel haben, die Ärmsten aufzunehmen und zu pflegen wie die Brüder und Schwestern von Mutter Teresa und Bruder Andreas. Einige Gemeinschaften sind eher sozial engagiert: Sie wollen den Unterdrückten und Leidenden helfen wie zum Beispiel die Gemeinschaft der Erlöserkirche in Washington, die Gemeinschaft des *Catholic Worker*, die Gemeinschaft *El Minuto de Dios* in Kolumbien und die von Ted Kennedy gegründete Gemeinschaft der Eingeborenen von Sydney, alle zusammen Ausdruck der Gegenwart des Heiligen Geistes in der Welt von heute.

Persönlich fühle ich mich am stärksten von jenen angezogen, die sich in den Wohnvierteln der Ärmsten angesiedelt haben und jene aufnehmen, die zutiefst verletzt sind: Alkoholabhängige, ehemalige Gefangene, junge Drogenabhängige und Herumtreiber, junge Verbrecher oder Geisteskranke. Es gibt in diesen Gemeinschaften meist nicht viel zu lachen, aber oft eine besonders große Treue und eine echte Annahme der Wunden. Die Gesichter jener, die dort arbeiten, sind oft zerfurcht von der Müdigkeit. Sie haben keine Zeit, an Kongressen von Ordensgemeinschaften teilzunehmen, sie haben selten schöne Liturgien und Feste. Oft können sie nicht einmal bis zum Ende der Eucharistie bleiben, weil die Arbeit sie zu sehr fordert. Aber man spürt in diesen Gemeinschaften stärker als anderswo die Gegenwart Jesu, der den Verworfenen und Verwundeten nahe ist.

Treue

Gemeinschaften entstehen, erblühen, welken bald dahin und gehen wieder ein. Man braucht nur die Geschichte der Ordensgemeinschaften anzusehen: Sobald die Begeisterung, der Eifer, die Großzügigkeit des Anfangs schwinden, schleicht sich die Mittelmäßigkeit ein. Die Regel, das Gesetz gewinnen die Oberhand über den Geist. Mittelmäßige Gemeinschaften aber ziehen niemand mehr an und sterben aus. Es ist wichtig für eine Gemeinschaft, genau zu verstehen, wo der Eckstein der Treue für sie ist, wodurch der Geist lebendig bleibt – oder aber die Gemeinschaft gerät auf Abwege.

Zwei eng miteinander verbundene Neigungen führen leicht zur Entgleisung: einerseits die Suche nach Sicherheit (oder der Überdruß an der Unsicherheit) und andererseits die mangelnde Treue zur ursprünglichen Vision, zum Geist des Gründers.

Entsteht eine Gemeinschaft, so muß der Gründer darum kämpfen, daß sie überlebt, daß sich ihr Ideal verbreiten kann. Er sieht sich dem Widerspruch ausgesetzt, manchmal sogar der Verfolgung. Das aber zwingt die Mitglieder der Gemeinschaft, sich zu behaupten. Die Gemeinschaft samt ihren Motivationen wird ständig herausgefordert zur Selbstüberwindung und vollkommenen Hingabe an die Vorsehung. Manchmal kann ein unmittelbares Eingreifen Gottes die Gemeinschaft retten. Ist sie ohne jeden Reichtum, jede Sicherheit und jede menschliche Stütze, dann hängt sie von Gott und jenen ab, die sie umgeben und die für ihr Zeugnis empfänglich sind. Sie ist gezwungen, dem Gebet und der Ausstrahlung ihrer Liebe treu zu bleiben. Das ist dann für sie eine Frage auf Leben und Tod. Ihre Abhängigkeit ist die Garantie für ihre Echtheit, ihre Wahrhaftigkeit. Ihre Stärke ist und bleibt ihre Schwäche.

Hat eine Gemeinschaft aber genügend Mitglieder, um allen Aufgaben gerecht zu werden, hat sie noch dazu die notwendigen finanziellen Mittel, dann kann sie es sich leisten, nachzulassen. Sie hat die erforderlichen Strukturen. Sie verfügt über eine gewisse Sicherheit. In diesem Augenblick wird es gefährlich.

Ein französischer Beamter im Sozialdienst fragte mich, nachdem ich ihm im einzelnen erklärt hatte, was die Arche ist und was sie will: „Ich zweifle nicht daran, daß es sich um ein schönes Unternehmen handelt, das einen idealen Rahmen für geistig Behinderte bietet. Aber alles ist auf die freiwillige Mitarbeit der Assistenten gegründet. Hat der Staat das Recht, in ein Unternehmen zu investieren, das eines Tages ganz verschwinden kann? Wenn Sie nämlich keine Assistenten mehr finden, die in diesem Geiste leben und arbeiten – welche Garantie können Sie bieten?" Natürlich hatte und habe ich keine Garantien. Die Ungewißheit, ob neue Assistenten kommen und wie lange sie bleiben, stellt die Unsicherheit und die Armut unserer Gemeinschaft dar. Wer kommt, kommt nicht aus materiellen Gründen (Arbeitszeit, Gehalt usw.), sondern wegen der Ausstrahlung der Gemeinschaft. Wollten wir uns eines Tages auf menschliche Mittel verlassen, um genügend Assistenten zu finden, dann wäre das jedoch das Ende der Arche. Manchmal ist es ermüdend und beängstigend, ständig in Unsicherheit zu leben. Aber es ist eine der wenigen Garantien, daß eine Gemeinschaft weiter wächst, sich weiter vertieft und ihren Zielen treu bleibt.

Für die Arche besteht die Treue darin, mit geistig behinderten Menschen im Geiste des Evangeliums und der Seligpreisungen zu leben. *Mit ihnen leben* ist etwas anderes als sie betreuen. Es heißt nicht nur, an einem Tisch essen und unter einem Dach schlafen. Es heißt auch, wahrhaftige Beziehungen gegenseitiger Abhängigkeit einzugehen: den Behinderten zuhören, ihre Gaben anerkennen und sich mit ihnen freuen. An dem Tag, an dem wir nur noch Fachleute und Therapeuten sind, die andere erziehen und behandeln, sind wir nicht mehr die Arche – selbst wenn das Zusammenleben fachliche Betreuung natürlich nicht ausschließt.

Für andere Gemeinschaften bedeutet Treue etwas ganz anderes: Für die Schwestern von Mutter Teresa heißt es, den Verwundetsten und Verworfensten zu helfen. Für die Kleinen Brüder und Kleinen Schwestern von Charles de Foucauld heißt es, in der Gemeinschaft der Ärmsten zu leben. Für die beschaulichen Gemeinschaften heißt es, den ganzen Tag auf die Zeit stiller Anbetung auszurichten. Für andere wieder heißt es, die Armut wirklich zu leben. Jede Gemeinschaft muß genau wissen, was es für sie bedeutet, die Treue zu wahren, worin ihre grundlegende Vision besteht. Weicht man von dieser Wirklichkeit ab, so wird die ganze Gemeinschaft hinfällig, denn die Grundlage fällt dahin.

Jeder in Gemeinschaft muß darauf achten, immer stärker in der Unsicherheit und damit in der Abhängigkeit von Gott zu leben. Und er muß je nach seinen Gaben dem Geist der Gemeinschaft treu bleiben. Diese beiden Wirklichkeiten müssen immer wieder in Erinnerung gerufen werden, sonst erstarrt die Gemeinschaft in Routine.

In der Arche müssen wir uns ständig zu dieser Abhängigkeit und Treue ermutigen. Alle wichtigen Entscheidungen der Gemeinschaft müssen in diesem Licht getroffen werden: Hat man diese oder jene Entscheidung etwa aus Angst vor der Unsicherheit getroffen? Oder haben wir wirklich an das gedacht, was unser Leben ausmacht: der Glaube, daß Jesus im Ärmsten lebt – und daß wir berufen sind, mit ihm zu leben und von ihm zu empfangen?

Das Gründungsstadium einer Gemeinschaft enthält immer auch ein prophetisches Element. Es ist der Mutterboden eines neuen Lebensstils. Es ist die Reaktion auf andere Lebensformen. Oder es füllt eine Lücke in der Kirche oder der Gesellschaft. Mit der Zeit pflegt dieses prophetische Element zu verschwinden, und die Mitglieder laufen Gefahr, nicht mehr auf die Gegenwart oder die Zukunft zu schauen, sondern auf die Vergangenheit. Sie wollen am Gründergeist und an der Tradition festhalten. Aber der prophetische Geist muß prophetisch bleiben, damit die Gemeinschaft lebendig und voller Hoffnung bleibt. Zwischen den Werten der Vergangenheit (dem „Geist" und der „Tradition"), den Anforderungen des Augenblicks (der Auseinandersetzung mit der umgebenden Gesellschaft und ihren Werten) und der Ausrichtung auf die Zukunft (dem prophetischen Geist) besteht eine immer neue Spannung.

Dieser Geist der Gemeinschaft ist im wesentlichen kein Lebensstil, sondern mehr als das: Es ist eine Hoffnung, ja die Verkörperung der Liebe. Er verwirklicht sich jedoch in der Art, wie man Autorität, Gehorsam, Armut und schöpferische Kräfte der Gemeinschaft und ihrer Glieder ansieht – oder aber in der Art, wie die ersten Gemeinschaften diese oder jene Aktivität betonten. Der Geist bestimmt tatsächlich und wesentlich den Lebensstil. Er entscheidet über die Priorität der Werte.

Seit Gründung der Gemeinschaft besteht die Gefahr, daß der Geist langsam in Gewohnheiten und Gebräuchen erstarrt, die ihn ersticken. Die Verantwortlichen und alle Mitglieder müssen darüber wachen, den Geist immer wieder von der Patina einer gewissen Zeit zu reinigen, um ihn deutlicher zu erfassen und wahrhaftiger zu leben. Er ist sozusagen die Gabe Gottes an die Familie, der Schatz, der ihr anvertraut ist und der im Herzen der Gemeinschaft immer gegenwärtig bleiben muß. Die Gemeinschaft hat heute so zu leben, wie ihr Gründer gelebt hätte, wenn er noch da wäre. Sie muß nicht so leben, wie er gelebt hat, sondern sie muß *heute* dieselbe Liebe, denselben Geist und dieselbe Kühnheit haben, die er zu seiner Zeit bewiesen hat.

Der Geist einer Gemeinschaft verkörpert sich in ihren Traditionen. Es ist wichtig, diese Traditionen zu achten und neuen Mitgliedern ihren Sinn und ihren Ursprung zu erklären, damit sie nicht zu leeren Gewohnheiten werden, sondern sich ständig erneuern können.

Es gibt vielerlei Traditionen: eine Taufe, eine Hochzeit, eine Beerdigung zu gestalten, Geburtstage zu feiern, ein neues Mitglied aufzunehmen, besondere Lieder auszuwählen.

Diese Gesten sind nicht wichtig an sich, sondern sie drücken aus, daß wir Brüder und Schwestern sind, Glieder einer Familie, ein Herz und eine Seele. Diese Gewohnheiten und Gebräuche sind uns von den Ältesten der Gemeinschaft übermittelt, die vielleicht heute schon beim Vater im Himmel sind. Traditionen erinnern uns daran, daß die Gemeinschaft nicht „ohne weiteres" gegründet worden ist, sondern daß sie in einem bestimmten Augenblick entstanden ist, daß sie schwere Zeiten durchzustehen hatte und daß all das, was wir heute leben, die Frucht der Bemühungen jener ist, die uns vorausgegangen sind. Es ist immer gut für den einzelnen, die Gemeinschaften und die Völker, sich daran zu erinnern, daß die Gegenwart aus tausend kleinen Gesten der Liebe und des Hasses der Vergangenheit erwachsen ist. Es erinnert uns daran, daß die Gemeinschaft von morgen aus der Treue zur Gegenwart entsteht. Wir alle sind Glieder einer Kette, welche die Menschheit ausmacht. Im Vergleich zur Menschheitsgeschichte, zur Vergangenheit und zur Zukunft leben wir nur kurze Zeit. Das hilft uns, die Gemeinschaft in bezug auf andere und auf die Geschichte richtig zu sehen – und auch den Platz des einzelnen innerhalb der Gemeinschaft. Wir entdecken, daß wir gleichzeitig wenig und doch wichtig sind. Jede unserer Gesten gestaltet die Menschheit von morgen mit: Sie ist ein winziger Beitrag zum Bau einer gerechteren und glücklicheren Stadt für die ganze menschliche Familie.

Leben verströmen

Eine Gemeinschaft kann nicht statisch bleiben. Sie ist kein Selbstzweck. Sie ist wie ein Feuer, das sich notwendig ausbreitet – selbst auf die Gefahr hin, zu verlöschen. Es kommt die Zeit, in der die Gemeinschaft nur noch durch Teilung wachsen kann, das heißt durch Opfer und Hingabe. Je mehr eine Gemeinschaft ihre Einheit findet, desto mehr muß sie diese an andere verlieren, die sie noch nicht leben. Sie muß Mitglieder aussenden, die von der eigenen Familie dazu freigegeben werden, weitere Gemeinschaften des Friedens zu errichten. Eine Gemeinschaft, die ihre Mitglieder festhält und nicht bereit ist, auszusäen, riskiert etwas Schlimmeres, als sich zu teilen, nämlich zu verdorren. Geht man nicht weiter, wird die Entwicklung der Gemeinschaft zu einer noch größeren Hingabe nicht gewagt, so fallen die Mitglieder in eine kindische Haltung zurück, fast eine Regression. Sie werden unfruchtbar. Es ist kein Leben mehr in ihnen. Sie sind wie vertrocknete Zweige.

Viele Gemeinschaften sind untergegangen, weil die Verantwortlichen nicht vermochten, die jüngeren Mitglieder zur Hingabe und zur Schaffung neuer Gemeinschaften anzuhalten. Ist die Zeit der Liebe vorbei, verstrickt man sich in eine Welt der Unfruchtbarkeit und der Frustration. Es wird immer schwieriger, die erste Liebe und die Lebenskräfte wiederzufinden.

Diese Zeit der Hingabe bedeutet für jede Gemeinschaftsform und für jeden einzelnen etwas anderes. Für einige heißt es fortzugehen, um neues Leben auszusäen – mit allem, was das an Risiko bedeutet. Eine Gemeinschaft, die eine gewisse Reife erreicht hat, ist fähig, einen Bruder oder eine Schwester herzugeben, um eine andere Gemeinschaft in Schwierigkeiten zu unterstützen. Für andere heißt es, den Armen und den Fremden mit mehr Wahrhaftigkeit und mehr Herzenswärme aufzunehmen. Für wieder andere heißt es, den Dienst des Hirten in der Gemeinschaft anzunehmen und jedem einzelnen zu helfen, die Schönheit des Lebens zu entdecken und sich von seinem Egoismus zu befreien. Für noch andere heißt es, die Rolle des Kontemplativen in der Gemeinschaft zu entdecken und anzunehmen: die Brüder und Schwestern, die Verwundeten und Verworfenen im Gebet zu tragen und ihnen auf geheimnisvolle und verborgene Weise zu neuem Leben zu verhelfen.

Auf jeden Fall bedeutet sich hingeben: eintreten in das Geheimnis des Vaters, mit ihm zusammenzuarbeiten und bei der Neuschöpfung und Befreiung des Lebens sein Werkzeug werden.

Manchmal ist es für die Verantwortlichen der entfernteren Gemeinschaften schwierig zu wissen, welche Art Beziehungen sie mit der Gesamtgemeinschaft und dem Hauptverantwortlichen pflegen sollen. Wichtig ist, daß die entferntere Gemeinschaft - eingebettet in die jeweilige Religion - zutiefst das Leben der Gemeinschaft und ihrer Spiritualität teilt. Die Mitglieder missionarischer Gemeinschaften leben in einem Widerspruch: Sie sind aus einer bestimmten Kultur hervorgegangen und verpflanzen ihre Gewohnheiten und Gebräuche in eine fremde Erde. Ihre Art, zu leben, zu essen, Gäste zu empfangen und zu feiern, behalten sie auch dort noch bei, wo man anders lebt und anders ißt. Der Geist, den sie vermitteln wollen, ist zu sehr an ihre eigene Kultur gebunden. Letztlich bezeugen sie ihre Kultur stärker als den Geist Gottes. Die Nachbarn finden sich darin nicht wieder. Allzuoft werden sie verführt oder schockiert durch äußere Elemente der mitgebrachten Kultur. Den Geist, der dahintersteht, erfassen sie kaum. Außerdem sind jene, die sich in der Gemeinschaft engagieren wollen, verpflichtet, die ihrer Mentalität fremden Gebräuche und Gewohnheiten anzunehmen.

Zu oft ist die Sorge um die Einheit mit dem Zentrum der Gemeinschaft – aber eben eine ganz materielle Einheit – größer als die Eigendynamik der Liebe, des Geistes und der Zielsetzung der Gemeinschaft. Die Einheit der Gemeinschaft besteht aber nicht darin, daß man rund um die Welt auf dieselbe Art lebt, sie entsteht vielmehr durch den Einklang der Herzen und die Treue gegenüber dem Geist des Ursprungs der Gemeinschaft – dank der Gnade des Heiligen Geistes. Die entfernten Gemeinschaften müssen einigen Elementen ihrer ursprünglichen Kultur entsagen lernen, um die Seligpreisungen intensiver in der neuen Kultur leben zu können. Sie müssen ein großes Gottvertrauen haben: Gott hat sie gesandt, um mit einem neuen Volk einen neuen Bund einzugehen.

Die Rolle der „Muttergemeinschaft" sollte darin bestehen, der neuen Gemeinschaft beim Aufbau zu helfen, um dort, wo sie ist, zu einer Quelle lebenspendenden Wassers zu werden. Nimmt das Mutterhaus diese Haltung ein, so wird sie bald jene Gnaden der Verjüngung und der größeren Offenheit feststellen, die von der Erweiterung der Gemeinschaft ausgehen. Die entfernten Gemeinschaften mit ihren beweglichen Strukturen können gerade durch alle Schwierigkeiten und Gefahren hindurch zur Quelle des Lebens und der Hoffnung für das Mutterhaus werden. Die Muttergemeinschaft vermag ihnen die notwendige Sicherheit zu geben, damit sich die flexibleren Strukturen in der Ferne auch in schwierigeren Situationen bewähren können.

Ausdehnung und Einwurzelung

Je intensiver eine Gemeinschaft wächst und Leben weitergibt, indem sie Mitglieder aussendet, desto besser muß sie verankert sein. Ausdehnung und Vertiefung müssen Hand in Hand gehen. Je höher ein Baum wächst, desto tiefer müssen seine Wurzeln reichen, sonst wird der erste Sturm ihn umwerfen. Jesus spricht vom Haus, das auf einen Fels gebaut ist. Eine Gründung ist dann solide, wenn sie im Herzen Gottes verwurzelt ist. Das Herz Gottes ist die Quelle der Gemeinschaft. Je intensiver diese Quelle fließt und sich verströmt, desto mehr müssen die Mitglieder ihr nahe bleiben.

Äußeres Wachstum ist meist mit sichtbarer Erweiterung verbunden. Inneres Wachstum bleibt verborgen. In Klöstern und dem Gebet geweihten Häusern gibt es oft solch unsichtbares Wachstum, eine tiefere Einwurzelung in das Gebet. Dieses unsichtbare Wachstum schafft jedoch eine spürbare Atmosphäre: eine größere Freude, eine tiefere Stille und einen Frieden, der die Herzen anrührt und zu echter Gotteserfahrung hinführt.

Aus einer Wunde geboren

Leiden und Hingabe gehören ebenso geheimnisvoll zusammen wie Opfer und Erweiterung.

In einer unserer Gemeinschaften in Indien ist einer der Schwerbehinderten in einem Brunnen ertrunken. Er war erst kurze Zeit bei uns. Ein Greis, ein Freund seines Vaters, kam vorbei und sagte uns: „Ein Gerechter muß sterben, damit das Werk Gottes lebt." Ich bin zutiefst überzeugt, daß der aktive Mensch nichts vermag ohne jenen, der freiwillig sein Leiden aufopfert, damit sein Leben sich verströmen kann. Ein Greis oder ein Kranker, der sich Gott aufopfert, kann zum wichtigsten Glied der Gemeinschaft werden: zum verborgenen Brunnen, der vertrocknetes Land bewässert. Es gibt ein Geheimnis der verborgenen Nützlichkeit jener Menschen, deren Leib hinfällig ist, die anscheinend ihren Tag mit Nichtstun verbringen, aber die in der Gegenwart Gottes verbleiben. Ihre Unbeweglichkeit zwingt sie, Herz und Augen auf das Wesentliche zu richten: auf die Quelle des Lebens. Ihr Leiden und ihre Agonie tragen reiche Frucht - sie werden zur Quelle des Lebens.

„Sieh deine eigene Armut an,
nimm sie auf,
liebe sie,
habe keine Angst davor,
teile den Tod mit anderen,
denn damit verströmst du dein Leben, deine Liebe.“

Manchmal begegne ich Gemeinschaften, die nur noch aus einigen Alten bestehen. Die Zeit ihrer Expansion scheint vorbei, wahrscheinlich wird kein junger Mensch mehr eintreten. Ich bin erstaunt über die Fröhlichkeit und den Frieden, die unter diesen Alten herrschen. Sie wissen, daß die Gemeinschaft sterben wird. Sie wollen die ihnen verliehenen Gnaden auskosten bis zum Letzten. Eine solche Gemeinschaft hat unserer Welt viel zu geben: Von ihr kann man lernen, wie man mit seinem Versagen fertig wird und im Frieden stirbt. Und ist es nicht gerade die Annahme der Leiden und die Aufopferung ihres Schicksals, die jüngeren Gemeinschaften zu neuem Leben verhilft?

In anderen Gemeinschaften dagegen sind die Alten von einer fürchterlichen Angst besessen, die von ihrer Unfruchtbarkeit herrührt. Sie haben noch nicht entdeckt, daß ihre Unfruchtbarkeit verwandelt werden kann in die Gabe des Lebens – nämlich durch Hingabe und Opfer.

Während der Sitzungen des Internationalen Rats der Arche sprechen wir manchmal von einer unserer Gemeinschaften wie von einem problematischen Fall: Sie befindet sich schon lange in einer Krise, die Assistenten wollen weggehen, den Behinderten geht es schlecht usw. Dabei vergessen wir, daß die Gemeinschaft vor allem arm ist und leidet – und erst dadurch problematisch wird. Ist ein armer Mensch Quelle neuen Lebens und nicht nur Objekt unserer Nächstenliebe, dann gilt das ebenso für eine arme Gemeinschaft: Der Schrei einer Gemeinschaft, die leidet, ist immer auch der Schrei der Armen. Wir müssen uns ihr mit viel Liebe und Respekt annähern.

Aus der Wunde im Herzen des Gekreuzigten strömen Blut und Wasser als Zeichen der Gemeinschaft der Gläubigen: der Kirche. Vom Kreuz kommt neues Leben. Tod wird zu Auferstehung: Geheimnis des Lebens aus dem Tod.

Die Rolle der Vorsehung

Bevor man in eine Gemeinschaft eintritt, erhält man einen inneren Ruf zu einem auf Gott ausgerichteten Leben, das sich auf Liebe und Gerechtigkeit aufbaut – im Gegensatz zum sichtbaren Verlangen nach Besitz, Bequemlichkeit, Prestige und Macht. Diese Anziehung kann zu Beginn eher schwach sein, aber wenn man ihr entspricht, dann wird sie nach und nach stärker werden: zu einem echten Verlangen, einem tiefinneren Bedürfnis des ganzen Menschen, sich Gott und den Brüdern hinzugeben – und besonders den Ärmsten. Dieser Anruf ist in sich schon eine gewisse Gotteserfahrung.

Mit der Zeit werde ich durch die Begegnung mit den Brüdern und Schwestern und das gegenseitige Engagement die Vorsehung entdecken: Gott hat nicht nur mich berufen, er hat mich mit anderen zusammen berufen, die auch seinen Ruf gehört haben und ihm gefolgt sind. Er hat uns zusammengeführt, er hat uns die Liebe offenbart. Er ist das Herz der Gemeinschaft.

Die Erfahrung der Vorsehung verstärkt sich mit der Zeit durch die Entdeckung, daß Gott auf sichtbare Weise über die Gemeinschaft in jenen Prüfungen wacht, die sie hätten zerbrechen lassen müssen, nämlich wenn ernsthafte Spannungen sich plötzlich lösen, wenn der rechte Mensch zur rechten Zeit kommt, wenn man unerwartet materielle Hilfe bekommt oder wenn man einen Armen aufgenommen hat, der seine innere Freiheit und Heilung findet.

Mit der Zeit verstehen die Mitglieder der Gemeinschaft, daß Gott ihnen nahe ist und mit Liebe und Zärtlichkeit über sie wacht. Es ist nicht mehr nur eine persönliche, sondern eine gemeinsame Gotteserfahrung, die zu Frieden und innerer Sicherheit führt. Sie ermöglicht der Gemeinschaft, ihre Schwierigkeiten, Prüfungen, Schwächen und Bedürfnisse mit einer neuen Gelassenheit hinzunehmen. Sie gibt ihr den notwendigen Mut, durch ihr Versagen und Leiden jedes Tages hindurch weiterzuschreiten. Denn die Gemeinschaft weiß jetzt aus Erfahrung, daß Gott gegenwärtig ist und ihren Schrei hört. Aber das Wirken Gottes im Leben der Gemeinschaft wirklich zu erkennen und anzuerkennen, erfordert eine sehr große Treue von seiten der Mitglieder.

Die Gemeinschaft muß dem Kern ihrer Berufung treu bleiben – sei es dem Gebet, der Aufnahme der Ärmsten oder der Verfügbarkeit für den Heiligen Geist. Gott wacht über uns nur in dem Maße, wie wir versuchen, Einheit und Zielsetzung der Gemeinschaft treu und wahrhaftig zu verwirklichen. Und Gott erfüllt unsere Bedürfnisse und Wünsche nur in dem Maße, wie wir wirklich arbeiten und manchmal hart arbeiten, um echte Lösungen zu finden. Gott erwartet manchmal, daß wir bis an die Grenzen unserer menschlichen Möglichkeiten gehen, bevor er auf unseren Ruf antwortet.

Die Gefahr, reich zu werden

Am Anfang einer Gemeinschaft läßt sich das Wirken Gottes oft sehr deutlich spüren: durch die Gabe eines Hauses, eines unerwarteten Geldgeschenks, des rechten Menschen zur rechten Zeit – oder andere äußere Zeichen. Durch ihre Armut ist die Gemeinschaft vollkommen abhängig von Gott. Sie schreit zu ihm, und er erhört sie. Sie ist treu im Gebet. Sie lebt in der Unsicherheit. Sie nimmt jeden auf, der anklopft. Sie teilt mit den Armen. Sie versucht alles im Licht Gottes zu entscheiden. In dieser ersten Zeit bleibt sie von der Gesellschaft oft unverstanden. Man hält sie für utopisch, für töricht. Sie wird mehr oder weniger verfolgt.

Mit der Zeit aber wird die Torheit in den Augen der Leute zum Erfolg. Man entdeckt Vorzüge und Ausstrahlung der Gemeinschaft. Sie wird nicht mehr verfolgt, sondern bewundert. Sie ist nicht mehr berüchtigt, sondern berühmt. Sie hat Freunde, die ihr zukommen lassen, was sie braucht. Nach und nach bereichert sie sich. Sie beginnt zu werten. Sie wird mächtig.

Hier lauert Gefahr! Die Gemeinschaft ist nicht mehr arm und demütig. Sie wird selbstgefällig. Sie fleht nicht mehr zu Gott. Sie schreit nicht mehr um Hilfe. Sie stützt sich auf die eigene Erfahrung. Sie weiß, wie man es macht. Sie trifft ihre Entscheidungen nicht mehr im Licht Gottes. Sie wird lau im Gebet. Sie verschließt sich den Armen und dem lebendigen Gott. Sie wird hochmütig. Sie muß aufgerüttelt werden und durch ernste Prüfungen gehen, um die kindliche Haltung des Anfangs wiederzufinden: die Abhängigkeit von Gott.

Der Prophet Ezechiel beschreibt im Kapitel 16 die Geschichte des jüdischen Volkes: Solange es ganz klein war und sein Leben verteidigen mußte, hat Gott sich seiner angenommen, hat es umsorgt, hat ihm das Leben gerettet. Zur Zeit der ersten Liebe hat er die Tochter Zion geschützt, sie schön werden lassen und sich ihr vermählt. Sie ist zur Herrscherin geworden. Durch die Vereinigung mit dem König ist sie zu Macht gekommen.

Dann hat sie sich vom König abgewandt und sich selbst betrachtet. Sie hat sich selbst für die Quelle des Lebens gehalten. Sie hat sich schön gefunden und sich andere Liebhaber gesucht. Sie hat sich auch hingegeben und ist abhängig geworden.

Auf dem Abgrund der Armut und der Demütigung erwartete sie Gott erneut – er blieb seiner Liebe treu. Er hat sie aufgenommen wie zur Zeit der Jugend und der ersten Liebe. Er ist ein guter und zarter Gott – langmütig im Zorn und prompt im Erbarmen. Er ist der Gott des Vergebens. Die erste Sünde einer Gemeinschaft ist es, sich von jenem abzuwenden, der sie zum Leben gerufen hat, um sich nur noch selbst zu betrachten.

Die zweite Sünde ist, sich selbst schön zu finden: zu

glauben, daß man selbst Quelle des Lebens sein kann. Man wendet sich von Gott ab und beginnt, Kompromisse mit der Welt zu schließen. Man bringt es zu Ansehen.

Die dritte Sünde ist die der Verzweiflung. Man entdeckt, daß man nicht Quelle des Lebens ist, daß man arm ist, daß es einem an Leben und an Schöpferischem fehlt. Man verschanzt sich hinter der eigenen Traurigkeit, Finsternis und Armseligkeit - hinter dem Tod.

Aber Gott wartet auf uns wie der Vater auf den verlorenen Sohn. Jene Gemeinschaften, welche sich vom ersten Anruf Gottes abgewendet haben, um sich auf ihre eigene Kraft zu berufen, müssen umkehren und Gott demütig um Vergebung bitten.

Gefahren des Wachstums

Als ich mit der Arche begonnen habe, waren wir arm. Ich erinnere mich noch heute an eine alte Frau aus dem Dorf, die jeden Freitag abend kam, um uns Suppe zu bringen. Andere kamen und brachten uns bescheidene Gaben, Nahrung und Geld.

Seitdem sind fünfundzwanzig Jahre vergangen. Wenn es heute im Dorf ein Haus zu verkaufen gibt, dann kommt man zunächst zu uns – und natürlich überhöht man den Preis. Wir gelten heute als die Reichen im Lande – selbst wenn das meiste Geld von der staatlichen Unterstützung kommt. Zu Anfang haben die Fachleute uns ignoriert. Heute kommt man von weit her, um uns seine Aufwartung zu machen, selbst wenn viele uns immer noch als „Schwärmer“ ansehen.

Aus dem kleinen Haus der Arche, in dem wir zu fünft oder sechst begannen, ist in fünfundzwanzig Jahren ein bedeutendes Zentrum geworden: Wir sind heute über vierhundert Menschen an vielen Orten verstreut, nicht nur wie ursprünglich in Trosly, sondern über mehrere Dörfer der Umgebung verteilt.

Manchmal beklagen sich die Assistenten, die Arche sei zu groß geworden, man kenne sich nicht mehr so gut wie früher. Das stimmt. Es gibt echte Gefahren des Wachstums – aber es gibt auch Gnaden. Bei den verschiedenen Etappen der Arche habe ich einfach den Eindruck gehabt, Zeichen der Vorsehung zu folgen.

Die größte Gefahr ist, sich auf den Lorbeeren auszuruhen und die ursprüngliche Inspiration zu vergessen: so sehr ein Zentrum von kompetenten Fachleuten zu werden, daß man die unverdienten Gnadengaben vergißt; so sehr auf die Struktur und die Rechte der Assistenten zu pochen, daß man die Behinderung vergißt, nämlich daß sie Brüder und Schwestern brauchen, die sich hingeben und sich engagieren; so sehr die Aufnahme anderer zu vergessen, daß man in den geistig behinderten Menschen nicht mehr die Gabe Gottes sieht.

Gewisse Gemeinschaften müssen klein bleiben, arm bleiben, prophetisch bleiben – als Zeichen der Gegenwart Gottes in einer Welt, die immer mehr auf materielle Werte ausgerichtet ist. Andere Gemeinschaften aber sind zum Wachstum berufen. Sie haben die Sendung, nicht nur einigen Bevorrechtigten zu Hilfe zu kommen, sondern einer stetig wachsenden Menschenzahl. Sie müssen bezeugen, daß es möglich ist, auch in den größten Ballungszentren noch einen Geist zu bewahren: Strukturen im Blick auf die Menschen zu schaffen und Autorität in einer menschlichen und christlichen Weise auszuüben. Die kleinen prophetischen Gemeinschaften müssen die Herausforderung annehmen, diesen Weg zu gehen und Gemeinschaftsstrukturen zu schaffen, die sich als gut und richtig für eine große Zahl erweisen.

Persönlich bin ich froh darüber, daß die Arche in Trosly wächst. Jeden Tag ist es eine neue Herausforderung, mit einer erheblichen Anzahl von Menschen in Gemeinschaft zu leben, Strukturen zu schaffen, die ein Maximum an Beteiligten, Mitverantwortung und Initiative ermöglichen und gleichzeitig die Einheit im Geist zu wahren. Ich freue mich, daß wir viele seelisch verletzte und notleidende Menschen aufnehmen konnten und daß sechzig von ihnen nach einer gewissen Zeit bei uns heute einer Arbeit in der Welt nachgehen können: daß sie selbständig zu leben vermögen, gleichzeitig aber mit uns in Verbindung bleiben.

Wichtig beim Wachsen ist, offen zu bleiben für die Zeichen der Vorsehung, weiter den Schrei der Behinderten zu hören, wenn sie in neue Entwicklungsstadien hineinwachsen, sich niemals anderen gegenüber zu verschließen, immer aufnahmebereit zu bleiben und immer bereit, neue Gemeinschaften zu gründen, wenn die Notwendigkeit offensichtlich wird, jeden Tag neue Formen der Armut anzunehmen - denn es gibt wirklich nicht nur die materielle Armut. Die Gefahr ist immer, daß wir uns selber verschließen. Wir müssen beten, daß wir immer weiter vorwärtsschreiten auf neuen Wegen der Unsicherheit.

Bedauerlich beim Wachstum der Arche ist nur, daß wir nicht genug mit den Menschen des Dorfes zusammengearbeitet haben. Wir sind auf ihre Kosten und gegen ihren Willen gewachsen. Ich glaube, daß wir heute im guten Einvernehmen mit ihnen leben. Aber es gäbe noch mehr zu tun, die Arche besser in das Dorfleben zu integrieren.

Eine Gemeinschaft sollte dennoch vermeiden, sich zu weit in derselben Umgebung auszudehnen, damit die Strukturen nicht zu schwerfällig werden.

Ich war fremd, und du hast mich aufgenommen . . .

Eines der Risiken, das einzugehen Gott immer von der Gemeinschaft erwarten wird, ist die Aufnahme der Besucher, besonders der Ärmsten und der „Störenfriede". Oft bringt Gott einer Gemeinschaft durch einen Menschen, den man aufnimmt, durch einen Brief oder einen unerwarteten Telefonanruf eine besondere Botschaft. Beginnt die Gemeinschaft, Besucher und „Unangemeldete" abzuweisen, sagt sie: „Wir sind genug“, dann läuft sie Gefahr, das Wirken Gottes einzuengen. Offen zu bleiben für die Vorsehung bedarf einer großen Verfügbarkeit. Es geht nicht darum, sich hinter einer Struktur zu verschanzen und sich auf dem Erfolg auszuruhen. Jedes Glied der Gemeinschaft muß aufmerksam hören und gehört werden. Auf seine besondere Berufung und auf die tägliche Wirklichkeit mit allem Unvorhergesehenen, allem Störenden und Verunsichernden müssen wir hören lernen. Zu schnell möchte man sich mit der Tradition und der Vergangenheit verteidigen und sich so einer neuen Entwicklung verschließen, die Gott vorhatte. Man möchte menschliche Sicherheit - und nicht die Abhängigkeit von Gott.

Deswegen ist es wichtig, daß die Mitglieder der Gemeinschaft sich gemeinsam mit den „Neuen“ auf die Wohltaten der Vorsehung besinnen. Sie müssen Gott ihre Dankbarkeit ausdrücken. Die Geschichte einer Gemeinschaft ist wichtig. Sie muß aufgeschrieben und wieder und wieder erzählt werden. Man vergißt zu leicht, was Gott alles getan hat. Zur Zeit und zur Unzeit muß man sich daran erinnern, daß Gott der Anfang aller Dinge ist und daß er mit Liebe über die Gemeinschaft wacht. So finden wir die Hoffnung und den notwendigen Mut wieder, neue Risiken einzugehen und die Schwierigkeiten und Leiden mit Mut und Beharrlichkeit durchzustehen.

Die ganze Heilsgeschichte, den Juden so gut vertraut, ist eine einzige Erinnerung daran, wie Gott über sein Volk wacht. Sie flößt Vertrauen ein, weiterzumachen, ohne klein beizugeben.

Mach Ernst und kehr um!

In der Offenbarung sagt der Engel zur Kirche von Laodizea: „Ich kenne deine Werke. Du bist weder kalt noch heiß. Wärest du doch kalt oder heiß! Weil du aber lau bist, weder heiß noch kalt, will ich dich aus meinem Mund ausspeien.

Du behauptest: Ich bin reich und wohlhabend, und nichts fehlt mir. Du weißt aber nicht, daß gerade du elend und erbärmlich bist, arm, blind und nackt. Darum rate ich dir: Kaufe von mir Gold, das im Feuer geläutert ist, damit du reich wirst; und kaufe von mir weiße Kleider, und zieh sie an, damit du nicht nackt dastehst und dich schämen mußt; und kaufe Salbe für deine Augen, damit du sehen kannst. Wen ich liebe, den weise ich zurecht und nehme ihn in Zucht" (Offb 3,15-19). Diese Worte gelten vielen unserer Gemeinschaften und jedem einzelnen, mir selbst zuallererst. „Mach also Ernst, und kehr um! Ich stehe vor der Tür und klopfe an. Wer meine Stimme hört und die Tür öffnet, bei dem werde ich eintreten, und wir werden Mahl halten, ich mit ihm und er mit mir" (Offb 3,19f).

Es ist traurig, aber wahr, Gemeinschaften zu sehen, die ihrer ersten Liebe untreu geworden sind (vgl. Offb 2,4). Alle müssen wir uns ermutigen lassen, uns zu bekehren, um mit treuer Begeisterung und mit neuem Eifer ans Werk zu gehen. Aber dazu müssen wir die Tür unseres Herzens öffnen und Jesus einlassen. „Ich traue dich mir an auf ewig; ich traue dich mir an um den Brautpreis von Gerechtigkeit und Recht, von Liebe und Erbarmen, ich traue dich mir an um den Brautpreis meiner Treue: Dann wirst du den Herrn erkennen" (Hos 2,21f).

An schwierigen Tagen hilft mir immer ein Text des Propheten Jesaja weiter. Der Prophet fragt sich, welches Fasten gefällt Gott? Es geht nicht darum, nichts zu essen, sondern den Armen Liebe zu erweisen.

> „Die Fesseln des Unrechts zu lösen,
> die Stricke des Jochs zu entfernen,
> die Versklavten freizulassen,
> jedes Joch zu zerbrechen,
> an die Hungrigen dein Brot auszuteilen,
> die obdachlosen Armen ins Haus aufzunehmen,
> wenn du einen Nackten siehst, ihn zu bekleiden“
> (Jes 58,6-7).

Wenn wir das tun, werden wir leuchten wie das Morgenrot. Unsere tiefsten Wunden, nämlich die inneren Verletzungen durch die Sünde, werden geheilt.

> „Deine Gerechtigkeit geht dir voran,
> die Herrlichkeit des Herrn folgt dir nach.
> Wenn du dann rufst, wird der Herr dir Antwort geben,
> und wenn du um Hilfe schreist, wird er sagen:
> Hier bin ich . . .
> Der Herr wird dich immer führen,
> auch im dürren Land macht er dich satt und
> stärkt deine Glieder“ (Jes 58,8-11).

Vom Herrn geleitet, getragen und umgeben, werden wir wie bewässerte Gärten sein, wie unversiegbare Quellen lebenspendenden Wassers. Wir werden einer Menschheit, die vor Durst zu verkommen droht, zu trinken geben können.

Das ist die Verheißung unseres Gottes, wenn wir uns den Hungernden hingeben: denen, die in Elend und Unsicherheit leben und sich allein gelassen fühlen.

Im Grunde sind wir Gott dann nahe, wenn wir den Armen und den Schutzlosen nahe sind. Weil sie schutzlos sind, bedürfen sie unseres besonderen Schutzes.

Werden unsere Gemeinschaften lau, dann müssen wir uns an diese Verheißung Gottes erinnern, unsere Herzen und unsere Türen den Ärmsten öffnen und auf ihren Schrei Antwort geben.

Dann aber wird Gott mit uns sein, um uns zu helfen und uns zu leiten.

FÜNFTES KAPITEL

Unser tägliches Brot gib uns heute

Nahrung, um zu wachsen

Um zu wachsen, braucht der Mensch Wasser und Brot. Wenn er nicht ißt, stirbt er. Um geistig zu wachsen, braucht er wie die Pflanzen Licht, Wasser und Luft – und einen guten Boden. Der Nährboden ist die Gemeinschaft. Sie ist der Lebensraum, in dem die Pflanze Wurzeln schlägt, heranwächst, Frucht trägt und stirbt, damit andere leben können.

Im Gleichnis vom Sämann sagt Jesus, das Wort vom Gottesreich wird man zwar mit Freuden annehmen, aber es kann schnell durch Schwierigkeiten und Anfechtungen erstickt werden: von den Sorgen dieser Welt und den Verführungen des Reichtums.

Der Mensch ist voller Widersprüche. Er fühlt sich vom Licht, von Gott angezogen und möchte Brüdern und Schwestern dienen, aber er möchte auch Vergnügen, Reichtum, Herrschaft und Erfolg. Er möchte von Freunden umgeben und anerkannt sein, die ihn vor Traurigkeit, Aggression und Depression bewahren.

Der Mensch ist so zutiefst in sich gespalten, daß er dort, wo er sich in einer Umgebung befindet, die ihn zum Dienst an anderen führt, auch in diese Richtung gehen wird. Gerät er aber in ein Milieu, das sich über diese Wirklichkeit lustig macht und seinen Machttrieb reizt, wird er auch dieses widerspiegeln. Solange er in seinen tiefsten Motivationen unentschlossen ist, solange er seine Freunde und den Ort seines Wachstums noch nicht fest gewählt hat, bleibt er substanzlos und beeinflußbar.

Die Gemeinschaft ist Ausdruck und Abbild jener Menschen, aus denen sie sich zusammensetzt. Sie ist voller

Hoffnung und Energie, aber sie enthält auch die Welt der Müdigkeit, die Suche nach Sicherheit und die Angst, sich weiterzuentwickeln und Verantwortung zu übernehmen – und oft auch die Furcht, den kleinen Egoismen zu entsagen. Auf dem Weg zu Einheit, Frieden und Wahrheit bedarf der einzelne wie die Gemeinschaft echter Nahrung. Ohne Nahrung werden von Hoffnung getragene Energien verkümmern. Der Wunsch nach Vergnügen und Behaglichkeit wird überhandnehmen, legalistische und bürokratische Verhaltensweisen werden überwiegen.

Die Kultur der reichen Gesellschaften bewegt die Menschen zu einem Lebensstil der Bequemlichkeit und des Vergnügens. Die Werte des Reichtums, der Macht und des Vergnügens sind verführerisch; das Evangelium aber ruft uns, zu lieben, sogar unsere Feinde zu lieben, für die Armen dazusein, arm zu leben und unser Vertrauen auf Gott zu setzen: Friedensstifter zu sein in einer Welt des Krieges. Um diese Werte leben zu können, brauchen wir eine neue Energie, eine innere Kraft. Diese Energie und diese Kraft kommen uns vom Heiligen Geist. Sondern wir uns von dieser Energie ab, nähren wir uns nicht vom Leben des Geistes in uns, dann sterben wir für diese Werte. Wir werden beherrscht von anderen Kräften, die uns zu Bequemlichkeit, Sicherheit und Vergnügen verführen.

In einer Gemeinschaft muß jeder einzelne von der Liebe genährt werden, sonst wird er sich früher oder später im Gegensatz zum Leben der Gemeinschaft und zu den Erfordernissen der Liebe und der Vergebung befinden. Menschen aber, die abgesondert von den anderen leben, werden zu einem toten Gewicht, das die Gemeinschaft nach unten zieht. Sie kritisieren die Entscheidungen, sie sind wie eine offene Wunde an der Freude der anderen.

Aber auch die Gemeinschaft als Ganzes, als Leib Christi, muß von der Liebe genährt werden. Denn nicht nur die einzelnen können der Lauheit und der Mittelmäßigkeit verfallen, sondern auch die Gemeinschaft als Ganzes. Sie kann zu einem Hotel werden, in dem jeder einzelne sich in seinem Zimmer verschließt, sie kann alle Glieder in eine Welt der Traurigkeit und der Lauheit einhüllen.

Eine Schwester sagte mir, nach Exerzitien hätte sie sich berufen gefühlt, vermehrt Zeiten der Stille mit Jesus in der Kapelle zu verbringen, die anderen Schwestern aber hätten sich bedroht gefühlt von soviel neuem Eifer, von ihrer Innerlichkeit und dem Wunsch, Jesus näher zu sein. Eine von ihnen hätte sogar gefragt: „Was meinst du, wer du bist? Etwa Teresa von Ávila?“ Offenbar war die Gemeinschaft der Mittelmäßigkeit verfallen, der ganze Leib war krank. Eine solche Gemeinschaft braucht eine solide Nahrung, um neue Energie, neues Vertrauen, einen neuen Glauben und ein neues Gefühl der Zusammengehörigkeit in Liebe zu finden. Sie braucht intensive Zeiten der Gnade, damit der Leib neu geschaffen werden und zum Wesentlichen zurückgeführt werden kann.

Am Anfang ist eine Gemeinschaft begeistert, die Seligpreisungen zu leben, total von Gott abhängig zu sein, das heißt arm und ohne äußere Sicherheiten ein nicht gerade leichtes Leben zu führen. Nach und nach aber werden mit zunehmender Müdigkeit, plötzlich auftretenden Krankheiten oder einfach mit dem zunehmenden Alter und oft genug nach dem Tod des Gründers noch andere Bedürfnisse sichtbar, wie zum Beispiel Sicherheit und Bequemlichkeit. Es kann eine übertriebene Art geben, das Evangelium leben zu wollen. Man läßt sich dann eher von menschlicher Großzügigkeit und dem Wunsch nach Heldentum inspirieren. Das ist oft genug verbunden mit der ungesunden Weigerung, sich seine Bedürfnisse einzugestehen wie etwa die für jeden notwendige Ruhe. Das aber ist dann ein Mangel an Respekt vor dem Menschen, wie er ist. Wenn das Heldentum der ersten Zeit nicht wirklich vom Heiligen Geist inspiriert ist und wenn man sich nicht genug um die menschlichen Bedürfnisse jedes einzelnen kümmert, dann wird er spätestens dann, wenn er zu altern beginnt, um so intensiver reagieren, nämlich mit der Forderung nach immer mehr. Oder aber er wird weniger großzügig sein und größere Schwierigkeiten haben, die Unsicherheit und die Armut anzunehmen. Auch das kann von einem Mangel an Glauben und an geistlicher Nahrung kommen. Die Gemeinschaften brauchen viel Klugheit, um zu erkennen, welcher Nahrung sie bedürfen, um sich ihre geistige Lebendigkeit zu erhalten.

Auf dem Weg zur persönlichen Einheit und Heiligkeit braucht jeder die seinem Reichtum und seiner Kompliziertheit entsprechende Nahrung. Ohne diese bleibt ein Teil seiner Persönlichkeit unterentwickelt. Eine bestimmte Nahrung regt Herz und Beziehungsfähigkeit an, eine andere den Intellekt, noch eine andere Großzügigkeit und Handlungsfähigkeit, wieder eine andere die Suche nach Gott und die Sehnsucht nach dem Unendlichen. Heißhunger in einigen Lebensbereichen führt oft dazu, daß man andere ganz außer acht läßt. So wächst man aber kaum zu Ausgeglichenheit und innerer Einheit.

In gewissen Gemeinschaften erlebt man Menschen, die zwar sehr großzügig und aktiv sind, aber den Reichtum des Herzens mißachten, das Verborgene ihres Wesens. Andere wiederum können zwar hören, aber man muß sie zu Großzügigkeit und zum Handeln ermutigen. Noch andere suchen die Gegenwart Gottes im Gebet, aber sie hören den Schrei der Brüder nur mit Mühe.

Zum Weg der Einheit gehört die Vertiefung in der Begegnung mit Gott und den anderen, aber auch das Leben in der Gemeinschaft mit all seiner Verantwortung für Kirche und Gesellschaft.

Das ist ein langer Weg. Sowohl der einzelne wie die Gemeinschaft bedürfen der rechten Nahrung für Herz, Verstand und Geist. Wesentlich ist, daß die tiefsten Beweggründe unseres Lebens gestärkt werden und unsere Hoffnung erneuern.

Für jeden von uns besteht die Gefahr, an der Oberfläche dahinzuleben. Durch die ständige Flut unmittelbarer Eindrücke und dringender Angelegenheiten lassen wir uns verleiten, den Schatz dessen, was wir sind, in jene verborgenen Bereiche zu versenken, die niemals ans Licht kommen. Gelangt etwas aus dieser Tiefe an die Oberfläche des Bewußtseins, oder dringt ein äußeres Ereignis bis in diese stillen Wasser vor, dann gereicht uns das zur Nahrung. Nahrung ist all das, was das Wesentliche in uns zu erwekken vermag und es uns vergegenwärtigt. Dazu gehört jedes Wort, jede Lektüre, jede Begegnung, jedes Ereignis, jeder Bruch, jedes Leiden, die uns das Wesentliche offenbaren und unser Herz zutiefst anrühren, indem sie uns neue Hoffnung geben, uns neu zentrieren, unseren Glauben und unsere Hoffnung stärken. Das kann uns ein großes Bedürfnis geben, arm und in Unsicherheit zu leben und unser Vertrauen auf Gott zu setzen.

Gemeinschaftsleben fordert in jedem Augenblick Selbstüberwindung. Hat man nicht die notwendige geistige Nahrung, so zieht man sich auf sich selbst zurück, auf seine Bequemlichkeit und seine Sicherheit – oder aber man stürzt sich in die Arbeit, um zu fliehen. Man errichtet Mauern um seine Empfindsamkeit. Man ist vielleicht höflich, man folgt der Regel, aber man liebt nicht. Und liebt man nicht, dann gibt es keine Freude, keine Hoffnung.

Es ist schlimm, Menschen in Gemeinschaft traurig und lieblos zu sehen. Um wirklich uneigennützig zu lieben, bedarf es der dauernden Anregung durch andere.

Es ist schrecklich, Menschen in einer Gemeinschaft leben zu sehen, die im Grunde längst zu einem Studentenheim geworden ist. Es ist schrecklich, dort ältere Leute zu treffen, die ihr Herz verschließen, weil sie die ursprüngliche Begeisterung verloren haben und nur noch Zweifel und Kritik um sich verbreiten.

Man muß sich zwar ernähren, um zu wachsen – aber man muß auch aufpassen, daß man kein Gift ißt oder trinkt! Durch eine bestimmte Nahrung kann das geistliche Leben erheblich kompromittiert werden, um nicht zu sagen zerstört. Eines dieser Gifte ist das Fernsehen, wenn man es kritiklos konsumiert oder weil man nichts Besseres zu tun hat. Das Fernsehen vermittelt zusammenhanglos Bilder und Informationen, es wühlt Gefühle auf, die nichts mit unseren menschlichen Beziehungen zu tun haben. Man kann das Fernsehen sehr passiv erleben, es wie gesagt konsumieren, aber das vermindert jene Reaktionsfähigkeit, die zu jeder Form menschlicher Beziehungen gehört. Das Fernsehen regt unsere Phantasie an, aber meist ernährt es nicht das Herz.

Manna für jeden Tag

Um im Alltag treu zu bleiben, braucht es jeden Morgen neues Manna. Es ist die ganz gewöhnliche, oft nicht gerade schmackhafte Nahrung. Es ist das Manna der Bundestreue den Kleinigkeiten gegenüber, das Manna der Begegnungen und der Freundschaften, der Blicke und des Lächelns, die sagen: „Ich liebe dich" – und die das Herz erwärmen.

Die wesentlichste Nahrung ist die Treue den tausend Feinheiten des Alltags gegenüber: den Feind zu lieben und ihm zu vergeben, die Strukturen der Gemeinschaft aufzunehmen und anzunehmen (dazu gehören Gehorsam und Zusammenarbeit mit den Verantwortlichen), die Treue im Hören auf die Ärmsten der Gemeinschaft, die Annahme eines einfachen, unheldischen Lebens. Es ist die Treue, persönliche Vorhaben ständig auf das Gesamtwohl der Gemeinschaft und der Ärmsten auszurichten und allem zu sterben, was nur dem persönlichen Prestige dient.

Diese Treue gründet sich auf die Sicherheit, daß *Jesus* uns zum Bund mit den Armen und auch mit unseren Brüdern und Schwestern geladen hat. Er hat uns dazu erwählt und berufen. Er wird uns jeden Tag in den kleinen Dingen weiterhelfen. Nehmen wir die täglichen Aufgaben mit einem demütigen und vertrauenden Herzen an, so wird er mit uns sein und uns tragen.

Es ist traurig, Menschen zu erleben, die ihre Gemeinschaft verlassen, um anderswo Nahrung zu suchen. Sicher, von Zeit zu Zeit muß man weggehen, um sich auszuruhen und Abstand zu gewinnen. Jeder aber muß seine Nahrung im Alltag finden können. Sind Strukturen und Sitzungen zu belastend, sind sie voller Spannungen und Machtkämpfe, dann stimmt etwas nicht, entweder in der Gemeinschaft oder bei den einzelnen. Strukturen, Sitzungen und Beratungen müssen dann wieder „nahrhafter" werden. Oft stellt man Strukturen und Uneigennützigkeit gegenüber, ebenso Fachwissen und Mitleiden. In einer Gemeinschaft aber muß man die Strukturen uneigennützig und in Liebe leben können und psychologisches Fachwissen mit der Gabe des Mitleidens zu verbinden wissen.

Solange man noch in der Gemeinschaft ist, um etwas zu „machen", kann man sich nicht vom Alltäglichen nähren. Man sieht immer nur, was man noch alles zu tun hat. Es gibt immer etwas Dringendes zu tun. Lebt man in einem Armenviertel oder mit Menschen in Not, ist man ständig herausgefordert. Der Alltag nährt uns erst dann, wenn wir die Weisheit des Augenblicks und der Gegenwart Gottes in den kleinen Dingen entdecken, wenn wir nicht mehr gegen die Wirklichkeit ankämpfen, wenn wir vor ihr kapitulieren – und die Gabe des Augenblicks entdecken.

Erst dann sehen wir die Schönheit all dessen, was uns umgibt, und können darüber staunen. Empfinden wir Hausputz und Küchendienst als eine Last, werden wir bald müde und nervös. Entdecken wir aber, daß es das ist, was wir jetzt und hier tun können, und daß wir gerade in dieser demütigenden Wirklichkeit mit Gott und den Brüdern zusammenleben, dann beruhigt uns das, statt uns zu ermüden. Wir ergreifen nicht mehr die Flucht nach vorn, wir nehmen uns Zeit zu leben. Wir sind nicht mehr dauernd unter Druck. Wir haben entdeckt, daß auch von der Buchhaltung, von Sitzungen und Besprechungen, von handwerklicher Arbeit und vom Empfang Gaben ausgehen können.

Im Vaterunser sagen wir täglich: „Unser tägliches Brot gib uns heute." Ja, bitten wir um die notwendige Nahrung, daß unser Herz ständig für den Willen des Vaters und die Liebe der Brüder wach bleibt!

Jesus sagt: „Meine Speise ist es, den Willen dessen zu tun, der mich gesandt hat" (Joh 4,34). Diese ständige Verbindung mit dem Vater ist die wesentliche Nahrung, den Alltag zu bestehen.

Zeit zum Staunen

Viele, die in Gemeinschaft leben, neigen dazu, Zeiten des Alleinseins als Erholung zu betrachten. Sie sehen darin einen Gegensatz zu Hingabe und Hochherzigkeit in der Gemeinschaft. Es ist schade, daß sie die Nahrung, die von der Gemeinschaft ausgeht, noch nicht entdeckt haben.

Die Gemeinschaft selbst wird zur Nahrung in dem Augenblick, in dem wir uns bewußt werden, daß wir *ein* Leib sind, daß wir uns gegenseitig gehören, daß Gott uns berufen hat, zusammenzuleben, um uns gegenseitig Quelle des Lebens zu sein. Solche Zeiten des Staunens können zum Fest werden.

Sie sind wie ein tiefinneres, friedliches und freudiges Bewußtwerden unserer Einheit, unseres Rufes, unseres Wesenskerns – und der Art, wie Gott uns führt. Sie kommen wie eine Gabe, ein Vorübergehen Gottes, das die Herzen bewegt, die Intelligenz anregt und neue Hoffnung gibt. Man freut sich, zusammenzusein. Man dankt dem Herrn. Man wird sich der Liebe und des Rufes Gottes für die Gemeinschaft neu bewußt.

Solche Zeiten des Staunens gibt es jeden Tag beim gemeinsamen Gebet, bei der Eucharistie und auch bei der Erholung nach dem Essen. Sobald eine Gemeinschaft beisammen ist, muß sie solche Gnadenzeiten anzunehmen oder anzuregen wissen. Bei jeder Zusammenkunft muß man den rechten Moment und das rechte Wort finden, das Einheit schafft, das entspannt, zum Lachen anregt und das Wesentliche unseres Lebens trifft.

Zeit des Staunens kann vieles sein: ein Augenblick der tiefen Stille, nachdem ein Bruder uns seine Berufung, seine Schwierigkeiten, sein Verlangen nach Gebet anvertraut hat, oder eine Feier, bei der man zusammen singt, spielt und lacht. Begegnungen innerhalb der Gemeinschaft, nämlich die Liturgie, die Mahlzeiten, die Wochenenden, die Freizeiten und die großen Feste wie Weihnachten und Ostern oder Silvester sollten darum besonders gut vorbereitet werden. Sie können und müssen zu einer Zeit des Staunens werden.

Während solcher Feste gibt es oft unerwartete Momente: eine Gnadenzeit für die Gemeinschaft, ein Vorübergehen Gottes, ein tiefes Schweigen – und die Herzen sind angerührt.

Als Mose Gott im brennenden Dornbusch begegnete und sich bei seinem Namen rufen hörte, verbarg er sein Gesicht, er hatte Angst, den Blick auf Gott ruhen zu lassen und sich in seiner Gegenwart zu befinden. Er war von Furcht erfüllt.

Es gibt Zeiten in der Gemeinschaft, in denen wir von dieser Furcht erfüllt sind. Ich habe festgestellt, daß das besonders in tragischen Momenten der Fall ist: bei einem schweren Unfall, einer unerwarteten Krankheit oder dem Tod eines der Glieder der Gemeinschaft. Jeder wird zum Wesentlichen zurückgeführt, die Streitigkeiten und die Spannungen verschwinden, sie verlieren ihre Bedeutung. Der Unfall wird zu einem Vorübergehen Gottes, der uns daran erinnert, daß er sowohl über uns als auch in uns ist, daß die Ewigkeit die Zeit übersteigt und daß wir alle mit Gott unterwegs sind.

Kürzlich sprach ein Assistent von seinen inneren Kämpfen. Er fühlte sich zum Zölibat berufen. Dieser Ruf wurde durch einen Priester bestätigt. Er hat sich mehrere Jahre hindurch bewahrheitet. Dann aber hat der junge Mann sich plötzlich in ein junges Mädchen verliebt. Er ist diesen Weg weitergegangen, ohne sich übermäßig mit dem Problem des

Zölibates zu beschäftigen. Aber als er darüber mit dem Priester sprach und darüber betete, schien es ihm offenbar, daß er sein Herz Jesus im Zölibat gegeben hatte. Wir haben miteinander darüber gesprochen, und er hat sich entschieden, die Beziehung mit dem Mädchen aufzulösen. Er hat sehr darunter gelitten, aber er wußte, daß es gut und notwendig war. Er ist gekommen, mir das alles zu erzählen. Ich war zutiefst bewegt, ich spürte, daß ich zum Zeugen eines Vorübergangs Gottes wurde. Ich war von Ehrfurcht und von Achtung vor diesem jungen Mann erfüllt, der bereit war, Jesus zu folgen.

Wir müssen sehr aufmerksam auf diese Augenblicke des Friedens achten, die uns neue Kraft geben, die uns darin bestärken, Jesus in den Armen nahe sein zu wollen, und die uns zu einer größeren Treue berufen. Wir sind nicht nur berufen, diese Augenblicke des Friedens wahrzunehmen, sondern auch darüber nachzudenken. Denn durch sie und durch die Umstände, durch die sie uns geschenkt werden, erreicht uns eine Botschaft. Jesus sagt uns etwas durch sie. Er ruft uns zur Umkehr.

Das Lachen ist ein wirklicher Beitrag zur Nahrung. Wenn eine ganze Gemeinschaft Tränen lacht, dann wirkt das heilend und nährend. Es geht nicht darum, *über* jemand zu lachen, sondern *mit* ihm.

Der bestätigende Blick von außen

Wenn man andauernd in Gemeinschaft lebt, dann läuft man Gefahr, die besondere Gnadengabe Gottes für die Gemeinschaft nicht mehr zu sehen. Der Alltag macht uns blind. Die Härten der Welt draußen sind schnell vergessen – wir sehen nur noch unsere Schwierigkeiten und unsere Tränen. Wir brauchen Menschen von außen, um uns zu sagen, was das Besondere an unserer Gemeinschaft ist, was sie an Positivem enthält. Die Mitglieder einer Gemeinschaft bedürfen oft der Ermutigung und der Bestätigung.

Sie müssen von außen hören: „Was ihr macht, ist wichtig für die Menschheit und für die Kirche!“

Es ist gut, daß verschiedene christliche Gemeinschaften einander begegnen, um sich über Ziele und Hoffnungen auszutauschen. Es ist auch gut, daß Christen sich zusammenfinden, um zu sehen, wie der Geist bei den einen und den anderen an der Arbeit ist.

Entdecken wir dieses ganze Gewebe des Heiligen Geistes, alle die Wunder Gottes in der weiten Welt, dann bestärkt und ermutigt uns das. Wir werden uns bewußt, daß wir mit unseren Schwierigkeiten nicht allein dastehen. Die gemeinsame Hoffnung ist stärker.

Es ist wichtig zu wissen, was der Geist in der Kirche und in den Kirchen wirkt. Zu jeder Zeit läßt er prophetische Männer und Frauen aufstehen, die uns den Weg weisen. Die prophetischsten sind dabei oft die zu Lebzeiten verborgensten. Wie viele Menschen haben schon eine Therese von Lisieux und einen Charles de Foucauld zu ihren Lebzeiten gekannt?

Heute haben ein Frère Roger und seine Brüder von Taizé wirklich eine prophetische Funktion. Ihre Gemeinschaft trägt viele Früchte. Die Gemeinschaft von Taizé und die Worte und Gesten von Frère Roger sind wirklich Zeichen Gottes in einer zerbrochenen Welt. Ihr Hunger nach der Einheit der Kirche ist auch ein Zeichen der Sehnsucht nach Gott. Wir müssen solche Zeichen beachten und sie in die Vision der eigenen Gemeinschaft integrieren. Das gilt ebenso für die Vision von Mutter Teresa. Sie ist auch ein Zeichen der Gegenwart Gottes in unserer Welt. Sie erinnert all unsere Gemeinschaften daran, daß wir offen sein müssen für die Ärmsten und die Schwächsten in unserer Welt, denn gerade sie sind Gegenwart Christi. Solche Propheten weisen uns den Weg.

Das Zweite Vatikanische Konzil hat deutlich verkündet, daß der Heilige Geist in *allen* Kirchen am Werk ist, nicht nur in der katholischen. Es scheint mir, daß diese Lehre nicht immer in die Praxis umgesetzt wird. Sie bleibt eine Theorie, eine Doktrin, eine Vision. Müßten wir nicht alle aufmerksam auf die Konsequenzen achten? Die Katholiken lassen sich oft durch ihre Gruppen, Verbände und Gemeinschaften gefangennehmen. Sie sind nicht aufmerksam genug, die Zeichen des Geistes zu beachten, durch die er auch in anderen Kirchen gegenwärtig ist, in anderen Gemeinschaften. Und dennoch ist der Geist Gottes am Werk, auch bei den anderen. Gott spricht auch zu ihnen, er offenbart sich auch in ihnen. Wir müssen aufmerksam werden auf die anderen, in ihnen die Gegenwart des Heiligen Geistes entdecken. Wenn wir nur die Werke des Geistes in *unserer* Gruppe, in *unserer* Kirche sehen wollen, dann fehlt uns etwas. Dann gehen wir an einer Gabe des Geistes vorbei. Die Gemeinschaften haben sich gegenseitig so viel zu geben. Sie können sich gegenseitig nähren.

Aber um wirklich das Werk des Geistes im Herzen der anderen Gemeinschaften und der anderen Kirchen schätzenzulernen, muß man gut in der eigenen Gemeinschaft verwurzelt sein, man muß wirklich dazugehören. Sonst läuft man Gefahr, in einer großen Verwirrung zu leben, ohne Wurzeln zu schlagen.

Das Brot des Wortes

Das Wort ist ein machtvolles Mittel, neue Hoffnung entstehen zu lassen. Es bricht die Krusten und Gewohnheiten auf, um Strömen lebenspendenden Wassers den Weg zu bereiten. Es ist eine Nahrung, die Kraft und Energie verleiht. Aber nicht jedes Wort hat Vollmacht. Es muß ein Wort sein, das die Herzen anrührt, ein Wort, das nicht abstrakt ist, ein Wort, das nicht aus Büchern kommt, das sich nicht an den Verstand wendet, sondern das Glaube, Hoffnung und Liebe dessen offenbart, der es ausspricht.

Das Wort wirkt dann wie das Licht in der Finsternis, es

verbreitet Wärme. Es ist wie Wasser auf vertrocknetem Boden, es läßt neues Leben entstehen. Nicht die Logik ist wichtig, mit der gesprochen wird, sondern die Begeisterung. Am Ton erkennt man, ob der Sprecher nur zeigen will, was er alles weiß, oder ob er die anderen nähren und stärken möchte, ihnen umsonst weitergibt, was er umsonst empfangen hat. Das Wort, das nährt, kommt von dem, der Gott sprechen läßt.

Das Wort steigt aus den verborgenen Bereichen des Seins auf, in denen Gott wirkt, um bei anderen die verborgenen Bereiche des Menschseins zu stärken. Das Wort muß aus der Stille und dem Frieden kommen und zu Stille und Frieden hinführen. Es muß den Ruf Gottes neu erstehen lassen. Für Herz und Geist müssen Ziele und Wesen der Gemeinschaft neu lebendig werden.

Einige haben die Gabe, zur ganzen Gemeinschaft zu sprechen. Andere haben die Gabe, sich an kleinere Gruppen zu wenden. Wer sich für unfähig hält, das Wort zu ergreifen und weiterzugeben, meint oft, dazu gehöre viel Fachwissen und Gedankengut. Aber gerade die einfachsten Worte und Wirklichkeiten kommen am besten an: jene, die von Demut, Wahrheit und Liebe geprägt sind. Predigten voller komplizierter Ideen ernähren das Herz nicht. Sie kommen vom Kopf her und sind unfruchtbar. Die Glieder einer Gemeinschaft brauchen Zeugen des Evangeliums, die von dem sprechen, was sie leben, und die mit anderen ihre Hoffnung ebenso teilen wie ihre Schwächen und Schwierigkeiten.

Es ist nicht dasselbe, ob man eine Botschaft hört, die jemand aus der Tiefe des Herzens übermittelt, oder ob man denselben Text in einem Buch nachliest. Hört man jemand zu, so teilen sich Geist und Leben dieses Menschen mit. Gott bedient sich dieses lebendigen Wortes, um Leben weiterzugeben.

Wer das Wort zu verkünden hat, muß wissen, daß er nicht dazu da ist, Ideen zu verkaufen, sondern das Leben weiterzugeben und innere Verbundenheit spürbar zu machen.

Man sagt, für Menschen mit einer geistigen Behinderung müsse man das Wort durch Musik, Bilder oder Pantomime ersetzen. Sicher sind abstrakte Ideen für viele unverständlich – aber für die Sprache der Liebe, die von Herzen kommt, sind sie um so empfänglicher. Ich bin bewegt, mit wie aufmerksamen Mienen sie die Predigten von Pater Thomas Philippe bei der Feier der Eucharistie verfolgen.

Das Wort kann wirklich zu einem Sakrament werden, das Licht und Gegenwart Jesu vermittelt. Didier, der eine schwere geistige Behinderung hat, sagte mir neulich: „Als Pater Gilbert predigte, da brannte mir wirklich das Herz."

Das Wort Gottes, das Wort des Evangeliums, die Worte Jesu sind ein Brot, das man wieder und wieder und wieder essen muß. Es führt uns immer mehr zum Wesentlichen.

Eine Gemeinschaft und erst recht eine christliche Gemeinschaft wird immer gegen den Strom schwimmen: gegen die allzu persönlichen Werte der Gesellschaft wie Reichtum und Bequemlichkeit, die zur Ablehnung jener führen, die stören. Die Mitglieder einer christlichen Gemeinschaft sind ständig aufgerufen, den anderen anzunehmen und mit ihm zu teilen, selber ärmer zu werden und in echter Hingabe über sich selbst hinauszuwachsen.

Die Gegenwart einer wahrhaft christlichen Gemeinschaft wird für die Gesellschaft immer ein Stein des Anstoßes sein: ein Fragezeichen, ein Unruheherd. Die Umgebung wird sich sehr bald in Frage gestellt fühlen: Entweder die Gemeinschaft wird abgelehnt, weil sie die verborgenen Egoismen im Herzen der anderen aufdeckt, oder aber sie wird zu einem Anziehungspunkt, weil die anderen in ihr eine Quelle des Lebens und der Wärme sehen. Eine christliche Gemeinschaft wird entweder verfolgt oder abgelehnt werden, oder aber man sucht ihr Ideal herunterzuspielen, damit sie nicht mehr bedrohlich erscheint.

Echte Gefahren für eine Gemeinschaft sind „die Sorgen

der Welt“ und „ihre verführerischen Reichtümer“. Die Gemeinschaft bedarf ständig eines ermutigenden Wortes, das sie neu inspiriert, das ihr Gesagte immer von neuem in Erinnerung ruft, das neue Hoffnung entstehen läßt, das den Wunsch, gegen den Strom zu schwimmen, neu belebt.

Die Verantwortlichen der Gemeinschaft müssen andauernd die Vision neu verkünden und den Mitgliedern den Ruf Gottes in Erinnerung bringen. Auch die Priester oder Pastoren und die geistlichen Begleiter müssen die Vision verkünden und die Glieder an den Ruf Gottes erinnern. Jedes Glied ist berufen, die Vision zu verkünden und den anderen den Ruf Gottes in Erinnerung zu bringen. Vom Morgen bis zum Abend muß man sich mit Worten der Begeisterung und der Liebe die Vision gegenseitig in Erinnerung rufen. Man vergißt so schnell und nimmt die Lebensgewohnheiten der Welt an: Man sucht die Sicherheit, man entfernt sich von den Seligpreisungen, man weigert sich, den Feinden zu vergeben.

In vielen Klöstern kommentiert der Abt oder die Äbtissin jeden Morgen einen Absatz der Regel und zeigt die Anwendung auf das tägliche Leben. Ein Mönch sagte mir kürzlich, daß dieser tägliche Kommentar ihm ganz wesentlich wäre. Wie könnten wir, sagte er, geeint bleiben und uns lieben, ohne daß das geschieht? Die Verantwortlichen der Gemeinschaften sollten sich das gut merken.

Die konkrete Hoffnung der Gemeinschaft möchte man am liebsten mit dem menschlichen Verstand erfassen können. Aber selbst individuelle und gemeinschaftliche Spiritualität genügen dazu nicht. Das Wort Gottes selbst muß uns den Sinn der Gemeinschaft in der Welt von heute und in der Heilsgeschichte in Erinnerung rufen.

Die genaue Zielsetzung der Gemeinschaft, ihr Ruf und ihre Ursprünge müssen andauernd neu in uns wachgerufen werden. Durch die schnelle Entwicklung und viele andere Faktoren wird uns allzuoft der Blick für das Wesentliche verstellt. Man weiß nicht mehr, warum man zusammen ist und was man bezeugen will. Man diskutiert über Einzelheiten, und man übersieht dabei, was uns verbindet.

Man muß den Gemeinschaften heute immer wieder ins Gedächtnis rufen, daß sie Wege zum Frieden sind. Es gibt in unserer Zeit so viele Menschen, die unter Isolierung, Krieg und Unterdrückung leiden. Man gibt soviel Geld aus für die Fabrikation von Waffen. Viele junge Leute stehen verzweifelt vor der Gefahr eines Atomkriegs. Heute mehr denn je brauchen wir Gemeinschaften, die offen sind, Gemeinschaften, die Zeichen des Friedens in einer Welt des Krieges sind. Es hat keinen Sinn, um den Frieden im Nahen Osten zu beten, wenn wir nicht denen vergeben, die uns jetzt und hier verwundet haben oder mit denen wir es schwer haben zu leben. Die jungen und auch die weniger jungen Leute verstehen das sehr wohl. Man muß diese Vision ständig neu verkünden, um ihnen Herz und Geist zu stärken.

Entspannung und Erholung: der Sabbat

Ich höre oft von den in sozialen Berufen und Gemeinschaften engagierten Menschen, sie seien „ausgebrannt" oder „erschöpft". Sie sind zu großmütig gewesen und haben sich in einen zügellosen Aktivismus gestürzt. Zerstört wurden dabei jedoch tiefinnere Gefühle. Sie konnten sich weder entspannen noch auftanken. Die Verantwortlichen der Gemeinschaften müssen die Assistenten lehren und manchmal sogar von ihnen verlangen, sich einer Disziplin körperlicher Erholung und Entspannung zu unterziehen, sich geistlich zu nähren und Prioritäten zu setzen – und sie müssen ihnen dabei mit gutem Beispiel vorangehen.

Viele sind „ausgebrannt", weil sie es so wollen. Vielleicht haben sie etwas in sich selbst abgelehnt, nämlich das Bedürfnis, sich zu entspannen und einen harmonischen Lebensrhythmus zu finden. In ihrer Überaktivität sind sie vor etwas auf der Flucht: vielleicht sind es unbewußte Schuldgefühle – oder aber sie wollen in der Gemeinschaft keine Wurzeln schlagen und nicht länger dort bleiben. Vielleicht sind sie auch zu sehr an ihre Funktion gebunden, oder sie identifizieren sich sogar mit ihr. Sie möchten am liebsten alles auf einmal im Griff haben, vielleicht möchten sie auch vollkommen erscheinen oder wenigstens als Helden dastehen! Sie haben noch nicht leben gelernt, sie sind innerlich noch nicht frei, sie haben noch nicht die Weisheit des Augenblicks kennengelernt – und die besteht oft genug darin, auch einmal nein sagen zu können!

Sie brauchen einen geistlichen Begleiter, der ihnen hilft, in sich zu gehen und dort zu entdecken, warum sie nicht aufhören können zu arbeiten, und was eigentlich dahintersteckt, daß sie andauernd etwas tun müssen. Sie brauchen jemand, der ihnen hilft, Abstand zu gewinnen, sich zu entspannen und zu klären, was mit ihnen los ist, und der ihnen hilft, als Mensch unter Menschen und als Kind unter Kindern zu leben. Gott hat jedem von uns Verstand gegeben, und wenn auch nicht viel, so doch genug, um nachzudenken und die notwendigen Maßnahmen zu ergreifen, um das zu leben, was wir zu leben berufen sind, nämlich die Gemeinschaft.

Ich habe manchmal den Eindruck, daß die Überaktiven vor ihrem Bedürfnis nach Liebe und innerer Verbundenheit, ihrer Verletzlichkeit und vielleicht auch ihrer Angst und innerer Getriebenheit fliehen. Sie haben vielleicht Angst vor ihren Gefühlen und ihrer Sexualität. Sie müssen ein bißchen nachdenken über ihre inneren Bedürfnisse und das Kind wiederfinden, das tief in ihnen vor lauter Einsamkeit weint. Dazu brauchen sie körperliche Entspannung, vor allem aber seelische, nämlich sichere, ungefährliche Beziehungen.

Viele bleiben gespannt, weil sie noch nicht in das gemeinsame Bewußtsein der Gemeinschaft eingegangen sind. Sie haben noch nicht vor der Gabe und dem Ruf der Gemeinschaft kapituliert. Sie sind noch nicht wirklich von der „Gemeinschaft für mich" zum „Ich für die Gemeinschaft" gekommen. Vielleicht hält ihre Verletzlichkeit sie noch dazu an, sich selbst und den anderen etwas beweisen zu wollen. Vielleicht haben sie im Grunde die Gemeinschaft nur als Zuflucht genommen. Sie werden sich erst entspannen können, wenn sie ihre Gabe entdeckt und sie voll und ganz in den Dienst der Gemeinschaft gestellt haben.

Im Herzen des Armenviertels von Chicago habe ich einen Abend bei den Franziskanern verbracht, die dort gemeinsam in einer Wohnung leben. Ich habe ihren Prior sehr liebgewonnen. Er verlangte von den jungen Novizen eine echte Disziplin: Sie mußten so und so viele Stunden pro Nacht schlafen und gut essen. Er sagte: „Wenn wir uns nicht unseres Körpers annehmen und wenn wir nicht einen Lebensrhythmus finden, um jahrelang durchzuhalten, dann brauchen wir gar nicht erst anzufangen. Unsere Aufgabe ist, hier zu bleiben und durchzuhalten. Es wäre zu einfach, Erfahrungen mit den Armen zu sammeln, um sich geistig zu bereichern, und dann wieder zu gehen. Wir müssen bei ihnen und mit ihnen bleiben."

Eine der wichtigsten Quellen persönlicher Erholung ist die Ruhe. Ruhe aber bedarf echter Disziplin. Ist man zu müde, so neigt man dazu, herumzufummeln, nichts zu tun und lange Nachtstunden miteinander zu verschwatzen. Es wäre dann wirklich besser, etwas mehr zu schlafen! Jeder muß seinen eigenen Rhythmus der Entspannung und der Ruhe finden. Viel Aggressivität und Streiterei haben einfach körperliche Ursachen. Gewisse Assistenten unserer Gemeinschaften täten gelegentlich gut daran, ein warmes Bad zu nehmen, sich hinzulegen und zwölf bis vierzehn Stunden zu schlafen!

Vor ihrem Eintritt in die Gemeinschaft haben viele sich nach Gutdünken Freizeit und Erholung gegönnt. Ihr Körper hat einen bestimmten Rhythmus gehabt. Kommen sie in die Gemeinschaft, so müssen sie dauernd auf die anderen Rücksicht nehmen. Es ist kaum erstaunlich, daß sie nach einer gewissen Zeit ermüden, ja depressiv werden. Sie beginnen sich zu fragen, ob sie am rechten Platz sind. Sie spüren eine Art ihnen bis dahin unbekannter Wut aufsteigen. Die geringsten Widersprüche sind ihnen unerträglich. Erstaunlich ist das nicht: In der neuen Umgebung haben sie noch nicht herausgefunden, wie sie sich am besten erholen. Sie sind noch zu angespannt, sie wollen noch alles besonders gut machen. Sie haben noch nicht die rechte Nahrung für ihr Herz gefunden. Wenn man in eine Gemeinschaft eintritt, muß man sich auch auf körperliche Veränderungen gefaßt machen. Man muß sehr geduldig mit seinem Körper sein, und man muß wissen, wie man sich erholt und ausruht.

Es scheint merkwürdig, sagen zu müssen, daß wir eine Disziplin der Ruhe, der Entspannung und der Nahrung brauchen. Oft verbindet man Disziplin mit Arbeit und Entspannung mit Disziplinlosigkeit. Aber wenn wir bewußt etwas essen, das uns krank macht und uns hindert, in Form zu sein, dann fehlt es uns einfach an Disziplin. Wenn wir nicht die Ernährung wählen, die wir brauchen, oder wenn wir nicht genug schlafen, dann fehlt es uns auch an Disziplin.

Es ist nicht einfach, einen Ausgleich zwischen Ruhe, Entspannung und Nahrung einerseits und Hochherzigkeit und Verfügbarkeit andererseits zu finden. Allein der Heilige Geist kann uns lehren, uns genügend zu lieben, um fähig zu sein, unser Leben so weit wie möglich hinzugeben. Wenn wir nicht wirklich in Form sind, voller Freude und gut genährt, dann geben wir den anderen nicht unser Leben, wir vermitteln ihnen nur Traurigkeit und Leere.

Wenn man jung ist, dann meint man, man muß eine Menge für Jesus und das Reich Gottes tun. Wir haben viel Leben und Energie in uns – aber dabei besteht natürlich auch die Gefahr, viel zuviel zu tun, sich viel zu verantwortlich zu fühlen, und der Retter der Welt sein zu wollen! Das war für mich immer eine Gefahr. 1976 hat mein Körper dagegen aufbegehrt: Ich bin krank geworden, ich habe zwei Monate im Krankenhaus zubringen müssen. Diese Krankheit war für mich ein echter Wendepunkt meines Lebens. Sie hat mich auf die Erde zurückgebracht samt meinem Körper. Sie hat mir beigebracht, langsamer zu machen, eher anderen zuzuhören als selber zu sprechen oder etwas zu tun, mich eher in der Gemeinschaft der anderen zu entspannen, als andauernd etwas wirken zu wollen.

Je intensiver und schwieriger das Gemeinschaftsleben ist, je mehr Spannungen und Kämpfe es gibt, desto unerläßlicher ist es, Zeit zur Erholung zu haben. Ist man erregt, verkrampft und unfähig zum Beten und Zuhören, dann ist das ein Zeichen, daß man einige Tage fortgehen muß oder sich zumindest ausruhen.

Einige wissen nicht, was sie mit ihrer freien Zeit anfangen sollen. Sie sitzen stundenlang im Café oder schwatzen. Es ist schlimm, wenn man außer der Gemeinschaft keinerlei Interessen mehr hat, nicht mehr liest, musiziert oder wandert. Wir müssen uns gegenseitig dabei helfen, persönliche Interessen zu erhalten, die uns zur Entspannung und Erholung dienen.

Es ist immer gut, eine „Großmutter" in der Gemeinschaft zu haben, die uns daran erinnert, daß wir einen Körper und Gefühle haben – und daß wir oft aus einer Mücke einen Elefanten machen, nur weil wir nicht genug geschlafen haben.

Es ist relativ einfach, während einiger Monate oder Jahre großmütig zu sein. Aber um für den anderen ständig gegenwärtig zu sein und nicht nur für ihn dazusein, sondern ihm als Nahrung zu dienen, um in immer neuer Treue durchzuhalten, bedarf es einer Disziplin des Körpers und des Geistes: einer Disziplin in bezug auf die geistige Nahrung, auf das Gebet und die ständige Verjüngung der Intelligenz.

Das jüdische Volk hält den Sabbat heilig, es ist ihm der Tag der Ruhe und der Tag des Herrn.

Wir brauchen alle einen solchen Sabbat, einen Tag in der Woche, an dem wir uns die Möglichkeit geben, aufzutanken und uns zu erholen, einen Tag, an dem wir dem Gebet mehr Zeit widmen als sonst und an dem wir die Einsamkeit suchen. Je mehr man in Gemeinschaft lebt, desto mehr braucht man diesen Tag der Einsamkeit. „Kommt zu mir, alle die ihr mühselig und beladen seid, und ich will euch Ruhe geben“, sagt Jesus.

Nahrung für den Geist

Auch die Ernährung des Geistes ist wichtig. Man muß die Wunder der Schöpfung gut verstehen, um die Menschheitsgeschichte und die Heilsgeschichte tiefer zu erfassen. Jede geistige Veranlagung ist anders geartet. Es gibt tausend Türen, um in die Dinge und ihr Geheimnis einzudringen.

In unserer Zeit besteht die Gefahr der Übersättigung durch Information. Man nimmt die Dinge nur an der Oberfläche auf. Es ist darum gut, kraft unserer Intelligenz in einen begrenzten Bereich der Welt des Wissens einzudringen, der die nahezu unbegrenzte Schöpfung der sichtbaren und unsichtbaren Dinge widerspiegelt. Versucht man, kraft seiner Intelligenz einen begrenzten Bereich zu ergründen, sei es nun das Wachstum der Kartoffel oder die Bedeutung eines Schriftwortes, so stößt man letztlich immer auf dasselbe Geheimnis. Dringt man kraft seiner Intelligenz bis in die Tiefe der Dinge vor, so tritt man schließlich immer in die Welt der Verwunderung und der Betrachtung ein. Eine Intelligenz aber, die auf das verborgene Licht Gottes stößt, ernährt und erneuert den ganzen Menschen.

In unseren Gemeinschaften, fürchte ich, wird nicht genug gelesen. Von Zeit zu Zeit liest man ein Buch über Psychologie. Das ist an sich nicht schlecht. Aber es wäre vielleicht nahrhafter, etwas über das Geheimnis des Todes und der Auferstehung zu lesen, das uns von allen Seiten umgibt. Man muß nämlich nicht nur nützliche Dinge lesen, sondern man muß auch die Dinge um ihrer selbst willen kennenlernen. Gerade das Zweckfreie regt am stärksten an.

Viele Menschen leben heute in einer Welt intellektueller Verwirrung. Auf gewisse Weise haben sie das Vertrauen in die Kraft des Geistes und in die Fähigkeit der Menschen, die Wahrheit zu erkennen, verloren. Sie leiden unter der Verwirrung der Werte der Gesellschaft, die nicht nur von den Massenmedien verbreitet werden, sondern auch von der Welt der Psychologie. Sie leben vor allem von ihren Gefühlen, von der Subjektivität und von Spontanreaktionen. Viele Menschen kreisen heute um Gemeinschaften, in denen die Emotionen vorherrschen. Dennoch sind verstandesmäßige Erkenntnis und Weisheit wesentliche Komponenten menschlichen Wachstums zur Verwurzelung im gemeinsamen Leben. Je nach den Bedürfnissen des einzelnen wird die verstandesmäßige Bildung sehr verschiedene Formen annehmen. Alle aber müssen gleichermaßen davon profitieren können. Es ist gefährlich, aus Angst vor der Wirklichkeit oder aus der Unfähigkeit, sie zu erfassen, in einer Welt der Träume und Illusionen zu leben. Gerade darum ist eine verstandesmäßige Bildung so wichtig, ganz gleich, ob es nun auf dem Gebiet der Theologie, der Heiligen Schrift, der Kirchengeschichte, der Heilsgeschichte, der Philosophie oder der Anthropologie ist. In der Gemeinschaft braucht man Hilfe, um denken zu lernen und im christlichen Glauben verankert zu sein.

Nahrung für das Wachstum

Eine der wichtigsten Kraftquellen ist das Gefühl, weiterzukommen und zu wachsen. Meint man auf der Stelle zu treten, so wird man leicht entmutigt. Vom Verantwortlichen oder vom Freund müssen wir uns sagen lassen, daß wir weitergekommen sind.

Aber man muß auch Geduld haben können. Wenn man

meint, nicht weiterzuwachsen, dann muß man einfach vertrauen: Jesus hat uns in die Gemeinschaft geführt. Im Winter scheinen die Bäume nicht zu wachsen, sie warten auf die Sonne. Bevor sie ausschlagen, müssen sie gestutzt werden. Man braucht jemand, der einem den Wert des Wartens und der kleinen Opfer ins Gedächtnis ruft.

Es hilft mir viel, einen Behinderten langsam, aber sicher aus der Angst und der geistigen Todesstarre herauswachsen zu sehen: ein neues Licht in seinen Augen, ein Lächeln auf seinen Lippen, neues Leben in seinem ganzen Ausdruck. Die Last jedes Tages, alle Schwierigkeiten einer großen Gemeinschaft lohnen sich, wenn man einen Menschen wiedererstehen sehen darf.

Ebenso gibt mir der Anblick eines todtraurigen oder aggressiven oder in sich selbst verschlossenen Menschen in einem Kliniksaal oder in seinem Zimmer neuen Mut, den Kampf weiterzuführen, eine weitere Gemeinschaft zu gründen, in die er aufgenommen werden kann. Er gibt mir Nahrung, weiter mit den Brüdern und Schwestern der Arche zu leben. Sobald man den Daseinsgrund und die Nützlichkeit einer Gemeinschaft am lebenden Objekt erfährt, erwachsen einem daraus neue Kräfte.

Down erklärte uns neulich, wie Schwierigkeiten zum Anreiz werden können: „Wenn alles zu einfach ist, dann dämmere ich vor mich hin und ziehe mich auf mich selbst und meinen Kleinraum zurück. Wenn ein Armer mich ruft oder wenn es Schwierigkeiten in der Gemeinschaft gibt, mit denen ich mich auseinandersetzen muß, dann erwächst mir daraus neue Kraft: Ich brauche diesen Anreiz.“

Der Freund

Eine absolut wesentliche Kraftquelle ist die Begegnung mit einem echten Freund, dem man alles sagen kann in dem Wissen, daß man angehört, ermutigt und bestätigt wird durch ein liebendes Wort und eine zärtliche Geste. Solange Freundschaft Ermutigung zur Treue ist, ist sie die schönste aller Wirklichkeiten. Aristoteles sagt, sie sei die Krone der Tugenden, ja sogar die unverdiente Krone.

An dunklen Tagen braucht man einen Freund, um bei ihm Trost zu finden. Ist man „am Boden zerstört", hat man „die Nase voll", so kann ein Brief von einem Freund Frieden und Selbstvertrauen wiederherstellen. Der Freund ist eine Zuflucht. Der Heilige Geist bedient sich der kleinen Dinge, um uns zu erleuchten und zu stärken.

Bernhard von Clairvaux schreibt in einem Brief an seinen Freund Oger: „Während ich diesen Brief schreibe, bist du mir gegenwärtig – so sicher wie ich es dir bin, wenn du mich liest. Wir ermüden schon, in dem wir uns schreiben, aber wird es der Heilige Geist jemals müde zu lieben? Wir finden Ruhe in jenen, die wir lieben, und wir bewahren jenen einen Platz im Herzen, die uns lieben."

Briefe können eine wirkliche Nahrung sein.

Manche Assistenten der Arche haben bei starker Ermüdung das Bedürfnis, zu sprechen, zu sprechen und noch einmal zu sprechen. Sie brauchen das aufmerksame Ohr eines Freundes, der einen ganzen Wust von Kümmernissen, Leiden und Ängsten aufzunehmen vermag. Sie finden keine Ruhe, solange sie nicht ihrem Herzen Luft gemacht haben, solange sie nicht alles beim Freund abgeladen haben.

Die Verantwortlichen der Gemeinschaft (aber das gilt auch für alle anderen) tragen oft eine Menge Frustrationen mit sich herum, weil sie in der Gruppe nicht immer alles aussprechen können, ohne die Gemeinschaft in Gefahr zu bringen. Je empfindlicher sie sind, desto schwerer tragen sie an diesen Frustrationen, Zornausbrüchen, Unruhen, Gefühlen der Unzulänglichkeit, der Traurigkeit und der Müdigkeit. Sie müssen all diese Widersprüche unbedingt bei einem Menschen aussprechen können, der ihnen Geborgenheit gibt.

Sie müssen sagen können, wie sehr sie den und jenen hassen, der sie in Frage stellt, ohne daß man sie des Mangels an Nächstenliebe bezichtigen könnte. Man braucht manchmal einfach eine solche Befreiung, um den Frieden wiederzufinden.

Jener, der zuhört und in gewisser Weise zum „Mülleimer" für den anderen wird, muß über ein gewisses Maß an Weisheit verfügen, um all das aufzunehmen, ohne durchzudrehen, ohne gleich alles richtigstellen zu wollen, ohne zu urteilen oder Gefallen daran zu finden, ohne eine ungesunde Einstellung zu unterstützen oder gar dazu anzuregen.

Fühlt man sich geliebt und anerkannt, wie man ist, fühlt man Vertrauen und Liebe der anderen, so fühlt man sich im Grunde seines Herzens bestärkt.

Sich bestärkt zu wissen durch die Liebe der anderen aber ist ein Ruf, zur Nahrung für jene zu werden, die leiden, die einsam und in Not sind. So lernt man allmählich, sich aufzehren zu lassen.

Man braucht keine Angst zu haben, andere zu lieben und ihnen zu sagen, daß man sie liebt. Es ist die größte aller persönlichen Kraftquellen.

Teilnehmen

Manchmal halten wir uns in unseren Gemeinschaften das Wesentliche vor Augen. Wir teilen uns mit, wie und warum wir zur Arche gekommen sind und was wir dort lebenswichtig und lebenswürdig finden. Höre ich dem einen oder dem anderen zu, so entdecke ich seinen Weg und die Art, wie Gott ihn führt und wachsen läßt. Und das stärkt mich.

Sich einander mitzuteilen in Gemeinschaft ist eine Nahrung, die neue Hoffnung gibt.

Einander Schwächen und Schwierigkeiten mitzuteilen wirkt oft anregender für die anderen, als unsere Fähigkeiten und Erfolge auszubreiten.

In einer Gemeinschaft neigt man immer dazu, sich entmutigen zu lassen. Man glaubt, die anderen machen es besser und haben nicht die gleichen inneren Kämpfe durchzustehen. Entdeckt man, daß wir alle im gleichen Boot sitzen, alle dieselben Ängste und Nöte haben, dann hilft uns das, weiterzumachen.

Es ist merkwürdig, wie die Demut eines einzelnen die anderen stärken kann. Demut ist einfach Wahrheit: ein Zeichen der Gegenwart Gottes.

Eine der größten Sünden in der Gemeinschaft ist vielleicht eine gewisse Art, traurig und mißmutig zu sein. Es ist so leicht, sich mit einigen zusammenzusetzen und die anderen zu kritisieren, einfach zu sagen: „Ich habe es satt", „Es geht sowieso alles schief", „Es ist längst nicht mehr wie früher". Eine solche Einstellung, die man den einzelnen leicht vom Gesicht ablesen kann, ist ein echter Krebs, der den ganzen Leib zerfressen kann. Wie Liebe und Freude, so verbreitet sich Traurigkeit mit der Geschwindigkeit des Lichts. Jeder ist andauernd mitverantwortlich für die Atmosphäre der ganzen Gemeinschaft.

Der Blick des Armen

Oft ist die größte Kraftquelle eine ganz kleine Geste des Feingefühls oder des Mitleidens eines Schwachen. Der Blick des Armen vermag uns zu entspannen, unser Herz anzuregen und uns an das Wesentliche zu erinnern.

Eines Tages habe ich die Schwestern von Mutter Teresa im Armenviertel von Bangalore begleitet, um mit ihnen Aussätzige zu verbinden. Ihre Wunden stanken. Menschlich gesehen war es widerwärtig. Aber in ihren Augen war Licht. Ich konnte nichts anderes tun, als die Instrumente zu halten, die die Schwestern brauchten, aber ich war gern dort. Ihr Blick, ihr Lächeln durchdrang mich zutiefst. Ich war wie neu geboren. Beim Gehen war ich voller Freude – voll unerklärlicher Freude, welche die Aussätzigen mir geschenkt hatten.

Ich erinnere mich auch an einen Abend im Gefängnis von Calgary in Kanada. Ich verbrachte drei Stunden mit den Männern vom Klub 21. Es sind jene, die wegen Totschlags zu 21 Jahren und mehr verurteilt sind. Sie haben mich zutiefst bewegt, ich bin wie neu von ihnen fortgegangen. Sie haben etwas in mir verändert.

Das Lächeln des Armen, der Blick des Verzweifelten, der sich meinem Blick mitteilt, wandeln mein Herz. Sie lassen neue Lebensgeister aus der Tiefe meines Wesens aufsteigen. Sie scheinen gewisse Barrieren zu durchbrechen - und mir dadurch eine neue Freiheit zu schenken. Es ist wie mit dem Blick oder dem Lächeln eines Kindes: selbst der Härteste kann ihm nicht widerstehen. Die Begegnung mit dem Schwachen ist eine ganz wesentliche Nahrung unseres Daseins: Lasse ich mich von seiner Gegenwart durchdringen, so legt er mir etwas ganz Kostbares ins Herz.

Solange man nur etwas tut für den, der in Not ist, erhält man die Schranken der Überlegenheit aufrecht. Man muß die Gegenwart des Armen mit offenen Händen aufnehmen können: als Gabe. Jesus hat allzu recht: „Was du dem geringsten meiner Brüder getan hast (dem, welchen man nicht beachtet und ablehnt), das hast du mir getan."

Im Gebet der Arche beten wir jeden Abend das Gebet, das auf Seite 428 abgedruckt ist.

Der Arme hat immer etwas Prophetisches. Er offenbart uns die Pläne Gottes. Die echten Propheten weisen immer auf die prophetische Rolle der Armen hin. Deswegen muß man sich Zeit nehmen, die Armen anzuhören. Um sie anzuhören aber muß man ihnen nahe sein. Sie sprechen leise, und nur unter bestimmten Bedingungen. Sie haben Angst, sich auszudrücken, denn es fehlt ihnen an Selbstvertrauen, so sehr sind sie gedemütigt, unterdrückt. Hört man ihnen aber zu, dann führen sie einen zum Wesentlichen.

Pater Arrupe, der Generalobere der Jesuiten, sagte in einem Vortrag vor amerikanischen Ordensleuten: „Die Solidarität der Ordensleute mit den wirklichen Armen wird immer von Einsamkeit begleitet sein. Wir werden uns allein gelassen fühlen, wenn wir sehen, daß man in der Welt der Arbeiter weder unser Ideal noch unsere Motivationen und Methoden versteht. Tief innen fühlen wir uns total allein. Wir brauchen Gott und seine Kraft, um in der Einsamkeit unserer Solidarität mit den Armen weiterarbeiten zu können. Letztlich bleiben wir unverstanden und isoliert. Das ist der Grund, warum so viele Ordensmänner und Ordensfrauen, die in der Welt der Arbeit engagiert sind, eine neue Gotteserfahrung gemacht haben. Inmitten der Einsamkeit und des Unverstandenseins ist ihre Seele von Gott erfüllt worden. Sie fühlten sich unfähig, entdeckten aber, wie Gott durch jene, mit denen sie solidarisch sind, zu ihnen spricht. Sie entdeckten, daß jene Randfiguren durch ihr Leiden, durch ihre Unterdrückung, durch ihre Verlassenheit ihnen etwas Göttliches zu sagen haben. Dadurch aber versteht man erst die echte Armut. Man wird sich seiner eigenen Unfähigkeit, seines eigenen Unwissens bewußt. Man öffnet seine Seele, um durch das Leben des Armen eine echte Weisung zu empfangen, die von Gott kommt. Ja, Gott spricht durch diese herben Gesichter, diese ruinierten Gestalten. Und ein neues Gesicht Christi erscheint uns in den Geringsten" (*Dritte Interamerikanische Konferenz der Ordensleute*, Montreal, November 1977).

Bin ich der Arche müde, gehe ich oft in die Forestière. Das ist eine unserer Gemeinschaften, die die geistig Schwerstbehinderten aufnimmt. Keiner der neun, die im Augenblick dort sind, kann sprechen. Einige können nicht einmal gehen. Herz und Gefühl äußern sich bei ihnen durch den Körper. Der Assistent, der sie füttert, badet und ins Bett bringt, kann das nicht nach seinem Rhythmus tun, sondern er muß sich dem ihren anpassen. Er muß langsam arbeiten, um auch den geringsten Ausdruck ihres Wesens aufzunehmen. Weil sie sich sprachlich nicht ausdrücken können, vermögen sie auch nicht laut zu sprechen, um sich durchzusetzen. Der Assistent muß darum um so aufmerksamer auf die tausend Arten nichtverbaler Mitteilungen, durch die sie sich verständlich zu machen suchen, achten. Er lernt dadurch viel besser, einen Menschen anzunehmen und aufzunehmen und mit ihm zu leiden. Für mich ist der verlangsamte Rhythmus und die Gegenwart dieser zutiefst verletzten Menschen eine Verpflichtung, selbst langsamer zu leben und den hochtourigen Motor in mir zum Stillstand zu bringen. Das ruht mich aus und läßt mich die Gegenwart Gottes erleben. Der Ärmste hat eine außerordentliche Vollmacht, gewisse Wunden in meinem eigenen Herzen zu heilen. Er wird zur Stärkung, sobald ich bereit bin, ihn aufzunehmen.

Verschließen sich die Gemeinschaften den Armen, so verschließen sie sich Gott. Das soll nicht heißen, daß sich die Klöster mit einem beschaulichen Leben den Armen öffnen müßten. Aber jedes dieser Klöster, wie überhaupt jeder Christ, sollte sich von den Armen und den Verletzten dieser Welt betroffen fühlen. Er sollte den Armen in seiner Nähe wirklich nahe sein und sich von ihnen zur Liebe berufen lassen. Diese Armen können die alten und kranken Brüder und Schwestern des Klosters sein oder jene, die Hunger haben und für einige Tage Unterkunft und Verpflegung erbitten – oder jene Menschen aus der Nachbarschaft, die wirklich leiden und ein gutes Wort brauchen. Jeder, der Jesus nachfolgen möchte, ist auch zum Mitleiden berufen, zum Mitgehen mit den Armen und Verletzten und zum Gebet für sie.

Man kann nicht bei der Eucharistiefeier am gebrochenen

Leib Christi teilhaben, an seinem unter Folterqualen vergossenen Blut, aber sein Herz nicht den Gebrochenen und Gekreuzigten von heute öffnen wollen.

Leben wir in der Arche nicht mehr mit den Armen und Verletzten, und feiern wir nicht mehr das Leben mit ihnen, dann wird unsere Gemeinschaft sterben, denn wir sondern uns ab von der Quelle des Lebens, von der Gegenwart Jesu in ihnen. Jeden Tag nähren sie uns und heilen unsere Wunden. Sie rufen in uns Licht und Liebe hervor. Sondern wir uns vom gebrochenen Leib Christi in der Eucharistie und im Gebet ab, werden wir unfähig, die Armen als Quelle des Lebens und der Gegenwart Christi zu sehen. Dann werden wir geistig sterben.

Lebt man in Gemeinschaft, und der Alltag ist bis zum Rande gefüllt, so sind Momente des Abstands und der Einsamkeit unerläßlich, Gott im Schweigen und in der Ruhe zu begegnen. Sonst vermag man den Motor nicht mehr zu bremsen. Man rast im Kreis herum. Die Kleinen Brüder und die Kleinen Schwestern von Charles de Foucauld haben eine feste Regelung des Gebets in der Zurückgezogenheit: eine ganze Stunde pro Tag, einen halben Tag pro Woche, eine ganze Woche pro Jahr und ein ganzes Jahr alle zehn Jahre. Lebt man in Gemeinschaft, so wächst die gegenseitige Abhängigkeit. Ungute Abhängigkeit aber sollte man meiden. Man muß Zeit für sich selbst haben: Zeit allein zu sein mit dem Vater und allein mit Jesus. Das Gebet ist eine Haltung des Vertrauens dem Vater gegenüber. Man sucht seinen Willen, man sucht für die Brüder und Schwestern seine Liebe auszustrahlen. Jeder muß sich ausruhen und sich entspannen lernen in der Stille, im Gleichklang des Herzens mit Gott.

Man braucht nicht zu fürchten, daß die anderen Schaden nehmen, wenn man sich von Zeit zu Zeit zurückzieht. Unsere Liebe zum Nächsten wird nicht abnehmen, wenn wir versuchen, unsere persönliche Liebe zu Gott zum Wachsen zu bringen. Es wird sogar recht vorteilhaft sein für die Entfaltung jener Liebe!" (*C. Carretto*, Unser Weg durch die Wüste, Herderbücherei 694, Freiburg 1979, 21).

Wenn ich allein bin, wird es manchmal licht auf dem Grunde meines Daseins. Es ist wie eine Wunde des Friedens, in der Jesus gegenwärtig ist. In dieser Wunde und durch sie hindurch finde ich zu den anderen: schrankenlos, furchtlos, ohne jede Aggressivität, ohne die Unfähigkeit zum Gespräch, ohne die Wellen des Egoismus, ohne das Bedürfnis, mich selbst zu betätigen. Ich kann in der Gegenwart Jesu und in der unsichtbaren Gegenwart meiner Brüder und Schwestern bleiben. Ich entdecke die Notwendigkeit dieser Zeit des Alleinseins jeden Tag mehr, will ich die anderen mit der Wahrhaftigkeit wiederfinden und im Licht Gottes meine Schwächen, meine Unwissenheit, meinen Egoismus, meine Ängste annehmen. Das Alleinsein trennt mich nicht von den anderen, sondern hilft mir, sie mit mehr Realismus zu lieben und ihnen besser zuzuhören. Falsches Alleinsein ist davon zu unterscheiden: Es ist eine Flucht vor den anderen, um sich in Egoismus und Traurigkeit oder gekränkter Empfindlichkeit abzusondern. Echtes Alleinsein aber ist innere Verbundenheit mit Gott und den anderen.

Jeder muß seinen eigenen Gebetsrhythmus finden. Für den einen sind es ganze Stunden, für den anderen eine Viertelstunde hier und da. Für alle aber ist es ein Achten auf die Gegenwart Gottes und auf sein Wohlgefallen während des ganzen Tages. Einige brauchen eine Anregung durch das Wort Gottes oder das Vaterunser, andere brauchen nur den Namen Jesu auszusprechen. Das Gebet ist wie ein heimlicher Garten der Stille und der Innerlichkeit, es ist der Ort der Ruhe. Es gibt tausend Türen zu diesem Garten – und jeder muß seine eigene finden.

Betet man nicht, gibt man sich nicht Rechenschaft über sein Leben und Tun, findet man keine Ruhe auf dem Grund des Herzens, auf dem Gott gegenwärtig ist, so wird man es schwer haben, mit der Gemeinschaft zu leben. Man kann für den anderen nicht verfügbar sein, nicht zum Werkzeug des Friedens werden. Man lebt nur noch den Reizen des Augenblicks. Man verliert den Sinn für das Wesentliche und die Prioritäten.

Immer wieder müssen wir daran denken, daß die Läuterung unseres Herzens nur mit Hilfe des Heiligen Geistes geschieht. Das Verborgene unserer Seele, das Unbewußte nämlich, kommt nur durch Gott ans Licht.

Beten heißt unser ganzes Dasein Gott überlassen, ihn das Ruder unseres Lebens übernehmen lassen. Beten heißt vertrauen. Es heißt, Gott zu sagen: „Sieh, ich bin die Magd des Herrn, mir geschehe nach deinem Wort."

„Wir müssen vertrauen lernen, dem Gefühl keinen Wert zuschreiben, sei es nun tröstlich oder schmerzlich" (*R. Burrows*, Mystical Prayer, London 1976).

Gebet ist Begegnung. Es nährt die tiefsten Gefühle. Es ist Gegenwart und Gemeinschaft. Das Geheimnis unseres Daseins ist in jener Vereinigung mit Gott beschlossen, in der man sich wirklich geliebt und von Schuld befreit fühlt. In unserem tiefsten Inneren, jenseits all unserer Fähigkeiten, zu handeln und zu verstehen, schlägt ein allzu verwundbares Herz: jenes Kinderherz, das liebt, aber Angst hat zu lieben. Stilles Gebet ist Nahrung für die tiefsten Schichten. Es ist die wesentlichste Nahrung für jeden, der in Gemeinschaft lebt. Denn es ist die geheimste und die persönlichste Nahrung.

Carlo Carretto spricht davon, wie man die Wüste dort finden kann, wo man gerade ist: in seinem Zimmer, in einer Kirche, vielleicht im Herzen der Massen. Für mich heißt das manchmal, in Trosly von einem Haus zum anderen zu gehen, mich auf mich selbst zurückzuziehen und in mir jenen Raum zu entdecken, in dem Jesus lebt. Manchmal aber brauche ich auch mehr Zeit.

Oft, wenn ich in der Arche oder anderswo auf jemanden oder auf etwas warte, rege ich mich innerlich auf. Ich mag keine Zeit verlieren. Die Lokomotive will weiter – ohne zu wissen wohin. Die aufgestaute Energie wird zur Nervosität. Auf Reisen ist das noch schlimmer. Ich muß noch viel lernen, diese scheinbar verlorenen Augenblicke zu nutzen: mich zu entspannen und auszuruhen, die Gegenwart Gottes zu finden und wie ein Kind zu leben, das nur noch staunt. Ich muß noch Geduld lernen und den Augenblick leben – jenen Augenblick, in dem Gott sich mir schenken möchte.

Es gibt für eine Gemeinschaft zwei Gefahren. Die Mitglieder können entweder eine Mauer um sich bauen – sei es nun unter dem Vorwand der Gottesvereinigung, der mangelnden Gesundheit oder des Privatlebens – oder aber sich verzetteln in unpersönlichen Begegnungen, in denen sie unter dem Vorwand des Austausches ihren Gefühlen freien Lauf lassen. Im ersten Fall neigen sie zu falscher Einsamkeit, im zweiten Fall werden sie übermäßig abhängig von anderen und existieren nicht mehr für sich selbst. Das rechte Gleichgewicht zwischen Alleinsein und Gemeinschaft ist immer schwer zu finden.

Früher vernachlässigte man eher die Gabe der Gemeinschaft und des Teilens, heute besteht eine Gefahr, das innere Leben zu vergessen. Um wirklich ganz in der Gemeinschaft zu leben, muß man zunächst selbst leben lernen: wissen, wie man sich aufrecht hält, fähig wird, zu lieben. Eine Gemeinschaft ist keine Fluchtburg, sondern ein Sprungbrett. Wer sich nur verheiratet, weil er es braucht, wird bald in Schwierigkeiten geraten. Man heiratet, weil man jemanden liebt und weil man mit ihm ein Leben lang weiterkommen will, ihn glücklich machen. In eine Gemeinschaft tritt man ein, um auf den Ruf Gottes zu antworten, um zu sein, was man sein soll, um mit anderen zu leben und mit ihnen aufzubauen. Aber dazu gehört, daß jeder eigene Wurzeln schlägt.

Sonst fehlt uns jenes innere Bewußtsein, das uns hilft,

den Willen Gottes zu erkennen und die echten Bedürfnisse der Gemeinschaft von den eigenen Instinkten, Ängsten und Bedürfnissen zu unterscheiden. Man geht dann nicht, um sein Leben hinzugeben, sondern um sich zu befreien oder sich zu beweisen. Man lebt mit anderen und für andere – nicht, um ihnen wachsen zu helfen, sondern nur aus dem Bedürfnis, irgend etwas zu machen. Um menschlich zu wachsen, um innerlich frei zu werden, bedarf man des Austausches und des gemeinsamen Gebetes, aber gleichzeitig auch des Alleinseins, des Nachdenkens, der Verinnerlichung und des persönlichen Gebetes.

Henri Nouwen schreibt über Einsamkeit und Gemeinschaft, für manche gäbe es einen Gegensatz zwischen diesen zwei Wirklichkeiten: Entweder Alleinsein ist gleichbedeutend mit Privatleben, in dem ich tue, was ich will, und Gemeinschaft ist der Ort der „Hingabe" im Gegensatz zum Privatleben, das davor geschützt werden muß – oder aber das Alleinsein ist dazu bestimmt, das Gemeinschaftsleben zu bereichern. Es ist die notwendige Kraftquelle, noch mehr für die anderen dazusein.

„Aber Alleinsein ist nicht nur ‚für mich' und die Gemeinschaft nicht nur ‚für andere'. Alleinsein ist auch Kommunion mit den anderen – aber eben auf eine andere Weise als leibhaftige Gegenwart. Es ist zunächst und zuerst für die Gottesvereinigung bestimmt. Im Alleinsein entdecken wir einander auf eine ganz neue Art, die nur schwer, wenn nicht unmöglich im leibhaftigen Beisammensein erreichbar ist. Wir erkennen Bande, die nicht von Worten und Gesten abhängig sind und die tiefer gehen und stärker sind als alles, was wir durch eigene Anstrengung erreichen."

„Alleinsein und Gemeinschaft gehören zusammen. Sie bedingen einander wie der Mittelpunkt und die Peripherie des Kreises. Alleinsein ohne Gemeinschaft führt zu einem Gefühl der Isolierung und der Verzweiflung. Gemeinschaft ohne Alleinsein führt zum Leerlauf der Worte und Gefühle ..." (Solitude and Community, in: Worship, Januar 1978).

Wegen seiner Komplexgeladenheit erfordert Gemeinschaftsleben eine bestimmte innere Haltung, sonst führt es sehr schnell zu Lähmungserscheinungen. Die einen und die anderen suchen nach Kompromissen, um nicht weiterwachsen zu müssen. Die echte innere Haltung ist die eines Kindes, das sich ausliefert: das weiß, daß es nur ein winziger Bestandteil der Schöpfung ist, und daß es dort, wo es ist, dazu berufen ist, sein Leben hinzugeben und aufzuopfern. Diese Haltung bedeutet ein totales Gottvertrauen, in jedem Augenblick seinen Willen und sein Wohlgefallen zu suchen. Hat man kein Kinderherz mehr, das Werkzeug des Friedens und der Einheit sein möchte, dann wird man schnell entmutigt, oder man versucht sich zu beweisen, daß man jemand ist. In beiden Fällen aber zerstört man die Gemeinschaft.

Wie kann man ein Kinderherz richtig ernähren? Das ist die wesentlichste Frage für jeden, der in Gemeinschaft lebt. Die Liebe ernährt sich allein durch die Liebe. Lieben lernt man nur, wenn man liebt. Sobald der Krebs des Egoismus sich einnistet, verseucht er alles, was man tut. Wächst aber die Liebe, die immer auch Opfer, Hingabe und Kommunion ist, dann verwandelt diese Liebe alles: die Sprache, die Gestik, ja sogar den Körper.

Unser Herz nährt sich in dem Maß, wie es dem Herzen Gottes treu bleibt. Das Gebet ist nichts anderes als das Kind, das sich dem Vater in die Arme wirft und ja sagt.

Unser Herz nährt sich in dem Maß, wie es den Ärmsten treu bleibt, ihnen zuhört und sich durch ihre prophetische Gegenwart stören läßt.

Unser Herz nährt sich in dem Maß, wie es dem Bewußtsein und den Strukturen der Gemeinschaft treu bleibt und liebevoll und geduldig ja sagt zur Gemeinschaft.

Manchmal kommt mir beim Gebet ein Bruder oder eine Schwester in den Sinn – nicht wie eine Zerstreuung, die mich von Jesus abbringen möchte, sondern eher wie ein Bild, das mir Gottes Liebe noch ganzheitlicher offenbart und mich ins Herz der heiligen Dreieinigkeit eindringen läßt.

Unsere Leiden und Schmerzen können auf geheimnisvolle Weise zur Nahrung werden. Wie unsere Armut und Ohnmacht, so können auch sie Zeichen und Gegenwart Gottes werden. Gelingt uns alles, was wir wollen, meinen wir uns ganz oben auf der Leiter des Erfolgs, so können wir uns leicht von Gott abwenden. Aber wenn wir leiden, dann rufen wir zu ihm, und er antwortet uns: „Ich bin da!“ Es gibt eine Gegenwart Gottes inmitten des Leidens, die das Tiefste nährt, was es in uns gibt.

Brot werden

Sieht man die Nahrung nicht, die einem zugänglich ist, so weigert man sich, Brot für andere zu werden. Man glaubt nicht, daß das eigene Lächeln, Dasein und Beten Nahrung für die anderen werden kann und ihr Vertrauen wiederherstellt.

Andere entdecken im Gegenteil, daß ihre Nahrung darin besteht, Brot aus einem leeren Korb auszuteilen. Das ist das Wunder der Brotvermehrung! „Herr, gib, daß ich mehr tröste als getröstet zu werden!“ Fühle ich mich innerlich leer, vermag ich anderen dennoch ein stärkendes Wort zu sagen. Habe ich selber Angst, kann ich anderen immer noch zum Frieden verhelfen. Solche Wunder kann nur Gott vollbringen.

Manchmal begegne ich Menschen, die ihrer Gemeinschaft gegenüber aggressiv sind. Sie beklagen sich über deren Mittelmäßigkeit. „Die Gemeinschaft stärkt mich nicht. Sie gibt mir nicht, was ich brauche.“ Sie sind wie Kinder, die für alles ihre Eltern verantwortlich machen. Es fehlt ihnen an Reife, an Vertrauen zu Jesus und zu ihren Brüdern und Schwestern. Sie wollen ein Festmahl mit einer gedruckten Speisekarte – sie weigern sich, die Krümel aufzulesen, die in jedem Augenblick vom Tisch des Herrn fallen. Ihre Idealvorstellung von der geistlichen Nahrung, die sie „brauchen“, wie sie sagen, hindert sie daran, jene Nahrung aufzunehmen, die Gott ihnen im Alltag gibt. Sie nehmen das Brot nicht an, das ihnen der Arme, der Bruder, die Schwester durch einen Blick und ein Wort anbieten.

Zu Anfang kann die Gemeinschaft die Nährmutter sein, aber mit der Zeit muß jeder seine eigene Nahrung in den tausend kleinen Gesten der Gemeinschaft entdecken. Es kann eine gottgegebene Kraft sein, die ihm in seiner Schwachheit und Unsicherheit zu Hilfe kommt, die ihm beisteht, die Wunde des Alleinseins und seinen Schrei anzunehmen. Die Gemeinschaft kann der Misere des einzelnen niemals abhelfen, denn sie gehört zum Menschsein. Aber die Gemeinschaft kann uns helfen, unser Elend anzunehmen und uns daran zu erinnern, daß Gott unseren Schrei erhört und daß wir nicht allein sind. „Das Wort ist Fleisch geworden und hat unter uns gewohnt“ (Joh 1,14). „Fürchte dich nicht, denn ich bin mit dir“ (Jes 43,5). In Gemeinschaft leben heißt auch lernen, allein durch die Wüste zu gehen und sein Vertrauen allein auf Gott, den Vater, zu setzen.

Hat man die ursprüngliche Vision der Gemeinschaft verloren, sich vom Anhaltspunkt der Treue entfernt, dann kann man soviel geistliche Nahrung aufnehmen, wie man will, ja man kann sich sogar geistlich überfüttern, ohne daß man dadurch Stärkung erführe. Aber man kann sich auch bekehren: Man kann wieder zum Kind werden, man kann den ursprünglichen Ruf wieder hören – den eigenen und auch den der Gemeinschaft. Beginnt man an diesem Ruf zu zweifeln, dann verbreitet sich dieser Zweifel wie ein Krebsschaden. Er kann das Fundament des gesamten Gebäudes unterhöhlen. Wir müssen lernen, unser Vertrauen in diesen Ruf zu nähren.

Das Gebet der Gemeinschaft und die Feier der Eucharistie

Das Gebet in Gemeinschaft ist eine wichtige Nahrungsquelle. Eine Gemeinschaft, die zusammen betet, die in die Stille und die Anbetung geht, wird durch das Wirken des Heiligen Geistes zusammengeschweißt. Der Schrei, der von der Gemeinschaft ausgeht, wird von Gott auf besondere Weise erhört. Bittet man Gott gemeinsam um eine Gabe, um eine Gnade, dann hört Gott uns – und er erhört uns. Jesus sagt, alles, worum wir in seinem Namen bitten, wird uns vom Vater gegeben werden. Das gilt in besonderem Maß für eine Gemeinschaft. Mir scheint, daß wir in der Arche nicht genug Gebrauch von dieser Möglichkeit gemeinsamer Fürbitte machen. Vielleicht sind wir auch noch nicht einfach, noch nicht kindlich genug. Unser spontanes Gebet dreht sich manchmal etwas im Kreis. Es ist schade, daß man die so schönen Kirchengebete, ich meine die vorgegebenen Texte, nicht genügend gebraucht, daß man die Heilige Schrift nicht besser kennt. Sicher verlieren die Texte an Gewicht, wenn man sie täglich braucht – aber auch das spontane Gebet kann an Reiz verlieren, wenn man es überstrapaziert. Streben wir einen Ausgleich zwischen den Texten der Tradition und dem spontanen Gebet aus der Tiefe des Herzens an.

Oft schreit eine Gemeinschaft nicht mehr zu Gott, weil sie den Schrei des Armen nicht mehr hört. Sie ist selbstzufrieden geworden. Sie hat einen nicht allzu verunsichernden Lebensstil gefunden. Sieht man das Elend und die Not seines Volkes, sieht man seine Unterdrückung und sein Leid, sieht man seinen Hunger und die eigene Unfähigkeit zu helfen, dann schreit man schließlich doch zum Vater: „Herr, du kannst dich dem Schrei deines Volkes nicht verschließen – höre unser Gebet." Hat die Gemeinschaft einen Bund mit den Armen geschlossen, dann wird der Schrei der Armen auch zum Schrei der Gemeinschaft.

Die Gemeinschaft muß Zeichen der Auferstehung sein. Eine in sich gespaltene Gemeinschaft, in der jeder seines Weges geht, jeder nur die eigene Zufriedenheit sucht und mit seinem persönlichen Vorhaben beschäftigt ist, hat keinen Zeugniswert mehr. Jede Form der Verbitterung, der Traurigkeit, der Rivalität und der Spaltung, jede Weigerung, dem Feind die Hand zu geben, jede Kritik hinter dem Rücken, jede Reiberei und jede Veruntreuung der Geistesgaben der Gemeinschaft schadet ihrem Wachstum in der Liebe. Darin offenbart sich nur die schwelende Glut der Sünde und der Kräfte des Bösen, die in unserem Herzen schlummern.

Sie wartet nur darauf, aufzulodern. Manchmal ist es wichtig, daß eine Gemeinschaft sich ihrer Untreue bewußt wird. Bußandachten in Gegenwart eines Priesters oder Pastors können, wenn sie gut vorbereitet sind, zu wichtigen Augenblicken werden. Die Mitglieder, die sich ihres Rufes zur Einheit und ihrer Sünde bewußt werden, können Gott und die anderen um Vergebung bitten. Es ist dann ein Moment der Gnade, der die Herzen in der Tiefe eint.

Eine weitere Form der Nahrung, das Bindeglied zwischen persönlicher und gemeinschaftlicher Nahrung, nämlich beides zugleich, ist die Feier der Eucharistie. Sie ist die Feier der Gemeinschaft par excellence, denn sie läßt uns die Hingabe Jesu immer neu gegenwärtig werden. Sie läßt uns in der Form des Sakraments sein Kreuzesopfer neu erleben, das den Menschen einen neuen Weg eröffnet hat, das die Herzen von der Angst befreit hat, daß sie lieben, sich mit Gott vereinen und in Gemeinschaft leben können. Die Eucharistie ist der Ort für die ganze Gemeinschaft, Dank zu sagen. Darum sagt der Priester: „Stärke uns durch den Leib und das Blut deines Sohnes und erfülle uns mit seinem Heiligen Geist, damit wir *ein* Leib und *ein* Geist werden in Christus“ (Drittes Hochgebet). Wir rühren hier an das innerste Geheimnis der Gemeinschaft.

Die Eucharistie ist aber auch ein zutiefst persönliches

Erleben, durch das jeder in die persönliche Begegnung mit Christus hineinverwandelt wird: „Wer mein Fleisch ißt und mein Blut trinkt, der bleibt in mir, und ich bleibe in ihm" (Joh 6,56).

Während der Eucharistie spricht der Priester die Worte Jesu: „Nehmet und esset alle davon. Das ist mein Leib, der für euch hingegeben wird." Am meisten beeindrucken mich die Worte „der für euch hingegeben wird". Erst wenn man von diesem Leib gegessen hat, kann man sich den anderen ganz hingeben. Allein Gott konnte eine solche Wirklichkeit schaffen. Dieses Opfer, das auch ein Hochzeitsmahl ist, ruft uns, unser Leben dem Vater hinzugeben, Brot für die anderen zu werden und uns am Hochzeitsmahl der Liebe zu freuen.

Seitdem ich in der Arche lebe, werde ich immer offener für die Wirklichkeit des Körpers. Viele, die wir aufgenommen haben, können nicht sprechen, aber alle drücken ihre Liebe und ihre Angst durch den Körper aus. Der Körper ist grundlegender als das Wort. Der Leib Christi ist grundlegender als sein Wort. Viele Menschen mit einer Behinderung können das Wort nicht verstehen, aber sie können an seinem Leib teilhaben, und es scheint, daß sie ein tiefes Verständnis dafür haben, was Teilhabe am Leib Christi bedeutet. Weil sie Teilhabe unter den Menschen leben, sind sie auf besondere Weise auf die eine besondere Gemeinschaft am Leib Christi vorbereitet.

Die Gemeinschaften werden sich des zentralen Platzes der Eucharistie in ihrem Leben immer bewußter. Jesus ist in die Welt gekommen, um uns ein neues Brot des Lebens zu geben, eine neue Nahrung. Sein Wort ist sein Leib, und sein Wort ist für den Leib. Es ist gegeben für die innere Verbundenheit aller. Jesus sagt zu den Jüngern: „Tut dies zu meinem Gedächtnis." Auf sein Gebot hin feiert der Priester die Eucharistie, durch die Jesus unter den sakramentalen Gestalten von Brot und Wein gegenwärtig wird.

Wird in einer Gemeinschaft Eucharistie gefeiert, dann sind alle Glieder in der gegenseitigen Verbundenheit gesammelt durch Jesus, den Sohn. Mit ihm und in ihm bieten sie sich dem Vater dar, damit die ganze Gemeinschaft zum Ort der Gegenwart des Reiches Gottes auf Erden und zur Quelle neuen Lebens in der Liebe des Heiligen Geistes werde.

Das Wort Gottes ist unerläßlich, uns zu lehren, was es heißt, zusammenzuarbeiten. Die Symbole und der Tastsinn haben eine entscheidende Bedeutung, uns zu jener Kommunion zu führen, die das Wesen der Gemeinschaft ausmacht. Die Feier des Leibes Christi und der Eucharistie sind besonders wertvolle Symbole und Zeichen, die Kommunion untereinander zu fördern.

Dennoch zeigen die Evangelien und die Schriften der Heiligen aller Zeiten deutlich, daß es *zwei* Pole in der Kirche gibt: den Leib Christi und die Armen. Jesus hat sich arm gemacht, und er hat verkündet, daß die Armen identisch sind mit ihm. Der gebrochene Leib Christi in der Eucharistie wird nicht wirklich gelebt, solange er nicht in Beziehung mit dem gebrochenen Leib und dem Herzen der Armen gesehen wird. Der gebrochene Leib und das Herz der Armen aber finden ihre ganze Bedeutung erst in dem gebrochenen Leib Christi.

Beide sind so tief miteinander verbunden, daß der Evangelist Johannes beim Letzten Abendmahl die Eucharistie gar nicht erwähnt, sondern nur die Fußwaschung. Die Fußwaschung des Armen *ist* Eucharistie.

Weil der Priester aus historischen Gründen im Namen Jesu der Eucharistiefeier vorsteht, stand er auch allen anderen Aktivitäten der christlichen Gemeinde vor. Er war zur einzigen Autorität geworden, so als hätten die Laien nie den Heiligen Geist empfangen und als wären sie unfähig, zu denken und Verantwortung in der Kirche zu übernehmen. Die Kirche wirkte erschreckend klerikal, die Priester hatten alle Macht in Händen. Das Geheimnis der Kirche als Gemeinschaft, als Leib, in dem jeder seinen Platz hat, war so gut wie vergessen.

Weil aber der Priester die ganze Macht an sich genommen hatte, hatte man die Armen auf gewisse Weise vergessen. Die Kirche blieb auf Anbetung und Eucharistie konzentriert, den anderen Pol hatte sie aus den Augen verloren: den gebrochenen Leib der Armen und die Gemeinschaft der Gläubigen, berufen, die Armen aufzunehmen. Aus diesem Grund ist die Kirche auch so reich geworden, hat einen guten Teil ihrer Glaubwürdigkeit verloren und ist oft kein sichtbares Zeichen des Reiches Gottes und seiner Liebe mehr.

Wenn der verwundbare Leib im Zentrum der Gemeinschaft steht, dann hat auch Maria, die Mutter Jesu, dort einen hervorragenden Platz. Sie ist die erste, die den Leib Jesu aufgenommen hat: das Wort, das Fleisch geworden ist. Als alle anderen schon geflohen waren, blieb sie am Fuß des Kreuzes gegenwärtig in der unmittelbaren Nähe seines gebrochenen und sterbenden Leibes.

Vielleicht sind *alle* Christen dazu berufen, den Übergang vom Licht und der Schönheit dieser Welt zur Armut und zur Kleinheit des Leibes zu vollziehen. Noch bevor aber das Wort Fleisch geworden ist, war Maria schon voll der Gnade und voller Licht: Sie liebte die Worte der Propheten, durch die sie mit dem unsichtbaren Licht Gottes eins wurde. Als das Wort Fleisch geworden ist und Gott Mensch, wurde das Herz Marias von einer noch tieferen verborgenen Gegenwart angerührt: Gott wurde sichtbar in der körperlichen Armut eines Kindes, das getragen, genährt und geliebt werden mußte, eines Kindes, das nach innerer Beziehung suchte und sie gleichzeitig gab.

Der Tag, an dem Josef und Maria Jesus, ihr Kind, zur Darstellung in den Tempel brachten, ist den Gemeinschaften von „*Glaube und Licht*“ ein besonders liebes Fest: Simeon, der Hohepriester, sagt Maria, ein Schwert werde ihr Herz durchdringen. Viele Eltern, die ein Kind mit einer Behinderung haben, haben ein gebrochenes und vom Leiden durchbohrtes Herz. Dennoch ist ihr Sohn oder ihre Tochter auf geheimnisvolle Art berufen, die Kirche und die Gesellschaft zu erneuern. Wegen ihrer Schwäche und Verwundungen ist das nur in dem Maße möglich, wie andere Christen sie anhören und in Beziehung mit ihnen leben.

Das Brot des Leidens

Viele Gemeinschaften der Arche sind ökumenisch. In unserer Zeit der Spaltung und der Angst sind diese Gemeinschaften eine ganz besondere Gnade. Sie entsprechen einem besonderen Ruf Gottes: Jesus hat Durst und Hunger nach Einheit. Vor seinem Tod betete er, alle sollten eins sein, wie der Vater und er eins sind. Aber wenn diese Gemeinschaften eine Gabe und eine Gnade sind, dann kennen sie auch ein tiefinneres Leiden.

Vier Menschen unserer Gemeinschaft in London lebten zusammen in einer Wohnung. Einer davon, Pierre, der eine geistige Behinderung hat, kam aus einer Familie, deren Eltern getrennt sind. Der Sonntag war für ihn unerträglich, weil die vier Mitglieder dieser Gemeinschaft sich in vier verschiedene Kirchen begaben. Er konnte diese Trennung nicht ertragen. Am Sonntagabend bereitete jeder umschichtig das Essen. An einem Sonntag war Pierre daran. Als er die anderen zu Tisch rief, waren sie erstaunt, dort nur Wasser und Brot zu finden. Pierre nahm das Brot und sagte: „Das ist mein Leib" und gab jedem ein Stück. Dann reichte er ihnen ein Glas Wasser und sagte: „Jetzt haben wir alle gemeinsam kommuniziert." Ja, das Leiden an der Trennung ist schwer zu ertragen, wenn man gemeinsam lebt.

Eine ökumenische Gemeinschaft darf keine neue Kirche mit eigenen Gebeten und Sakramenten werden, davon gibt es gerade genug. Eine ökumenische Gemeinschaft ist berufen, Menschen zusammenzubringen – und durch sie hindurch auch ihre Kirchen. Sie muß den Menschen helfen, gegenseitig tiefer zu entdecken, was ihren Glauben und ihre Schönheit ausmacht. Sie muß ihnen entdecken helfen, daß das, was sie eint, viel tiefer geht, als das, was sie voneinander trennt.

Das heißt, daß jeder in seiner eigenen Gemeinde und seinen eigenen Traditionen verwurzelt sein muß. Die Gemeinschaft ist nicht dazu da, um sie am Wachstum in ihrem eigenen Glauben zu hindern, sondern um sie zu ermutigen, das zu leben und zu vertiefen, was an ihrem Glauben wesentlich ist: was sie zur Heiligkeit, zur inneren Einheit, zur Heilung, zur Liebe, zum Mitleiden und zur Vergebung führt.

Heute gibt es mehr und mehr Jugendliche, die Jesus folgen wollen, aber zu keiner Kirche gehören und keinerlei geistliche Wurzeln haben. Das ist ein Problem, dessen Lösung ich nicht klar sehe. Man wird auch ihnen helfen müssen, in die Tiefe zu gehen und ein Zugehörigkeitsgefühl zu entwickeln.

Wir von der Arche wollten nie ökumenisch werden. Das war für uns kein Ziel. Wir sind ökumenisch geworden – das ist uns durch „unser Volk" geschenkt worden. Wir haben plötzlich entdeckt, daß wir ökumenisch sind, als wir begannen, Menschen mit einer geistigen Behinderung aufzunehmen, die aus irgendeiner Einrichtung kamen. Sie brauchten einen Ort, an dem sie leben konnten, eine neue Familie. Sicher haben wir sie nicht gefragt, welcher Konfession sie sind. Wir haben sie aufgenommen, weil wir ihre Bedürftigkeit sahen. Nachdem wir sie aufgenommen hatten, mußten wir darauf achten, wie wir ihnen helfen können, auch im Glauben zu wachsen. Dazu aber brauchte es Kontakte mit ihren Priestern und Pastoren innerhalb der Gemeinden. In diesem Augenblick sind wir uns bewußt geworden, daß wir nicht alle zum selben Gottesdienst gehen konnten, sondern *entweder* zur Eucharistie *oder* zum Abendmahl mußten. Und damit ist uns das Leiden überhaupt erst bewußt geworden.

Einige meinten, daß wir einfach um die Genehmigung zur Interkommunion bitten müßten, dann gäbe es kein Leiden mehr und alles würde einfacher: Hätten die Menschen mit einer geistigen Behinderung nicht eine prophetische Rolle zu spielen – und wie sollten sie die Unterschiede überhaupt verstehen können? Wie sollten sie verstehen, warum die Kommunion am Leib Christi ihnen bei dem einen Gottesdienst verweigert wurde, beim anderen aber nicht?

Diese Argumente haben zweifellos ihr Gewicht. Aber wie kann man einer Kirche oder Kirchgemeinde angehören wollen, ohne ihren Geboten, Gebräuchen und Überlieferungen die Treue zu wahren? Weiter ist in der katholischen und der orthodoxen Kirche, außer in besonderen Fällen, die Interkommunion noch nicht erlaubt. Sollten wir uns wirklich weigern, diesen Anordnungen zu folgen, nur weil die Menschen mit einer geistigen Behinderung prophetisch begabt sind? Wie die Entscheidung auch ausfallen würde – auf jeden Fall würden wir leiden müssen.

Schließlich haben wir uns entschieden, dieses Leiden im Herzen der Gemeinschaft zu leben und die einzelnen nicht von ihren Kirchen zu trennen.

Sollte das aber heißen, daß wir in einer Gemeinschaft oder bei Zusammenkünften mehrerer Gemeinschaften *nicht* Eucharistie feiern könnten? Ist nicht für Katholiken, Anglikaner und Orthodoxe die Eucharistie das Zentrum christlicher Gemeinschaft? Gründet und stärkt nicht gerade die Eucharistie die Gemeinschaft, weil sie die Realpräsenz Jesu Christi bedeutet? Und könnte die Arche überhaupt existieren, wenn ihre Glieder nicht in einem tiefen geistlichen Leben verwurzelt und verankert sind, wenn sie nicht mit Jesus vereint und von ihm ernährt werden? Die Arche ist nicht einfach eine sympathische Hausgemeinschaft, sie ist mehr. Sie ist eine neue Art, christliche Gemeinschaft zu leben, indem sie den Armen ins Herz und ins Zentrum dieser Gemeinschaft stellt.

Manchmal fühlen sich die Gemeinschaften, in denen nur *eine* Konfession vertreten ist, schuldig, nicht ökumenisch genug zu sein. Das brauchen sie aber nicht. Ökumene ist zweifellos eine Gabe, aber es ist auch wunderbar, nur solche Menschen aufzunehmen, die derselben Kirche angehören und die dann die Eucharistie gemeinsam erleben können. Wir sind zwar alle berufen, ein ökumenisches Herz zu haben, aber nicht alle Gemeinschaften brauchen ökumenisch zu sein.

Wenn Jesus die Arche ins Leben gerufen hat, dann wird er sie auch durch dieses Leiden führen. Ich glaube, daß unsere Gemeinschaften seinem Herzen kostbar sind, denn er hat Hunger und Durst nach der Einheit, und jede Geste der Einheit ist von seiner Liebe inspiriert. Wenn er uns ruft, wird er uns auch die Weisheit und die Kraft geben, den guten Weg zu gehen, auch wenn das Unverständnis, Schwierigkeiten, Kritik und manchmal sogar Verfolgung bedeutet. Sicher machen wir Fehler, aber daraus können wir lernen.

Wenn die Eucharistie, die im Zentrum vieler christlicher Gemeinschaften steht, nicht auch das Herz der ökumenischen Gemeinschaften sein kann, dann müssen wir im Herzen dieser Gemeinschaften das Brot des Leidens entdekken. Wenn es dort keine Eucharistie gibt oder wenn wir sie dort nicht gemeinsam feiern können, dann wird die Spaltung der Kirchen erschreckend gegenwärtig in denen, deren Herz gebrochen ist. Aber in diesem Brot des Leidens gibt es auch eine Nahrung und eine Hoffnung. Für viele Menschen ist heute die Spaltung der Kirchen kein Grund zum Leiden mehr. Es ist für sie eine historische und theologische Tatsache. Wird dieses Leiden aber zu Angst und Agonie wie im Herzen Christi, dann kann man sein Leben hingeben für die Einheit der Christen. Wenn man Hunger und Durst nach der Einheit hat, dann arbeitet man auch für die Einheit.

In jeder Kapelle der Schwester von Mutter Teresa gibt es ein Kreuz an der Wand und unter einem der Arme des Kreuzes die letzten Worte Jesu: „Mich dürstet." In den Gemeinschaften der Arche, die ökumenisch sind, würde ich gern die Worte sehen: „Mich dürstet nach Einheit." Jesus sagt zu jedem der Glieder seines Leibes: „Bist du bereit, für die Einheit zu leiden? Willst du mir folgen auf dem Weg zur Einheit und das Kreuz dieses Leidens tragen?"

Das Leiden an der Spaltung der Kirche und an der Frage der Eucharistie kann zu einem nahrhaften Brot werden. Wir wissen, daß der Weg noch nicht geebnet ist und daß es ein Leidensweg ist. Aber wir wissen auch, wir sind unterwegs mit Jesus – und wir gehen auf die Einheit zu.

Niemand liebt das Leiden, wir haben alle die Neigung, es zu fliehen und alles zu tun, um es zu vermeiden. Deswegen stellt sich in unseren Gemeinschaften die Frage der Interkommunion immer neu. Manchmal sogar ziemlich aggressiv, vor allem, wenn es neue Assistenten gibt. Es ist nicht einfach, den richtigen Weg zu finden, besonders wenn man nicht immer die notwendige Ermutigung von den Priestern und Pastoren der verschiedenen Kirchen empfängt. Alle Priester und Pastoren gehören einer bestimmten Kirche an, sie haben alle ihre eigenen Probleme, und sie sind durchaus nicht immer an einer ökumenischen Gemeinschaft interessiert. Zu wem gehört denn eine ökumenische Gemeinschaft? Vielleicht zu *allen* betroffenen Kirchen – aber nur in dem Maße, in dem sie wirklich Hunger und Durst nach der Einheit haben wie Christus selbst.

Für die ökumenischen Gemeinschaften besteht die Gefahr, Kirchen und Religionen als Quellen der Spaltung anzusehen. Es ist so einfach, sich allen geistlichen Werten und religiösen Aktivitäten zu entziehen und seine ganze Energie in Freizeiten und Festen zu investieren, bei denen alle eins sein können. Aber das reicht nicht aus, eine Gemeinschaft aufzubauen und zu erhalten. Die Gemeinschaften der Arche können sich leicht damit zufriedengeben, gute Auffangstationen zu sein – und darüber zu vergessen, daß sie vor allem *Gemeinschaften* sind, mit allem, was das bedeutet.

Um Ökumene zu leben, ist jeder berufen, das zu leben und zu vertiefen, was wesentlich an seinem Glauben an Jesus ist: in der Gemeinschaft mit dem Vater zu sein und in der brüderlichen Liebe zu wachsen. Aber er muß auch das leben und vertiefen wollen, was seine eigene Kirche kennzeichnet. Die echte Ökumene besteht nicht darin, die Unterschiede zu vertuschen, sondern suchen und lieben zu lernen, was den Unterschied ausmacht. Die Glieder der Gemeinschaft müssen ihre eigenen Traditionen kennen- und liebenlernen. Dazu gehört auch, dem Ruf Jesu zu folgen, das Brot des Leidens zu essen, „daß alle eins werden". Jeder muß sich geistlich ernähren und wachsen wollen, um in der *inneren* Einheit und Heilung weiterzukommen.

Das Brot der vorweggenommenen Einheit

Wenn die ökumenischen Gemeinschaften sich nicht durch die Eucharistie nähren können, dann muß es andere Augenblicke geben, in denen die Gegenwart Jesu sich offenbart, um uns in die innere Verbundenheit mit ihm eintreten zu lassen. Wie ich schon sagte, mehr noch als sie Orte der Zusammenarbeit sind, sind Gemeinschaften Orte innerer Verbundenheit. Diese innere Verbundenheit aber muß ständig genährt werden. Glieder von ökumenischen Gemeinschaften sind berufen, ihr gemeinsames Gebet zu vertiefen. Sie sind berufen, all das zu feiern, was sie als Christen verschiedener Konfessionen eint, besonders die Taufe, das Wort Gottes, das Kreuz Jesu und jenes Kreuz, welches wir persönlich zu tragen haben, das Leben im Heiligen Geist, das Gebet und die Gegenwart Jesu. Gemeinsam sind sie zur Heiligkeit und zur Liebe berufen. Wenn sie schon die Eucharistie nicht gemeinsam feiern können, dann können sie zumindest die Fußwaschung feiern und diese wie ein Sakrament leben.

Wenn wir in der Arche schon nicht am selben eucharistischen Tisch essen können, so können wir doch gemeinsam am Tisch des Armen essen. Jesus sagt uns, wenn du ein Fest gibst, dann lade die Armen, die Krüppel, die Blinden, die Lahmen ein – und nicht deine Freunde, deine Eltern oder die reichen Nachbarn (Lk 14). Und wenn wir nicht gemeinsam aus demselben eucharistischen Kelch trinken können, dann können wir doch gemeinsam aus dem Kelch des Leidens trinken (Mt 20): aus jenem Kelch, welcher die Spaltung unter den Christen und die Ablehnung des Armen und des Schwachen bedeutet. Das sind die ganz besonderen Gaben der Arche.

Wir können dabei auch die innere Beziehung zwischen dem gebrochenen Leib Christi und der Eucharistie und dem gebrochenen und leidenden Leib „unseres Volkes" entdecken. Wir können entdecken, daß die Armen ein Weg zur Einheit sind. Und wie wir alle berufen sind, sie zu lieben und von ihnen geliebt zu werden, so werden wir auch alle auf geheimnisvolle Weise gemeinsam zum Herrn Jesus geführt.

In alledem müssen wir entdecken, daß die Arche berufen ist, ein prophetischer Ort des Friedens und der Versöhnung zu sein. Darin besteht unser Ruf und unsere Gabe. Wie Gott seinem Volk in der Wüste das Manna und das Wasser, das aus dem Felsen hervorkam, gegeben hat, so wird er uns auch heute die Nahrung geben, die wir brauchen. Wenn wir unser Leiden herausschreien, dann wird er uns erhöhren und ernähren.

SECHSTES KAPITEL

Die Gabe der Leitung

Autorität

Die Rolle der Autorität in einer Gemeinschaft kann nur dann richtig verstanden werden, wenn man sie als eine Gabe und einen Dienst unter anderen zum Aufbau der Gemeinschaft betrachtet. Sicher, die Ausübung der Autorität ist wichtig. Ob die Gemeinschaft sich wohl fühlt und wächst, hängt zum großen Teil davon ab, wie die Autorität ausgeübt wird. Allzuoft aber sieht man die Autorität als einzige Gabe an. Der Leiter der Gemeinschaft sieht nicht in allem klar. Ganz im Gegenteil, seine Rolle besteht darin, jedem Glied zu helfen, es selbst zu werden und die eigenen Gaben zum Wohl aller auszuüben. Eine Gemeinschaft kann nur dann ein geeinter Leib sein, „ein Herz, eien Seele, ein Geist", wenn jeder einzelne voller Leben ist. Mit Schemata wie Arbeitgeber – Arbeitnehmer, Offizier – Soldat, Vorgesetzter – Untergebener wird man niemals verstehen, was Gemeinschaft ist.

Wenn ich hier von Autorität spreche, so meine ich nicht nur den einen Verantwortlichen einer Gemeinschaft, sondern jeden, der beauftragt ist, die anderen zu leiten, zu begleiten, auszubilden und mitzutragen. In der Arche kennen wir die Verantwortung für die Werkstätten und die Wohngemeinschaften. Auch für Gartenbau, Verwaltung, Küche und Empfang gibt es einen Verantwortlichen, der andere zur Mitarbeit anleitet. Aber jeder muß lernen, Autorität auf christliche und gemeinschaftliche Art auszuüben.

Die ersten Beispiele der Autoritätsausübung sind Mutter und Vater. Beide sind notwendig, und zwar nicht nur zur Zeugung des Kindes, sondern auch zu seinem Wachstum. Gemeinsam sind sie verantwortlich für das Kind und seine Entwicklung. Autorität steht im Zusammenhang mit Wachstum. Das Wort „Autorität" kommt von dem lateinischen „*augere* – wachsen". Autorität bedeutet darum etwas ganz anderes als das, was viele darunter verstehen: Wer Autorität ausübt, sei Wächter des Gesetzes, er teile Strafen aus und verhindere das Wachstum zu persönlicher Freiheit und Entfaltung.

Die Mutter pflegt ihr Kind mit Zärtlichkeit. Sie wickelt, trägt und tröstet es, sie kommt seinen körperlichen Bedürfnissen nach, sie ist ihm Gegenwart. In ihrem Schoß beginnt das Kind zu wachsen, ihr Leib ernährt es.

Aber die Autorität muß das Kind auch ermutigen, weiterzuwachsen, sich zu bemühen und stark zu werden, um die Familie verlassen zu können. Das ist im wesentlichen die Rolle des Vaters: zusammen mit der Mutter und nicht im Gegensatz zu ihr. (Natürlich darf man die jeweiligen Rollen von Vater und Mutter weder zu sehr spezifizieren noch verallgemeinern. Beide sind wichtig. Je nach Temperament, Situation und kulturellem Kontext sind die Rollen, zu trösten, zu bestätigen und zu ermutigen, zwischen den Eltern aufgeteilt.)

Der Vater ermutigt seinen Sohn oder seine Tochter, Fortschritte zu machen, er „autorisiert", das heißt, er öffnet ihnen Türen und Wege. Er bestätigt: „Geh, du schaffst es. Nimm das Risiko auf dich und geh." Der Vater kann das Kind derart bestätigen, weil er selbst zu einer gewissen Fülle und Einheit der Menschlichkeit und der inneren Freiheit gekommen ist. Er drängt das Kind nicht, ängstlich und verschlossen zu bleiben, sondern auf die innere Einheit und Freiheit zuzugehen: auf die Freiheit, sich hinzugeben und zu lieben.

Heute besteht eine große Verwirrung in bezug auf die Rolle des Vaters. Die Rolle der Mutter ist etwas klarer. Vor allem während der Pubertät leiden viele Jugendliche darunter, daß ihr Vater sie nicht beachtet. Sie brauchen einen Vater – und gleichzeitig lehnen sie sich gegen ihn auf. Sie können sich nicht durchsetzen, sie wissen nicht, was ihre Gaben sind, es fehlt ihnen an Selbstvertrauen, sie wissen nicht wohin.

Selbst wenn sie einen Vater haben, der sie bestätigt, dann brauchen die meisten Kinder noch ein anderes Vaterbild: einen spirituellen Vater oder einen Meister oder jemand, von dem sie sich angezogen fühlen und der ihnen zum Vorbild wird. In diesem Sinn ist der Vater wesentlich jener, der den jungen Menschen auf einzigartige und sehr persönliche Weise liebt und mit dem er eine Vertrauensbeziehung eingehen kann. Der Vater erkennt die Gaben des jungen Menschen schon dann, wenn sie gerade erst keimen. Er kann bestätigen, ermutigen, lehren, unterstützen und raten und, wenn das notwendig ist, auch korrigieren, um dem Jungen zu helfen, an Selbstvertrauen, Klugheit und innerer Freiheit zu wachsen.

Diese Form der Autorität ist nicht notwendig an eine Funktion gebunden, sie ist etwas Grundlegenderes.

Autorität auszuüben bedeutet, sich wirklich verantwortlich für die anderen und ihr Wachstum zu fühlen im Wissen, daß die anderen weder unser Besitz noch irgendwelche Objekte sind, sondern Menschen, die ein Herz haben, in denen das Licht Gottes wohnt und die berufen sind, in Wahrheit und Liebe zu wachsen. Die größte Gefahr für jemand, der Autorität ausübt, besteht darin, Menschen zu manipulieren, zu kontrollieren und sie für seine eigenen Zwecke und sein eigenes Machtstreben gebrauchen zu wollen.

Menschen haben oft merkwürdige Vorstellungen von Autorität! Sie haben Angst davor, und sie haben Angst, Autorität auszuüben. Sie tun so, als wäre für sie Autorität unabhängig von Zärtlichkeit in den Beziehungen und als wäre Autorität grundsätzlich etwas Schlechtes, das einengt. Als junge Menschen haben sie unter einem autoritären Vater gelitten, bei dem es weder Zärtlichkeit noch Vertrauen gab, vielleicht ist es auch einfach eine Zeitkrankheit. Überall möchte man Autorität und Liebe trennen, um etwas streng Gesetzliches daraus zu machen.

Echte Autorität ist jene, die auf Gerechtigkeit für alle hinwirkt, vor allem aber für die Ärmsten, die sich nicht selbst verteidigen können und die zu einer unterdrückten Minderheit gehören. Es ist eine Autorität, die bereit ist, ihr Leben zu geben, die keinen Kompromiß mit dem Bösen, der Lüge und den Kräften der Unterdrückung akzeptiert, jenen Kräften, die Menschen zu ersticken drohen, vor allem aber die Geringsten. Wenn es sich um Autorität in Familie oder Gemeinschaft handelt, dann braucht es zusätzlich zum Sinn für Gerechtigkeit und Wahrheit auch eine sehr persönliche Autorität aus Feingefühl, Zuhörenkönnen, Vertrauen und Vergebung. Das schließt nicht aus, daß es auch Momente der Festigkeit geben muß.

Auf die gleiche Weise, vielleicht sogar aus denselben Gründen, verwechseln viele Autorität und Effizienz, als wäre die erste Aufgabe eines Verantwortlichen, Entscheidungen zu treffen, zu kommandieren und zu handeln, um damit Macht auszuüben. Aber die Autoritätsperson ist vor allem die eine Beziehungsperson, die Sicherheit gibt, ein Mensch, der bestätigt, der mitträgt, der leitet und ermutigt.

In der Sprache der Bibel ist „Autorität“ gleichbedeutend mit „Felsen“. Sie ist solide und trägt. Sie ist eine Quelle lebenspendenden Wassers, das reinigt, das vergibt und ernährt. Autorität ist der Hirte, der seine Herde zu den grünen Auen führt. Autorität ist der Gärtner, der die Saat tränkt, daß sie Frucht bringt.

Im zehnten Kapitel des Johannesevangeliums spricht Jesus von der Autorität als vom Guten Hirten. Die Qualitäten, die er dem Guten Hirten beimißt, sind jene, die der Hirte einer Gemeinschaft braucht: Der Hirte führt seine Herde und weist ihr den Weg. Er muß auch „jeden beim Namen kennen“. In biblischer Sicht ist der Name eines

Menschen gleichbedeutend mit seiner Gabe, Berufung und Sendung. Der Hirte muß eine persönliche Beziehung zu jedem haben, er muß seine besonderen Gaben kennen, um ihm wachsen zu helfen, er muß seine Verletzungen kennen, um ihm Stärke, Trost und Mitleiden zu bezeugen, besonders in Augenblicken des Leidens. Der Hirt muß seinem Volk durch die Bande der Liebe verbunden sein.

Der Verantwortliche muß die Gemeinschaft auf eine Art organisieren, daß jedes Glied an seinem Platz ist und daß die Dinge sich in Ruhe abspielen. Er muß die Gemeinschaft mit Leben versorgen, daß sie lebendig bleibt und daß alle die Augen auf die wesentlichen Ziele gerichtet haben. Er muß jeden Menschen lieben und sich um sein Wachstum sorgen. Die Glieder der Gemeinschaft spüren sehr schnell, ob die Verantwortlichen sie lieben, ob sie Vertrauen zu ihnen haben und ob sie ihnen helfen zu wachsen – oder ob sie nur da sind, um zu verwalten und ihre Autorität zu beweisen, anderen ihre eigenen Visionen und Gesetze aufzuzwängen – oder ob sie zu gefallen suchen.

Leiten heißt: Situationen zu beurteilen und kluge Entscheidungen zu treffen. Zur Beurteilung einer Situation braucht man Kriterien, die sich vom Ziel oder Zweck der Gemeinschaft ableiten. Deswegen muß der Verantwortliche immer das Ziel vor Augen haben. Mehr noch: er muß es leben und lieben. Der Abt eines kontemplativen Klosters muß selbst ein Mann des Gebets, ein Kontemplativer sein. Die Verantwortlichen der Gemeinschaften der Arche müssen gern mit Menschen mit einer geistigen Behinderung zusammenleben und in ihnen eine Quelle des Lebens sehen. Der Verantwortliche ist immer auch Vorbild, er lehrt mehr durch sein Leben als durch viele Worte.

Von Gott gesandt

Der Verantwortliche einer Gemeinschaft, überhaupt jeder Verantwortliche, hat eine Sendung. Sie ist ihm entweder von der Gemeinschaft übertragen, die ihn gewählt hat, oder aber von einem Oberen, der ihn ernannt hat, oder von einer äußeren Autorität. Ihnen ist er Rechenschaft schuldig, aber er hat diese Sendung auch von Gott. Man kann eine Verantwortung anderen Menschen gegenüber nicht ohne Ruf von Gott und seiner Hilfe ausüben. Paulus sagt: „Es gibt keine Macht, die nicht von Gott stammt, jede ist von Gott eingesetzt" (Röm 13,1). Jede Autorität, wenn sie von Gott eine Aufgabe empfangen hat, ist Gott Rechenschaft schuldig. Darin besteht Glanz und Elend menschlicher Autorität.

Autorität ist Dienst an der Freiheit und am Wachstum des einzelnen. Es ist eine Aufgabe der Liebe. Wie Gott über seine Kinder wacht, daß sie in der Liebe und in der Wahrheit wachsen, so muß der Verantwortliche ein Diener Gottes und der Menschen sein, damit alle in der Wahrheit und in der Liebe wachsen.

Autorität ausüben ist eine große Verantwortung, aber auch eine sehr schöne. Wer Autorität erhalten hat, kann auch sicher sein, von Gott Licht und Kraft und die notwendigen Gaben zu erhalten, um seine Aufgaben auszuführen. Darum muß der Verantwortliche nicht nur jene, die ihm diese Verantwortung übertragen haben, fragen, was er zu tun hat, wie etwa der Sekretär einer Vereinigung, sondern er muß auch den Rat Gottes einholen. Ich glaube fest an die Standesgnade, die man zu einer Sendung oder einer Funktion erhält: Gott kommt dem zu Hilfe, der die Autorität ausübt, wenn er demütig bleibt und Diener der Wahrheit sein möchte. Das wirklich zu verstehen ist sehr befreiend für den Verantwortlichen. Er hat nicht alle Sorgen dieser Welt zu tragen, Gott ist da, er hat ihn in diese Verantwortung berufen, er wird ihm auch die Kraft und die Klugheit geben, die der Verantwortliche braucht, so daß er in Frieden und entspannt sein kann. Er muß nur sein Bestes tun – und dann alles in die Hände Gottes legen und lächelnd schlafen gehen.

Kardinal Daneels, der Erzbischof von Brüssel, sagte während eines Gespräches mit Verantwortlichen der Arche: „Wenn ich von einem langen Arbeitstag nach Hause komme, gehe ich in die Kapelle und bete. Ich sage dem Herrn: ‚Das reicht für heute, jetzt ist es genug. Jetzt wollen wir mal ernsthaft miteinander reden: Ist das deine Diözese oder meine?‘ Der Herr antwortet mir dann: ‚Was meinst du?‘ Ich antworte dann: ‚Ich meine, es ist deine.‘ – ‚Das stimmt‘, sagt mir der Herr, ‚es ist meine.‘ Und ich sage ihm: ‚Gut, Herr, dann übernimm du die Verantwortung für die Diözese und ihre Leitung. Ich gehe jetzt schlafen.‘“ Der Kardinal fügte noch hinzu: „Das gilt für Eltern genauso wie für die Verantwortlichen einer Diözese oder einer Gemeinschaft.“

Man muß sich immer an die Worte Jesu an Petrus erinnern: „Weide meine Schafe.“ Ja, eine Gemeinschaft ist wesentlich die Herde Jesu. Wir sind nur seine Werkzeuge. Wenn wir berufen sind, Verantwortung auszuüben, wird Jesus immer dasein, um uns dabei zu helfen, seine Herde zu führen, uns zu leiten und uns die Kraft und die notwendige Klugheit zu geben.

In der Arche geschieht es, daß Probleme mich erdrücken: wenn ein Mitglied eine Krise hat, wenn es in einer Hausgemeinschaft nicht klappt, wenn eine Assistentengruppe Widerstand gegen einen unserer Grundsätze leistet oder wenn ich eine Spannung in der Gemeinschaft spüre, zum Beispiel zwischen den Fachleuten, die mehr Kompetenz fordern, und den Betern, die das religiöse Moment stärker betont sehen möchten. In solchen Momenten bin ich unruhig.

Aber ich sollte mich nicht gar so ernst nehmen und die Dinge dramatisieren. Ich sollte mir der Situation bewußt werden und mich nicht davonstehlen wollen oder behaupten, daß sie nicht existiert. Ich sollte mich vielmehr daran erinnern, daß es nicht an mir allein ist, alle Probleme zu lösen. Erstens weil wir mehrere sind, vor allem aber, weil Gott versprochen hat, mir zu helfen. Der Verantwortliche muß sich also nicht zuviel Sorgen machen. Er muß sich bewußt werden, was vorgeht. Er muß leidenschaftslos erkennen, was zu tun ist – und es auch tun. Er muß den notwendigen Schritt wagen, selbst wenn er nicht gerade weit sieht.

Der Verantwortliche muß sich angesichts der Vielfalt und der Kompliziertheit der Probleme ein Kinderherz bewahren – in der Sicherheit, daß Jesus ihm in seiner Schwäche immer zu Hilfe kommen wird. Er muß seine Sorgen in das Herz Gottes legen können und dann sein Möglichstes tun.

Niemand kann glücklich sein, wenn die Verantwortlichen andauernd sorgenvoll, ängstlich und beschäftigt dreinschauen und sich in sich selbst verschließen. Sicher ist die Verantwortung ein Kreuz, das man täglich neu tragen muß. Aber wir sollten lernen, es froh zu tragen. Das Geheimnis eines Verantwortlichen ist es, jung, offen und verfügbar zu bleiben – und immer wieder staunen zu können. Das beste Mittel dazu ist, offen zu bleiben für den Heiligen Geist, die Jugend des Vaters.

Der Verantwortliche muß sich immer wieder daran erinnern, daß Gott sehr begrenzte Menschen zu Verantwortlichen berufen hat. Mose hat einen Ägypter getötet, Petrus hat Jesus verleugnet, Paulus hat an der Ermordung des Stephanus mitgewirkt. Vielleicht weil sie so begrenzt waren und nach menschlichen Gesichtspunkten nicht wirklich vertrauenswürdig, waren sie etwas demütiger und also bessere Werkzeuge Gottes.

Ein Verantwortlicher muß wissen wollen, was die anderen denken, aber sich nicht davon einnehmen lassen. Er hat Verantwortung vor Gott und kein Recht, Kompromisse einzugehen, in der Lüge zu leben oder Werkzeug des Unrechts zu sein.

Wer die letzte Verantwortung in der Gemeinschaft trägt, trägt immer auch ein gut Teil Einsamkeit. Selbst wenn er von einem Rat umgeben ist, hat er endgültige Entscheidungen doch allein zu treffen. Dieses Alleinsein ist sein Kreuz, damit aber auch die Garantie der Gegenwart Gottes. Mehr als jeder andere muß er Zeit haben, allein zu sein, Abstand zu nehmen und bei Gott zu verweilen. Gerade in Momenten der Einsamkeit kommt oft die Eingebung, welche Richtung er einschlagen soll. Er muß diesen Intuitionen vertrauen, vor allem wenn sie von tiefem Frieden begleitet sind. Aber er muß auch eine Bestätigung suchen, indem er sie mit jenen in der Gemeinschaft bespricht, denen er wirklich vertraut – und weiter mit dem Rat der Gemeinschaft.

Schwierige, die Zukunft betreffende Entscheidungen erfordern natürlich Nachdenken. Man braucht ein Maximum an Information. Angesichts der komplexen Probleme und der Unmöglichkeit, alles vorhersehen zu können, muß man dann, wenn man alles ausgewertet hat, sich letztlich doch auf seine Intuitionen verlassen, die einem in der Einsamkeit gegeben werden. Nur so kann der Verantwortliche jene Freiheit gewinnen, in der er ohne Furcht vor Versagen weitere Entscheidungen trifft.

Ich entdecke jeden Tag mehr, daß die Verantwortung ein wunderbarer Weg des Wachstums im Heiligen Geist ist. Sicher ist sie auch ein Kreuz. Einige mögen darüber stöhnen und sich beklagen. Andere können die Autorität wie eine verdiente Position oder Funktion betrachten, die ein gewisses Prestige mit sich bringt. Aber wird man sich der Schwere der Verantwortung bewußt, nämlich was es bedeutet, Menschen zu tragen, und trägt man dieses Kreuz mit allem, was es bedeutet, dann ist es ein wunderbarer Weg zum Wachstum. Um dieses Kreuz in Geduld, Weisheit und Gelassenheit zu tragen, muß der Verantwortliche sich wirklich auf den Geist Gottes stützen. Mehr als jeder andere braucht der Verantwortliche Zeit mit Gott. Wenn er sie sich nicht nimmt, verliert er den Frieden. Er verliert die Zeit zu hören, er verliert das Licht.

Diener sein

Autorität kann man auf ganz verschiedene Art ausüben: jene des Befehlshabers, jene des Unternehmensleiters und jene des Verantwortlichen einer Gemeinschaft. Dem General geht es um den Sieg, dem Unternehmer um den Erfolg, dem Verantwortlichen einer Gemeinschaft um das Wachstum des einzelnen in Liebe und Wahrheit. Der Verantwortliche einer Gemeinschaft hat eine doppelte Sendung. Er muß sowohl für die Gemeinschaft als auch für sich selbst das Wesentliche vor Augen haben, die grundlegende Zielsetzung der Gemeinschaft. Und er muß immer auch die Richtung angeben, damit die Gemeinschaft sich nicht in Kleinigkeiten verzettelt. In der Arche muß der Verantwortliche ständig daran erinnern, daß die Gemeinschaft wesentlich für die Aufnahme und das Wachstum geistig behinderter Menschen besteht – und zwar im Geist der Seligpreisungen. In einer Gebetsgemeinschaft muß er immer daran erinnern, daß die Arbeit dem Gebet untergeordnet bleibt. Der Verantwortliche hat die Sendung, die Gemeinschaft andauernd mit dem Wesentlichen zu konfrontieren. Deshalb muß er oft und deutlich die Vision der Gemeinschaft verkünden und darauf achten, daß auch die anderen sie weitergeben. Eine Gemeinschaft muß auf ihre Weise ständig gestärkt werden.

Aber er hat auch die Sendung, eine Atmosphäre des Friedens und der Freude, der gegenseitigen Liebe und des Vertrauens für alle zu schaffen. Durch seine persönlichen Beziehungen zu jedem einzelnen, durch sein Vertrauen, das er ihnen entgegenbringt, führt er jeden einzelnen dazu, den anderen zu vertrauen. Der fruchtbarste Boden für menschliches Wachstum ist eine entspannte Atmosphäre gegenseitigen Vertrauens. Gibt es Rivalitäten, Eifersüchteleien, Verdächtigungen und gegenseitige Hemmungen, dann kann keine Gemeinschaft, kein Wachstum und kein Zeugnis entstehen.

Die Brüder der Gemeinschaft von Taizé nennen ihren Verantwortlichen nicht mehr Prior, sondern „Diener der

Kommunion". Das bewegt mich zutiefst: die Rolle des Verantwortlichen soll die innere Verbundenheit erleichtern, eine Gemeinschaft ist mehr ein Ort der inneren Verbundenheit als ein Ort der Zusammenarbeit.

Wenn der Verantwortliche oder Prior „Diener der Kommunion" ist, dann muß er auch ein Mensch der Kommunion sein, der versucht, die Verbundenheit mit dem Vater und den Menschen zu fördern. Erst dann schafft er einen Raum der Kommunion innerhalb der Gemeinschaft.

Man muß sich immer wieder gegenseitig daran erinnern, daß *alle* berufen sind (nicht nur der Verantwortliche!), Diener der Kommunion zu sein. Jesus ist das Beispiel für die Autorität unter den Christen. Am Abend vor seinem Tod hat er den Jüngern die Füße gewaschen wie ein gewöhnlicher Sklave. Petrus war ganz verwirrt von dieser Geste. Jesus sagte den Jüngern, daß auch sie tun müssen, was er getan hat. „Selig seid ihr, wenn ihr tut, was ich getan habe." Das ist eine neue Art, Autoritiät auszuüben, es geht gegen das Bedürfnis, sich höher zu schätzen als die anderen und sie zu beherrschen. Jesus übt Autorität aus, indem er tiefer hinabsteigt als die anderen. Wir brauchen den Geist Jesu, um zu lernen, demütige Diener der Kommunion zu sein.

Je nach Temperament gibt es verschiedene Arten, Verantwortung auszuüben. Einige sind schöpferische Führernaturen, sie haben eine Zukunftsvision und werden immer vorangehen. Andere sind schüchtern und demütig, sie bewegen sich inmitten der anderen, sie sind ausgezeichnete Koordinatoren.

Wesentlich für den Verantwortlichen ist, Diener und nicht Chef sein zu wollen. Wer Verantwortung übernimmt, um sich selbst zu beweisen, um andere zu beherrschen, um sich aufzuspielen oder Anerkennung zu finden, wird immer ein schlechter Verantwortlicher sein, einfach weil er nicht zuerst und zunächst dienen möchte. Gewisse Gemeinschaften wählen einen Verantwortlichen wegen seiner Verwaltungsfähigkeiten oder wegen seines Einflusses auf die anderen. Man sollte aber einen Leiter niemals seiner natürlichen Fähigkeiten wegen wählen, sondern weil er sich als jemand erwiesen hat, der die Interessen der Gemeinschaft seinen persönlichen überordnet. Besser ist derjenige, der demütig ist, der der Gemeinschaft dienen will und der Menschen mit Erfahrung um Rat fragt, selbst wenn er schüchtern ist und wenn er gewisse Qualitäten nicht hat, als jemand, der zwar „fähig“ ist, aber vor allem von sich selbst überzeugt und dem es darum an Demut mangelt. Aber es ist klar, daß ein Verantwortlicher auch eine gewisse Kompetenz und natürliche Fähigkeiten haben muß.

Der beste Verantwortliche ist jener, der seine Verantwortung wie eine Sendung von Gott entgegennimmt und der sich auf die Kraft Gottes und die Gaben des Heiligen Geistes stützt. Er wird sich arm und unfähig vorkommen, aber er wird immer demütig für das Wohl aller einstehen. Die Mitglieder einer Gemeinschaft werden ihm vertrauen, denn sie werden spüren, daß er nicht sich und seinen Visionen vertraut, sondern *Gott*: daß er nichts beweisen will, daß er nichts für sich selbst sucht, daß seine Vision nicht durch eigene Probleme verstellt ist – und daß er bereit ist zu gehen, sobald seine Zeit gekommen ist.

Wer den Dienst der Autorität ausübt, muß sich immer daran erinnern, daß aus der Sicht des Evangeliums nicht der Größte, sondern der Ärmste der Wichtigste ist, der auch Gott am nächsten steht. Ihn hat Gott erwählt, um die Reichen zu verwirren, er steht im Zentrum der christlichen Gemeinschaft. Jeder Dienst der Leitung sollte sich darum auf den Armen und sein Wachstum in der Liebe beziehen.

Der Verantwortliche muß immer auch um die Minderheiten in der Gemeinschaft und um jene, die keine Stimme haben, besorgt sein. Er muß vor allem auf sie hören und sich zu ihrem Sprecher machen. Er ist der Anwalt des einzelnen, denn der einzelne darf niemals der Gruppe aufgeopfert werden. Die Gemeinschaft ist für den einzelnen da und nicht umgekehrt.

Der Verantwortliche ist Wächter der Einheit, er muß Hunger und Durst haben, Tag und Nacht für die Einheit zu arbeiten. Darum darf er keine Angst vor Konflikten haben, sondern er muß sie annehmen und sich bemühen, Werkzeug der Versöhnung zu sein. Er muß den Kontakt mit allen wahren, die zur Gemeinschaft gehören, und besonders mit denen, die leiden oder die im Widerspruch zu ihr stehen.

Als Verantwortlicher gleichzeitig Diener zu sein bedeutet, mehr um die Menschen als um die Institution besorgt zu sein. Es gibt immer einen institutionellen Aspekt der Gemeinschaft. Die Dinge müssen getan werden, die Arbeit muß vorangehen, man muß die Bücher führen, man muß die Kühe melken. Aber es ist ein schlechtes Zeichen, wenn der Verantwortliche mehr um den institutionellen oder den administrativen Aspekt besorgt ist als um das Wachstum der Menschen. Manchmal ist es zu ihrem Guten und zu ihrem Wachstum notwendig, daß einige die Gemeinschaft verlassen müssen oder daß sie eine Zeitlang weniger arbeiten, selbst wenn das für die Institution Leiden und Mängel mit sich bringt.

In der Arche gibt es einen ganzen Aufgabenbereich, der die Bedürfnisse und die Weiterbildung der Menschen mit einer Behinderung betrifft. Die Verantwortlichen müssen sich mehr um diesen Bereich kümmern, als um Wohl und Wachstum der Assistenten. Sie müssen die Klugheit und die Harmonie suchen, indem sie sich natürlich mit diesem Bereich beschäftigen – aber niemals ohne die Bedürfnisse und das Wachstum der Assistenten zu vergessen.

Die Gefahr des Hochmuts

Ich sehe immer deutlicher, wie schwierig es ist, in einer Gemeinschaft Verantwortung zu tragen. Allzu schnell möchte man befehlen, um zu Ehren zu kommen, sich bewundern zu lassen, sich selbst zu bestätigen. In jedem lebt ein kleiner Tyrann, der die Macht ergreifen möchte, um zu Ansehen zu kommen: Man möchte herrschen und besser sein als die anderen. Man fürchtet jede konstruktive Kritik und jede Kontrolle. Man ist der einzige, der recht hat (und oft im Namen Gottes!). Man mischt sich in alle Bereiche ein, man macht alles selber, man befiehlt überall, man wacht eifersüchtig über die eigene Autorität. Die anderen werden zu ausführenden Organen, unfähig zu jedem Urteil. Man duldet die Freiheit nur in dem Maße, wie sie die eigene Autorität nicht gefährdet – und unter der Bedingung, daß man sie stets unter Kontrolle behält. Ich möchte, daß meine Ideen sich durchsetzen – und das möglichst sofort. Die Gemeinschaft wird dann aber nur noch meine Sache, mein Unternehmen sein.

Alle diese Tendenzen schleichen sich allzuleicht ein, und zwar auf ganz verschiedenen Ebenen und in ganz verschiedenem Maße. Christen können ihre schlechten Neigungen oft unter dem Gewand der Tugend verbergen. Sie können sich für das einsetzen, was man eine gute Sache nennt. Es gibt nichts Schlimmeres als Tyrannei unter dem Deckmantel der Religion. Ich habe all diese Neigungen in meinem Inneren zu spüren bekommen. Und ich muß ständig gegen sie ankämpfen.

Die Grenzen der Macht des einzelnen sollten deshalb klar geregelt sein und schriftlich festgehalten werden. Sehr schnell überschreitet der Vater den Kindern gegenüber die Grenzen, zum Beispiel indem er sie nach seinem Ermessen ausbilden lassen möchte. Sehr schnell läßt er ihre Freiheit und ihre eigenen Wünsche außer acht.

Bei der Ausübung der Autorität ist es nicht einfach, den Mittelweg zwischen zu viel Bestimmen und zu viel Laufenlassen zu finden.

Die Versuchung des Stolzes und der Herrschsucht wird für den Leiter schnell so groß, daß er Anhaltspunkte braucht, die seinen Zuständigkeitsbereich gut abgrenzen, außerdem ein Kontrollsystem, das ihm hilft, objektiv zu bleiben und wirklich der Gemeinschaft zu dienen.

Eine der Gefahren für den Verantwortlichen besteht darin, eine Entscheidung zu spät zu treffen: aus Angst, daß es nicht die richtige sein könnte, sich unbeliebt zu machen und in Konflikt mit den anderen zu geraten. Manche finden Gefallen daran, die Situation zu analysieren, das Für und Wider abzuwägen, aber sie können sich nicht entschließen, die Wirklichkeit anzufassen und zu verändern.

Eine Entscheidung nicht zu treffen ist bereits eine. Sicher, Geduld ist eine wichtige Gabe für den Verantwortlichen. Er darf nicht im Zorn entscheiden, er muß gut zuhören, sich informieren, sich Zeit nehmen können. Aber gleichzeitig muß er, nachdem er gebetet und sich beraten hat, auch Entscheidungen treffen können. Er darf sich nicht nur von der Zeit und den Ereignissen leiten lassen.

Ein guter Verantwortlicher ist derjenige, der Vertrauen und Hoffnung auf die Gegenwart Gottes und die Gemeinschaft einflößt. Er wird immer demütig sein.

Gewisse Verantwortliche wollen jedem nah sein und haben die Neigung, zu jedem ja zu sagen. Oft fehlt ihnen der Sinn für die Gemeinschaft als Ganzes. Sie wollen die Strukturen umgehen. Das kann zum Chaos führen!

Rivalität und Eifersucht zwischen Gliedern der Gemeinschaft in bezug auf die Autorität und die Ausstrahlung sind erschreckend zerstörerische Kräfte.

Eine in sich geeinte Gemeinschaft ist wie ein Fels, eine in sich gespaltene Gemeinschaft zerfällt sehr bald. Frauen sind eifersüchtig im Bereich der Liebe, Männer werden zu Rivalen im Bereich der Macht.

Selbst die Jünger Jesu fragten sich, manchmal sogar hinter seinem Rücken (Mk 9,34) oder in einer Atmosphäre des Streites (Mk 10,41), wer von ihnen der Größte ist. Lukas erwähnt, daß sie sogar beim Letzten Abendmahl darüber sprachen. Hat diese Diskussion Jesus dazu bewegt, vom Tisch aufzustehen und den Jüngern die Füße zu waschen?

Die Rivalität unter Mitgliedern der Gemeinschaft tritt oft dann zutage, wenn es um die Wahl eines Verantwortlichen geht – oder aber um die geistliche und intellektuelle Ausstrahlung einzelner. Kämpfe um Macht und Einfluß sind zutiefst im menschlichen Herzen verankert. Man hat Angst, nicht mehr zu existieren, wenn man nicht gewählt wird, oder wenn man nicht diese oder jene Funktion bekommt. Sehr schnell identifiziert man Funktion, Gabe und Person, Beliebtheit, Anerkennung durch die Gruppe und menschliche Qualitäten.

Wer Autorität ausübt, ist niemals vor voreiligen Urteilen geschützt, die andere verletzen und sie in den Teufelskreis von Zorn und Traurigkeit kommen lassen. Demut ist der beste Nährboden der Einheit und die beste Sicherung gegen alle Spannungen und Spaltungen. Gegen Demut vermag der Geist des Bösen nichts auszurichten. Er ist der Vater der Lüge und Illusion. Er will einen Geist der Spaltung einführen, der zu Geschwätz und internen Kämpfen, zu ungesunder Kritik und Stolz führt.

Verantwortung teilen

Zu Beginn einer Gemeinschaft entscheidet der Gründer alles und macht alles allein. Langsam, aber sicher gesellen sich Mitarbeiter hinzu: Brüder und Schwestern. Es entstehen Bindungen. Der Verantwortliche fragt um Rat. Er ist nicht nur jener, der diktiert, was zu geschehen hat, sondern er hört auf die anderen. Ein gemeinsamer Geist entsteht. Der Verantwortliche beginnt die Gaben der einzelnen zu entdecken. In bestimmten Bereichen sind sie fähiger als er selbst. Sie haben Gaben, die er nicht hat. Er übt seine Autorität aus, indem er denen größere Verantwortung überträgt, die sie tragen können. Er lernt, sich selbst zu sterben, um die anderen leben zu lassen. Er bleibt das Bindeglied und die Bezugsperson, der Koordinator, der die anderen in ihrer Verantwortung bestätigt und über den Geist und die Harmonie des Ganzen wacht. In Krisenzeiten wird er seine Verantwortung wahrnehmen müssen, denn er bleibt der letztlich Verantwortliche. Läßt die Disziplin nach, muß er zur Ordnung mahnen. Nach und nach wird er zu einem entfernten Beziehungspunkt, bleibt aber gleichzeitig ganz gegenwärtig – bis zu dem Tag, an dem er ganz verschwindet und seinen Platz einem Nachfolger überläßt. Damit ist seine Aufgabe erfüllt. Sein Werk wird weitergehen. Seine Aufgabe bestand zuletzt darin, abzutreten.

Ähnlich ist es auch mit der von den Eltern ausgeübten Autorität. Zu Beginn tun sie alles für ihre Kinder. Aber nach und nach werden Vater und Mutter zu Freunden, mit denen man sprechen kann. Werden sie älter, können sie sogar wieder zu Kindern werden: zu den Kindern ihrer Kinder! Eltern müssen ständig bereit sein, ihren Besitzanspruch aufzugeben, das Leben der Kinder sich entfalten zu lassen und es nicht zu ersticken. Wer eine Gemeinschaft gründet, muß lernen, langsam, aber sicher zu verschwinden und sich nicht an seiner Autorität festzuhalten.

Der Verantwortliche darf niemals müde werden, die Arbeit mit anderen zu teilen, selbst wenn er spürt, daß sie die Arbeit weniger gut oder anders machen als er. Es ist immer leichter, die Sache selbst zu machen als anderen beizubringen, wie man sie macht. Ein Verantwortlicher, der der Versuchung erliegt, alles selber machen zu wollen, läuft Gefahr, sich zu isolieren, überaktiv zu werden und die ursprüngliche Vision der Gemeinschaft aus dem Auge zu verlieren.

Selbst begrenzte und verletzte Menschen können, soweit sie mit einem guten Verantwortlichen zusammenarbeiten, der eine Vision und ein festes Herz hat, wunderbare Dinge vollbringen. Sie haben dann an der Vision und den Gaben des Verantwortlichen Anteil. Der Reichtum einer Gemeinschaft besteht darin, daß jeder an den Fähigkeiten und Gaben des anderen teilhat.

Das ist manchmal schwierig für die Verantwortlichen des „Mittelbaus", deren Verantwortung auf einen gewissen Bereich begrenzt ist, sich aber im Einklang mit dem Ganzen befinden muß, denn sie sind unmittelbar einem anderen verantwortlich.

Im Grunde ist jeder einem anderen verantwortlich. Jeder Direktor hat über sich noch einen Aufsichtsrat.

Es ist nicht immer einfach, einen Bereich, in dem man Initiativen ergreifen kann, ohne sich mit dem nächsthöheren Vorgesetzten zu verständigen, von jenem Gebiet abzugrenzen, wo es gut und notwendig ist, sich an ihn zu wenden, ihn zu hören und seine Autorität anzuerkennen. Gewisse Verantwortliche lehnen es sogar ab, den nächsthöheren Vorgesetzten zu informieren, um ungebundener zu sein und zu tun, was sie wollen, ohne daß sie jemand kontrolliert. Sie handeln, als wären sie ihr eigener Herr. Andere gehen in die entgegengesetzte Richtung: Sie haben eine derartige Angst vor der Autorität, daß sie sich immer und andauernd und mit dem winzigsten Detail an die Autorität wenden. So werden sie zu unterwürfigen, ausführenden Organen. Man muß die rechte Mitte zwischen diesen beiden Extremen finden: seine Verantwortung vor Gott wahrnehmen, indem man sich an ihn wendet, aber auch indem man sich aufrichtig und verfügbar an den nächsthöheren Verantwortlichen wendet. Das bedarf eines wachen Herzens, das sich nichts zu beweisen sucht.

Ebenso kann sich der, der die letzte Autorität hat, irren. Entweder indem er jene, die eine Autorität im „Mittelbau" haben, gewähren läßt, ohne mit ihnen zu sprechen oder sich Rechenschaft geben zu lassen, oder indem er ihnen alles vorschreibt, was sie zu tun haben und wie sie es zu tun haben. Jemand mit echter Autorität ist immer im Gespräch, gibt zunächst Orientierungen und Ideen, und dann läßt er die anderen ihre Verantwortung ausführen und ihre Arbeit selber machen. Aber natürlich muß es einen Dialog geben, wenn die Arbeit ausgeführt ist (ob nun gut oder schlecht), um zu bestätigen und zu unterstützen - und falls nötig zu korrigieren.

Der letztlich Verantwortliche muß besonders über diejenigen innerhalb der Gemeinschaft wachen, die eine Verantwortung haben und aus dem einen oder anderen Grund (Gesundheit, Müdigkeit, mangelnde Fähigkeiten) diese nicht gut ausüben können. Manchmal muß man jemanden einer Verantwortung entheben, ein anderes Mal fordernder sein und ihn bitten, es besser zu machen. Dazu gehört viel Klugheit.

Es ist offensichtlich, daß es unter den Verantwortlichen Dialog, Einheit und Liebe geben muß. Wenn sie sich gegenseitig verschließen und kritisieren, dann ist das eine Gefahr für die ganze Gemeinschaft. Wenn es keine Beziehung und kein Teilen unter den Verantwortlichen gibt, wie können sie dann Diener der Kommunion sein? Sie laufen Gefahr, Diener der Spaltung und des Todes zu sein.

In einer Gemeinschaft der Arche in Ouagadougou in Burkina Faso haben wir Karim aufgenommen, der aus einem Waisenhaus kam. Er ist nach dem Tod seiner Mutter dorthin gesteckt worden und hat wenig später eine Hirnhautentzündung bekommen. Danach konnte er weder laufen noch sprechen. Leider hat man ihn wegen seiner Krankheit während mehrerer Jahre von den anderen Kindern isoliert. Als wir ihn aufgenommen haben, nämlich mit sieben Jahren, lebte er in einer tiefen Angst und schlug sich oft selbst den Kopf. Nach mehreren Jahren innerhalb der Gemeinschaft ist er friedlich geworden, er konnte wieder laufen und arbeiten, er gehört jetzt zu einer neuen Familie, und er fühlt sich in Sicherheit. Aber wenn die Assistenten eine Blockade hatten, wenn sie sich unfähig fühlten, miteinander Beziehungen zu haben oder zu teilen, dann fühlte Karim die Angst in sich aufsteigen. Er begann, sich wieder den Kopf zu schlagen. Die Lösung bestand nicht in einem Psychologen, der Karim half, sich nicht mehr zu schlagen, sondern in einem Friedensstifter, der den Assistenten half, sich zu versöhnen.

Sicher heißt: in innerer Verbundenheit miteinander zu leben, nicht, daß es keine Meinungsverschiedenheiten mehr geben darf. Man kann sich schätzen, man kann sich lieben, man kann entschieden sein, für dieselben Ziele zu kämpfen, aber man braucht nicht immer dieselben Gedanken zu haben oder derselben Meinung zu sein.

Am Anfang haben die Gründer eine Vision, die ihre Aktion inspiriert. Nach und nach kommen andere dazu, eine Gemeinschaft entsteht. Gemeinsam werden die einzelnen Glieder zu einem Leib voller Leben und auch voller Spannungen. Die Gründer können nicht mehr handeln, als wären sie allein mit ihrer Vision. Sie müssen den ganzen Leib hören, nämlich die Gemeinschaft, ihr Leben und auch ihre Vision achten. Die Rolle des Verantwortlichen und des Gründers ist, dieses Leben in der Gemeinschaft aufzuspüren und es sich entfalten zu lassen. Das Schwierigste für den Gründer ist zu akzeptieren, daß andere eine echtere und klarere Vision von der Gemeinschaft mit all ihren Zielen haben können als der Gründer selbst.

Wer die Autorität hat, muß klare Prioritäten haben. Wenn er sich in tausend Details verliert, dann läuft er Gefahr, auch die Vision zu verlieren. Er muß dauernd die Augen auf das Wesentliche gerichtet haben. Im Grunde ist die beste Autorität jene, die wenig tut, aber den anderen das Wesentliche ihrer Funktion in Erinnerung ruft und die anderen dazu ermutigt, ihre Verantwortung zu tragen, sie mitträgt, sie stärkt und sie kontrolliert.

Ein guter Verantwortlicher ist sich seiner Stärken und Schwächen bewußt. Er hat keine Angst, diese Schwächen einzugestehen. Er weiß, wo er Unterstützung findet – und er ist demütig genug, sie zu erbitten. Es gibt keinen vollkommenen Verantwortlichen, der alle notwendigen Gaben hat, um seine Verantwortung auszuüben.

Strukturen der Gemeinschaft

In der Arche haben wir einen Rat von siebzehn Personen, die von den Assistenten für zwei Jahre gewählt sind. Dieser Rat kommt einen Vormittag pro Woche zusammen, um sich über die grundlegenden Orientierungen der Gemeinschaft auszutauschen und Entscheidungen über wesentliche Dinge zu treffen. Ich habe sehr viel von diesem Rat gelernt. Ich habe gelernt, Schwierigkeiten zu teilen und gemeinsam nach etwas zu suchen, das nicht mein Wille ist, sondern der gemeinsame Wille der Gemeinschaft, der Wille Gottes. Man wird so schnell besitzergreifend und leidenschaftlich. Dieser Rat hat mir sehr viel geholfen zu entdecken, wie sehr ich wachsen muß, um mich dem Geist Gottes zu öffnen und objektiver zu werden. Es scheint mir, alle Verantwortlichen einer Gemeinschaft sollten einen Rat wie diesen haben, einen Ort der Gemeinschaft, der wirklich brüderlich ist, in dem man gemeinsam erkennt, in welchen Bereichen die Autorität mitgetragen, unterstützt und kontrolliert werden muß, durch den man gemeinsam wachsen kann, um gemeinsam die Verantwortung zu tragen.

Aber es ist nicht einfach für eine Gruppe, in Frieden zu diskutieren und zur rechten Entscheidung zu kommen. Man muß gemeinsam lernen, wie man etwas richtig erkennt. Ich spreche darüber im Abschnitt über die Zusammenkünfte.

Einige Verantwortlichen haben Angst vor ihrem Rat – oder sie sind zu abhängig von ihm. Sie scheinen nicht fähig, ihre Rolle auszuüben. Ich bin nicht sicher, daß der Rat einer Gemeinschaft prophetisch sein kann. Aber ein Verantwortlicher muß das sein, zumindest in manchen Augenblicken. Ein Rat, der aus Älteren zusammengesetzt ist, ist zwar wesentlich, denn er ermöglicht dem Verantwortlichen, alle Aspekte einer Frage zu sehen, aber er hat auch immer die Neigung, konservativ zu entscheiden mit der Begründung: „Wir haben das schon immer so gemacht." Die Alten können das Wachstum und die Entwicklung der Gemeinschaft blockieren. Sie sind oft zufrieden mit dem Status quo und haben Angst vor Veränderungen. Ein Verantwortlicher muß den Rat mit Klugheit hören können, ihm helfen und sich helfen lassen, um dann die rechte Entscheidung zu treffen und die richtige Orientierung zu geben. Aber wie soll man einem Verantwortlichen helfen, die innere Freiheit und das Gleichgewicht zwischen dem zu finden, was er dem Rat empfiehlt, und dem, was der Rat allein ohne klare Weisung entscheidet?

Es ist wichtig, daß jede Gemeinschaft Konstitutionen hat, die ihre Stukturen und die Art der Leitung definieren: Wer welche Entscheidungen trifft usw. Wenn die Strukturen nicht klar sind und wenn niemand weiß, wer was entscheidet und wer wofür verantwortlich ist, dann führt das notwendig zu Leiden und zu Mißverständnissen. Der Verantwortliche hat dann die Neigung, die Entscheidungen heimlich zu treffen oder nur in Absprache mit denen, die er selbst sich gewählt hat. Oft hat er einfach Angst vor dem Konflikt, oder er hat das Bedürfnis, nach seinen Ideen zu handeln. Schlechte Verantwortliche haben immer die Neigung, sich mit Menschen zu umgeben, die andauernd ja sagen. Der Mangel an Klarheit in der Entscheidungsfindung wird mehr und mehr Spaltungen hervorrufen, bis das zu einer Explosion führt. In diesem Augenblick werden entweder Strukturen definiert und Konstitutionen von allen angenommen werden – oder aber einige werden in Auflehnung die Gemeinschaft verlassen und der Verantwortliche wird fortfahren, sie schlecht zu leiten.

Charismatische Verantwortliche haben oft Angst, Strukturen zu schaffen. Sie zögern, sie in Kraft zu setzen. Und dennoch sind Strukturen wesentlich für das Wachstum der Gemeinschaft und ihrer Glieder.

Strukturen definieren Mandate und Verantwortlichkeiten. Sie definieren, wie die Verantwortlichen gewählt oder ernannt werden und für wie lange. Sie definieren die Art, wie man wichtige Entscheidungen trifft und wer sie trifft. Sie definieren die Grenzen der Macht- und der Verantwortungsbereiche. Sie definieren die Beziehungen zwischen dem Verantwortlichen und dem Rat der Gemeinschaft. Diese Strukturen scheinen manchmal schwerfällig, aber sie sind notwendig für ein gesundes gemeinschaftliches Leben. Wenn jeder berufen ist, sich verantwortlich für die Gemeinschaft zu fühlen, dann müssen auch alle wissen, wie man Entscheidungen trifft, selbst wenn nicht alle an jeder Beratung teilnehmen können.

Es ist offensichtlich, daß die Strukturen sich entwickeln müssen und daß sie in dem Maße, wie eine Gemeinschaft wächst und reift, neu definiert werden müssen. Es ist sicher nicht genug, wenn es von Anfang an geschriebene Konstitutionen gibt, aber keine Möglichkeit, sie zu verändern, sobald das notwendig wird.

Sind die Strukturen erst einmal festgelegt, dann muß der Verantwortliche sie auch achten. Es ist ein schwerer Irrtum, wenn er allein Entscheidungen trifft, die der Rat treffen sollte. Es dauert länger, und es ist manchmal schwieriger für einen Verantwortlichen, nicht die Freiheit zu haben, seinen eigenen Inspirationen zu folgen, aber nur auf diese Art kommt die Gemeinschaft zu klugen Entscheidungen.

Wird der Verantwortliche einer Gemeinschaft nach Ablauf seines Mandats nicht wiedergewählt, dann kann er durch eine Zeit erheblicher Leiden gehen, vor allem wenn er der Gründer ist oder wenn er seine Wiederwahl erwartet hat. Er kann wirklich in eine Depression oder eine tiefe

Traurigkeit fallen, und diese Traurigkeit kann ihm und auch den anderen das Leben unerträglich machen.

Manchmal muß er sogar die Gemeinschaft verlassen, besonders wenn der neue Verantwortliche jung und unerfahren ist und wenn er vor der Gegenwart des Älteren Angst hat. Dann braucht er Mitleid, Mitgetragen-Werden und Begleitung durch einen klugen Menschen. Es ist eine Zeit, in der das Kreuz für ihn Wirklichkeit wird. Er muß beten und die Auferstehung erwarten: den Zeitpunkt, zu dem er von neuem sein Leben hingeben kann.

In der Arche geben wir dem Aufsichtsrat jeder unserer Gemeinschaften eine erhebliche Verantwortung. Wie andere weltliche Vereine muß dieser Aufsichtsrat Statuten oder eine Charta haben, die der Gesetzgebung des betreffenden Landes entsprechen. Der Aufsichtsrat und sein Vorsitzender sind rechtmäßig verantwortlich für die administrativen und finanziellen Fragen der Gemeinschaft. Er ist auch rechtmäßig verantwortlich für alles, was sich in der Gemeinschaft abspielt, besonders was die Menschen mit einer Behinderung angeht, die der Gemeinschaft von den lokalen Autoritäten anvertraut wurden.

Die Erfahrung hat uns gezeigt, daß Männer und Frauen in den Aufsichtsräten nicht nur in Rechts- und Finanzfragen kompetent sein müssen, sondern daß sie auch eine wesentliche Rolle spielen können, wenn es darum geht, Gemeinschaften durch Krisen hindurchzuhelfen, ihnen zu helfen, die Füße auf der Erde zu behalten, Strukturen zu definieren und durchzusetzen und ganz allgemein, wenn es darum geht, ihrer Zielsetzung entsprechend eine Gemeinschaft innerhalb der Arche zu bleiben.

Das heißt unter anderem, daß die Glieder des Aufsichtsrates wirklich verstehen müssen, worin die Berufung und die Wirklichkeit der Arche besteht, und daß sie entdecken müssen, wer die Menschen mit einer geistigen Behinderung sind, daß sie eine besondere Rolle in Kirche und Gesellschaft zu spielen haben und daß die Menschen mit einer Behinderung die Mitglieder des Aufsichtsrates Gott näher bringen können. Der Aufsichtsrat muß also nicht nur Sitzungen durchführen, um die ernsthaften Fragen zu diskutieren, sondern auch, um gemeinsam zu feiern, zu teilen und vor allem sich an der Gegenwart der Glieder der Gemeinschaften zu erfreuen, nämlich an den Menschen mit einer geistigen Behinderung.

In manchen Gemeinschaften der Arche hat es schwere Konflikte zwischen dem Aufsichtsrat und dem Verantwortlichen gegeben. Das ist durchaus verständlich, sobald der eine ohne Absprache mit dem anderen handelt oder Entscheidungen über Fragen trifft, in denen er nicht allein kompetent ist. In diesen Fällen bedarf es einer dritten äußeren Autorität, an die sich beide Parteien wenden können. Diese äußere Autorität ist ein Schlichter, der Dialog, Vertrauen und innere Verbundenheit wiederherstellt, aber auch die Verantwortlichkeiten eines jeden klar definiert.

Zuhören lernen, um Autorität auszuüben

Wenn man jemand eine Verantwortung anvertraut, dann muß man ihm auch die Möglichkeit geben, sie auszuüben. Man sollte ihn dabei nicht allzusehr „bemuttern", denn das ist letztlich eine Weigerung, die Verantwortung zu teilen. Man sollte ihm das Recht lassen, Irrtümer zu begehen und auf die Nase zu fallen. Will man alles selber machen, um dem anderen ein Versagen zu ersparen, so hindert man ihn auch am Erfolg – wenn ich auch Worte wie „Erfolg" und „Versagen" nicht mag.

Um Verantwortung zu tragen, darf man aber nicht allein sein: Man braucht jemand, der einen berät, der einen unterstützt, der einen ermutigt und überwacht. Gerade in schwierigen und gespannten Situationen sollte man den anderen sich niemals „allein durchwursteln" lassen. Er braucht jemanden, mit dem er offen reden kann, der ihn versteht und in der Verantwortung bestätigt: einen diskreten Beistand, der nicht richtet, der eine gewisse menschliche Erfahrung mitbringt, dem man vertraut und der einem Vertrauen einflößt. Sonst droht der Verantwortliche sich zu verschließen oder zusammenzubrechen. Das gilt besonders für die Verantwortlichen von Gemeinschaften. Wieviel Verantwortliche oder kirchliche Mitarbeiter brauchen heute Hilfe, Weiterbildung und Unterstützung! Sie müssen lernen, Rechenschaft zu geben und sich beurteilen zu lassen, um ihre Verantwortung mit mehr Weisheit und Liebe ausüben zu können.

Jesus hat den Jüngern verheißen, ihnen den Heiligen Geist, den Beistand, den Tröster, zu senden. Wir müssen einander gegenseitig beistehen und auf den Anruf des anderen hören lernen. Das Kreuz der Verantwortung ist manchmal schwer zu tragen. Wir brauchen den verständnisvollen Freund, den älteren Bruder oder die größere Schwester, um dieses Kreuz mit uns zu tragen und es uns ein klein wenig zu erleichtern.

Um die Verantwortung für das Wachstum der anderen übernehmen zu können, muß der Verantwortliche selbst auf dem Weg echter Reife und wahrhaftiger innerer Freiheit sein. Er darf sich nicht in das Gefängnis von Illusionen und Egoismus einschließen – und er muß auch anderen ermöglichen, ihn zu leiten.

Man kann nur gebieten, wenn man auch gehorchen kann. Man kann nicht verantwortlich sein, wenn man nicht Diener sein will. Man kann nicht Vater oder Mutter sein, wenn man nicht Sohn oder Tochter war. Noch bevor Jesus zum Hirten wird, ist er das Lamm. Seine Autorität kommt vom Vater, er ist der geliebte Sohn des Vaters. Ich entdecke immer mehr, wie schwer es ist, Autorität auszuüben. Allzu schnell stoße ich auf meine eigenen Härten und Widerstände. Es fällt mir schwer, Zuhören und Mitleiden mit jener Festigkeit, Objektivität und Hoffnung in Einklang zu bringen, die Menschen brauchen, um zu wachsen. Ich bin entweder zu scheu und nachgiebig und lasse die anderen machen, weil ich Angst habe, ihnen Dinge klar und deutlich zu sagen, oder aber ich bin zu hart und bestehe auf den Buchstaben der Gesetzesvorschriften.

Es gibt eine Einsicht der Dinge, die ich jeden Tag neu erlernen muß: eine gewisse Klugheit und Verantwortung walten zu lassen, aber auch eine gewisse Stärke und Geduld zu bewahren. Meine Brüder und Schwestern im Rat der Arche haben mir sehr viel dabei geholfen. Aber vieles bleibt noch zu tun!

Eine der wesentlichen Eigenschaften des Verantwortlichen muß es sein, *alle* anzuhören (nicht nur seine Freunde und Bewunderer). Er muß erfassen können, wo sie stehen, und zu jedem eine echte Beziehung haben, wenn möglich eine barmherzige. Der schlechte Verantwortliche verbirgt sich hinter seinem Prestige, seiner Macht, seinen Anordnungen – er hört nur auf seine Freunde. Er spricht viel, aber er kümmert sich nicht darum, wie wir anderen seine Worte aufnehmen. Er erkennt ihre Bedürfnisse, Erwartungen, Schwierigkeiten und Leiden nicht – nicht einmal den Ruf Gottes an sie. Ein Verantwortlicher, der den Rebellen nicht anzuhören vermag, um das Körnchen Wahrheit unter dem Unkraut zu entdecken, lebt in ständiger Verunsicherung. Er täte gut daran, den Mitgliedern seiner Gemeinschaft Gelegenheit zu geben, ungezwungen einem Dritten mitzuteilen (einem äußeren Auge!), wie sie seine Autoritätsausübung empfinden (vgl. viertes Kapitel).

Eine der Gefahren für den Verantwortlichen ist die unbewußte Weigerung, die Wirklichkeit der Gemeinschaft zu sehen, wie sie ist. Deswegen hört er auch nicht zu. Er wird zu einem bequemen Optimisten: „Es wird schon gutgehen." Im Grunde hat er Angst zu handeln. Er fühlt sich der Wirklichkeit nicht gewachsen. Es ist schwierig, der Realität gegenüber andauernd hellhörig zu bleiben. Sie wirkt oft störend. Aber sie weckt auch auf. Bewußte Verantwortung wird zur suchenden Verantwortung. Man betet und schreit zu Gott. Der Hunger nach Wahrheit wird größer – und Gott antwortet auf diesen Schrei. Aber man muß auch Geduld haben können.

Ein schlechter Leiter sorgt sich nur um die Einhaltung der Regel. Er will nicht wissen, wo die einzelnen stehen. Aber es ist zu einfach, die Unfähigkeit des Zuhörens mit dem Erlassen von Anordnungen zu bemänteln. Man zwingt den anderen eine Regel nur dann auf, wenn man Angst vor ihnen hat.

Die Gründer von Gemeinschaften können zu einer Belastung werden, wenn Gemeinschaften auch lange Zeit nach seinem Tod sich noch auf ihn berufen, um Probleme zu lösen, die nicht direkt an den Geist der Gemeinschaft rühren: Die neuen Verantwortlichen sollten dann noch immer wie die Gründer sein. Aber sie müssen die Gemeinschaft der neuen Situation anpassen können, sie müssen sich frei fühlen, mit Klugheit zu leiten – und zwar nach *ihren* Eingebungen, natürlich indem sie sich an den Geist der Gründer halten. Aber dafür brauchen sie eine große innere Kraft, vor allem wenn die Älteren in der Gemeinschaft Angst vor dem Wandel haben. Die Verantwortlichen, die sich nur auf die Vergangenheit berufen, ersticken das Leben und laufen Gefahr, übertrieben gesetzlich zu werden. Jeder Verantwortliche muß auf gewisse Art prophetisch sein, um die Gemeinschaft in der aktuellen Situation gut zu leiten.

Wer Autorität ausübt, sollte unbedingt die jungen Menschen anhören, die in die Gemeinschaft eintreten oder eintreten möchten. Die Berufung dieser jungen Leute, ihre Inspirationen und ihre Wünsche können ihm vieles klarlegen. Der Verantwortliche sollte mit Interesse und Staunen anhören, wie Gott in ihnen am Werk ist. Ihr Ruf kann ihm zeigen, wie die Gemeinschaft sein sollte und wo sie ihre Schwächen hat.

In der benediktinischen Regel heißt es, vor jeder wichtigen Entscheidung sollte der Abt die ganze Gemeinschaft zusammenrufen, um die Meinung der Brüder anzuhören.

Der Abt sollte um Rat fragen, weil „Gott oft den Jüngsten die besten Vorschläge gibt".

Sich nicht verstecken

Eine Gefahr jedes Verantwortlichen ist, Schranken zwischen sich und jenen aufzurichten, für die er verantwortlich ist. Er macht andauernd einen geschäftigen Eindruck. Sein Wagen und sein Büro machen Eindruck. Er läßt die anderen spüren, daß er ihnen überlegen und wichtiger ist als sie. Ein solcher Leiter hat Angst und macht Angst. Er lebt in der Unsicherheit. Darum hält er auch Distanz. Ein echter Verantwortlicher ist zugänglich. Er geht zu Fuß. Er gibt den Menschen vielerlei Gelegenheit, ihn anzusprechen wie einen Bruder oder eine Schwester. Er versteckt sich nicht. Dadurch bleibt er verletzlich für jeden Angriff und jede offene Kritik. Ein guter Verantwortlicher muß denen, für die er verantwortlich ist, stets nahe sein und ihnen einfache und wahrhaftige Begegnungen ermöglichen. Hält er sich fern, so kann er weder sein Volk noch dessen Bedürfnisse kennen.

Es ist wichtig, daß ein Verantwortlicher sich so zeigt, wie er ist, und daß er seine Schwierigkeiten und Schwächen mitteilt. Wenn er sie verbirgt, dann laufen die Menschen Gefahr, ihn wie ein unerreichbares Vorbild anzusehen. Aber wenn sie seine Fehler entdecken, werden sie sich auflehnen gegen ihn. Nachdem sie ihn in die Höhe gehoben haben, werden sie ihn in den Graben stürzen. Es ist wichtig, daß sie ihn fehlbar und menschlich erleben – aber gleichzeitig mit dem Vertrauen und Bemühen, Fortschritte zu machen. Wenn der Verantwortliche wirklich „Diener der Kommunion" sein will, dann muß er selbst in der Kommunion mit den anderen leben: als Mensch, nicht als Verantwortlicher. Er muß ein Beispiel des Teilens sein.

Eine Gemeinschaft ist ein Leib: Der Verantwortliche übt die Autorität nicht von oben her aus, das Organigramm einer Gemeinschaft hat nicht die Form einer Pyramide, sondern eines Kreises. Der Verantwortliche einer Gemeinschaft ist verantwortlich *mit* den anderen und *unter* den anderen. In der Armee oder in der Industrie haben Organigramme die Form einer Pyramide – nicht aber in einer Gemeinschaft.

Wir glauben nicht so sehr, daß Frère Roger an der Spitze der Gemeinschaft steht, sondern in ihrem Herzen, in ihrem Zentrum. Wir sind inspiriert von der Vision der Dinge, er hat die Verantwortung dafür auszudrücken, was die Gemeinschaft zu leben versucht. Aber er ist auch ein Mensch, der zuhören kann und der ständig versucht, die Gaben eines jeden Bruders zu wecken und sich auf sie zu stützen. Frère Roger sucht mit seinen Brüdern. Gemeinsam möchten sie im Wunder gemeinsamen Lebens fortschreiten: im Abenteuer mit Gott" (ein Bruder von Taizé, vgl. *K. Spink*, Frère Roger, Gründer von Taizé, Freiburg [2]1990).

Es wäre gut, wenn ein Verantwortlicher auch etwas mit der Hand arbeitet, und wäre es auch nur, beim Abwaschen oder gelegentlich in der Küche zu helfen. Das bringt ihn auf die Erde zurück und zwingt ihn, sich die Hände schmutzig zu machen. Es schafft ganz neue Beziehungen. Wenn man mit ihm zusammenarbeitet, kann man ihn als Mensch erleben – und nicht nur in seiner Funktion.

Bestimmte Verantwortliche brauchen immer jemanden, der sie von ihrem Sockel herunterholt, ihnen gelegentlich einen Schubs gibt oder sie ein bißchen „aufzieht". Verantwortliche neigen leicht zu Schmeicheleien oder zu Aggressivität. Sie können sich sehr schnell auf ihre Rolle zurückziehen, entweder weil sie Angst haben oder aber weil sie sich für einen Halbgott halten. Sie haben Menschen nötig, die sich freundschaftlich über sie lustig machen, die sie nicht allzu ernst nehmen, hinter der Funktion noch den Menschen sehen und ihn auf die Erde zurückholen. Sonst leben sie leicht abgehoben, verschlossen, ohne Kontakt zur Wirklichkeit. Natürlich müssen sie zu einem solchen Menschen Vertrauen haben und sich von ihm geliebt wissen.

Eine persönliche Beziehung

Manche Gemeinschaften möchten keine Verantwortlichen haben. Sie wollen alles auf „demokratische Weise" regeln, auf dem Wege der Kollegialität und der übereinstimmenden Meinungen – ohne jeden Koordinator, ohne Vater und ohne Ältesten. Ich wage nicht zu sagen, das wäre unmöglich. Aber aufgrund meiner Erfahrungen in der Arche habe ich wirklich den Eindruck, daß die Mitglieder einer Gemeinschaft jemanden brauchen, auf den sie sich beziehen können und zu dem sie ein persönliches Verhältnis haben. Es kann natürlich sein, daß man jede persönliche Autorität ablehnt, weil man den Eindruck hat, sie könne nur subjektiv sein, nur nach dem persönlichen Vorteil suchen – und allein Kollegialität ermögliche ein objektives Vorgehen.

Es ist sicher richtig, daß Kollegialität eine gewisse Objektivität und eine größere Kontrolle ermöglicht. Auch wenn, wie wir schon gesagt haben, die Ältesten in der Gemeinschaft sich verschließen. Es ist auch richtig, daß alle zusammen intelligenter sind als ein einziger. Eine Gruppe wird gerechtere Gesetze ausarbeiten als ein einzelner. Aber gleichzeitig hat die Gruppe immer die Schwierigkeit, Ausnahmen von der Regel zuzulassen. Und die Gruppe hat auch keine prophetische Vision, um mit Klugheit in die Zukunft zu schauen und die Gemeinschaft den neuen Bedürfnissen anzupassen. In einer Gemeinschaft, die das innere Wachstum des einzelnen im Blick hat, ist es gut, daß es eine Autorität gibt, die den Dialog führen kann und vertrauensvolle Beziehungen zum einzelnen unterhält. Gemeinschaften, welche die Idee eines Verantwortlichen ablehnen, sind oft Gemeinschaften, in denen die einzelnen auf eine effiziente und interessante Arbeit oder auf die großen Zeitfragen oder auf andere Formen der Aktion ausgerichtet sind. Wenn eine Gemeinschaft älter ist, wenn sie die Erfahrung der Armen schon gemacht hat, dann kann sie auch Randfiguren und zerbrechliche Menschen aufnehmen, und sie wird sich der Notwendigkeit einer persönlichen, liebenden und vertrauensvollen Autorität bewußt, die andere Menschen zu bestätigen vermag.

Die Spannkraft der einen oder der anderen läßt sehr bald nach: Schwächen, Egoismen, Ermüdungserscheinungen machen sich bemerkbar. Die Rolle des Vaters oder des Ältesten besteht gerade darin, zu ermutigen, zu stützen, zu vergeben, zu überwachen – und gelegentlich zur Ordnung zu mahnen. Man tritt nicht in eine Gemeinschaft ein, weil man vollkommen, objektiv und intelligent ist, sondern weil man zu einer wahrhaftigeren Liebe und Weisheit reifen möchte. Damit dieses Wachstum möglich wird, braucht man jemand, der bestätigt, schützt, Halt gibt und einem hilft, Selbstvertrauen zu gewinnen und weiterzugehen. Sicher muß der Verantwortliche dem einzelnen helfen, seine Probleme mit der Gemeinschaft auf dem Weg gemeinsamer Erkenntnis zu lösen. Aber es gibt immer auch jene Ausnahmen menschlicher, geistiger und seelischer Schwäche, die eines anderen menschlichen Herzens bedürfen, das mit ihnen leidet und dem sie sich im Vertrauen öffnen können. Sein Herz öffnet man selten einer Gruppe, öfter schon einem einzelnen.

Aristoteles spricht von der Epikie als einer der Tugenden des Leiters. Es ist jene Tugend, die ihm erlaubt, in einer besonderen Situation auch einmal das Gesetz außer Kraft zu setzen. Tatsächlich kann der Gesetzgeber nicht alle Fälle vorhersehen. Der Leiter ist dann jemand, der einen starken Sinn für die Gerechtigkeit und das Wohlergehen des einzelnen hat. Das ermöglicht ihm, angesichts von Ausnahmen in unvorhergesehenen Fällen selbst so zu handeln, wie der Gesetzgeber gehandelt hätte, wenn er sich diesem Ausnahmefall gegenübergesehen hätte.

Eine Gruppe neigt immer dazu, der Gerechtigkeit und

den Gesetzen entsprechend zu handeln. Denn in einer Gemeinschaft kann man nicht andauernd andere Entscheidungen treffen. Das hieße nur, allen möglichen Vergleichen, Eifersüchteleien und persönlichen Ansprüchen Tür und Tor zu öffnen.

Aber wo es eine Regel braucht, dort muß man auch die Möglichkeit haben, Ausnahmen zu machen. Die persönliche Autorität wird immer das Wohlergehen des einzelnen demjenigen der Gruppe und des Gesetzgebers überordnen. Es ist eine Autorität des Mitleidens und der Güte dem Schwachen und dem Ausnahmefall gegenüber. Das heißt natürlich auch, daß die Autorität eine wirklich liebende Autorität im Dienst des einzelnen ist.

Man spricht heute von Autoritätskrise. Gewisse psychoanalytische Schulen sprechen von Vatermord. Niemand kann ein Gesetz gutheißen, wenn dem Gesetz nicht das Vertrauen in die Person dessen vorangeht, der es verkörpert. Der Verbrecher ist gerade derjenige, der sich gegen das Gesetz auflehnt, weil er den Übergang von der Mutterliebe zum Vatervertrauen nicht geschafft hat. Deswegen ist die Autorität ihm unerträglich. Man kann ein Gesetz nur annehmen, wenn ein Mensch es verkörpert, der verzeihen kann, der Ausnahmen macht, der verständnisvoll ist und der Erbarmen hat.

Pater Léon von der Gemeinschaft „La Poudrière“ in Brüssel sagte mir eines Tages, wenn eine Gemeinschaft keinen Verantwortlichen hat, wird sich die Aggressivität der Glieder immer gegen die Schwächsten wenden. In einer Gemeinschaft gibt es immer etwas, das schiefgeht. Es ist wichtig, daß der Verantwortliche weiß, daß er die Aggressivität auf sich zu nehmen und zu kanalisieren hat.

Verschiedene Haltungen der Autorität gegenüber

Oft hört man die Mitglieder einer Gemeinschaft sagen, gehorsam sein kann man nur, wenn man Vertrauen hat. Gemeint ist ein vollkommenes Vertrauen zu demjenigen, der die Autorität ausübt. Ich frage mich, ob das nicht eine kindische Haltung ist. Ein kleines Kind vertraut Vater und Mutter, weil es ihnen vertraut. Zu entdecken, daß sie auch Fehler haben, sollte dennoch kein Grund sein, daß alles zusammenbricht!

Die Autorität in einer Gemeinschaft ist nicht allmächtig. Es gibt immer Kontrollinstanzen, es gibt immer durch die Konstitutionen definierte Grenzen. Die Verantwortung des Leiters muß auch ihre Grenzen haben. Es muß für die Mitglieder der Gemeinschaft Mittel geben, ihre Unruhe und ihre vielleicht durchaus berechtigte Kritik an Verantwortlichen rechtmäßig auszudrücken. Gibt es das nicht, sind Klatsch und Streit Tür und Tor geöffnet.

Nur jener Autorität gehorsam sein wollen, der man vertraut, bedeutet nach dem idealen Vater suchen. Damit aber wird jede auf Zeit gewählte Autorität und jede echte Gemeinsamkeit mit der Autorität augeschlossen. Man muß einem Menschen gehorsam sein können, der aufgrund der Konstitutionen zum Verantwortlichen gewählt oder ernannt ist, selbst wenn man keine gefühlsmäßigen Bindungen oder keine freundschaftlichen Bindungen zu ihm hat. Besteht diese Beziehung, um so besser! Aber man kann nicht erwarten, daß alle Mitglieder freundschaftliche Beziehungen zum Verantwortlichen haben. Kann man nur unter der Bedingung gefühlsmäßigen Vertrauens gehorsam sein, dann ist damit jeder Form von Anarchie die Tür geöffnet. Es bedeutet den Tod der Gemeinschaft.

Es handelt sich nicht darum, ein vollkommenes Vertrauen zur Autorität zu haben, sondern den Konstitutionen und den Brüdern und Schwestern zu vertrauen, die diesen Menschen gewählt haben – und weiter den Kontrollstrukturen und Gott zu vertrauen, der über die Gemeinschaft wacht: Er kann sich auch eines scheinbar unfähigen Menschen bedienen und ihm die notwendige Gabe verleihen, seiner Aufgabe mit Sachverstand und ohne zuviel Fehler gerecht zu werden. Ja, man muß an die Standesgnade des Verantwortlichen glauben!

In einer Gemeinschaft, die ich einmal besuchte, sagte mir jemand mit einer wichtigen Funktion: „Ich habe kein Vertrauen zum Direktor." Ich war etwas erstaunt und schokkiert, und ich fragte ihn: „Glauben Sie, daß er mit dem Geld von der Bank abhauen könnte?" Mein Gesprächspartner sagte eher schüchtern: „Nein." Ich fragte ihn weiter: „Glauben Sie, daß er einen Menschen mit einer Behinderung sexuell mißbrauchen könnte?" Er sagte wiederum schüchtern: „Nein." „Also", sagte ich, „in welchem Bereich haben Sie kein Vertrauen zum Direktor?"

Man sagt so schnell: „Ich habe kein Vertrauen zu dieser Person." Es ist ungerecht, das zu sagen, denn Vertrauen ist immer relativ, es bezieht sich immer auf bestimmte Bereiche eines Menschen und seiner Funktion. An mangelndem Gehorsam kann eine Gemeinschaft zerbrechen, denn Gehorsam ist eine Sache des Vertrauens. Aber Gehorsam ist keine knechtische und äußere Haltung, es ist eine innere Anteilnahme an der rechtmäßigen Autorität, an den Entscheidungsstrukturen und dem gemeinsamen Bewußtsein. Es ist die Suche nach der gemeinsamen Vision und die Anteilnahme an den Lebens- und Handlungsgrundsätzen. Man wird zur Quelle der Spaltung und des Geredes, wenn man sich innerlich weigert, an diesem gemeinsamen Bewußtsein teilzuhaben, wenn man meint, die Wahrheit gepachtet zu haben, wenn man sich als Rebell oder Retter aufspielt, wenn man die rechtmäßigen Strukturen ablehnt und schließlich nur noch beweisen will, daß man selber recht hat. Es ist offensichtlich, daß die Verantwortlichen sich auch irren können. Sie können sich weigern, Entscheidungen zu treffen und rechtzeitig zu handeln. Das ist eine echte Gefahr für die einzelnen und für die ganze Gemeinschaft. Sie können auch versuchen, ihre Vorrechte und ihr Verhalten zu verteidigen und sich nicht mehr als Diener des

Gemeinwohls zu verstehen. Die Glieder müssen sich dann einzeln mit dem Verantwortlichen aussprechen, aber natürlich in einem freundschaftlichen Dialog. Zu viel einzelne in der Gemeinschaft kritisieren die Verantwortlichen hinter deren Rücken, manchmal aus Angst, direkt mit ihnen in Wahrheit und in Liebe zu sprechen.

Es kann viel Schwierigkeiten geben, wenn ein Verantwortlicher in der Gemeinschaft keine Vision oder keine Klugheit hat oder wenn er seiner Grenzen, seiner Vorurteile oder seiner Unsicherheit wegen schwere Fehler begeht und wenn er die einzelnen und die Gemeinschaft dadurch verletzt. Die Fehler in der Leitung können erschreckende Konsequenzen haben, besonders können sie Energien ableiten, den Geist der Gemeinschaft stören und eine Art von Depression der Gruppe erzeugen.

Angesichts offensichtlicher Unfähigkeit und schwerer Mängel des Leiters besteht für die Glieder der Gemeinschaft (oder zumindest für die hellsichtigsten) die Gefahr, sich frustriert zu fühlen, sich aufzulehnen und ein Widerstandsnest voller Kritik entstehen zu lassen oder einfach sich passiv zu unterwerfen und zuzusehen, wie die Gemeinschaft anfängt, sich aufzulösen.

Natürlich können einige zu Unrecht vermuten, daß der Verantwortliche unfähig ist, daß er Vorurteile hat oder daß er schlechte Entscheidungen trifft. Der Verantwortliche ist nicht notwendig ein schlechter Verantwortlicher durch die Tatsache, daß er das nicht tut, was einige wünschen. Aber wenn seine Unfähigkeit und sein Mangel an Offenheit und Vision objektiv zutage treten und wenn das durch einige kluge und erfahrene Mitglieder der Gemeinschaft bestätigt wird, dann kann es viel Leiden und Angst geben. Was tun?

Die erste und grundlegendste Haltung ist Geduld und Gebet. Die Glieder sind berufen, klug und wachsam zu sein, um dem Leiter zu helfen, die rechten Entscheidungen zu treffen, entweder durch persönliche Kontakte oder durch geeignete Strukturen. Sie lernen so zu warten und ihr Vertrauen in Gott zu setzen. Wenn es notwendig wird, muß man eine äußere Autorität über die Situation informieren. Auch die Begleiter der Gemeinschaft können ihren Einfluß auf den Leiter geltend machen und die Situation korrigieren. Aber sie können nicht immer erreichen, daß ein Mensch, der nicht die erforderlichen Fähigkeiten zur Leitung hat, zu einem Verantwortlichen voller Liebe, Güte und Klugheit wird. Hat man alles gesagt, um dem Leiter zu helfen, gibt es immer noch die Möglichkeit, daß der Aufsichtsrat oder die äußere Autorität ihn bitten, zurückzutreten. Aber das ist die Ausnahme. Man muß ihm eher helfen, sein Mandat zu beenden, auch wenn man ihm vielleicht eine Hilfe an die Seite stellen muß.

Ich habe viele Gemeinschaften kennengelernt, die darunter leiden, nicht einen schlechten Verantwortlichen zu haben, sondern niemanden zu finden, der die Leitung mit Klugheit übernehmen könnte. Deswegen gehen junge Leute fort, andere sind verletzt – und der Geist der Liebe ist ausgelöscht, oder er kann zumindest nicht weiterwachsen.

Es ist traurig, mit ansehen zu müssen, wie eine Gemeinschaft sich auflöst – und dennoch kann auch dieser Auflösungsprozeß zu einer Quelle neuen Lebens werden, wenn er angenommen, im Gebet getragen und dem Vater als Opfer dargebracht wird. Zur rechten Zeit kann Gott die Gemeinschaft neu erstehen lassen, indem er neue Menschen dazu beruft.

Wir müssen uns immer daran erinnern, daß die Gemeinschaft kein Selbstzweck ist, daß jeder Mensch wichtig ist, daß alle in der Heiligkeit und der Gottesbeziehung wachsen können, sogar innerhalb einer zerbrochenen, sterbenden Gemeinschaft und durch Verfolgungen noch anderer Art.

Wir erwarten alle, daß die Verantwortlichen vollkommen, voller Mitleid und Klugheit sein sollen – und wir sind enttäuscht, wenn wir ihre Fehler und ihre Grenzen entdecken. Wir laufen Gefahr, uns ihnen zu verschließen. Eines der größten Leiden des Kindes ist zu entdecken, daß seine Eltern nicht vollkommen sind, daß sie viele Fehler und sogar Härten haben, und dennoch muß dieses Kind seinen Eltern gehorsam sein. Das Kind läuft dann Gefahr, sich der Autorität gegenüber zu verschließen. Dadurch entstehen Brüche in seinem Herzen. Äußerlich wird es ja sagen. Aber innerlich wird es seinen Zorn und seine Auflehnung gegen die Eltern beibehalten.

Die Glieder einer Gemeinschaft können sich auf dieselbe Weise verschließen, wenn sie die Fehler ihres Leiters entdecken. Sie erleben dann gewisse Leiden und die ganze Auflehnung der Kindheit noch einmal. Dennoch müssen sie lernen, in Beziehung mit dem Verantwortlichen zu bleiben, selbst wenn er echte Fehler aufweist. Sie sind berufen, ihn zu unterstützen, für ihn zu beten und ihm beim Wachstum zu helfen. Die Verantwortlichen haben ihre Verletzungen und ihre Grenzen wie andere auch, man muß sie lieben wie Brüder und Schwestern. Wer Schwierigkeiten mit der Autorität und mit den Grenzen seiner Verantwortlichen hat, muß gut begleitet werden, um sich nicht zu verschließen.

Erkennt die unter euch an, die sich solche Mühe geben, euch im Namen des Herrn zu leiten und zum Rechten anzuhalten. Achtet sie hoch, und liebt sie wegen ihres Wirkens! Haltet Frieden untereinander! Wir ermahnen euch, Brüder: Weist die zurecht, die ein unordentliches Leben führen, ermutigt die Ängstlichen, nehmt euch der Schwachen an, seid geduldig mit allen! Seht zu, daß keiner dem anderen Böses mit Bösem vergilt, sondern bemüht euch immer, einander und allen Gutes zu tun. Freut euch zu jeder Zeit! Betet ohne Unterlaß! Dankt für alles; denn das will Gott von euch, die ihr Christus Jesus gehört. Löscht den Geist nicht aus! Verachtet prophetisches Reden nicht! Prüft alles, und behaltet das Gute! Meidet das Böse in jeder Gestalt!" (1 Thess 5,12–22).

Die Autorität ist eine gute Zielscheibe! Ist man unzufrieden mit sich selbst oder der Gemeinschaft, dann muß man auf jemand schießen können! Allzuoft erwartet man zuviel vom Verantwortlichen. Man möchte, daß er der ideale Vater wäre, daß er alles weiß und jedes Problem zu lösen vermag. Man möchte, daß er alle Gaben des Leiters hat. Sobald man aber bemerkt, daß er auch Schwächen hat, ist man verunsichert und lehnt ihn ab.

Die Mitglieder einer Gemeinschaft sind oft viel zu abhängig vom Verantwortlichen. Sie suchen immer und überall seine Zustimmung. Sie nehmen eine knechtische Haltung ein. Sie sind unzufrieden mit ihrer eigenen Haltung und kritisieren den Verantwortlichen hinter seinem Rükken. Der Leiter zieht allzuoft das Knechtische und die Aggressivität seiner Untergebenen auf sich.

Die Beziehungen zum Leiter sind oft geprägt von jenen Beziehungen der Mitglieder, die sie als Kinder zu ihren Eltern hatten. Waren diese Beziehungen schwierig, haben die Eltern die Freiheit der Kinder nicht geachtet, haben sie nicht auf ihre Wünsche gehört, sondern ihre eigenen durchgesetzt, dann ist das Kinderherz voll unausgesprochener Wut und Traurigkeit geblieben, es verdächtigt jede Form von Autorität. Die Beziehungen zu den Verantwortlichen werden dann von tiefsitzenden Hemmungen und verdrängten Gefühlen geprägt. Sobald der Leiter etwas sagt, bäumt man sich auf, weist ihn zurück und weigert sich, daß er irgend etwas überwacht. Alles soll er schön finden und absegnen. Sowie er auch nur scheinbar etwas nicht gutheißt oder Fragen stellt, verschließt man sich. Es fällt einem schwer, den Verantwortlichen als Menschen zu sehen, der nicht alles kann, der seine „blinden Flecken“ hat wie alle anderen, aber dennoch eine Gabe ausüben muß, der wachsen muß wie alle anderen, um seine Gaben täglich besser weiterzugeben. Oft will man nicht zugeben, daß der Verantwortliche auch Schwächen haben kann. Man ist nicht offen mit ihm. Die Gespräche sind von Angst und einer kindischen Haltung geprägt.

Oft stellt man den Leiter auf einen Sockel, idealisiert ihn – und greift ihn an, als brauchte man eine noch bessere Zielscheibe. Aber man trifft ihn sicher nicht ins Herz, man schießt ihm nur ins Bein. Würde man ihn töten, dann wäre das eine Katastrophe. Ein anderer müßte seine Aufgabe übernehmen – und das will man ganz und gar nicht.

Vielleicht die schwierigste Etappe in der Entwicklung eines Kindes ist der Übergang von der Abhängigkeit von den Eltern und einer gewissen Aggressivität ihnen gegenüber zu einer freundschaftlichen Beziehung, in der man ihre Geistesgaben und ihre natürliche Begabung anerkennt. Erwachsen ist man, wenn man selbst eine innere Freiheit und eine echte Urteilsfähigkeit erworben hat, aber auch die Gaben der anderen annimmt und sich von dem Licht, das in ihnen gegenwärtig ist, erleuchten läßt. Es ist der Übergang von der einseitigen Abhängigkeit zur gegenseitigen. Wer Autorität ausübt, hat die Aufgabe, Menschen bei diesem Übergang zu helfen. Dieser Übergang bringt es mit sich, daß der einzelne Krisen und Ängste durchzustehen hat, bevor er zu neuer innerer Freiheit findet.

Mit dem Verantwortlichen sprechen können und ihm gehorsam sein, gehört zu den wesentlichen Qualitäten innerhalb der Gemeinschaft. Es ist ein Zeichen der Reife.

Zeichen der Vergebung

Vergebung ist eine zentrale Wirklichkeit christlicher Gemeinschaft. Der Leiter muß Zeichen und Vorbild des Vergebens sein. Er muß sieben mal siebenundsiebzigmal jede Form von Aggressivität und Antipathie, die sich auf ihn richtet, vergeben können. Er muß jeden Tag neu lernen, wie man die Menschen als Menschen anspricht. Und er muß sich von ihnen als Mensch ansprechen lassen – und wissen, daß es für jeden ein langer Weg ist, die rechte Beziehung zum Leiter zu finden. In der Vergebung nimmt der Leiter seine eigenen Ängste und Abwehrmechanismen an und überwindet sie – jene Ängste, die auch ihn bewegen, aggressiv zu sein und die Beziehung zu den anderen zu fliehen. Vergeben bedeutet, immer offen und entspannt, verständnisvoll und geduldig mit jenen zu sein, die einen angreifen. In seinem Buch „The New Age" sagt Stephen Verney: „Der Feindseligkeit und der Unterwürfigkeit kann der Leiter auf ganz verschiedene Art begegnen. Er kann die Gruppe auf die wesentlichen Ziele hinweisen und damit die gegen ihn gerichtete Aggressivität entwaffnen. Er kann persönliche und warmherzige Beziehungen zu jedem einzelnen innerhalb der Gruppe haben und doch die Autorität über die Gruppe als Ganzes behalten. Beide Arten des Vorgehens können wohltuend sein und der Gruppe zum Wachstum verhelfen. Aber wenn der Leiter möchte, daß die Gruppe zu einer Lebensform des ‚Neuen Zeitalters' findet, dann muß er zusätzlich zu diesen beiden Arten, Autorität auszuüben, noch eine dritte lernen, nämlich der Gruppe im Vergeben einen Schritt voraus zu sein. Vergebung ist der Kern seines Daseins. Er muß sich der Mischung aus Gut und Böse in seinem Herzen und in der Gruppe bewußter sein als die anderen, und er muß durch diese Erfahrung des Todes und der Auferstehung gegangen sein, durch welche Gut und Böse geschieden und verwandelt werden können. Diese Erfahrung muß er nicht nur einmal machen, sondern andauernd. Jesus sagt es zwar im Gleichnis, aber doch sehr realistisch: Er muß sein Kreuz alle Tage auf sich nehmen" (121).

Vergebung ist besonders wichtig, wenn ein oder mehrere Glieder ständig in Auflehnung sind und Widerstand gegen die Autorität und die Kompetenz des Verantwortlichen leisten. Das kann sehr schmerzhaft für den Verantwortlichen sein, der es wie eine schreckliche Bedrohung empfinden kann. Er muß lernen, diese Menschen nicht zu meiden, sondern mit ihnen im Dialog zu bleiben, sie immer freundlich aufzunehmen und ihnen zu vergeben. Er muß auch versuchen zu sehen, warum seine Haltung sie verletzen kann, damit er sich ändern und offenbar sein kann. Dafür braucht er die besondere Gnade Gottes.

Der Leiter muß auch sehr geduldig sein in bezug auf die Mittelmäßigkeit der Gemeinschaft. Durch seine Standesgnade hat er vielleicht eine umfassendere Vision als die Gemeinschaft. Er weiß vielleicht besser und schneller, was seine Brüder und Schwestern brauchen. Er kennt die Richtung, in der sich die Gemeinschaft bewegt. Er kennt den Ruf Gottes an die Gemeinschaft und die Dringlichkeit, wahrhaftiger und treuer zu sein. Es ist normal, daß seine Brüder und Schwestern langsamer sind als er. Der Leiter muß sie nicht drängen. Er muß seine Vision nicht zu schnell durchsetzen wollen. Er muß die Gemeinschaft nicht mit Schuldgefühlen belasten. Durch seine Sanftmut, seine Geduld, vor allem aber seine Demut muß er einen Geist des Vertrauens schaffen, damit die Brüder und Schwestern sich jeder auf seine Art und zu ihrer Zeit entfalten können – und zwar nicht nach der Vision des Leiters, sondern nach der Vision Gottes. Jeder muß jederzeit bereit sein, dem anderen zuzuhören, ihm zu vergeben, ihn zu achten. Als Esau seinen Bruder mahnt, sich zu eilen, antwortet Jakob: „Mein Herr weiß, daß die Kinder noch Schonung brauchen; auch habe ich für säugende Schafe und Rinder zu sorgen. Überanstrengt man sie nur einen einzigen Tag, so geht das ganze Vieh ein. Mein Herr ziehe doch seinem Knecht voraus ... Ich will mich dem gemächlichen Gang der Viehherden vor mir und dem Schritt der Kinder anpassen, bis ich zu meinem Herrn nach Seir komme“ (Gen 33,13f).

Die Gemeinschaft sich entwickeln lassen

Eine der Funktionen des Verantwortlichen der Gemeinschaft besteht darin, das Ganze zu verstehen und zu tragen. Sicher braucht er es nicht allein zu tun, sondern gemeinsam mit all jenen, die Verantwortung tragen. Stephen Verney sagt in „The New Age“ weiter: „Trägt man die Gruppe auf diese Weise, so bietet sie einen Lebensraum: den Raum, sich zu bewegen; die Zeit, neue Wirklichkeiten anzunehmen; die Möglichkeit, sich zu ändern. In diesem Lebensraum kann man furchtlos neue Arten erproben, sich mit der Welt auseinandersetzen. Das entspricht der Art, wie die Mutter den Embryo trägt und später das Kind, wie der Vater Mutter und Kind trägt und später die Familie“ (121).

Ein Leiter, der unsicher und ängstlich um seine Autorität besorgt ist, ermöglicht der Gemeinschaft nicht, sich weiterzuentwickeln. Er wird sie auf ein starres Vorbild festlegen. Der Leiter muß aber innerlich frei sein und genug Vertrauen zur Gruppe und zu sich selbst haben, um Entwicklungen zuzulassen, nämlich die Offenbarung des Lebens innerhalb der Gruppe. Er darf sich nicht vom Alltäglichen aufsaugen lassen, sondern den nötigen Abstand wahren, damit Augen und Herz auf das Wesentliche der Gemeinschaft gerichtet bleiben. Nur so ermöglicht er der Gruppe, auf neuen Wegen vorwärtszuschreiten, ja er wird sie sogar dazu ermutigen.

Ebenso wird er auch den einzelnen einen Lebensraum geben, der ihnen ermöglicht, vorwärtszuschreiten und neue Inspirationen zu verwirklichen. Der Leiter ist nicht einfach der Hüter des Gesetzes, selbst wenn das ein Aspekt seiner Aufgabe ist. Er ist dazu da, die Freiheit und das Wachstum des einzelnen nach den Eingebungen Gottes zu ermöglichen. Es gibt echte Eingebungen zum Aufbau der Gemeinschaft, die von anderen Mitgliedern kommen können, selbst wenn die Gemeinschaft sie nicht sofort als solche erkennt. Oft können diese Eingebungen sogar störend empfunden werden, weil sie die Gemeinschaft in Frage stellen. Aber als Ruf zum Wesentlichen sind solche Infragestellungen notwendig. Der Leiter muß freilich die Echtheit dieser Eingebungen erkennen und dazu beitragen, daß sie auch von der Gemeinschaft anerkannt werden.

Das Gebet Salomos müßte das Gebet jedes Verantwortlichen sein: „Verleih deinem Knecht ein hörendes Herz, damit er dein Volk zu regieren und das Gute vom Bösen zu unterscheiden versteht. Wer könnte sonst dieses mächtige Volk regieren?“ (1 Kön 3,9).

SIEBTES KAPITEL

Andere Gaben

Der geistliche Begleiter

Am Anfang empfängt das Kind alles von den Eltern. Die Eltern geben ihm die notwendigen Güter mit, vor allem aber innere Sicherheit durch ihre Liebe, ihre Hingabe. Sie nähren und wecken sein Herz. Wächst das Kind heran, dann geben sie ihm die Sprache und wachen über die Entwicklung seiner Intelligenz. Sie vermitteln ihm eine religiöse und moralische Haltung. Sie antworten auf die ersten Fragen des Kindes, auf all sein „Warum?“.

Langsam, aber sicher entdeckt das Kind, daß seine Eltern ihm nicht mehr genügen. Jemand muß seine Intelligenz ausbilden: der Lehrer. Jemand muß ihm im Gebet und der Gotteserkenntnis wachsen helfen: ein Mann oder eine Frau Gottes. So entdeckt das Kind langsam seine Zuordnung zu verschiedenen Formen der Autorität. Die Eltern lehren es, in der Gemeinschaft der Familie mit Brüdern und Schwestern zu leben. Sie vermitteln ihm eine Tradition, einen Lebensstil: was man tut und was nicht. Ein geistlicher Begleiter – oft der Priester – bildet sein tiefinneres Gewissen und dringt in den geheimen Kern seiner Person, in den der Same des Ewigen eingesenkt ist. Der geheime Bereich kann ein für die Eltern verschlossener Garten sein, in den einzudringen sie nicht notwendig das Recht haben. Wenn das Kind sein Geheimnis preisgeben will, dann müssen sie das voller Respekt aufnehmen. Wer die Intelligenz des Kindes ausbildet, hat wieder eine andere Funktion: Er fördert weder den geheimen Kern des Menschen noch seine Beziehungsfähigkeit in der Gemeinschaft der Familie, sondern er hilft dem jungen Menschen von der Menschheits- und der Heilsgeschichte das zu verstehen, was dem Verstand zugänglich ist: in allen Bereichen in der Lage zu sein, seinen Platz innerhalb der Gesellschaft einzunehmen.

Auf gleiche Weise gibt es am Anfang einer Gemeinschaft einen „Vater" oder eine „Mutter", die alle Aufgaben übernehmen. Das kann vielleicht der Verantwortliche der Gemeinschaft sein: Er muß Autorität ausüben und kann gleichzeitig der geistliche Vater oder die geistliche Mutter, der Hirt und der Lehrer sein. Aber nach und nach müssen diese Funktionen aufgeteilt werden. Der Verantwortliche muß den Gliedern helfen, ihren eigenen geistlichen Begleiter zu entdecken, der ihnen in der Gottesbeziehung weiterhelfen kann. Der Verantwortliche muß auch bereit sein, Dozenten gegenüber zurückzutreten, welche die Verstandeskräfte der Mitglieder zu formen vermögen.

In dem Maße, wie Menschen geistlich wachsen, entwickelt sich auch ihre Beziehung zum geistlichen Begleiter. Am Anfang ist der geistliche Begleiter wie ein Vater oder eine Mutter, die dem inneren Leben des Menschen und seiner Gottesvereinigung zur Geburt verhelfen. Junge Menschen, die eine Gotteserfahrung gemacht und einen inneren Ruf empfangen haben, in der Liebe zu wachsen, brauchen einen direktiveren geistlichen Begleiter, weil sie noch sehr unerfahren sind und Traum und Wirklichkeit nicht unterscheiden können. Um die ersten Schritte im inneren Wachstum zu machen, brauchen sie einen festen und liebenden Menschen, dem sie gehorchen können. Wenn sie diese Haltung des Gehorsams nicht haben und den Begleiter nicht annehmen, dann werden sie untergehen - oder sie werden sich verzetteln, indem sie überall herumsuchen. Sie werden in der Kenntnis und der Liebe Gottes und auch im Gebet nicht wachsen. In dem Maße, wie sie menschlich wachsen, geistig reifen und ihre eigene Mitte finden, wird der geistliche Begleiter mehr zum Berater und zum Zeugen ihres Wachstums werden.

Zu jeder Zeit wurden die Heiligen als die Meister betrachtet, uns die Wege Gottes zu lehren. Man ging zu Einsiedlern, Wüstenvätern und Mönchen, um ihnen seine Leiden anzuvertrauen, sie um Heilung und Gebet zu bitten und bei ihnen Rat und Weisung zu suchen. Die Heiligen wurden als die Boten Gottes betrachtet. Im hohen Mittelalter waren geistliche Begleitung und Beichte miteinander verbunden. Der Beichtende sprach dem Mönch oder Priester von seinem Leben. Er wurde ermutigt, beraten, erhielt Worte der Weisheit. Im Namen des Vaters, des Sohnes und des Heiligen Geistes wurden ihm seine Sünden vergeben, so geringfügig sie auch sein mochten. Heute gibt es eine Tendenz, die Rolle des geistlichen Begleiters und Beichtvaters zu trennen. Dafür gibt es viele Gründe, unter anderem den Mangel an Priestern, die für geistliche Begleitung zur Verfügung stehen. Gleichzeitig beginnt man anzuerkennen, daß viele Laien die Gabe der geistlichen Begleitung haben.

Jesus ist dafür angegriffen worden, daß er gewagt hat zu sagen: „Deine Sünden sind dir vergeben.“ Die Pharisäer und die Schriftgelehrten sagten: „Er lästert Gott.“

Nach seiner Auferstehung sagte er zu den Aposteln: „Empfangt den Heiligen Geist. Wem ihr die Sünden vergebt, dem sind sie vergeben, wem ihr sie vorbehaltet, dem sind sie vorbehalten.“ Der Priester oder Pastor kann den Gliedern einer Gemeinschaft helfen, die Vergebung Gottes zu entdecken und mit einer erneuerten Hoffnung weiterzugehen. Das ist der beste Grund dafür, daß der Geistliche sich nicht in die zeitlichen Dinge einmischt.

Teresa von Ávila besteht darauf, geistliche Begleiter müßten gute Theologen sein. Das ist besonders notwendig bei Menschen, deren geistlicher Weg schwierig und komplex ist. Der geistliche Begleiter muß nicht nur heilig in dem Sinne sein, daß er sein ganzes Leben unter das Licht des Heiligen Geistes stellen und im Geiste wachsen will, sondern er muß auch klug sein und eine gewisse Kenntnis der geistlichen Dinge, des Wortes Gottes, der Lehre der Heiligen und der geistlichen Meister mitbringen.

Ist jemand innerlich dazu berufen, sein Leben zu ändern und Jesus auf dem geistlichen Weg in eine Gemeinschaft zu folgen, dann ist es wichtig, daß er darüber mit seinem geistlichen Begleiter spricht. Sobald er den einzelnen kennt und eine Vertrauensbeziehung hergestellt hat, kann der geistliche Begleiter ihn beraten, wie er auf diesen Ruf reagieren soll: ihn in diesem Ruf bestätigen, ihn versichern, daß es keine Illusion ist, und ihn ermutigen weiterzugehen.

In der Arche entdecken wir, wie wichtig es für die Assistenten ist, einen geistlichen Begleiter zu haben, der ihnen im geistlichen Kampf und in der Auseinandersetzung, Jesus zu lieben und ihm zu folgen, beisteht – und der ihnen hilft, sich in jenen Werten des Evangeliums und der Gemeinschaft zu verwurzeln, die sich so sehr von den Werten der Welt unterscheiden. Der geistliche Begleiter muß sie auch in Momenten der Angst und des Zweifels ermutigen oder wenn sie eine besonders schwierige Entscheidung zu treffen haben oder wenn es sich um eine Lebenswende handelt.

Der geistliche Begleiter hilft ihnen, sich selbst kennenzulernen, und zu verstehen, wie Jesus in ihnen und durch sie hindurch wirkt. Er wird für sie zu einer sicheren Bezugsperson, er schließt sie in sein Gebet ein, er trägt sie Tag und Nacht, in den Momenten der Finsternis und des Lichtes. Es ist wichtig für die Assistenten, jemand zu finden, der das Geheimnis ihres Herzens kennt, der sie zu Wachstum und Treue ruft, der ihnen ihre erste Berufung in Erinnerung bringt und der ihnen auch im Laufe mehrerer Jahre nahe bleibt.

Eine der Schwierigkeiten gewisser Gemeinschaften besteht darin, den Verantwortlichen gleichzeitig als Propheten und geistlichen Leiter zu betrachten. Er wird zu einem allmächtigen Hirten. Das kann sehr gefährlich werden – wie es auch gefährlich ist, wenn der Verantwortliche einer Gemeinschaft Psychoanalytiker ist und alle Glieder in Analyse hat.

Ein Verantwortlicher, der auch der geistliche Leiter ist, läuft Gefahr, innerlich nicht frei zu sein, die einzelnen durch seine geistliche Vollmacht unbewußt zu manipulieren, damit die Gemeinschaft gut funktioniert. Er versucht dann den einzelnen nicht mehr zu helfen, Gott getreu zu sein, daß sie zu innerer Einheit wachsen können, sondern er geht von dem Prinzip aus, daß sie für die Gemeinschaft handeln müssen. Das ist eine gefährliche Situation, die Mißbräuchen Tor und Tür öffnet.

Andererseits können auch die Glieder einer Gemeinschaft dem Verantwortlichen eine Falle stellen. Sie können ihm alle möglichen Dinge anvertrauen, die ihn als Leiter an sie binden, und es ihm dadurch sehr schwer machen, Autorität auszuüben. Sie können ihn glauben lassen, daß er der einzige ist, der sie versteht und ihnen hilft. In diesem Augenblick ist er ihnen durch einen gefühlsmäßigen Handel in die Falle gegangen. Deswegen ist es in manchen Fällen notwendig, daß der Verantwortliche sich nicht davor fürchtet, einem Glied der Gemeinschaft zu sagen, daß er ihm in bezug auf das Geheimnis des Herzens oder in seinen psychologischen Problemen nicht weiterhelfen kann. Der Verantwortliche ist dazu da, daß der einzelne seinen Platz innerhalb der Gemeinschaft findet und seine ihm zugedachte Funktion gut ausübt. Er kann ihm helfen, einen geistlichen Begleiter zu finden, wenn das notwendig wird.

Mir ist nicht wohl, wenn ich sehe, daß die Verantwortlichen einer Gemeinschaft Geistliche oder Psychotherapeuten sind. In den drei Bereichen der Verantwortlichkeit darf es keinerlei Vermischung geben. Es gibt erstens die Rolle des Verantwortlichen, der dazu da ist, zu helfen, jedem einzelnen seinen Platz in der Gemeinschaft zu finden. Es gibt zweitens die Rolle des geistlichen Begleiters oder Priesters, der berufen ist, den Menschen im Geheimsten ihres Gewissens zu folgen. Und es gibt drittens die Rolle des Therapeuten oder Arztes, die darin besteht, dem einzelnen auf dem Weg zur Heilung zu helfen. Wenn diese drei Rollen getrennt werden und wenn die, die sie übernommen haben, jeder dem eigenen Charisma entsprechend, harmonisch zusammenarbeiten, dann werden die einzelnen innerhalb der Gemeinschaft zu einer größeren inneren Freiheit heranwachsen.

Es ist auch eine Gefahr, wenn der geistliche Begleiter die Fehler einer Gemeinschaft und ihres Verantwortlichen sieht und beginnt, sie vor den einzelnen, die er begleitet, zu kritisieren. Es ist darum gut, wenn er unabhängig von der Gemeinschaft ist. Aber er ist auch berufen, dem einzelnen zu helfen, die Gemeinschaft anzunehmen, in die er hineingestellt worden ist, und an schwierigen Situationen zu wachsen. Er muß achtgeben, wie er von der Gemeinschaft und vom Verantwortlichen spricht.

Manchmal ist es mir etwas unheimlich, Gemeinschaften unter der Verantwortung eines sehr starken Hirten oder einer stark in sich geeinten Hirtengruppe entstehen zu lassen. Wenn diese Gemeinschaften weder Traditionen noch Konstitutionen haben und von keiner Autorität von außen kontrolliert werden, gibt es keinerlei Bremsen, die diese Hirten daran hindern können, sich in ihrer Aufgabe zu gefallen, sich als unerläßlich zu betrachten und so unbewußt zu Herrschern zu werden. Es bringt auch die Gefahr mit sich, die Autorität über die Gemeinschaft und die geistliche Vollmacht für den einzelnen miteinander zu verwechseln. Es wäre gut, wenn diese geistlichen Hirten sehr bald anderen die Leitung der Gemeinschaft überlassen würden, um freier zu sein, ihre Gaben als Geistliche oder Hirten auszuüben.

Ein Hirte darf niemals übermächtig werden. Man hüte sich davor, ihn zum Heiligen, Propheten oder gar Allmächtigen zu machen. Die größte Gefahr für einen Hirten oder Leiter ist, zu glauben, daß er immer recht hat, und daß Gott immer mit ihm ist. Nein, jeder Mensch ist fehlbar.

Manchmal versuchen schwache Persönlichkeiten, um sich selbst abzusichern, den Hirten zu vergöttern. Das ist falsch und ungesund. In ihrer Unsicherheit versuchen sie, aus dem Hirten einen Heiligen zu machen, der sie in allem absichert und ausbildet.

Jeder Mensch ist eine Mischung aus Gut und Böse, Licht und Finsternis. Der geistliche Begleiter muß demütig sein, seine Grenzen kennen und darf sich nicht einmischen, wo es sich nicht gehört. Er muß seine Gabe in der Achtung der Gaben und der Charismen des anderen ausüben. Er muß auch verschwinden können. Er trägt das Geheimnis des einzelnen, wodurch der einzelne an Gott gebunden ist. Aber er läßt dem einzelnen die Sorge, seinen Platz in der Gemeinschaft zu finden.

Man muß sich vor Menschen hüten, die sich selbst zu Hirten oder geistlichen Begleitern machen, ohne Vollmacht und Sendung empfangen zu haben. Sie haben die Neigung, geistliche Macht auszuüben, die absolut unkontrolliert ist.

Immer weniger Menschen haben heute eine echte Gabe der Unterscheidung. Früher urteilte man nach dem Gesetz und nach objektiven Gegebenheiten. Man hatte gehorsam zu sein, das war alles. Heute sucht man mehr und mehr, durch subjektives Zuhören zu erkennen. Man hört auf seine Gefühle. Ist man aber verwirrt, dann ist man nicht in der Wahrheit des Willens Gottes. Von der totalen Objektivität und vom Gesetz ist man zur totalen Subjektivität übergegangen. Man scheint zu vergessen, daß es einen erheblichen Unterschied zwischen dem Frieden Gottes, der alles Verstehen übersteigt, und dem seelischen Frieden gibt. Lebt man in einer Traumwelt oder in einer Illusion oder hat man Hemmungen, und es kommt jemand, der uns in die Wahrheit zurückführt, indem er diese Hemmungen oder Illusionen beim Namen nennt, dann verwirrt und erregt uns diese Infragestellung. Um in der Wahrheit zu bleiben, muß man manchmal seinen seelischen Frieden verlieren können. Echter Gottesfriede entsteht oft erst aus Leiden und Demütigung oder aus einer bewußt angenommenen seelischen Erschütterung. Es ist eine Gabe Gottes, die uns aus dem Inneren erwächst, ja aus unseren Wunden. Er führt uns tiefer in die Gegenwart Gottes und zu dem Wunsch, den Brüdern und Schwestern zu dienen. Er hilft uns, das Kreuz zu tragen.

Jemand, der seine Berufung sucht, ist oft derart von seinem eigenen Ruf eingenommen, daß er den Notschrei der Armen nicht mehr hört. Die eigene Berufung entdeckt man oft aber gerade dann, wenn man auf den Ruf der anderen hört.

Viele leben auch in der Spannung zwischen dem Wunsch nach Unabhängigkeit und gegenseitiger Abhängigkeit. In der modernen Psychologie gibt es Strömungen, die sagen, man müßte sich von seinem Vater befreien. Erst dadurch könnten wir im Denken, Urteilen und Fühlen gänzlich unabhängig werden. Aber gerade, wenn man sich vom Denken des Vaters unabhängig fühlt, ist man beeinflußt und abhängig von den Gedanken der Umgebung. Es ist nämlich gar nicht gesagt, daß man weiß, wie frei man ist. Entscheidend ist nicht das Freisein, um frei zu sein, sondern um besser dienen und lieben zu können.

Wir brauchen immer dringender geistliche Begleiter, die uns helfen, die eigenen Gefühle, den eigenen Seelenfrieden und die Suche nach der eigenen Identität zu überwinden, um den Ruf Gottes und den Schrei jener besser zu hören, die in Not sind – und in einen Bund mit ihnen einzutreten.

Der geistliche Begleiter muß zwar auch wissen, wozu das menschliche Herz fähig ist, aber er muß vor allem die Wege Gottes kennen. Er muß wissen, wie der Heilige Geist die Menschen leitet und wie er der Herr der Liebe ist. Psychologie kann dabei helfen – unter der Bedingung, daß man nicht bei ihr stehenbleibt. Der Psychologe versucht, Menschen seelisch zu befreien. Der Gottesmann hilft dem Menschen, mit seelischen Schwierigkeiten zu leben und in der Liebe zu Jesus und seinen Brüdern und Schwestern zu wachsen – und zwar in Treue und Demut und in der Überzeugung, daß dies einer der besten Wege ist, die Schwierigkeiten zu überwinden. Er hilft dem einzelnen im Licht Gottes zu bleiben.

Geistliche, Gottesmänner und Gottesfrauen sind jene, die uns den Sinn von Prüfungen entdecken helfen – und wie man eine Prüfung nutzt. Erlebt man Enttäuschungen im Leben der Gemeinschaft, fühlt man sich an den Rand gedrängt oder abgeschoben, sagen sie uns: „Mach dir keine Sorgen, es ist nur ein Augenblick der Prüfung, ein Absterben – aber weißt du nicht, daß man mit Christus sterben muß, um mit ihm aufzuerstehen? Warte auf morgen, habe Geduld, erinnere dich an den Bund." Und warum sollten wir an Leiden und Versagen nicht geistig wachsen wollen? Wir bleiben allzuleicht bei unseren Frustrationen, unseren Zornausbrüchen und Depressionen stehen.

Es ist nicht immer notwendig, daß der geistliche Begleiter einen Rat gibt. Wir haben alle das Licht der Wahrheit in unserem Herzen. Und wenn wir reif und im Frieden sind, werden wir die Antwort in uns selbst entdecken. Aber wir brauchen immer jemand, der uns die rechten Fragen stellt.

Die Rolle des Priesters oder Pastors

Ich habe schon die Rolle des Priesters als des geistlichen Begleiters erwähnt. Aber das ist nicht seine besondere Rolle. In den Gemeinschaften der Arche, die einen katholischen Hintergrund haben, ist der Priester wesentlich verantwortlich für das sakramentale Leben der Glieder der Gemeinschaft, besonders für die Sakramente der Eucharistie und der Beichte.

Diese Gemeinschaften brauchen die priesterlichen Hirten, die ihnen die Nahrung der Eucharistie vermitteln. Diese priesterlichen Hirten müssen Männer des Gebetes sein: transparent, sanft und fest zugleich – und manchmal sogar energisch im Kampf gegen die Mächte der Finsternis und des Bösen. Durch ihre Worte und ihre Anwesenheit erinnern sie uns daran, wie der Leib Christi in der Eucharistie uns dazu ruft, den Leib Christi im gebrochenen Leib des Armen zu sehen.

Wenn eine Gemeinschaft ihr Zentrum in der Eucharistie hat, die nach der katholischen Tradition gleichzeitig Opfer und Vereinigung ist, dann hat der Priester notwendig eine bedeutende Rolle in der Gemeinschaft. Aber seine Aufgabe erstreckt sich nicht auf die Leitung und die Strukturen. Sie wird sich in der Darbringung seiner selbst im Gebet und im Opfer für die Gemeinschaft bewegen. Er ist dazu da, die Gemeinschaft mit dem Leib Christi zu nähren. In Liebe aufgenommen, heiligt und einigt der Leib Christi jedes einzelne Glied. Alle gemeinsam einigt es zu dem *einen* Leib, der Gemeinschaft der Kirche.

Der Priester ist nicht heiliger als die anderen, er ist der Diener, den sich der Herr gewählt hat. Der heiligste und liebendste Mensch ist der, der den Leib Christi mit der größten Sehnsucht und der größten Liebe aufnimmt – und das ist vielleicht gerade ein sehr verletzter Mensch.

Die Rolle des Priesters beschränkt sich nicht darauf, die Eucharistie zu feiern und die einzelnen zu begleiten. Er hat auch eine Rolle der ganzen Gemeinschaft als Leib gegenüber, vor allem wenn er Mitglied der Gemeinschaft ist und wenn er ein Mandat hat, der Gemeinschaft in ihrem Wachstum zu helfen.

Wir stoßen hier auf die sehr heikle Frage der Beziehung zwischen geistlicher und zeitlicher Verantwortung. Der Mensch strebt immer nach Macht – Priester bilden da keine Ausnahme. Sehr schnell kann sich der Priester unbehaglich in einer nur geistlichen Rolle fühlen und die geistliche Macht mißbrauchen, um Macht über den einzelnen auszuüben. Er kann sich Vorrechte anmaßen, die ihm erlauben, zu tun, was er will, ohne jemand darüber Rechenschaft zu geben außer dem Bischof, der oft weit weg ist.

Die Verantwortlichen einer Gemeinschaft können sich aber auch von Priestern und Pastoren bedroht fühlen. Sie können versuchen, ihrem geistlichen Auftrag enge Grenzen zu setzen, sie von den weltlichen Dingen fernzuhalten und ihnen Ruhe zu gebieten, wenn sie zum Beispiel Unrecht anprangern oder die Gemeinschaft ermahnen, sich mehr auf das Wesentliche zu konzentrieren und aus ihrer Mittelmäßigkeit herauszuwachsen.

Die Erfahrung unserer Gemeinschaften der Arche zeigt: Wenn Verantwortliche und Priester in echter innerer Verbundenheit zusammenarbeiten, wenn sie demütig anerkennen, daß alle zum einen Leib gehören und daß er eine Gabe beizutragen hat, und wenn sie sich gegenseitig helfen, den rechten Platz zu finden, indem sie sich bemühen, daß dieser Platz anerkannt wird, dann wächst die Gemeinschaft im Licht und in der Liebe. Aber ich bin nicht sicher, daß man den Bereich der Verantwortlichkeit eines jeden in der Gemeinschaft so deutlich abgrenzen kann. Das hängt sehr viel von Gaben und Temperament des einzelnen ab. Der Priester muß sein Wort in Fragen der Bildung und des Wachstums des einzelnen in Liebe und Weisheit zu sagen haben. Er ist berufen, sie gegen den Mißbrauch durch die Gemeinschaft zu verteidigen. Er ist durch sein Priestertum berufen, mit anderen Menschen außerhalb der Gemeinschaft in Beziehung zu stehen: mit der Pfarrei, der Diözese und der Weltkirche. Ein Priester wird niemals nur für die Menschen *einer* Gemeinschaft geweiht, sondern für die Weltkirche.

Damit der Priester seine Rolle in der Gemeinschaft frei ausüben kann, sollte sein Mandat nicht vom Direktor oder vom Aufsichtsrat der Gemeinschaft kommen, sondern wenn möglich vom Bischof. Das ermöglicht ihm, seinen fördernden, bestätigenden und helfenden Dienst der Gemeinschaft gegenüber freier auszuüben. Manchmal aber muß er sie auch ermahnen und sie drängen. Der Priester ist nicht nur dazu da, um geistliche Macht auszuüben, sondern um jedem zu helfen, seine Rolle in der Wahrheit seiner Sendung wahrzunehmen. Er ist das äußere Auge der Kirche und ihrer geistlichen Autorität – und zwar auch dann, wenn er zum Leib der Gemeinschaft gehört. Er ist da, um das Evangelium in Erinnerung zu bringen, wenn die Gemeinschaft Gefahr läuft, sich in Unsicherheit, Angst und Lauheit zu verschließen.

Oft werden der Direktor und der Rat einer Gemeinschaft sich nicht gern drängen oder ermahnen lassen. Sie räumen dem anderen nicht gern eine wahre Autorität ein. Aber das ist trotzdem notwendig zum Wohl der Gemeinschaft – und manchmal sogar zu ihrer Wiedergeburt in Momenten der Krise.

Wenn der Priester oder Pastor keine andere Macht haben will als jene, die ihm durch sein Priestertum verliehen ist, dann ist er absolut frei, überall in der Gemeinschaft gegenwärtig zu sein. Er kann dann ein Bruder aller sein. Er ist kein Fremder für die einzelnen, und es braucht keine Situation zu geben, die außerhalb seines Einflußbereiches liegt. Dieser Einfluß aber muß immer von Jesus ausgehen. Er ist frei, allen zu begegnen und überall gegenwärtig zu sein. Seine Gegenwart erinnert an den Platz Jesu und des Evangeliums innerhalb der Gemeinschaft. Durch seine Gegenwart inmitten des Volkes kennt der Priester dessen Freuden und Leiden. Er wird tausend Gelegenheiten finden, das

Licht Gottes über alles leuchten zu lassen, was das Leben der Glieder der Gemeinschaft betrifft.

In der Arche entdecken wir den besonderen Platz des Priesters oder des Pastors in der Begleitung jener, die dem Tod nahe sind. Sie können diesen Menschen etwas bringen, was die anderen ihnen nicht bringen können. Und auch der Gemeinschaft, die den Schmerz der Trennung erleidet, können sie etwas Besonderes bringen.

Begleitung der Gemeinschaft und Begleitung der Funktionen

In der Arche unterscheiden wir drei Formen der Begleitung. Jemand begleiten heißt mit ihm gehen wie ein Gefährte oder ein Freund, um ihm beim Wachstum in der Freiheit und im Geist der Gemeinschaft zu helfen. Begleiter („Kumpan" vom lateinischen „cum pane") bedeutet das Brot gemeinsam teilen. Gemeint ist eine lebensnotwendige Beziehung, ein Bund.

Geistliche Begleitung rührt das an, was es tief in uns gibt: unser Leben im Geist und unsere Gottesbeziehung.

Funktionelle Begleitung geschieht durch einen Verantwortlichen, der einem anderen zeigt, was er zu tun hat und wie er es zu tun hat. Es ist jener, dem man Rechenschaft über seine Arbeit gibt. Zum Beispiel der Direktor einer Gemeinschaft begleitet die Verantwortlichen der einzelnen Hausgemeinschaften und Werkstätten, der Verantwortliche einer Hausgemeinschaft wiederum begleitet die Assistenten der Hausgemeinschaft. Damit soll dem einzelnen nicht nur geholfen werden, kompetent zu arbeiten, sondern auch mit größerer Liebe und in einem bestimmten Geist dazusein.

Gemeinschaftsbezogene Begleitung geschieht durch jemand, der außerhalb jener Arbeitshierarchie steht, von der ein Assistent abhängt. Er ist von der Gemeinschaft beauftragt, den Assistenten zu begleiten, in eine persönlichere

Beziehung mit ihm einzutreten und sich mit ihm über Geist und Tradition der Gemeinschaft auszutauschen. Er soll mit ihm auch über Bedürfnisse, Schwierigkeiten und Wachstum in der Hausgemeinschaft und an der Arbeitsstelle sprechen. Der Assistent kann so mit dem Begleiter auf einer persönlicheren Ebene über das sprechen, was er lebt. Der Begleiter kann ihm helfen, persönliche Probleme zu objektivieren und zu sehen, wie Verwundungen und Blockaden zu Konflikten und Schwierigkeiten führen können. Er kann ihm auch helfen, in der Wahrheit, der Liebe und der Weisheit gemeinsamen Lebens zu wachsen. Viele Menschen haben ein großes Bedürfnis, ihre Leiden und Freuden jemand mitzuteilen, der sie mitträgt, ohne zu urteilen, und der ihnen mit Verständnis, Mitleid und einer gewissen Klugheit begegnet.

Weil es in der Arche keine Lebensregel und keine fest umschriebene geistliche Ausbildung für die Assistenten gibt, sind diese drei Formen der Begleitung lebenswichtig, um den Übergang von den Werten dieser Welt zu den Werten der Gemeinschaft, besonders aber den Werten des Evangeliums zu bewältigen. Die einzelnen können in der Gemeinschaft des Glaubens und im Bund mit den Armen nur dann Wurzeln schlagen, wenn sie auf klare und kluge Art begleitet werden.

Die wesentlichen Aspekte der drei Formen der Begleitung sind das Zuhören, die echte Sorge und die Liebe zum einzelnen, das Bemühen, schwierige Fragen eingehend zu klären – und auch bestätigen und ermahnen zu können. Die Assistenten müssen spüren, daß ihnen jemand zuhört, sie liebt und ihnen hilft, ihre Erwartungen in bezug auf die Arbeit, die Hausgemeinschaft und das geistliche Leben zu klären. Schließlich müssen sie beim inneren Wachstum und beim Kampf um Entscheidungen ermahnt und bestätigt werden. Die Grundlage all dessen aber ist und bleibt das Vertrauen.

Psychologische Begleitung

Wegen Spannungen mit ihren Eltern oder wegen der Gleichgültigkeit oder der Abwesenheit der Eltern mußten einige, die als Assistenten zu uns kommen, schon von frühester Kindheit an Schranken um ihr Herz aufbauen. Auf diese Weise haben sie sich vor Leid, Angst, Einsamkeit, Schuld, Verwirrung und Zorn schützen wollen, die sie hätten überwältigen und vielleicht sogar töten können, wenn ihnen das alles an der Oberfläche des Bewußtseins geblieben wäre. Um zu überleben, muß ein Kind all seine Leiden in die verborgenen Bereiche des Unbewußten abdrängen, um sie so zu vergessen. Aber in den dunklen Winkeln unseres Daseins, in einer Art innerem Grab angestaut, werden Leid und Finsternis, wenn auch unbewußt, dennoch viele unserer Haltungen und Handlungen bestimmen. Zuviel verborgener Zorn, ein zu tiefes Bedürfnis, beachtet und geliebt zu werden, zuviel Einsamkeit, die sich in Schuldgefühl verwandelt, zu wenig Selbstvertrauen, zu gemischte Gefühle in bezug auf die Autorität hindern viele daran, harmonisch in Gemeinschaft leben zu können.

Einige, die besonders intensiv leiden, sind zwar fähig, in die Gemeinschaft einzutreten, ihre Hochherzigkeit und ihr tiefes Bedürfnis der Zugehörigkeit scheinen alles Leid zu verdecken; sie sind fähig, gut zu arbeiten, sich den Regeln anzupassen und relativ harmonische Beziehungen zu den anderen zu haben, ja ihre verborgene Angst kann sogar zur Antriebskraft ihrer Kompetenz und Intelligenz werden. Aber wenn sie schließlich als ständige Mitglieder aufgenommen worden sind oder wenn es zu einem persönlichen Versagen gekommen ist, kann es eine furchterregende Explosion geben. Der ganze verborgene Schlamm im Grab scheint dann in das Bewußtsein aufzusteigen. Es wird ihnen unerträglich, in Gemeinschaft zu leben. Oft machen sie dann die Gemeinschaft verantwortlich für all ihr Leiden: Schuld ist dann allein die Gemeinschaft.

In diesem Augenblick brauchen sie therapeutische Hilfe oder eine angepaßte spirituelle Begleitung: jemand, dem sie all ihr Leiden anvertrauen können – einschließlich all dessen, was ihnen schon gar nicht mehr bewußt war, was sie selbst vergessen hatten, aber was ihr tieferes Inneres durchaus nicht vergessen hatte. Mit der Hilfe eines kompetenten Begleiters können sie langsam, aber sicher freiwerden von den Mächten, die sie beherrschten – oder zumindest sie annehmen und besser verstehen lernen und sich auf den Weg zur Heilung und inneren Einheit begeben.

Dieses Buch ist im übrigen keine Studie über Werte und Gefahren spezieller psychologischer und geistlicher Begleitung. Es gibt heute so viele Therapieformen und Therapeuten, die behaupten, die Gabe der Heilung zu haben. Es genügt wohl zu sagen, daß man therapeutische Methoden und Therapeuten mit großer Klugheit auswählen muß und daß der Betroffene es tatsächlich wünschen muß. Es besteht immer die Gefahr, daß jemand sich helfen lassen und heil werden soll, nur weil er zum „Stachel im Fleisch" der Gemeinschaft geworden ist.

Jeder hat seine Gabe

Eine Gemeinschaft ist wie ein Orchester, das eine Symphonie aufführt. Jedes Instrument ist an sich schon schön, aber wenn alle zusammen spielen und jeder den anderen sich entfalten läßt, wie es die Partitur verlangt, dann ist es noch viel schöner.

Eine Gemeinschaft ist wie ein Garten voller Blumen, Bäumen und Sträuchern. Jeder hilft dem anderen leben. Im Einklang geben sie Zeugnis von der Schönheit Gottes. Gott ist ein wunderbarer Schöpfer und Gärtner.

In einer Gemeinschaft gibt es die verschiedensten Temperamente. Es gibt Menschen, bei denen Ordnung herrscht, die schnell sind, genau, tüchtig, steif und gesetzlich – und es gibt Menschen, die verfügbar sind, beweglich, anhänglich, weniger tüchtig – und manchmal auch ein bißchen unseriös.

Es gibt auch die Scheuen, eher Depressiven und Pessimistischen und die Extravertierten, Optimistischen, die manchmal etwas überschnappen.

Um die Gemeinschaft zu bereichern, beruft Gott gerade die Widersprüchlichsten zum Zusammenleben. Wenn das am Anfang nicht immer ganz einfach ist, so entdeckt man langsam, aber sicher den Reichtum dieser so verschiedenen Menschen und ihrer so unterschiedlichen Gaben. Man entdeckt, daß der Unterschied nicht eine Bedrohung, sondern ein Schatz ist und daß „die Vielheit Zeichen des Lebens ist, die kalte Konformität aber Vorzeichen des Todes" (*P. J. Palmer*, A place called community).

Übt jemand in der Gemeinschaft eine Gabe aus, müssen die anderen für ihn beten, daß er noch offener und noch mehr zum Werkzeug Gottes wird. Die Gemeinschaft muß seine Gabe mit Liebe und Anerkennung annehmen. Es ist wichtig, für jene zu beten, die die Gabe der Leitung und die Gabe des Wortes haben. So nimmt man gegenseitig an den Gaben der anderen teil und hilft sich beim Aufbau der Gemeinschaft.

In der Arche brauchen wir Fachleute im Bereich der Pädagogik und der Arbeit. Gleichzeitig aber brauchen wir verfügbare Menschen, die das Gemeinschaftsleben lieben und die ein Verlangen haben, in der Nähe der geistig behinderten Menschen zu leben und ihre Gaben zu entdecken. Wir brauchen geistliche Menschen, die Zeit im Gebet und mit Gott verbringen. Jeder ist dem anderen eine notwendige Gabe zum Aufbau und zur Einheit der Gemeinschaft. Jede Gabe ist unerläßlich. Natürlich muß jeder in der Einheit wachsen, um immer kompetenter und verfügbarer für das gemeinsame Leben zu werden, um dem Armen immer näher zu sein und immer mehr zu beten. Einige aber müssen ihre Energien vor allem in die Ausübung ihrer Gaben investieren.

Jemand lieben heißt seine Gabe anerkennen und ihm helfen, sie auszuüben und zu vertiefen. Eine Gemeinschaft ist dann schön, wenn jeder ganz seine Gabe ausübt.

Einer trage des anderen Last; so werdet ihr das Gesetz Christi erfüllen" (Gal 6,2). „Es ist zuerst die Freiheit des anderen ... die dem Christen eine Last ist ... Zur Freiheit des anderen gehört all das, was wir unter Wesen, Eigenart, Veranlagung verstehen, gehören auch die Schwächen und Wunderlichkeiten, die unsere Geduld so hart beanspruchen, gehört alles, was die Fülle der Reibungen, Gegensätze und Zusammenstöße zwischen mir und dem anderen hervorbringt. Die Last des anderen ertragen heißt hier, die geschöpfliche Wirklichkeit des anderen ertragen, sie bejahen und in ihrem Erleiden zur Freude an ihr durchdringen ...

Den Dienst der Vergebung tut einer dem anderen täglich. Ohne Worte geschieht er in der Fürbitte füreinander. Und jedes Glied der Gemeinschaft, das in diesem Dienst nicht müde wird, darf sich darauf verlassen, daß auch ihm dieser Dienst von den Brüdern getan wird. Wer selbst trägt, weiß sich getragen, und nur in dieser Kraft kann er selbst tragen" (*D. Bonhoeffer*, Gemeinsames Leben, 17. Aufl. 1980).

Zuhören

Eine ganz wesentliche Gabe der Gemeinschaft ist das Zuhören. Um zuhören zu können, muß man Sicherheit geben. Man öffnet sich nur dann, wenn man weiß, daß der andere das Geheimnis wahrt. Vertraulichkeit ist einer der wesentlichsten Aspekte des Zuhörens. Man muß die Verwundungen und die Leiden des anderen zu achten wissen und das Gehörte niemand anderem mitteilen wollen.

Unterscheidung

Einige haben eine echte Gabe der Unterscheidung. Sie vermögen das Wesentliche einer verwirrten Rede oder komplizierten Geschichte zu erkennen. Sie erfassen schnell das eigentliche Anliegen. Haben sie einen Sinn für das Praktische, können sie auch die ersten Schritte zur Heilung vorschlagen. In einer Gemeinschaft gibt es manchmal jemand, der vielleicht keine wichtige Aufgabe hat, dafür aber die Gabe des Lichtes für die ganze Gemeinschaft. Auf ihn muß man hören können.

Treue

Neulich begegnete ich dem Abt eines Benediktinerklosters. Er sprach von seiner Bewunderung für die Treue seiner Mönche. „Aber“, sagte er, „gelegentlich täte es ihnen gut, sich etwas zu erfrischen und zu vergnügen“.

In unserer Zeit entstehen viele neue Gemeinschaften, die viel von sich reden machen und wo es recht laut zugeht, einfach weil sie jung sind, und man viel singt. Man läuft Gefahr, darüber die alten Gemeinschaften zu vergessen, in denen man friedlich in der Landwirtschaft arbeitet und vom Gebet, vom Schweigen, vom Gotteslob und von der Vergebung lebt – und die Jahrhunderte überdauert. Die jungen Gemeinschaften hätten von der Weisheit dieser alten Gemeinschaften viel zu lernen, die in Treue ausharren, ohne viel Aufhebens davon zu machen.

Viele junge Gemeinschaften gehen an ihrer Begeisterung und ihrer Gefühlsbetontheit zugrunde, während die anderen, die stilleren und gelasseneren, ihren Weg von Generation zu Generation weitergehen. Hüten wir jungen Gemeinschaften uns davor zu glauben, daß wir die einzig wahren sind! Gehen wir in die Schule jener Männer und Frauen voller Weisheit, welche über eine jahrhundertelange Erfahrung des Menschlichen und des Göttlichen verfügen und die Jesus in aller Beharrlichkeit nachfolgen. Sie haben die Gabe der Treue.

Staunen

Die Ältesten einer Gemeinschaft vergessen oft, was es an Schönem in ihrer Gemeinschaft gibt. Sie sind von den Nöten des Alltags eingenommen, oder sie haben sich mit den Scheuklappen des Gewohnten umgeben. Sie haben die Gnade des Staunens nicht mehr. Sie bedürfen der Erneuerung. Sie müssen auf das Staunen der Jüngeren hören, die sich zur Gemeinschaft berufen fühlen.

Es ist ein Skandal, ein echtes Ärgernis, wenn ein Älterer einen Jüngeren der Naivität bezichtigt und ihn wegen seiner Begeisterung und seiner Großzügigkeit verurteilt. Der Eifer, die Begeisterung und das Staunen der Jüngeren zusammen mit der Treue, der Weisheit und dem Zuhörenkönnen der Älteren machen die Schönheit einer Gemeinschaft aus.

Eine Großmutter wird durch ihre Enkelkinder wieder jung. In Gemeinschaften braucht es Großmütter, die keine Verantwortung mehr haben, dafür aber wieder Zeit zum Staunen.

Es ist immer gut, in einer Gemeinschaft viele Altersschichten zu haben: von den ganz jungen bis zu den sehr alten Menschen. Es ist wie in der Familie: Die Vielfalt bringt den Frieden. Wenn alle dasselbe Alter haben, dann ist das vielleicht eine Zeitlang aufregend, aber bald wird man dessen müde. Man möchte jung sein mit den Jungen und weise und gelassen mit den Älteren.

Die Gabe der „Großmutter"

Eine Gemeinschaft braucht auch die Gabe der Großmutter, wenn möglich einer etwas bäuerlichen Großmutter mit einem gesunden Menschenverstand.

Oft nimmt man Müdigkeit und Angst gar zu ernst. Man weint und weiß nicht, warum. Man identifiziert die eigene Angst prompt mit dem Todesleiden Christi. Oder man identifiziert sich mit den verachtetsten Menschen dieser Welt. Die Großmutter, die über Lebenserfahrung verfügt, weiß, daß man manchmal besser ans Meer fahren sollte. Teresa von Ávila rät, zuweilen lieber ein Steak zu essen, anstatt sich im Gebet herumzuquälen.

Man muß sich manchmal einfach daran erinnern, daß man einen Körper hat und daß dieser Körper seine eigenen Gesetze hat: daß das Geistige oft beeinflußt ist vom Körperlichen. Man muß lernen, den Körper und seine Gesetze zu achten. Er ist ein wunderbares Instrument, man muß ihn mit sehr viel Achtung pflegen: mit mehr Liebe als der Handwerker sein Werkzeug. Denn der Körper ist mehr als nur ein Werkzeug: Er wird am Jüngsten Tage auferstehen. Er ist ein integraler Bestandteil unseres Wesens, unseres Menschseins.

Es gibt Dinge, die die Großmutter einfach spürt. Es gibt Dinge, die man nur ihr anvertraut. Ja, Großmütter sind wichtig für eine Gemeinschaft.

Die Gabe von Mann und Frau[1]

Die Gemeinschaften der Arche sind gemischte Gemeinschaften: Männer und Frauen, Verheiratete und Unverheiratete. Diese Mischung ist wertvoll. Ich möchte sagen, sie ist lebensnotwendig. Die behinderten Männer und Frauen, die wir aufnehmen, haben oft ein zutiefst verletztes Gefühlsleben. Sie brauchen väterliche und mütterliche Bezugspersonen.

Denn diese Bezugspersonen, Männer und Frauen, sind

[1] Die Frage der Rolle von Mann und Frau ist heute sehr umstritten. Ich frage mich, ob das Leben der Gemeinschaft nicht etwas dazu beitragen kann. Ich habe darüber ausführlich geschrieben in meinem Buch „Heilende Gemeinschaft“, Salzburg 1985, Kapitel 3.

Quellen der Heilung und des Wachstums. Sie brauchen auch Vorbilder der Weiblichkeit und der Männlichkeit, die in ihrer ganzen Schönheit und Wahrheit erlebt werden. Für die Männer und Frauen, die in Gemeinschaft leben, bedeutet diese Mischung einen Reichtum, eine geistliche Erfüllung und einen Ruf, gemeinsam zu wachsen. Das kann eine Gabe sein, die es zu entdecken gilt – besonders wenn man noch nicht zu einer reifen Erkenntnis seiner Identität und Berufung gekommen ist. Manchmal besteht die Schwierigkeit der einzelnen darin, sich innerhalb der Gemeinschaft zu verlieben. Sie gehen dann wie unter einem Zwang aufeinander zu, ohne den notwendigen Abstand zu wahren und ohne zu wissen, ob es wahre Liebe ist, die zur Heirat führt, oder ob sie nur aus der gegenseitigen Einsamkeit erwachsen ist. In unserer Zeit gibt es außerdem besonders viele Menschen mit seelischen Schwierigkeiten, die von einem Mangel an Liebe in der Kindheit herrühren. Sie können die Suche nach einer Mutter, die ihnen Sicherheit und Halt gibt, mit der Suche nach einer Frau verwechseln. Die Gemeinschaft kann ihnen helfen, ihre Sexualität zu integrieren und eine echte seelische Ausgeglichenheit zu finden, vor allem wenn die Gemeinschaft klare und anspruchsvolle Ziele hat und wenn die Regeln für das Zusammenleben von Männern und Frauen gut definiert sind – und wenn viel Fröhlichkeit zum gemeinsamen Leben gehört und die ethischen Werte bezüglich der Beziehung Mann–Frau klar sind und tatsächlich angenommen werden.

Es ist wichtig, daß es in den Gemeinschaften ein ständiges und vertieftes Nachdenken über die Bedeutung und die Bedürfnisse des menschlichen Herzens gibt, dieses so verwundbaren Herzens, das soviel Hunger und Durst nach einer umfassenden Liebe hat, die Friede und Heilung bringt.

Es gibt heute eine große Verwirrung im Bereich der Sexualität und in bezug auf die Rolle von Mann und Frau in der Gesellschaft. Man muß die Sexualität in eine Gesamtsicht des Menschen einbeziehen und sie nicht außerhalb von beständigen Beziehungen verstehen wollen: Sie ist Ausdruck eines Bundes und fließt in diesen zurück. Sie darf nicht getrennt von Fruchtbarkeit und Verantwortung gesehen werden, sondern immer nur hingeordnet auf wahre Fruchtbarkeit und die Gabe des Lebens.

Im Leben einer Gemeinschaft dürfen die Beziehungen zwischen Mann und Frau nicht als Konkurrenz und Aggressivität betrachtet werden, sondern als Ergänzung und innerhalb der Einheit des einen Leibes, nämlich der Gemeinschaft. So gesehen entdeckt man, daß es eine große Gabe für Mann und Frau sein kann, im Dienst Gottes und der Armen und Gebrochenen vereint zu sein.

Es gibt heute eine Bewegung, die jeden Unterschied zwischen Mann und Frau verwischen möchte. Man möchte Gleichheit in allem. Es ist offensichtlich, daß wir alle gleich sind und daß wir für die gleiche Arbeit den gleichen Lohn empfangen sollten – aber auf der Ebene des Körpers und der Seele gibt es dennoch Unterschiede. Wenn wir diese Unterschiede lieben und achten, werden wir entdecken, wie sehr wir einander brauchen.

In der Gemeinschaft sind wir berufen, diese Unterschiede nicht als Bedrohung, sondern als Bereicherung und Befruchtung der eigenen Gaben zu leben.

Es ist leider richtig, daß die Männer sich immer noch allmächtig, überlegen, stärker und intelligenter fühlen und der Frau eine untergeordnete Rolle zuschieben möchten. Es ist schockierend, daß Männer ihre ganze Zeit und ihr ganzes Geld vertrinken und die Frauen die Kinder allein erziehen müssen, die ihnen die Männer gemacht haben. Schaut man näher hin, so bemerkt man die ganze Dekadenz des Mannes in diesem Gebaren: Er möchte sich männlich vorkommen, verschwendet alle Energie auf Äußerlichkeiten, mächtige Muskeln und einen rauhen Befehlston.

Die Frau ist oft innerlicher veranlagt. Durch die körperliche Fähigkeit, Kinder zu bekommen, ist sie der Wirklichkeit der Liebe und der Beziehungswelt näher. Auch sie hat die Gabe, zu wachsen und sich zu entwickeln.

Die Gefahr für den Mann besteht darin, die Verletzlichkeit des Herzens und die Gabe der Zärtlichkeit zu fliehen. Er möchte eine Frau, die ihm Mutter ist – dann aber wird er sehr bald zum kleinen Jungen, lehnt sie ab und fordert seine Selbständigkeit. Er stürzt sich in die Welt der Arbeit und der Organisation und verleugnet seine Zärtlichkeit und die gegenseitige Beziehung. Aber dadurch verstümmelt er sich selbst, er schneidet sich von dem für ihn Wesentlichen ab. Bald idealisiert er die Frau, sie ist dann plötzlich die unbefleckte Jungfrau, bald macht er sie zum Gegenteil, dann ist sie die große Verführerin, das Werkzeug, die Prostituierte – und er bedient sich ihrer als Dienstmädchen. In alldem tut er nichts anderes, als seine Sexualität zu verwerfen, entweder indem er sie schlecht findet oder aber sie verleugnet. Er sträubt sich gegen jede echte Beziehung zur Frau als Mensch, er sieht sie ausschließlich als Symbol der Sünde oder als ein unterlegenes Wesen.

Das Wachstum des Mannes besteht in der Heranreifung seiner Beziehung zur Frau. Solange er im Stadium Mutter-Kind gefangen bleibt und die Frau bald als verführerisch, bald als abstoßend erlebt, kann er weder seelisch noch geistig wachsen. Um wirklich wachsen zu können, muß er seine Identität als Mann und die damit verbundenen Gefahren erkennen. Er muß fähig sein, seine Sexualität in klare gemeinschaftliche Beziehungen zu integrieren. Er braucht oft eine Frau, die das Herz auf dem rechten Fleck hat und die ihm hilft, seine eigene Zärtlichkeit zu finden, nämlich sein verwundbares Herz, ohne daß er sich dabei durch eine ungeordnete Sexualität bedroht fühlt. Dann kann er das Gleichgewicht zwischen Aktivität, Ausstrahlung und Herz finden. Dann ist er auf dem Weg zu Heilung und innerer Einheit.

Auch die Frau muß ihr Gleichgewicht finden. Sie darf durch die Ablehnung ihrer Weiblichkeit nicht dieselbe Macht wie der Mann suchen und nicht eifersüchtig auf sein Organisationstalent schielen, sondern sie muß die Reichtümer ihrer Weiblichkeit entdecken, die Kraft, die in ihrer Schwäche verborgen sein kann, das ihrem Verstand eigene Licht der Wahrheit, die verborgenen Fähigkeiten, zu heilen und mitzuleiden. Auch wenn sie keinerlei Macht hat, kann sie dafür eine um so klarere Intuition haben, weil Stolz und Machtstreben sie nicht treiben wie häufig den Mann.

In manchen Gemeinschaften wacht der männliche Verantwortliche, der die Macht ausübt, eifersüchtig über seine Vision. Es kommt aber auch vor, daß es in einer Gemeinschaft eine Frau oder mehrere Frauen gibt, die intelligenter sind als er, die eine feinere Unterscheidungsgabe haben und vor allem die Ziele besser erkennen. Ein Verantwortlicher lehnt manchmal die Frauen ab, als wäre es eine Schwäche, sie anzuhören, und als müßte er, nur weil er die Macht hat, notwendig auch die Vision und die Unterscheidungsgabe haben.

Was sich in der Gemeinschaft abspielt, kann ebenso zwischen Mann und Frau vorgehen. In unserer Kultur, in der der Mann männlich und stark sein muß, gibt es manchmal einen sonderbaren Kampf zwischen den Geschlechtern: Der Mann hat Angst, etwas zu verlieren, wenn er der Frau recht gibt.

Es ist bedauerlich, daß nicht jeder die Gabe des anderen anerkennt. Es geschieht, daß Gott dem Mann die Macht ohne die Gabe der Unterscheidung gibt und der Frau die Gabe der Unterscheidung ohne Macht. Weigern sie sich zusammenzuarbeiten, dann entsteht Unordnung. Arbeiten sie aber zusammen, dann entsteht Gemeinschaft.

Sicher darf man niemals zu schnell verallgemeinern. Jeder Mann hat auch weibliche Eigenschaften und jede Frau männliche. Jeder ist gleichzeitig aktiv und passiv. Und doch haben allein schon durch ihre körperliche Konstitution Mann und Frau ganz andere Neigungen. Der Mann ist mehr nach außen gekehrt, die Frau eher auf Beziehungen ausgerichtet. Im tiefsten Innern und im Geheimnis Gottes ist niemand bevorrechtigt. Die Frau ist eher auf die Wirklichkeiten gemeinsamen Lebens eingestellt, der Mann eher auf alles, was mit Vernunft und Tüchtigkeit zu tun hat. Ich sage bewußt, sie sind eher darauf eingestellt, das heißt nicht, daß der eine ganz und gar unselbständig im Bereich des anderen ist. Es geht mir nur um die Zusammenarbeit und die gegenseitige Anerkennung der Gaben, die unbedingt notwendig sind.

Die erste Gemeinschaft ist sicher die von Mann und Frau, sie bilden eine Familie, sie sind ein Fleisch. Wenn sie einander in ihrer Verschiedenheit nicht lieben und achten, dann ist die Einheit gebrochen, sie werden Rivalen und sind nicht mehr Glieder desselben Leibes.

Das gilt auch für eine Gemeinschaft. Männer und Frauen können sich sowohl gegenseitig als auch der Gemeinschaft viel helfen. In einem Buch über die Gemeinschaft gäbe es viel darüber zu sagen. Ich habe schon ausführlich darüber gesprochen in „Heilende Gemeinschaft" (Salzburg 1985) und in „Heile, was gebrochen ist" (Freiburg 1989).

Um Autorität auszuüben, muß man in der inneren Einheit wachsen und ständig bemüht sein, die entsprechenden Fähigkeiten von Mann und Frau zu harmonisieren. Während vieler Jahre habe ich die Autorität mit Frauen ausgeübt, und ich habe dabei gelernt, wie man sich gegenseitig helfen kann. Ich hatte gewisse Gaben, die bei ihnen weniger entwickelt waren – und sie hatten Gaben, die bei mir weniger entwickelt waren. Es ist gut, wenn Männer und Frauen gemeinsam Autorität ausüben.

Die Antigabe

Eine Gemeinschaft gründet sich auf das gegenseitige Vertrauen der Mitglieder. Dieses Vertrauen aber ist außerordentlich verwundbar. Im Herzen des einzelnen gibt es immer einen verborgenen Winkel, in dem der Zweifel wohnt oder wohnen kann. Wer Unfrieden sät, hat ein Gespür dafür, wie man den Zweifel schürt. Damit aber zerstört er die Gemeinschaft. Das ist wirklich eine Antigabe!

Manche kommen in unsere Gemeinschaften, bleiben eine gewisse Zeit, legen sehr bald den Finger auf die Wunde (und solche Wunden oder Schwächen gibt es weiß Gott!), haben dann aber nicht die Fähigkeit, auch das Gute zu sehen. Sie kommen zu mir, um andere zu kritisieren und mir ihre Lösung vorzuschlagen (gewöhnlich irgendeine Therapieform), und erklären, diese würde alle Schwierigkeiten lösen und sowohl die Gemeinschaft als auch die Behinderten wieder auf den rechten Weg bringen. Sie sind überzeugt, die Gabe des Retters zu haben. Solche „Retter" haben eine verblüffende Gabe, die Fehler einer Gemeinschaft zu erkennen und zuweilen auch zu nützen. Sie sind Verführer und gefährliche Schönredner, denn sie wollen sich durchsetzen. Es fehlt ihnen an Selbstvertrauen, und sie sind meist zutiefst unglücklich. Sie müssen sich durch ihre Vorhaben selbst bestätigen, und sie entwickeln eine Neigung zur Aggressivität, sobald man anderer Meinung ist als sie.

Tritt man mit dieser Haltung in eine Gemeinschaft ein, dann ist das eine Katastrophe für einen selbst und für die Gemeinschaft. Man muß in eine Gemeinschaft eintreten, weil man sich dort wohl fühlt, weil man bereit ist, den Strukturen und Traditionen zu dienen und sie zu achten. Ein gemeinsames Projekt muß in der Zusammenarbeit wachsen und darf kein Mittel dafür sein, sich zu beweisen, wozu man fähig ist.

Die Gabe der Belebung

Jede Gemeinschaft braucht Menschen, die die Gabe des Wortes haben oder auch die Gabe, eine Versammlung oder ein Fest zu beleben. Guy sagte mir neulich, die beste Art, sich auf eine Rede oder ein Fest vorzubereiten, besteht darin, sich einige Zeit vorher auf die innere Musik und die Bedürfnisse jener einzustellen, die kommen werden. Man darf also niemals mit einem vorbereiteten Text kommen. Selbst wenn das Fest schon angefangen hat, soll man noch immer auf die innere Musik der Menschen hören, um ihren geheimsten Erwartungen zu entsprechen. Wort und Fest müssen wie ein Dialog sein zwischen jenem, der spricht, und jenen, die das Wort erwarten wie die Erde den Regen. Das soll nicht heißen, daß man alles der Improvisation überlassen muß. Der das Wort verkündet, soll wissen, was die Menschen erwarten und auch was er sagen möchte. Aber er muß bereit sein, alles zu ändern, was er vorbereitet hat, um auf den geheimen Ruf der Hörer zu antworten.

Verfügbarkeit

Zu den schönsten und wichtigsten Gaben der Mitglieder gehört Dienstbereitschaft. Sie vertrauen den Verantwortlichen und der Gemeinschaft und nehmen die Verantwortung wahr, die man ihnen überträgt. Wenn sie nicht wissen, wie sie es machen sollen, dann bitten sie den Heiligen Geist und die Brüder und Schwestern um Hilfe. Gehorsam steht heute bei vielen in Verruf, vielleicht weil die Autorität früher mißbraucht wurde. Die zu erfüllende Aufgabe schien wichtiger als das menschliche und geistliche Wachstum des einzelnen. Es gibt auch eine krankhafte Art, gehorsam zu sein.

Die Verfügbarkeit ist eine Gabe, die man von einem zum anderen weitergeben kann wie eine Flamme der Liebe, die der Gemeinschaft neues Leben gibt.

Die Gabe der Armen

Jene, die den wachsten Sinn für das Wesentliche der Gemeinschaft haben – für das, was ihr den Geist verleiht und bewahrt –, verbergen sich oft hinter sehr demütigen Handarbeiten. Sie tragen nicht schwer an großen Verantwortungen und sind nicht mit „wichtigen Angelegenheiten" belastet. Sie haben den Geist frei für das Wesentliche. Oft ist der Geringste (ein Kranker oder ein Greis) der prophetischste. Diesen Menschen sollte man keine Funktionen aufbürden, das würde sie von ihrer viel wesentlicheren Gabe, zu lieben und zu dienen, nur abhalten. Aber die Verantwortlichen sollten wissen, was sie denken, denn oft sehen gerade sie am klarsten.

In einer psychiatrischen Klinik sind die Kranken oft am prophetischsten. Sie wissen besser als jeder andere, was schlecht geht und was gut ist.

Vor kurzem machte eine Ordensgemeinschaft in Afrika eine Umfrage, was das Volk von den Missionaren erwartet, ob sie sich afrikanisch kleiden und afrikanisch essen sollten usw. Die Antwort war einmütig: „Wir kennen jene, die unsere Kultur und unsere Lebensart lieben und achten – und wir kennen auch jene, die uns nicht lieben. Was sie essen und wie sie sich anziehen, ist uns gleich."

Um zu erfahren, ob eine Gemeinschaft ihrer ursprünglichen Vision treu ist, braucht man nur die Armen zu fragen; jene, die in Not sind. Der Arme und der Kleine in der Gemeinschaft spüren, ob die Autorität gut ausgeübt wird, ob die Gemeinschaft treu ist oder nicht. Deswegen muß man auf sie achten. Sie haben fast immer die beste Antwort auf jene Fragen, welche die Gemeinschaft sich gerade stellt.

Die wertvollsten Gaben einer Gemeinschaft finden sich oft bei jenen, die vielleicht keine große Verantwortung übernehmen können. Sie sind nicht dazu geschaffen, zu organisieren, vorzusorgen, anzuweisen. Aber sie haben ein liebendes und einfühlendes Herz. Sie erkennen auf Anhieb, wenn jemand in Schwierigkeiten ist. Durch ein Lächeln, einen Blick, eine Blume oder ein Wort lassen sie ihn wissen: „Ich bin bei dir. Ich trage dein Kreuz mit dir. Mach dir keine Sorgen.“ Diese Menschen haben eine zentrale Stellung innerhalb der Gemeinschaft, sie tragen und ertragen die Extreme: all jene, die sich nicht verstehen, sich gegenseitig blockieren, eifersüchtig aufeinander sind oder zu verschiedene Ideen über die Gemeinschaft haben. Die Liebe der „Stillen im Lande“ eint die „Gegner“ der Gemeinschaft. Der Leiter eint sie zwar in Gerechtigkeit, aber die Liebenden werden durch ihr Wesen zum Ferment der Einheit. Ihre Sanftmut schafft Einheit, macht sie zu Werkzeugen des Friedens.

Die wertvollste Gabe einer Gemeinschaft wurzelt in ihrer Schwäche. Wenn man schwach und arm ist, dann braucht man die anderen. Man weckt sie dadurch zum Leben und zur Ausübung ihrer Gaben. Im Herzen der Gemeinschaft steht immer der Kleine, der Arme, der Schwache. Wer sich unnütz vorkommt, der Kranke, der Sterbende, der in seinen Empfindungen Gestörte, tritt in das Geheimnis des Opfers ein. Durch seine Demütigung, durch die Aufopferung seines Leidens wird er zur Quelle des Lebens für andere. „Durch seine Wunden sind wir geheilt“ (Jes 53,5). Das ist ein Geheimnis des Glaubens.

An der Wurzel aller guten Werke einer Gemeinschaft ist immer ein Opferlamm, dem Lamm Gottes vereint.

Es gibt viele, die davon sprechen, was sie tun, aber nicht tun, wovon sie sprechen. Andere tun viel, aber sprechen wenig davon. Von ihnen lebt die Gemeinschaft.

Es gibt nichts Schlimmeres als Schmeichelei. Es ist eine widerwärtige Art, die Frucht der Liebe zu ersticken. Schmeichelei tötet jene, die nach einem Leben der Hingabe in Liebe streben. Dringt das Gift einmal in den Leib ein, so macht es uns krank. Zur Reinigung bedarf es mancher Prüfung. Ihr Schmeichler, wißt, daß jedes eurer Worte von einem Wort der Demütigung ausgeglichen werden muß. Laßt darum jene nicht unnötig leiden, die in Gemeinschaft leben.

Jemand in seinen Gaben zu bestätigen ist keine Schmeichelei. Jemand anzuerkennen heißt nicht, ihm zu schmeicheln. Es tut gut, die Gabe des einzelnen anzuerkennen und zu ermutigen.

Die Gemeinschaft bauen und auferbauen jene, die lieben, die vergeben, die hören, die voller Feingefühl sind, die andere nähren, für sie beten. Durch die ihm verliehenen Gnaden übt jeder seine Gaben aus. Seine Liebe und seine Zärtlichkeit sind einzig. Eine Gemeinschaft ist nur dann wahre Gemeinschaft, wenn jeder die Gabe des anderen dringend braucht und dadurch wacher und treuer in der Ausübung seiner eigenen Gaben wird. So baut jeder an seinem Platz an der ganzen Gemeinschaft mit.

ACHTES KAPITEL

Aufnehmen und Annehmen

Raum schaffen

Jemand aufnehmen ist ein Zeichen echter menschlicher und christlicher Reife. Es bedeutet nicht nur, jemand Tür oder Haus zu öffnen, es heißt, ihm einen Lebensraum im eigenen Herzen zu schaffen, so daß er darin existieren und wachsen kann: einen Raum, in dem er sich angenommen weiß, wie er ist – mit all seinen Verwundungen und Gaben. Das setzt voraus, daß es in unserem Herzen einen Raum der Stille und des Friedens gibt, in dem auch der andere Ruhe finden kann. Wenn das Herz nicht in Frieden lebt, dann kann es niemand aufnehmen.

Jemand aufnehmen heißt, offen zu sein für die Wirklichkeit, wie sie ist, und sie so wenig wie möglich zu filtrieren. Ich habe entdeckt, daß es viele Filter in mir gibt, durch die ich die Wirklichkeit schleuse und verändere, wie ich sie aufnehmen *möchte*: die Wirklichkeit der Welt, der Menschen Gottes und des Wortes Gottes. Ich wähle aus, was mir gefällt, was mir schmeichelt und meinen Wert hebt. Ich wehre ab, was mich leiden läßt, was mich stört und mir ein Gefühl der Ohnmacht gibt, was in mir Gefühle der Schuld und des Zornes aufsteigen läßt – oder meine verwundete Sexualität. Seit unserer frühesten Kindheit haben wir alle Filter, die uns vor der Verletzlichkeit unseres Herzens und unseres Geistes schützen sollen. Wachsen heißt, diese Filter herauszunehmen und die Wirklichkeit anzunehmen, wie sie uns gegeben ist: nicht durch vorgefaßte Meinungen, Theorien und Urteile, die vorgefertigt sind, durch Vorurteile oder durch unsere verwundeten Gefühle, sondern so wie sie ist.

Dann sind wir in der Wahrheit und nicht in einer Welt der Illusionen.

Aber jemand aufnehmen setzt auch voraus, daß unser tiefstes Wesen und unsere innere Freiheit gestärkt sind, daß wir nicht mehr in der Angst und der Unsicherheit leben, weil wir nicht genau wissen, wer wir sind und welches unsere Mission ist. Es braucht Zeit, das innere Ich wächst, es braucht sehr viele schwierige Begegnungen: jedesmal wenn wir unrecht haben und wenn wir um Vergebung gebeten haben. Es braucht auch Gnaden von Gott und viel Liebe von seiten unserer Freunde. Um demütig und offen zu werden, muß man durch viele Demütigungen hindurchgehen.

Es ist nicht erstaunlich, daß Jesus sich in der Gestalt eines Fremden gezeigt hat. „Siehe, ich war fremd, und ihr habt mich aufgenommen." Der Fremde ist ein Mensch, der anders ist, der eine andere Kultur und einen anderen Glauben hat. Der Fremde stört, weil er nicht in den Rahmen unseres Denkens und unserer Gewohnheiten paßt. Jemand aufnehmen heißt, den Fremden sich zu Hause fühlen, sich geborgen fühlen, sich wohl fühlen zu lassen – und es heißt: nicht urteilen, keine vorgefaßten Meinungen haben, sondern ihm einen Raum zum Leben geben.

Haben wir uns bemüht, jemand aufzunehmen und anzunehmen, uns von ihm stören zu lassen, dann entdecken wir im Fremden einen Freund, wir erleben einen Moment der inneren Verbundenheit, einen neuen Frieden, eine Gegenwart Gottes, die uns geschenkt wird.

Der Fremde ist oft prophetisch: Er läßt unsere Schranken und unsere Ängste in sich zusammenfallen – oder er läßt uns bewußt werden, daß sie existieren, und er verstärkt sie noch.

Jemand aufnehmen ist immer mit Gefahr verbunden, vor allem die Aufnahme eines Fremden. Es ist immer störend. Aber stört Jesus uns nicht in unseren Gewohnheiten, unserer Bequemlichkeit, unserer Müdigkeit? Wir müssen immer neu angeregt werden, um nicht in das Bedürfnis der Sicherheit und der Bequemlichkeit zu fallen und von der Knechtschaft der Sünde und des Egoismus weiterzuwandern in das Gelobte Land der Freiheit.

Andere aufnehmen ist eines der besten Zeichen dafür, daß eine Gemeinschaft lebendig ist. Freunden ermöglichen, in Gemeinschaft zu leben, ist ein Zeichen dafür, daß man keine Angst hat und daß man einen Schatz hat, den man mit anderen teilen möchte. Schließt eine Gemeinschaft ihre Türen, so ist es ein Zeichen dafür, daß sie auch ihre Herzen verschließt.

Um andere aufnehmen zu können, muß man selbst existieren: Man muß eine Gemeinschaft sein, die tatsächlich da ist und lebt.

Am Anfang ist eine Gemeinschaft gewöhnlich ein wenig in sich verschlossen. Man braucht Zeit, sich kennenzulernen. Es ist wie in der Ehe: Wenn die jungen Eheleute ihre Zeit nur damit verbringen, Freunde zu empfangen, dann haben sie keine Zeit mehr, an sich selbst zu arbeiten.

Alles hat seine Zeit: Es gibt eine Zeit, Gemeinschaft zu bilden, und eine Zeit, die Türen zu öffnen. Diese beiden Zeiten müssen nicht notwendig einander folgen, sie gehören zusammen. Es braucht Momente der Intimität, und es braucht Momente der Offenheit. Fehlt eines von beiden, wird die Gemeinschaft früher oder später eingehen.

Nimmt man nur andere auf, so verzettelt man sich bald. Man begegnet sich wie in einer Bahnhofshalle. Bleibt man dagegen ausschließlich auf sich und die Gemeinschaft festgelegt, dann erstickt man. Schwierigkeiten und Eifersüchteleien bleiben nicht aus. Das Leben strömt nicht mehr.

Wenn eine Gemeinschaft wirklich liebt, dann ist sie auch anziehend. Und weil sie anziehend ist, ist sie notwendig auch aufnahmebereit. Leben ruft Leben hervor. Schöpfung und Zeugung sind gleichermaßen unverdiente Gaben des Lebens und der Liebe. Die Art, wie ein lebendiger Mensch andere lebendige Menschen schafft, ist wunderbar. Das gilt auch für den lebendigen Leib einer Gemeinschaft.

Liebe ist immer auch Bewegung. Liebe kann niemals statisch bleiben. Schlägt das Herz nicht mehr, tritt der Tod ein. Öffnet es sich nicht immer mehr, erliegt es dem geistigen Tod. Eine Gemeinschaft, die niemanden mehr aufnimmt aus Angst vor der Müdigkeit, der Unsicherheit oder den Unannehmlichkeiten („Er stört nur"), geht geistig zugrunde. Aber alles hat seine Zeit: Es gibt eine Zeit, nur für sich dazusein, und eine Zeit, andere aufzunehmen.

Manchmal klopft jemand bei mir an. Ich lasse ihn hereinkommen, und wir sprechen miteinander. Aber durch tausend kleine Einzelheiten lasse ich den anderen spüren, daß ich beschäftigt bin und daß ich andere Dinge zu erledigen habe. Ich habe zwar die Tür geöffnet, aber mein Herz bleibt verschlossen. Ich muß noch viel dazulernen, noch viel wachsen.

Jemand aufnehmen heißt: ihm die Tür des Herzens öffnen, ihm Raum geben. Habe ich etwas zu tun, das nicht warten kann, dann muß ich es dem anderen sagen – aber indem ich ihm mein Herz öffne.

Jemand aufnehmen heißt: nicht nur jemand über die Schwelle treten lassen. Es ist eine innere Haltung, eine beständige Öffnung des Herzens. Es heißt: den anderen jeden Morgen und jeden Augenblick zu sagen: „Herein". Es heißt: ihnen einen Lebensraum geben; es heißt: ihnen aufmerksam zuhören.

Jemand aufnehmen, um in Gemeinschaft mit uns zu leben, heißt: ihm lange zuhören und dann mit ihm die Wahrheit erkennen. Eine Gemeinschaft kann nicht alle aufnehmen, die anklopfen. Um jemand aufzunehmen, braucht es einen Raum des Friedens im Herzen jener, die aufnehmen, und einen Raum des Friedens in der Gemeinschaft, damit der einzelne einen Raum der Ruhe und des Wachstums für sich findet. Gibt es diesen Raum des Friedens nicht, dann sollte man jemand lieber nicht aufnehmen. Gleichzeitig muß der Aufgenommene sich bemühen, die Gemeinschaft und den Raum, der ihm angeboten wird, so anzunehmen, wie sie sind. Er soll den Geist, die Tradition und die Regel der Gemeinschaft achten und den Wunsch haben, zu wachsen und sich zu entwickeln. Wenn dieser Mensch nur die Gemeinschaft wandeln will und erreichen, was er will, ohne etwas bei sich zu ändern, dann kann man ihn wirklich nicht aufnehmen.

Es muß also eine doppelte Unterscheidung geben: Können wir innerhalb der Gemeinschaft anderen einen Raum des Friedens und jene Elemente bieten, die er braucht, um sich wohl zu fühlen und zu wachsen? Und kann der andere, wie wir ihn kennengelernt haben, wirklich von der Gemeinschaft, wie sie ist, profitieren und sich zumindest in dem erforderlichen Mindestmaß ihr anpassen – oder erwartet er etwas von der Gemeinschaft, das sie ihm nicht geben kann? Eine Gemeinschaft braucht erfahrene Menschen, um im Frieden und im Gebet Entscheidungen zu treffen.

Eine Gemeinschaft darf nicht der Versuchung verfallen, sich für den universalen Retter zu halten. Sie darf sich nicht schuldig fühlen, wenn sie nach eingehender Erwägung jemand nein sagt. Natürlich kommt es auf die Art an, wie man nein sagt: ob es wirklich mitfühlend ist, ob man sich Zeit nimmt und zuhört, jemand erklärt, warum er nicht bleiben kann, und ihm Vorschläge macht, wo er sich hinwenden könnte. Es ist so verletzend, jemand fortzuschicken. Daran muß man immer denken.

Als ich die Arche gründete, habe ich Raphael und Philippe aufgenommen, zwei geistig Behinderte. Einige Monate später habe ich Gabriel, einen arbeitslosen Landstreicher, also einen Armen, dazugenommen. Er ist ein paar Monate geblieben. Sehr bald aber hat sich sein Dasein als unvereinbar mit dem Leben der Gemeinschaft erwiesen. Er begann, Raphael zu terrorisieren, vielleicht aus Eifersucht. Er mußte gehen, denn es bestand Gefahr für Raphael. Wenn man einen schwachen Menschen aufnimmt, der keinen inneren Halt hat, und sich ihm gegenüber verpflichtet hat, dann kann man nicht später einen anderen dazunehmen, der dem Wachstum des ersten ernsthaft zu schaden droht. Man hat nicht das Recht, jemand aufzunehmen, der sich weigert, die anderen und die Gemeinschaft zu achten – mit allem, was dazugehört.

Jede Gemeinschaft hat ihre Schwächen und ihre Grenzen. Sie sind gleichzeitig auch ihr Reichtum. Man muß diese Grenzen kennen. Man muß wissen, wen man nach welchen Kriterien aufnehmen kann, das heißt, wem die Gemeinschaft wirklich helfen kann.

Mit der Zeit kann man hoffen, daß eine Gemeinschaft an Tiefe gewinnt und daß sie immer mehr schwierige Menschen verkraften kann, aber merkwürdigerweise ist das nicht immer der Fall. Zu Anfang haben wir in der Arche schwierige, labile und manchmal sogar gewalttätige Menschen aufgenommen. Mit der Zeit sind die Schwierigen friedfertiger geworden, sie haben eine gewisse innere Ausgeglichenheit gefunden. Es wäre heute jedoch unvorsichtig, jemand aufzunehmen, der all die Ängste, die noch immer in den Herzen verborgen sind, wieder aufbrechen ließe. Man muß den Rhythmus des gebrechlichen Menschen auf dem Wege zur inneren Heilung achten lernen.

Aufnahme und Öffnung erfordern es manchmal, Ängste und Vorurteile zu überwinden und bis in die Tiefen des Mitleides und des Verständnisses hinabzusteigen. Gleichzeitig müssen wir unserer eigenen Suche nach der Wahrheit treu bleiben. Zum Beispiel bin ich tief bewegt vom Leiden und der ungeheuren Traurigkeit jener, die homosexuell sind. Ich möchte das Gefühl des Elends und der Schuld, das einige Homosexuelle haben, so weit wie möglich mit ihnen teilen. Ich kann auch ihren Zorn verstehen, selbst wenn er mir manchmal Angst macht: ihren Zorn über die Ungerechtigkeit der Gesellschaft und der Kirche, die sie ablehnen oder sie als anormal abstempeln.

Die Gründe der Homosexualität sind noch wenig erforscht. Für einige scheint es gesichert, daß Homosexualität an verfrühte sexuelle Erfahrungen gebunden ist und daß dieses Leiden vielleicht geheilt werden kann. Für andere ist die Heilung wenig wahrscheinlich. Wieder andere behaupten, daß Homosexualität genetisch bedingt ist und daß sie einfach „dazugehört“.

Was immer die Ursache der Homosexualität sein mag, sie ist kaum jemals, wenn überhaupt, Sache der eigenen Entscheidung. Ich frage mich manchmal, wie ich selbst das Leiden ertragen könnte, anders zu sein als die anderen, nämlich von Männern angezogen zu sein und nicht von Frauen. Menschen, die eine tiefe psychische Verletzung erlitten haben, haben oft eine Fähigkeit zum Mitleiden und zum inneren Leben, die durchaus eine Gabe und eine Gnade Gottes sein kann.

Gleichzeitig aber müssen wir auch sehr aufmerksam auf diese Verhaltensweise achten, vor allem wenn es um rein körperliche Sexualität geht, ob es nun mit Menschen des einen oder anderen Geschlechts ist. Denn das kann die Wahrheit und die Gemeinschaft zerstören. Die Gemeinschaft braucht offene und nicht besitzergreifende Beziehungen. Sie gründet sich auf Beziehungen, die anderen das Leben weitergeben, und nicht auf Beziehungen, die gefangennehmen. Sie erfordert Beziehungen, die andere nicht in ihrer Sucht nach Entfaltung behindern.

Wer nimmt auf?

Der Leiter einer Gemeinschaft, der andere aufnimmt, ohne mit ihnen den Alltag zu teilen, zwingt sein Ideal jenen auf, die den Alltag mit den Aufgenommenen teilen. Das ist nicht immer gerecht. Die ganze Gemeinschaft muß aufnehmen. Denn sie muß die mit der Aufnahme verbundenen Unannehmlichkeiten tragen, aber auch die damit verbundenen Freuden.

In den Gemeinschaften der Arche, besonders in denen, die schon seit einiger Zeit bestehen, gibt es immer mehr Behinderte, die einen gewissen Reifegrad erreicht haben. Sie leben seit langem in Gemeinschaft, oft länger als die

Assistenten und sogar die Verantwortlichen. Es ist wichtig, daß man sie um Rat fragt, bevor man jemand in Not aufnimmt. Wo es möglich ist, sollte die *ganze* Gemeinschaft andere aufnehmen, also nicht nur die Assistenten und die Verantwortlichen.

Manche Menschen sind anscheinend sehr aufnahmebereit, aber tatsächlich versuchen sie nur ihre Ängste zu beruhigen. Sie brauchen es, anderen zu begegnen und über sie Macht auszuüben. Sie brauchen die anderen in ihrer Abhängigkeit, sie haben nicht die notwendige Objektivität, um die Anfälligkeit der anderen zu verstehen und zu erkennen, ob und wie andere innerhalb der Gemeinschaft wachsen können.

Zum Wunderbaren einer Gemeinschaft gehört es, andere Menschen aufnehmen und ihnen helfen zu können. Allein kann man das nicht; vereint man aber seine Kräfte und teilt sich die Aufgaben, dann kann man viele aufnehmen, sogar Menschen in innerster Not. Man kann ihnen entdecken helfen, daß sie geliebt und liebenswürdig sind, daß es für sie Wege innerer Heilung gibt und daß sie Vertrauen zu sich selbst, zu den Brüdern und Schwestern und schließlich zu Gott finden können.

Aber das erfordert, daß es nicht nur einen gibt, der aufnimmt, sondern eine Gruppe, die eine wirkliche Gabe der Aufnahme hat und gemeinsam entscheidet. Wir sind alle verschieden, und jeder hat seine Höhen und Tiefen, jeder hat seine Art aufzunehmen: mit mehr oder weniger großen Filtern oder ohne Filter. Ich kann sehr gut einige Menschen aufnehmen und verstehen, ein anderer kann andere besser aufnehmen als ich. Wir müssen uns alle vor unseren Sympathien und Antipathien hüten, vor allem vor unseren vorgefaßten Meinungen.

Die Glieder einer Gemeinschaft müssen im Gebet die Gabe der Aufnahme erbitten. Es ist wirklich eine Gabe: Unser Herz muß offen sein, um aufzunehmen. *Die* Gabe ist die Liebe: die Liebe zum anderen Menschen oder jenem, der nicht erwartet ist. Diese Liebe kommt vom Vater. Wir müssen diese Liebe erbitten und warten, bis sie uns geschenkt wird. Echte Aufnahme ist eine Energie des Friedens, die der andere auch versteht und spürt und zu schätzen weiß.

Es ist offensichtlich, daß wir jemand nur dann als Gabe Gottes aufnehmen können, wenn wir uns bewußt geworden sind, daß auch wir Gaben Gottes sind, so wie wir sind – und daß wir auch eine Gabe für die Gemeinschaft sind.

Es ist einfach, jemand aufzunehmen, wenn man sich allein fühlt und nicht zuviel zu tun hat. Aber es kann sehr mühsam werden, wenn man einen vollen Tag mit vielen Sitzungen hinter sich hat oder wenn man viele Menschen um sich herum hat oder wenn man müde ist. Es ist furchtbar schwer, die Geschichte der Gemeinschaft zum hundertstenmal zu erzählen. In diesem Augenblick ist die Aufnahme wirklich das Werk des Heiligen Geistes. Man muß auf ihn zentriert sein, um unter diesen Bedingungen jemand aufnehmen zu können. Man wird dann wirklich zum Werkzeug Gottes.

Einige sind berufen, die Frohbotschaft zu verkünden, indem sie sehr weit gehen: indem sie Menschen begegnen und ihnen davon sprechen, was sie leben. Das ist notwendig und auch gut so.

Aber man ist auch dann Missionar, das heißt Gesandter Gottes, wenn man jemand an seinen Tisch aufnimmt, wenn man ihm zeigt, daß er geliebt und geschätzt ist, wenn man ihm von dem spricht, wozu Jesus uns berufen hat, wenn man ihm hilft, sich zu Hause zu fühlen. In diesem Augenblick verkündet man wirklich die Frohbotschaft.

Echte und falsche Aufnahme

Die Aufnahme von Besuchern kann nur die Ausweitung jener Offenheit bedeuten, mit der sich die Mitglieder der Gemeinschaft gegenseitig aufnehmen. Ist ihr Herz offen für Brüder und Schwestern, dann wird es auch für Besucher offen sein. Zieht man sich dagegen auf sich selbst zurück und verschließt sich gegenüber den anderen, dann läuft man Gefahr, sich auch den Besuchern zu verschließen. Es sei denn, daß man begeistert Besucher aufnimmt, um die Gemeinschaft zu fliehen: Ist man unter sich, langweilt man sich und läßt Aggressivität aufkommen, dann sind Besucher eine Ablenkung. Diese Art der Zerstreuung kann ihren Wert haben und eine Etappe auf dem Weg zur Einheit der Gemeinschaft darstellen. Aber das ist keine echte Aufnahme. Es ist manchmal leichter, einen Besucher aufzunehmen, als einen Bruder oder eine Schwester anzunehmen, mit denen man die ganze Zeit zusammenlebt. Bestimmte Ehemänner oder Ehefrauen sind ständig unterwegs, um „den Armen Gutes zu tun“. Sie sind voller Eifer in Wohltätigkeitsvereinen. Vielleicht täten sie besser daran, etwas mehr zu Hause zu sein und Zeit für den Ehepartner zu haben.

Kann man wirklich Fremde aufnehmen, wie sie sind, wenn man nicht die eigene Gemeinschaft angenommen hat, wie sie ist – und die Glieder, wie sie sind? Wenn man sich gegen die Gemeinschaft und die Glieder auflehnt, dann läuft man Gefahr, Fremde als Kompensation unserer Angst aufzunehmen. Das aber ist keine echte Aufnahme.

Eine in sich gespaltene Gemeinschaft sollte niemand anders aufnehmen. Es schadet nämlich nur jenen, die kommen. „Schaffe Ordnung im eigenen Haus, bevor du andere einlädst.“

Manchmal beunruhigt mich die Art, wie wir in der Arche diejenigen aufnehmen, die als Assistenten kommen wollen. Nehmen wir jemand auf, weil wir ihn für eine bestimmte

Aufgabe brauchen, oder nehmen wir ihn um seiner selbst willen auf, weil Jesus ihn gesandt hat? „Ich war fremd, und du hast mich aufgenommen."

Sicher, wenn man schon jemand aufnimmt, dann muß er seinen Platz finden: Er muß eine Funktion und eine Aufgabe übernehmen, und er muß seine Gaben ausüben können. Aber manchmal läuft man Gefahr, nicht mehr den Menschen zu sehen und nur glücklich zu sein, daß die Aufgabe ausgeführt wird.

Es ist immer schwierig, das Gleichgewicht zu finden zwischen dem „Einsatz" von jemand für die Zwecke der Gemeinschaft und der Gewährung von zuviel Lebensraum ohne eine feste Aufgabe, durch die sich jemand nützlich vorkommt und wachsen kann.

Die Vorsehung aufnehmen

Je länger man in Gemeinschaft lebt, um so mehr erkennt man die entscheidende Rolle der Vorsehung. Jeden Tag entdeckt man mehr, wie abhängig man von ihr ist, wie armselig man ist, wie sehr man sie braucht. Eine Gemeinschaft lebt und bleibt am Leben, nur weil immer neue Menschen kommen, um sich zu engagieren. Wie ist es zu erklären, daß ein Mensch sich von einer Gemeinschaft angezogen fühlt und ein anderer nicht? Man bemerkt sehr bald, daß er von einer Kraft angeführt worden ist, die größer ist als die Gemeinschaft selbst: Es geht um den Anruf und die Gabe Gottes.

Jeder, der sich der Gemeinschaft anschließt, bringt seine Fähigkeiten, seine Gaben und auch seine Fehler mit, die mit der Zeit die Entwicklung der Gemeinschaft beeinflussen.

Jene, die man heute aufnimmt, werden sich morgen vielleicht engagieren und übermorgen die Gemeinschaft tragen. Die Aufnahme ist ein lebenspendender Prozeß für die ganze Gemeinschaft. Es ist eine Frage von Leben und Tod.

Oft ist die erste Geste der Aufnahme entscheidend. Es

gibt Menschen, die flüchten, weil diese erste Geste ihnen unerträglich erscheint. Andere bleiben wegen eines Lächelns oder einer ersten freundlichen Geste. Jene, die man aufnimmt, sollten nicht das Gefühl haben, daß sie stören, sondern daß man glücklich ist, sein Leben mit ihnen zu teilen. Man muß auf einen Brief oder einen Telefonanruf nicht nur mit Sympathie, sondern auch ganz persönlich antworten können. Nähme man jeden Menschen wie einen Boten Gottes auf, wäre man auch liebenswürdiger und offener.

Die Aufnahme von Randfiguren

Ich entdecke immer mehr, wieviel einsame Menschen es gibt, die unter ihrer Einsamkeit leiden. Sie treten in eine Gemeinschaft ein und bringen ihre seelischen Störungen und auch einen sogenannten „schlechten Charakter“ mit, der oft die Folge von Unverstandensein und Leiden in der frühesten Kindheit ist. Sicher ist es gut, daß diese Menschen in eine Gemeinschaft eintreten, die sie mitträgt, die ihnen zum Ort der Entfaltung und des Wachstums wird. Aber es ist klar, daß sie dort leiden werden und andere in Mitleidenschaft ziehen. Sie brauchen vielleicht stärker strukturierte Gemeinschaften, in denen der Austausch nicht zu bedrohlich ist und in denen es nicht zu viele Sitzungen mit schwierigen Situationen gibt, bei denen sie explodieren könnten. Sie brauchen auch viel Freiraum, allein zu sein, und eine Arbeit, die ihnen eine gewisse innere Sicherheit zu geben vermag.

Freilich wäre es schade, wollten die Gemeinschaften nur vollkommen ausgeglichene, innerlich bewegliche, offene und verfügbare Menschen aufnehmen. Auch wer Schwierigkeiten mitbringt, hat ein Recht auf Leben in Gemeinschaft. Aber es braucht Gemeinschaften mit besonderen Strukturen für Menschen mit besonderen Bedürfnissen.

Nimmt eine Gemeinschaft Randfiguren auf, so geht es im allgemeinen zunächst gar nicht schlecht. Aber aus vielerlei Gründen werden die Randfiguren innerhalb der Gemeinschaft wiederum zu Randfiguren und machen Krisen durch, die bis zu Selbstmordversuchen führen. Diese Krisen können sehr belastend für die Mitglieder der Gemeinschaft werden und sie weitgehend verwirren, denn sie spüren ihr Unvermögen. Die Gemeinschaft ist dann in eine Art Falle geraten, aus der sie manchmal nur schwer wieder herauskommt. Werden sich die Mitglieder der Gemeinschaft ihrer Armut bewußt, dann kann diese Krise zu einer großen Gnade werden.

Die Randfigur mit ihren Schwierigkeiten hat etwas Prophetisches. Sie rüttelt an der Gemeinschaft, denn sie fordert Wahrhaftigkeit. Viel zu viele Gemeinschaften sind auf Träume und schöne Worte gebaut. Man spricht immerzu von Liebe, Wahrheit und Frieden. Die Randfigur aber stellt echte Anforderungen. Ihr Schrei ist ein Schrei nach Wahrheit. Hinter den schönen Worten spürt sie die Lüge: den Abstand zwischen dem, was man sagt, und dem, was man lebt. Wenn die Gemeinschaft damit reagiert, daß sie die Randfigur fortschickt, dann kann das zu einer echten Explosion führen. Noch leichter stempelt man sie als „unerträglich" ab: Sie ist krank, faul und zu nichts nutze. Die Gefahr besteht, sie aufs äußerste abzuwerten, weil sie der Gemeinschaft ihre ganze Falschheit offenbart.

Ja, man muß wirklich mit Klugheit erkennen, wann man jemand aufnimmt. Es ist viel besser, jemand von Anfang an abzuweisen, weil die Gemeinschaft sich ihrer Grenzen bewußt ist, als ihn naiv aufzunehmen und ihn dann wegschikken zu müssen.

Die Randfigur hat ihre ganz eigenen Bedürfnisse. Sie ist ein zutiefst verletztes Wesen, es fehlt ihr an Hoffnung und Selbstvertrauen. Sie leidet oft unter fürchterlichen Angstzuständen, die sie zu unvorhersehbaren und auch ganz ungewollten Gesten anderen und sich selbst gegenüber verleitet. Innerlich ist sie oft haltlos, lebt in einer tiefen Verwirrung und geht leicht von einem Zustand der Apathie und der Wunschlosigkeit zu einer totalen Anarchie der Wünsche und Triebe über.

Sie ist andauernd einem Kampf zwischen Licht und Finsternis, Leben und Tod ausgesetzt. Sie hat keinerlei Beziehung, weder zu einer Person noch zu einem Gesetz. Das Bewußtwerden ihrer Einsamkeit und Armut führt sie zur Verzweiflung.

Um Hoffnung zu schöpfen, muß die Randfigur sich geliebt und anerkannt fühlen. Erst durch den annehmenden Blick eines anderen wird sie sich nach und nach als wertvolle Person wiederentdecken, die zu positivem Handeln fähig ist. Die Randfigur braucht jemand, der ihr zuhört, der sich ihre Verwundungen und Wünsche anhört und der die echten Bedürfnisse heraushört. Dieses Zuhören erfordert Zeit und Geduld. Denn die Randfigur hat Angst, sich auszuliefern. Sie liefert sich nicht jedem aus. Sie muß spüren, daß man nicht richtet, sondern versteht.

Der Mensch voller Verständnis und Zuhörbereitschaft muß nach und nach zu einer stabilen Bezugsperson werden, die leitet, mitträgt, absichert, ermutigt und hilft, die eigenen Fähigkeiten zu entdecken und Verantwortung zu übernehmen. Gerade weil sie so verwirrt ist, muß die Randfigur, um wachsen zu können, Vertrauen zu dieser väterlichen Bezugsperson voller Sanftmut und Güte, aber auch voller Festigkeit haben.

Die Gemeinschaft, die eine Randfigur aufnimmt, muß ihr von Anfang an erklären, was eine Gemeinschaft ist und was man vom anderen erwartet. Die Randfigur muß die Regel der Gemeinschaft annehmen wollen, selbst wenn diese Regel sehr flexibel ist und sozusagen für Randfiguren gemacht. Sie muß spüren, daß man sie nicht einfach ihren Instinkten überläßt, sondern daß man ein Minimum an Anpassung von ihr verlangt. Lehnt sie das ab, so ist das ihre Art mitzuteilen, daß sie nicht in der Gemeinschaft bleiben möchte. Es ist dann an der Bezugsperson, zwischen der Randfigur und der Regel zu vermitteln. Die Bezugsperson muß den Daseinsgrund der Regel erklären. Sie muß fest sein, aber auch vergeben und ermutigen können.

Die Bezugsperson darf vor allem nicht im Widerspruch zur Gemeinschaft stehen. (Es kommt manchmal vor, daß großzügige Menschen sich zum „Retter“ erheben und der Gemeinschaft zeigen wollen, daß sie weder offen ist noch dem Evangelium entspricht. Sie möchten die Randfiguren dazu nutzen, der Gemeinschaft ihre Versäumnisse zu offenbaren.) Die Bezugsperson muß im Namen aller sprechen und mit ihnen zusammenarbeiten. Sie kann so der Randfigur nach und nach helfen, die Beziehung zu einem einzelnen auf die ganze Gemeinschaft – mit all ihren Anforderungen – auszuweiten. Die Randfigur wird dabei sicher ihre Eifersuchtskrisen durchmachen, um zu sehen, ob sie wirklich angenommen ist. Aber nach und nach wird sie sich einfügen und sich wohl fühlen. Um eine Randfigur aufzunehmen, muß eine Gemeinschaft eine solide Bezugsperson anbieten können: jemand, der offen, verständig, aber auch fest ist. Kann die Gemeinschaft der Randfigur einen solchen Menschen nicht bieten, der umgänglich, aber auch hart im Nehmen ist, dann ist es besser, die Randfigur überhaupt nicht aufzunehmen. Die Kraft einer Gemeinschaft erweist sich in der gegenseitigen Liebe und Achtung. Ist diese Einheit nicht gegeben, so besteht die Gefahr, daß die Randfigur die Spannungen, ja den Auflösungsprozeß der Gemeinschaft noch verstärkt.

In einigen Gemeinschaften der Arche ist ein Mensch mit einer geistigen Behinderung nach mehreren Jahren der Gemeinschaft gewalttätig und asozial geworden. Man muß lernen, diese Verhaltensweise zu interpretieren. Manchmal möchte der Mensch damit sagen: „Ich will hier nicht bleiben. Ich will woandershin.“ Man muß dann gut zuhören und die Botschaft der Gewalttätigkeit verstehen, man muß mit diesem Menschen reden.

Manchmal fühlen sich die Gemeinschaften dann schuldig, jemand nicht behalten zu können. Sie haben den Eindruck, versagt zu haben. Aber keine Gemeinschaft kann die ganze Welt retten: Manchmal braucht man kompetente Hilfe, um der Gemeinschaft zu helfen, die rechte Entscheidung zu treffen und diesen Menschen zu bitten, daß er geht.

Aber manchmal rührt diese Gewalttätigkeit auch von der Unfähigkeit der Assistenten her, nämlich wenn sie nicht aufmerksam genug sind, auf die Bedürfnisse des einzelnen zu achten. Manchmal bleiben die Assistenten einfach nicht lange genug, und jemand mit einer Behinderung drückt sein Leiden aus, daß einer der Assistenten gegangen ist. Man muß die Gewalttätigkeit aufmerksam beobachten, die Ursachen verstehen – und wenn möglich zu heilen suchen.

Die Randfigur lebt in der Finsternis. Sie hat weder einen Daseinsgrund noch eine Hoffnung. Sie ist gezwungen, die Angst, die sie oft am Schlafen und Essen hindert, durch Alkohol, Drogen und Wahnvorstellungen zu kompensieren.

Neuen Mut und neue Hoffnung zu schöpfen und die Angst, sich in Frieden wandeln zu lassen, braucht Zeit. Der Übergang oder die Neugeburt können sehr schmerzlich für die Randfigur und ihre Umgebung sein. Sie muß die Gemeinschaft auf die Probe stellen, um sich zu versichern, ob sie sich wirklich bis ins Letzte annimmt. Die Randfigur muß sich von der Angst befreien, indem sie diese auf die Gemeinschaft abwälzt. Diese Angst kann wie ein Lauffeuer um sich greifen, wenn sie „brennbares Material" findet – wie sie sich auch legen kann, wenn sie auf Menschen stößt, die sie auffangen.

Die Randfigur ist die Frucht von Ungerechtigkeit und Gewalttätigkeit in der Vergangenheit. Ihre Tragödie ist die immer wieder erfahrene Ablehnung. Ist sie sehr empfindsam und verletzlich, dann sind die Wunden tief. Sie zeigen sich in Verwirrtheit, mangelndem Selbstvertrauen und Schuldgefühlen, die bis zur Schuld am Dasein reichen können. Das Licht, das die Finsternis vertreibt, kann nur von einem anderen kommen. Das kann bei der Randfigur zu fürchterlichen Kämpfen mit den Mächten der Finsternis führen, die sie gefangenhalten möchten. Die Randfigur ist immer eine zwiespältige Erscheinung. Sie ist hin- und hergerissen zwischen der Liebe und dem Wunsch, im Chaos und im Tragischen zu verharren. Durch diese Zwiespältigkeit wird sie die Gemeinschaft gleichzeitig lieben und hassen, vor allem aber die Bezugsperson. Die Unsicherheit der Randfigur treibt sie dazu, die Bezugsperson gleichzeitig zu lieben und zu hassen.

Die Befreiung der Randfigur von den Mächten der Finsternis wird nur durch erhebliche Prüfungen möglich. Die Bezugsperson oder die Gemeinschaft muß die Feindseligkeit und die Aggressivität, die aus der Angst entstehen, auffangen können und wissen, daß sie nur die Folge erlittener Feindseligkeit ist. Die Gemeinschaft muß die Gewalttätigkeit am eigenen Leibe zu spüren bekommen, um sie in Sanftmut zu verwandeln und so die Randfigur nach und nach von ihren Ängsten befreien zu können. Genau darin besteht die Aufgabe einer Gemeinschaft: zu versöhnen, um den Teufelskreis der Gewalt zu brechen und einem Menschen zum Frieden zu verhelfen.

Das Elend vieler Randfiguren rührt daher, daß sie keine lebendige Mutterbeziehung gekannt haben. Das hat ihnen eine Art Wunde hinterlassen. Sie dürsten nach einer Beziehung der Sanftmut. Sie müssen sich jederzeit ganz und gar angenommen fühlen können. Aus dem tiefsten Grunde ihres Wesens schreien sie ständig nach einer Liebe, die sie allen anderen vorzieht. Weil sie diese Liebe in ihrer Kindheit nicht empfangen haben, haben sie auch nicht die ersten Frustrationen des Kindseins erlebt, zum Beispiel als sich die Mutter einem weiteren Neugeborenen zuwandte. Sie haben auch nicht jene Eifersucht durchlebt, die später wieder vergeht. Deswegen hat die Randfigur einen unersättlichen Hunger nach Liebe. Sie will die Bezugsperson ganz und gar für sich und lehnt strikt ab, daß sie sich anderen zuwendet.

Darum darf derjenige, der sich einer Randfigur zuwendet, niemals ganz allein sein. Es ist schon gefährlich genug, wenn ein Kind alle Gefühle der Mutter ausschließlich auf sich zieht und sie damit an sich bindet. Das ist der Fall, wenn die Mutter entweder ganz allein ist oder sich gefühlsmäßig von ihrem Mann getrennt hat. In diesem Augenblick entsteht eine gefühlsmäßige Abhängigkeit: Das Kind und die Mutter haben gegenseitig voneinander Besitz ergriffen. Es ist keine befreiende Beziehung mehr. Ich habe diese Art gefährlicher Beziehungen auch in unseren Gemeinschaften erlebt, als eine Assistentin sich ausschließlich einem behinderten Kind widmete.

Deswegen sollte die Bezugsperson auf jeden Fall an die Gemeinschaft gebunden sein. Und das behinderte Kind ohne Familie oder die Randfigur sollten deutlich wissen, daß sie die Bezugsperson niemals ausschließlich mit Beschlag belegen können, daß sie ihre Stärke und ihre Bindungen innerhalb der Gemeinschaft hat.

Selbst wenn er manchmal den psychologischen Aspekt zu stark betont, hat Bruno Bettelheim sicher recht, wenn er meint, um einem Menschen zu helfen, der verängstigt und in Not ist, der ins Abseits geraten ist, der in Finsternis und Verwirrung lebt, braucht man eine gewisse Kompetenz. Man muß wissen, wie man Krisen, Gewaltausbrüche, Depressionen auffängt. Man muß verstehen, was durch Regression und Flucht ausgesagt werden soll. Man muß Botschaften entziffern können, die uns durch eigentümliche Handlungen, manchmal auch durch Diebstähle vermittelt werden. Und man muß erheblich auf diese Schreie und Wünsche eingehen können. Man muß gewisse Gesetzmäßigkeiten seelischer Störungen und Entwicklungen, wie sie sich in menschlichen Beziehungen und in der Arbeit offenbaren, richtig zu deuten wissen. Man muß jemand zu innerer Heilung führen können, und man muß vor allem eine echte Beziehung mit anderen aufbauen können (vgl. B. Bettelheim, Liebe genügt nicht. Die Erziehung emotional gestörter Kinder, Stuttgart ³1991).

Dazu braucht man aber nicht notwendig Psychiater zu sein. Man braucht auch keine Analyse gemacht zu haben. Aber man muß die tiefsten Bedürfnisse des anderen empfinden können. Man muß viel eigene Erfahrung mitbringen und trotzdem keine Angst haben, auf Fachleute zurückzugreifen: Ärzte, Psychiater und Therapeuten verschiedener Schulen. Es gibt keinen Gegensatz zwischen Glaube und Psychiatrie, sondern nur zwischen Menschen, die entweder die eine oder die andere Dimension leugnen. Trotzdem ist es nicht immer einfach, zu bestimmen, was zum geistlichen Bereich gehört und also den Priester angeht und was in die Hände des Psychiaters gehört. Diese Bereiche sind oft eng miteinander verbunden.

In der Arche entdecken wir langsam, aber sicher unsere eigenen Therapieformen. Sie unterscheiden sich deutlich von jenen klassischen Therapien, die auf Medikamenten oder Psychoanalyse beruhen. Unsere Therapie baut vor allem auf echte Beziehungen innerhalb der Gemeinschaft auf: Beziehungen, die dem Menschen neue Kräfte, die Annahme seiner selbst und schließlich einen neuen Daseinsgrund geben. Der Mensch in Not entdeckt nach und nach, daß er zu einer Familie, einer Gemeinschaft gehört. Das gibt ihm neuen Halt und inneren Frieden. Um diesen zum Leben in Gemeinschaft unerläßlichen inneren Frieden zu finden, brauchen einige dennoch die Hilfe von Fachleuten.

Eine christliche Gemeinschaft, die Randfiguren und Menschen in Not aufnimmt, braucht Fachkräfte: Psychologen, Psychiater usw. Aber sie braucht vor allem ihre eigenen Therapieformen und deren Vertiefung. Die Fachkräfte müssen diese Therapie anerkennen und bereit sein, an ihr mitzuarbeiten.

Eine christliche Gemeinschaft gründet sich auf Vergebung und auf die Zeichen der Vergebung. Die Rolle des Priesters oder Pastors in der Beichte, das Geheimnis, das er wahren muß, und die Entdeckung der Vergebung Jesu Christi durch die Person des Geistlichen können entscheidend wichtig sein, einen Menschen in Not zu innerer Heilung zu führen und ihm das Joch der Schuldgefühle abzunehmen.

Die Entdeckung im Glauben, daß Jesus alle Menschen und besonders die Verworfensten liebt, hilft dem einzelnen bei der Entdeckung seiner Würde als Kind Gottes. Die Art, wie eine Gemeinschaft den Tod eines Bruders aufnimmt, hilft manchen, ihre eigene Angst vor dem Tod zu überwinden. Die Eucharistie und das gemeinsame Gebet helfen ihm zu entdecken, daß wir in Jesus alle Brüder und Schwestern sind, daß es letztlich keine Trennung zwischen Gesunden und Kranken gibt. Vor Gott sind wir alle Behinderte des Herzens, alle Gefangene unseres Egoismus. Aber Jesus ist gekommen, uns durch die Gabe des Heiligen Geistes innerlich zu heilen, zu retten, zu befreien. Das ist die Frohbotschaft, die er den Armen gebracht hat: Mit all unserer Traurigkeit, Finsternis und Einsamkeit, mit all unseren Ängsten und Gefühlen, mit unserer ganzen gestörten Sexualität sind wir dennoch nicht allein gelassen. Er liebt uns, und er ist mit uns: „Fürchte dich nicht, ich bin bei dir."

Wenn man einen wirklich verwundeten Menschen aufnimmt, dann muß man sich der Schwere dieser Entscheidung bewußt sein. Dazu gehört, daß man den Menschen so annimmt, wie er ist, daß man ihm kein Ideal aufzwingt, daß man versteht, was er an Beziehung sucht, daß man bereit ist, „alles zu glauben, alles zu hoffen, alles zu ertragen" (vgl. 1 Kor 13,7). Gleichzeitig aber muß der andere auch die Grenzen der Gemeinschaft annehmen können.

Es geschieht, daß man nach einer ersten Aufnahme entdeckt, den anderen nicht länger behalten zu können, weil er vielen schadet. Man muß lernen, wahrhaftig und fest zu sein, gleichzeitig aber sanftmütig und voller Mitleid. Wenn der andere gehen muß, sollte man für ihn einen Ort finden, an dem er wiedergeboren werden kann.

Randfiguren im Herzen der Gemeinschaft

Viele Gemeinschaften, die ich kenne, haben ein oder zwei Randfiguren aufgenommen: Menschen, die in ein gewisses Alter gekommen sind und sich in eine Art Geisteskrankheit eingeschlossen haben. Sie sind depressiv und stampfen sozusagen andauernd mit den Füßen. Nichts scheint mehr zu helfen. Alle Bemühungen des Zuhörens und des Einfühlens werden zurückgestoßen. Oft können sie nichts dafür. Solange sie noch jung waren, konnten sie ihre Schwächen noch verbergen, in einem gewissen Alter aber traten die unbewußten Kräfte zutage. Sie leben oft mit gemischten Gefühlen, sie möchten die Gemeinschaft verlassen, und gleichzeitig wissen sie, daß sie nirgendwo anders hin können. Sie fühlen sich überflüssig und ungeliebt, denn sie lehnen jede Beziehung ab. Sie tragen ein fürchterliches Kreuz des Alleinseins.

Die Gemeinschaft muß manchmal für sie eine andere Lösung suchen, einen geeigneteren Ort, vielleicht auch fachliche Hilfe, soweit sie selbst das wollen. Vor allem aber muß sie sie annehmen als eine Gabe Gottes. Diese Randfiguren im Herzen der Gemeinschaft sind oft schwieriger als jene außerhalb der Gemeinschaft. Sie stören häufig, aber sie helfen den anderen Mitgliedern der Gemeinschaft andauernd auf dem Sprung zu sein, um noch mehr zu lieben, zu hören und Kleinigkeiten zu verstehen, die dem anderen Frieden geben. Man muß der Randfigur helfen, sich nicht schuldig zu fühlen, sich nicht in die Krankheit einzuschließen und sich nicht total auf sich selbst zurückzuziehen.

Die Gemeinschaft oder die Verantwortlichen können am Ausbruch von Krisen durchaus mitschuldig sein. Vielleicht haben sie diesen Menschen in ihrer Jugend eine schwere Verantwortung übertragen, vielleicht haben sie sich nicht genügend mit ihnen beschäftigt, vielleicht haben sie sich bei kleineren Krisen nicht genügend mit ihnen auseinandergesetzt. Hätte man sich ihrer Schwäche früher angenommen, hätte man diese Menschen in einer gewissen Einsamkeit belassen, dann hätte man ihnen vielleicht die folgenden Leiden ersparen können.

Einige verstecken ihre persönlichen Schwächen hinter einer gewissen Tüchtigkeit. Ihr „Job“ wird zu *ihrer* Sache, sie lassen sich von niemand mehr in die Karten gucken oder einen Rat erteilen. Es gibt kein Gespräch mehr über die Arbeit, sie sind auch nicht bereit, irgend jemand Rechenschaft darüber zu geben. Beginnt man das zu spüren, so muß man achtgeben. Die Gefahr besteht, die Aufgabe und die eigene Tüchtigkeit immer stärker zu betonen, um damit seine Schwächen immer tiefer zu verbergen. Aber eines Tages wird man sie nicht länger verstecken können. Die Kluft zwischen Aufgabe und Unvermögen wird zu groß. Man kann dann entweder in eine schwere Depression oder in eine heftige Aggressivität fallen. Es ist besser, die Krise früher ausbrechen zu lassen: wenn es noch Zeit ist, dem einzelnen wirklich zu helfen. Das wichtigste ist, ehrlich zu sein und zu bleiben und dem anderen zu sagen, wie man sich ihm gegenüber vorkommt.

Jemand aufnehmen, um zu dienen

Wer zu einer Gemeinschaft gehört, die andere aufnimmt, muß darauf achten, sie nicht nur der Gemeinschaft wegen aufzunehmen, um sich ein gutes Gewissen zu verschaffen und sich als Retter zu fühlen, sondern um wirklich für diejenigen dazusein, die man aufnimmt. Man muß ihnen dienen wollen. Die Gemeinschaft muß darauf ausgerichtet sein, anderen zur inneren Befreiung zu verhelfen.

Viele Gemeinschaften wollen heute andere aufnehmen und gleichzeitig christliche Gemeinschaften und dadurch auch Gebetsgemeinschaften sein. Ist man eine christliche Gemeinschaft, dann muß man wissen, was man will und wen man aufnimmt. Will man zunächst Menschen in Not, Behinderte oder Alleinstehende ohne Familie aufnehmen, um ihnen eine Familie zu geben, um ihnen zu helfen, Frieden und Sicherheit zu finden und sie schließlich ganz realistisch in die Gesellschaft einzugliedern? Oder versucht man zunächst, eine Gebetsgemeinschaft zu bilden und Menschen aufzunehmen, soweit sie schon Christen sind oder um sie zu bekehren?

In der Arche haben wir uns entschieden, Behinderte aufzunehmen, weil sie das brauchen – ohne zu schauen, ob sie Christen sind oder nicht. Unser Wunsch ist, alles zu tun, daß sie menschlich und geistlich ihrem eigenen Rhythmus und ihren eigenen Gaben entsprechend wachsen können.

Nimmt man Menschen auf, weil sie in Not sind und um ihnen die Sicherheit einer Familie zu geben, dann heißt das, daß nicht alle Mitglieder notwendig Christen sind und nicht alle am Gebet teilnehmen – und doch gehören sie zur gleichen Familie.

Das wichtigste ist, bei der Aufnahme genau zu wissen, was man tut, und sich dann auch offen und verwundbar zu halten, um zu zeigen, daß man sich wirklich der Menschen annimmt und sie liebt.

Andere aufzunehmen kann fürchterlich stören, denn man hat dann für sie weder einen Rahmen noch eine Regel. Es ist immer leicht und bequemer, nur solche aufzunehmen, die an allen Gebetszeiten teilnehmen und auch zur Messe kommen. Die Gefahr ist jedoch, daß sie nur behaupten, sie hätten den Glauben, um bleiben zu können.

Es scheint mir manchmal viel besser, daß sie erst nach und nach ihren eigenen Weg und den Weg zu Jesus kennenlernen, um ihm in aller Freiheit folgen zu können. Das geht zwar sicher langsamer, aber weil man den einzelnen in seinen persönlichsten Entscheidungen und in seinem Wachstum achtet, ist auch die Wirkung tiefer. Natürlich besteht immer die Gefahr, daß man der Gleichgültigkeit verfällt. Man muß den Geist bitten, daß er uns wach hält.

Dringend gesucht: offene Gemeinschaften

Ich bin betroffen von der Anzahl der Menschen, die allein leben und von ihrer Einsamkeit erdrückt werden. Sie versinken in Depressionen oder Alkoholabhängigkeit. Ganz offensichtlich kann Einsamkeit zerstörend wirken. Man entdeckt immer mehr Menschen, denen es an Gleichgewicht fehlt, nur weil ihr Familienleben unglücklich verlief. Es gibt so viele Verlorene, die gefangengenommen sind von der Welt der Droge, des Verbrechens, des Rocks, des Kinos und der Zerstreuung. Alle sind auf der Suche nach einem Zugehörigkeitsgefühl und nach einem Sinn des Lebens. In den kommenden Jahren wird eine Vielzahl kleiner Auffanggemeinschaften entstehen müssen, in denen einsame und verlorene Menschen eine neue Form der Familie und ein Gefühl der Zugehörigkeit finden können. Früher wollten die Christen Jesus folgen, indem sie Krankenhäuser und Schulen eröffneten. Heute gibt es immer mehr Krankenschwestern und Lehrer, die Christen müssen sich in neuen Auffanggemeinschaften engagieren, um mit jenen zu leben, die ohne Familie sind, und ihnen offenbaren, daß sie geliebt sind, daß sie zur inneren Freiheit gelangen können und daß sie auch lieben können, um anderen das Leben weiterzugeben.

Die Mehrzahl jener, die zum erstenmal in eine Gemeinschaft eintreten, sind offen und verfügbar. Sehr oft haben sie die Gnade eines Kindes. Sie haben ihre Verantwortlichkeiten und ihre Kriterien von „früher" aufgegeben. Sie sind in eine neue Welt eingetreten. Das ist wie eine neue Geburt. Diese Zeit der Kindheit, in der man naiv, verfügbar und offen ist, dauert mehr oder weniger lange. Nach einer gewissen Zeit bekommt man ein Bewußtsein für die eigene Verantwortung.

Die Gefahr für jene, die eine Gemeinschaft verlassen, um in eine zweite einzutreten, besteht darin, daß sie dort mit dem Geist eines Erwachsenen und nicht mit dem Geist eines Kindes auskommen. Sie kommen zwar, um zu dienen, aber sie wissen schon, wie das geht. Ich frage mich wirklich, ob man sich in einer zweiten Gemeinschaft engagieren kann, wenn man nicht eine zweite Kindheit erlebt.

NEUNTES KAPITEL

Zusammenkommen

Zusammenkommen, um zu teilen

Damit eine Gemeinschaft wirklich wächst, müssen die Glieder sich als einzelne, das heißt als Brüder und Schwestern finden können – und das nicht nur auf der Ebene der Arbeit. Solange die Gemeinschaft klein ist, ist es für alle einfach, sich auszutauschen. Zu verschiedenen Tageszeiten kommt man ganz spontan zusammen. Wächst aber die Gemeinschaft, wird die Arbeit mehr, steigt die Zahl der Besucher, so besteht die Gefahr, daß die Mitglieder nur noch zusammenkommen, um zu organisieren und zu programmieren. Dann wird es unerläßlich, sich eine bestimmte Stunde, einen Tag, einen Abend pro Woche freizuhalten, an denen man keine Besucher empfängt und einfach unter sich ist. Zum Gemeinschaftsleben gehört ein ganz persönliches Engagement, das sich in der Begegnung mit den anderen verwirklicht. Aber sehr schnell flieht man diese Begegnungen: Man hat Angst, denn sie verpflichten einen. Man flüchtet in die Organisation, in die Regel, in die „objektive Wahrheit“, in die Arbeit. Man flieht die Begegnung mit den anderen, indem man andauernd etwas für sie tut. Aber um jemand zu lieben, muß man ihm begegnen. Eine Gemeinschaft zu bilden ist etwas anderes, als sich persönlich zu begegnen. Es heißt, einen Leib und ein Zugehörigkeitsgefühl zu schaffen, einen Ort der inneren Verbundenheit. Und dazu braucht man Zusammenhalt und Zusammenkünfte.

Es gibt verschiedene Arten von Zusammenkünften, aber in einer Gemeinschaft haben sie alle dasselbe Ziel: die innere Verbundenheit, den Aufbau des Leibes, die Schaffung eines Zugehörigkeitsgefühls. Es ist nicht wichtig, ob es viele Dinge zu besprechen gibt, alles muß auf das eine Endziel abgestimmt sein: in der Liebe zusammenzukommen.

Es gibt Zusammenkünfte, die zum Ziele haben, *Informationen zu geben.* Es ist wichtig, daß die Menschen wissen, was sich in der Gemeinschaft um sie herum und in den Gemeinschaften, mit denen man besondere Beziehungen hat, abspielt. Es geht dabei auch um das, was sich in anderen Regionen und Ländern in dem Bereich abspielt, der die Gemeinschaft und ihre Vision besonders betrifft. Aber man kann diese Informationen nicht einfach schriftlich austauschen. Schriftliche Informationen sind etwas anderes als mündliche Nachrichten, die Herz und Geist ernähren, inspirieren und Einheit schaffen.

Es gibt auch Zusammenkünfte, bei denen man von *Angelegenheiten der Gemeinschaft* spricht, um gemeinsam die Vision zu vertiefen, Entscheidungen zu treffen, nachdem man neue Erkenntnisse gewonnen hat.

Es gibt auch Zusammenkünfte, bei denen man gemeinsam *in der Tiefe austauscht*, indem man davon spricht, was man tut und was man lebt.

Und es gibt Zusammenkünfte, bei denen man *die Vision verkündet*, welche die Herzen bewegt und stärkt.

Es gibt auch Zusammenkünfte, bei denen man sich einfach *gemeinsam entspannt*, ohne sich hinter einer Funktion oder einer Rolle zu verstecken: bei denen man sich einfach freut, zusammenzusein.

Es gibt auch Zusammenkünfte, die *Gottesdienste oder Feste* sind.

Und es gibt Zusammenkünfte, bei denen man *gemeinsam betet.* Man legt Fürbitte ein für die Gemeinschaft, man schreit sein Leid und seine Bedürftigkeit zu Gott, man bittet ihn, uns zu retten. Aber man dankt ihm auch. Man betet ihn in der Stille an.

Sinn und Ziel jeder Zusammenkunft sollte gut definiert sein. Jede hat ihren Zweck und muß entsprechend anders gelebt werden. Und für jede Zusammenkunft gibt es eine Disziplin und eine Art, daran teilzunehmen.

Ein Verantwortlicher muß verschiedene Arten von Zusammenkünften leiten können und die geeigneten Methoden kennen. Natürlich gibt es bei jeder Zusammenkunft eine Anzahl gleicher Elemente. In einer Arbeitssitzung kann es eine Gebetszeit geben, zumindest um die Sitzung zu beginnen, und vielleicht auch eine Zeit des persönlichen Austausches, wenn das die Atmosphäre entspannt und den einzelnen hilft, sich von einer zu großen inneren Spannung zu befreien. Es ist nicht gut, daß Spannungen sich während der Arbeitssitzung offenbaren. Und manchmal ist es auch wirklich gut, während einer Sitzung einen Augenblick der Entspannung und des Lachens zu haben. Ein Verantwortlicher muß wissen, wie man die innere Verbundenheit vertieft – und gleichzeitig muß er effizient sein, weil die Entscheidungen nun einmal getroffen werden müssen.

Man braucht Zeit, um zu verstehen, daß jede Zusammenkunft ihre eigene Gabe und Notwendigkeit hat. Jede trägt auf ihre Art zum Aufbau der Gemeinschaft bei und stärkt Herz und Verstand. Man braucht auch Zeit, gemeinsam zu entdecken, wie man jede vorbereitet und wie man die damit verbundenen Schwierigkeiten bewältigt.

Man muß auch bereit sein, in Sitzungen zu leiden, man muß schwierige Diskussionen durchstehen, manchmal sogar Kämpfe. All das ist normal. Man ist nicht immer sofort bereit, seine eigenen Ideen und Pläne aufzugeben, um den Ideen und Plänen der Gemeinschaft zuzustimmen. Man braucht Zeit, um Vertrauen zu den anderen und zur Gemeinschaft zu schöpfen.

Man muß auch nicht erwarten, daß jede Verwaltungssitzung besonders bereichernd wäre. Zum Leben einer Gemeinschaft gehört der Dienst – und diese Sitzungen sind Dienste zum Wohl aller. Aber wenn man die Meinung der anderen und die Ideen eines jeden friedlich mit anhört, wenn man zum Wohl aller die bessere Art, etwas zu organisieren, entdecken möchte, dann werden einem oft Friede und Freude geschenkt.

Für einige ist es schwer, sich in persönlicher Art über das auszutauschen, was sie in Gemeinschaft leben. Sie haben die Neigung, sich in das Funktionale und Objektive zu flüchten. Zu diesen Zusammenkünften gehört aber, daß man etwas von sich selbst offenbart und also, daß man verletzlich wird in bezug auf die anderen. So läßt man seine Barrieren, Abwehrsysteme und Rechthabereien fallen. Für einige kann das schwierig und sogar gefährlich werden. Deswegen muß man diese Zusammenkünfte so gestalten, daß sie Sicherheit geben, daß sie vertraulich bleiben und daß dort Vertrauen herrscht. Aber einige, die sich früher schon einmal verletzt gefühlt haben, werden vielleicht viel Zeit brauchen, der Gruppe wirklich zu vertrauen.

Natürlich werden diese Zeiten gemeinschaftlichen Austauschs nicht zu gänzlicher gegenseitiger Offenheit führen. Wir haben alle ein Geheimnis, das nur Gott, unsere persönlichsten Freunde oder den geistlichen Begleiter angeht.

Die Eheleute haben ein Geheimnis, das sie nicht mit den Kindern oder den anderen Gliedern der Familie teilen können. In den Zusammenkünften der Gemeinschaft handelt es sich nur darum, zu sagen, was man persönlich innerhalb der Gemeinschaft lebt. Aber die Trennwand, die das persönliche Geheimnis von dem scheidet, was man Brüdern und Schwestern mitteilen kann, ist hauchdünn. Deswegen können manche sich nicht mitteilen: Entweder sie decken alles auf, beichten mehr oder weniger alles vor der Gemeinschaft, und das ist peinlich (sie entblößen sich in Worten vor den anderen), oder aber sie verschließen sich und sind unfähig zu sprechen, weil sie Angst haben, sich zu entblößen. Sie wollen bei den Äußerlichkeiten stehenbleiben. Aber es ist gut, auch zu sagen, wie man zur Gemeinschaft steht, was man erlebt, wie man den verschiedenen Aktivitäten gegenüber reagiert. Es ist gut, sich dabei persönlich zu engagieren. Es ist auch gut, den anderen etwas von sich selbst mitzuteilen, um seine tiefsten Anliegen – und auch seine Schwierigkeiten mit der Gemeinschaft – klarzustellen. Die Gefahr für manche ist, zuviel von sich selbst zu sprechen und sich im Reden vor einer wohlwollenden Zuhörerschaft zu gefallen.

Erst wenn man sich mit all seinen Schwierigkeiten und Schwächen im Vertrauen zu Jesus und zur Gemeinschaft kennenlernt, kann man sich wirklich gegenseitig zu einer größeren Treue Jesus und den anderen gegenüber ermutigen. Will man nur seine Stärke, seine Fähigkeiten, seine Erfolge zeigen, so ruft das mehr Bewunderung als Liebe hervor – und man hält sich die anderen fern. Das Mitteilen der Schwächen und Schwierigkeiten und die Bitte um Hilfe und Gebet ist wie Zement für die Gemeinschaft. Es ist ein Anruf, der verbindet und Einheit schafft. Man entdeckt, daß man einander braucht, um die Treue zu halten und die Gaben auszuüben.

Begegnet man sich persönlich in der Schwäche, dann hört man spontan auf, zu reden. Es entsteht eine Stille, die Gebet ist. Aus der Tiefe dieser Stille aber kann ein weiteres Gebet aufsteigen – Fürbitte oder Danksagung. So wächst man zu einer Gemeinschaft zusammen: ein Herz, eine Seele, ein Geist, ein Leib.

Jesus sagt: „Wo zwei oder drei in meinem Namen versammelt sind, da bin ich mitten unter ihnen“ (Mt 18,20). Versammelt sein heißt hier: sich wirklich begegnen. Jesus kann nicht gegenwärtig sein, wenn die Menschen sich nur auf der materiellen Ebene zusammenfinden und sich weigern, einander zu begegnen.

In manchen Gemeinschaften der Arche existiert etwas, das man „Heilige Versammlung“ nennt. Sie kann in einer Kapelle oder anderswo stattfinden. Sie beginnt mit einem Gebet und mit einer Zeit der Stille. Dann sagt jeder, was er lebt und wie er das gemeinsame Leben empfindet. Sein Wort bleibt bewußt subjektiv. Es geht nicht darum, zu diskutieren und die objektive Wahrheit zu finden, sondern mit anderen die gelebte Wirklichkeit zu teilen. Ziel dieser Zusammenkunft ist, jeden wissen zu lassen, wo der andere sucht, und eine persönliche Begegnung zu ermöglichen.

Das Wesentliche dabei ist, verständnisvoll zuzuhören. Es geht nicht darum, einander anzugreifen, sich Vorwürfe zu machen oder sich zu verteidigen. Es geht nur darum zu sagen, was man lebt.

Viele Hemmungen innerhalb der Gemeinschaft kommen daher, daß man Wahrheiten nicht auszusprechen wagt. Man wagt nicht zu sagen, was man fühlt. Man hat Angst, sich auszudrücken, Angst, verurteilt zu werden. Es befreit, gewisse Dinge auszusprechen. Man findet vielleicht keine Lösung. Aber wenn man weiß, was der andere lebt, kann man zumindest versuchen, sein eigenes Verhalten zu ändern. Die einfache Tatsache, Freuden und Schwierigkeiten, die man erlebt, auszusprechen, kann einander sehr viel näherbringen und das gegenseitige Verständnis fördern. Es entstehen Bande. Hat man alles gesagt, dann betet man zusammen. Ist die Versammlung beendet, kommt man nicht mehr darauf zurück. Was gesagt ist, bleibt im Herzen Gottes verborgen.

Man darf nicht mit Leiden oder Frustrationen, die von einer Zusammenkunft herrühren, zur nächsten gehen. Der Erfolg einer Zusammenkunft hängt von der Art ab, wie die einzelnen sich innerlich vorbereiten. Wenn alle innerlich gesammelt, verfügbar und vielleicht sogar begeistert kommen, dann wird diese Zusammenkunft lebhaft und fruchtbarer werden. Kommt man unzufrieden und schlechter Laune: „Noch so eine Sitzung!“, dann kann man sicher sein, daß es nicht gerade sehr ersprießlich werden wird.

Schlechte Zusammenkünfte sind ebenso ansteckend wie gute. Wenn man schon vorher weiß, daß sie schlecht werden und daß man seine Zeit verliert, dann wird das auch eintreten. Der Verantwortliche ist zwar verantwortlich für die Gestaltung der Zusammenkunft, aber wir alle sind mitverantwortlich für die Atmosphäre, nämlich durch die Art, wie wir sie leben.

In jeder Gemeinschaft gibt es Menschen, die Zusammenkünfte lieben. Für sie ist es eine Zeit der Entspannung – und zuweilen eine Möglichkeit, den Anforderungen der Arbeit auszuweichen. Und es gibt auch immer solche, die sie nicht mögen, die sie als Zeitverlust empfinden.

Einige kommen als Verbraucher oder als Schwätzer, die sich gern reden hören. Andere mögen die Zusammenkünfte nicht, weil sie ihre Arbeit im Stich lassen müssen und weil anderen zuzuhören sie selbst in Frage stellt. Ihr „Motor" läuft so auf Hochtouren, daß sie nicht einmal stillsitzen und sich eine Entspannung gönnen mögen.

An einer Zusammenkunft teilnehmen heißt nicht notwendig, hierbei das Wort zu ergreifen. Voraussetzung ist die Bereitschaft, sich selbst zu sterben und darauf verzichten zu können, seine eigenen Ideen durchzusetzen und alles zu verteidigen, was einen unmittelbar betrifft. Um an einer Zusammenkunft der Gemeinschaft teilzunehmen, muß man davon überzeugt sein, daß Jesus gegenwärtig ist, daß er uns in der Suche nach der Wahrheit leitet und daß *jeder* seine Gabe beizutragen hat.

So kann unsere Teilnahme unser Bestreben ausdrücken, wirklich zusammenzuarbeiten, um die Wahrheit und den Willen Gottes zu finden. So wird sie auch zu einer bestimmten Art zuzuhören: wirklich verstehen, was der andere sagt, und wirklich wissen, wie und wann man das Wort ergreift, ohne den anderen zu unterbrechen oder anzugreifen. Es heißt nicht, einen Privatschwatz mit seinem Nachbarn anzufangen und auch nicht, die gerade angekommene Post zu lesen. Es fängt an bei der Art, sich hinzusetzen: Blick und Kopfhaltung, ja die ganze Körperhaltung können entweder sagen: „Du langweilst mich" oder im Gegenteil: „Ich bin ganz da."

Die Aufmerksamkeit, mit der man eine Versammlung erlebt, und die Freundlichkeit, mit der man jemand zuhört, der herumstottert und vielleicht sogar Unsinn redet, weil er Angst hat, zeigen unseren Grad der Teilnahme an der Sitzung. Gerade die Schüchternen, die kein Selbstvertrauen haben, drücken sich oft aggressiv und ungeschickt aus.

Haften dem Zuhören auch nur Reste von Verachtung an, werden sie nur noch ängstlicher und schüchterner. Ein echtes Aufnehmen ihrer Worte aber kann ihnen helfen, Selbstvertrauen zu gewinnen und zu entdecken, daß sie etwas zu sagen haben.

Kommt man nicht mit dieser inneren Einstellung zu einer Zusammenkunft, dann wird sie sehr schwerfällig werden. Jemand wird sie nur mit Schwierigkeiten leiten können, und die anderen werden entweder offenen Mundes oder unterwürfig zuhören und ihre Aggressivität entweder durch Wutausbrüche oder Langeweile zur Schau stellen.

Eine Zusammenkunft leiten

Es ist wichtig, eine Zusammenkunft zu einer bestimmten Zeit zu beginnen und zu beenden. Das bedeutet, eine gewisse Disziplin einzuhalten. Es ist immer gut, eine Zusammenkunft mit einer Zeit der Stille, ja des Gebetes zu beginnen, wenn alle damit einverstanden sind. Hat man Wesentliches zu entscheiden, dann ist es wichtig, damit vor Gott zu gehen, um die eigenen Ideen, Wünsche und Leidenschaften zu überwinden. Einen Text aus der Heiligen Schrift zu lesen kann helfen, sich auf das Wesentliche zu konzentrieren und zu einer tieferen inneren Verbundenheit zu gelangen. Die Tagesordnung sollte gut vorbereitet sein. Den wichtigen Dingen sollte die meiste Zeit eingeräumt werden. Vermeiden sollte man, sich in langen Diskussionen über unwesentliche Details zu ergehen. An die Tagesordnung sollte man sich getreulich halten und manchmal auch Festigkeit zeigen, um unnötige Abweichungen zu vermeiden und die einzelnen daran zu erinnern, beim Thema zu bleiben. Aber es ist auch gut, beweglich zu sein. Denn manchmal kommen durch eine Abschweifung neue Ideen zustande. Man spürt plötzlich eine große Anteilnahme an einem interessanten Thema. Man muß solche Momente zu nutzen wissen und die Diskussion laufen lassen – ebenso wie es manchmal auch gut ist, Momente der Entspannung und des Lachens hervorzurufen oder zu ermöglichen. Es ist eine Kunst, eine Zusammenkunft so zu leiten, daß sie interessant und fruchtbar wird. Das kommt mit der Erfahrung, erfordert jedoch eine gewisse Erfindungsgabe, vor allem aber Vertrauen und Demut.

Eine Zusammenkunft leiten können heißt jeden sich ausdrücken lassen und nach Möglichkeit darauf verzichten, die eigenen Ideen durchzusetzen. Hat man selbst eine genaue Vorstellung, dann ist es besser, abzuwarten und zu sehen, ob sie vielleicht jemand anders ausdrückt. Ihn kann man dann ermutigen, sie genauer auszuführen.

Die Gefahr bei einer Zusammenkunft ist, daß immer dieselben reden, nämlich diejenigen, denen es leicht fällt. Sie sind nicht immer die Intelligentesten und auch nicht die, die das Wichtigste zu sagen haben. Es sind oft Menschen mit großen Ängsten, oder aber es fehlt ihnen an Selbstvertrauen. Sie haben es nötig, zu sprechen und sich zu bestätigen. Ihre Ausführungen können dennoch interessant und nützlich sein, denn sie füllen die Lücken und regen andere an, wenn auch manchmal recht aggressiv.

Bei jeder Sitzung muß man neu versuchen, Strukturen zu finden, die jeden einzelnen, vor allem aber die schüchternsten, ermutigen, wirklich teilzunehmen. Diejenigen, denen am meisten Lichter aufgehen, wagen oft nicht, sich auszudrücken. Sie haben Angst, Unsinn zu reden. Sie erkennen die Gaben nicht, die ihnen zuteil geworden sind (vielleicht weil die anderen sie nicht anerkennen).

Jenen, die zuviel sprechen, muß man helfen, sich zu beherrschen, vor allem aber zuzuhören. Eines der Mittel dazu ist, jeden reihum seine Meinung sagen zu lassen. Ist die Zahl der Beteiligten zu groß, so kann man sie in kleinere Gruppen aufteilen. Wichtig ist nur, daß wirklich jeder sich ausdrückt.

Man braucht nicht erstaunt zu sein, daß es in Zusammenkünften auch Zusammenstöße gibt und daß man sich mit einer gewissen Heftigkeit ausdrückt. Solche Ausbrüche kommen aus einer Angst, die man herauslassen und achten muß. Wer schreit, ist nicht notwendig eine Randfigur oder ein Revolutionär oder jemand, der einen schlechten Geist einführen will. Es ist jemand, der sich verletzt fühlt, vielleicht gerade einen wichtigen Schritt vorwärts tut oder auf jeden Fall leidet.

Zu Heiligung und Engagement gehören Momente der Angst. Reagiert man zu brutal auf solche Schreie, dann kann der Betreffende sich nicht befreien und nicht den Übergang zu einem größeren inneren Frieden, einer größeren inneren Einheit mit der Gemeinschaft, ihren Strukturen und ihren Verantwortlichen finden.

Man muß sich nicht entmutigen lassen, wenn eine Zusammenkunft schiefgeht oder wenn es Spannungen gibt. Jeder muß wachsen; jeder hat das Recht, es schwer zu haben; jeder hat das Recht, zu ermüden, zu zweifeln und in Verwirrung zu geraten. Man muß in solchen schwierigen Momenten einfach durchhalten können und wissen, daß es auch wieder freudigere Momente geben wird.

Durch schwierige Zusammenkünfte kann man auch lernen, wie man die Situation entspannt und sich ruhiger und freundlicher begegnet. Der Verantwortliche muß auch den geeigneten Moment finden lernen, eine gute Flasche Wein und ein paar Kekse hervorzuholen. Das kann manchmal die Einheit wiederherstellen!

Sind Zusammenkünfte gut geleitet, so erkennen alle ihre Wichtigkeit für das Gemeinschaftsleben und nehmen mit einer gewissen Disziplin daran teil. Es sind lebendige Augenblicke, in denen man sich der Einheit der Gemeinschaft bewußt wird. Alle begegnen sich gegenseitig, sie erkennen sich als Brüder und Schwestern, sie werden einander Brot des Lebens. Die Zusammenkunft ist dann ein Fest, bei dem jeder für den anderen Nahrung wird. Man erfährt, daß jeder Glied des einen Leibes ist.

Gemeinschaftliche Erkenntnis ist für die Gruppe ein wesentliches Mittel, zu einer gemeinsamen Entscheidung zu kommen, so daß jeder sie verinnerlicht und zu seiner eigenen machen kann. Das ist nicht gleichbedeutend mit der widerstandslosen und passiven Anerkennung einer vom Leiter vorgeschlagenen Idee durch die Gruppe. Es ist auch nicht gleichbedeutend mit einer Entscheidung, die man nach einer leidenschaftlichen Diskussion trifft. Zur gemeinschaftlichen Erkenntnis gehört, daß jeder einzelne persönlich nachdenkt und seine Wahl trifft, nachdem die verschiedenen Möglichkeiten ins Auge gefaßt worden sind. Weiter gehört dazu, daß alle nur die Wahrheit und den Willen Gottes suchen und ihre Leidenschaften und ihr Durchsetzungsvermögen überwinden. Die richtige Entscheidung zu erkennen ist nicht leicht. Jede Gruppe muß lernen, wie man das macht.

Ich bin manchmal ein bißchen beunruhigt über die Art, wie einige Gruppen von einem charismatischen Leiter dirigiert werden: von der impulsiven und manchmal reichlich gefühlsbetonten Art, wie dort charismatisch und prophetisch Entscheidungen getroffen werden. Der Leiter gibt sich, als hätte er eine Direktverbindung zum Heiligen Geist. Manche Menschen haben tatsächlich besondere Charismen – aber der Geist der Prophetie sollte immer auch von „bewährten Männern" geprüft werden. (Es gibt nämlich auch falsche Propheten!) Es gibt auch Leiter, die unbewußt Spiritualität und Emotionen brauchen, um jedem Konflikt aus dem Weg zu gehen, sich in der Rolle des Verantwortlichen zu halten, sich das Gefühl der Überlegenheit zu wahren und sich von Gott besonders gesegnet vorzukommen.

Die Rolle des Verantwortlichen besteht darin, jedem Glied zu persönlicherem Nachdenken zu verhelfen, daß er richtig erkennt, gerecht zu entscheiden und seine Verantwortung wahrzunehmen lernt. Ein Verantwortlicher muß jeden dazu aufrufen, zu wachsen und seine Verantwortung zu tragen.

Bei der Zusammenkunft des Internationalen Rats aller Gemeinschaften der Arche im Februar 1977 haben wir entschieden, im April 1978 ein großes Treffen all unserer Gemeinschaften zu veranstalten, das in zwei Teilen stattfinden sollte: zunächst eine Begegnung der Direktoren und Delegierten und dann ein großes Treffen, an dem alle Behinderten teilnehmen.

Bei der nächsten Sitzung des Rats im September 1977 haben einige die Entscheidung in Frage gestellt, ein so großes Treffen in zwei Teilen zu veranstalten. Anstatt zu sagen: „Was entschieden ist, ist entschieden", haben wir die Bedenken der einen und der anderen angehört – ernsthafte Bedenken, wie uns schien. Wir haben versucht, die Vorteile und die Nachteile eines solchen zweiteiligen Treffens zu erkennen. Dieser Prozeß hat mehrere Stunden gedauert. Schließlich sind wir wieder zu derselben Entscheidung gekommen, das Treffen solle in zwei Teilen stattfinden. Von außen gesehen waren dieses Gespräch und dieser Erkenntnisprozeß zwar nichts anderes als verlorene Zeit, aber beim näheren Hinsehen haben wir entdeckt, daß diese scheinbar verlorene Zeit sehr wichtig war. Sie hat jedem ermöglicht, seinen Standpunkt zu verdeutlichen und die Schwierigkeiten, ja sogar die Gefahren zu verstehen. Dadurch wurde ein innerer Zusammenhalt der Gruppe geschaffen, während die ursprüngliche Entscheidung eher mit einiger Distanz getroffen wurde. Jeder hat dadurch mehr Selbstvertrauen und Vertrauen zu den anderen gewonnen. Das hat der ganzen Gruppe eine größere schöpferische Kraft verliehen. Stimmen alle einem Vorhaben aus vollem Herzen zu, weil sie überzeugt sind, daß es der Wille Gottes ist und nicht das Projekt eines einzelnen, dann gibt das eine ganz neue Kraft, neuen Frieden und neuen schöpferischen Schwung.

Es braucht immer einige Zeit, bis alle, vor allem die Langsamsten und die am wenigsten Informierten, wirklich von innen heraus einer Entscheidung zustimmen. „Jeder Zeitverlust im Gespräch ist in Wirklichkeit nur ein scheinbarer Zeitverlust", sagt Paolo Freire, „vor allem aber ein Gewinn an Sicherheit, Selbstvertrauen und Vertrauen zu den anderen. Durch die Weigerung, miteinander zu sprechen, kann das niemals gegeben werden" (Education for critical consciousness, New York 1973).

Man hat mir gesagt, in den Dörfern von Neuguinea werde etwas nur entschieden, wenn alle damit einverstanden sind. Das kann stundenlange Diskussionen erfordern!

In einer Sitzung muß jeder Zeit haben, sich auszudrükken und seine Meinung zu sagen. Ist man nicht miteinander einverstanden, so sollte man gemeinsam nach den tieferen Gründen suchen. Man darf keinesfalls an der Oberfläche bleiben, sondern muß weiterbohren, die Vorteile und Nachteile abwägen, bis sich die Situation klärt und möglichst alle übereinstimmen.

Ich habe von Gemeinschaften gehört, die Entscheidungen nur in Einmütigkeit treffen. Bei Meinungsverschiedenheiten fastet und wartet man, bis sich die Einheit einstellt. Das Prinzip ist sicher gut, aber schwer zu verwirklichen für jene, die nicht gut fasten können. Man muß mit Uneinigkeit rechnen – und daß man sich nicht immer zur gewünschten Einmütigkeit durchringen wird. Dann muß man abstimmen. Die wichtigen Dinge kann man nicht mit einfacher Mehrheit entscheiden, sondern mit 75 Prozent der Stimmen. Erreicht man keine eindeutige Mehrheit, dann ist es besser zu warten, so daß sich die Dinge mit der Zeit klären können.

Man muß immer auch auf die Minderheit achten, die mit einer Entscheidung nicht einverstanden ist oder sich dabei nicht wohl fühlt. Diese Minderheit ist prophetisch, sie spürt im voraus, daß etwas nicht stimmt. Sie drückt das vielleicht ungeschickt oder aggressiv aus. Sie widersetzt sich vielleicht einer Entscheidung – nicht wegen der Thematik, sondern aus einem tieferen Widerspruch, einer Ablehnung der Strukturen und der Leitung oder wegen eines persönlichen Problems. Man sollte diesen tiefinneren Widerstand möglichst an die Oberfläche zu bringen suchen. Auf jeden Fall und bei jeder Gelegenheit muß man auf einen solchen Widerspruch achten und jene, die ihn vertreten, sich so klar und so friedlich wie möglich ausdrücken lassen, ohne daß sie sich schuldig oder illoyal der Gruppe oder dem Verantwortlichen der Gemeinschaft gegenüber fühlen. In einer Gemeinschaft muß jeder sich seinem Gewissen entsprechend ausdrücken können. Es ist bedauerlich, wenn das persönliche Gewissen aus Angst vor mangelnder Loyalität oder, schlimmer noch, vor religiösem Ungehorsam unterdrückt und gelähmt wird. Eine echte Gemeinschaft unterdrückt das persönliche Gewissen keineswegs, sie bildet es aus. Dazu aber müssen Gemeinschaften lernen, Unterschiede zu lieben und zu akzeptieren.

Es gibt immer eine gewisse Spannung zwischen Einheit und Zusammenhalt der Gemeinschaft, die Sicherheit und Effizienz mit sich bringen und andererseits Annahme der Unterschiede, Ermutigung zum Wachstum in der Weisheit und zum Ausdruck der Wahrheit des einzelnen. In einer übertriebenen Vorstellung vom Gehorsam erwartet man von den einzelnen, daß sie wie Kinder gehorchen und nicht selbst nachdenken. Darum ist der Erkenntnisprozeß so wichtig in der Gemeinschaft. Bei Meinungsverschiedenheiten ermöglicht er, sich deutlich und offen auszudrücken, ohne jemand zu bedrohen oder in Frage zu stellen. Er ermöglicht dem Gewissen des einzelnen, sich weiter auszubilden – und dem Heiligen Geist, im einzelnen zu wirken und ihn zu wandeln. Für den Verantwortlichen besteht immer die Gefahr, jede Art von Spaltung oder Meinungsverschiedenheit zu ersticken, vor Konflikten und Auseinandersetzungen Angst zu haben und deswegen die Gemeinschaft an Wandel, Entwicklung und Wachstum zu hindern. Er muß die anderen anhören lernen und ihren Gesichtspunkt verstehen.

Natürlich kann eine Gemeinschaft sich nicht für jede Entscheidung die gleiche Zeit nehmen. Sonst würde sie ihre ganze Zeit mit Zusammenkünften verbringen. Wirklich Zeit nehmen muß man sich auch nur für die wichtigsten Fragen. Eine Gemeinschaft, die nicht unterscheiden kann, was wichtig und was zweitrangig ist, hat ihre Zielsetzung aus dem Auge verloren. Wer seine Zeit damit verbringt, zweitrangige Dinge zu diskutieren, tut dies vielleicht unbewußt, um grundlegenden Fragen aus dem Weg zu gehen.

Die für die gemeinschaftliche Entscheidung notwendige Grundhaltung ist die Offenheit und die Suche nach der Wahrheit im Vertrauen, daß diese Wahrheit gegeben wird. Die einzelnen müssen bereit sein, anzunehmen, daß sie die Antwort noch nicht gefunden haben und daß sie entschieden sind, den Geist und die Methode der Entscheidungsfindung zu respektieren.

Um etwas entscheiden zu können, sollte das Problem deutlich und in der einfachsten Form dargestellt werden: möglichst so, daß man mit Ja oder Nein antworten kann. Ist das Problem zu kompliziert, sind mehrere Fragen in einer einzigen enthalten, dann werden unvermeidlich auch die Antworten kompliziert und verwirrt sein.

Ist die Frage klar gestellt und hat man jedem genügend Zeit zum Nachdenken gelassen, dann sollten die Glieder eins nach dem anderen zunächst ihre positiven Gründe, später ihre negativen äußern können. Nachdem jeder das Dafür und Dagegen der einzelnen gehört hat, braucht es eine Zeit des Stillschweigens, des Gebets und des Nachdenkens. Erst dann kann man schriftlich mit Ja oder Nein stimmen und dafür den wesentlichen Grund angeben, der einen zu dieser Entscheidung geführt hat.

Gibt es keine Einigung, was wahrscheinlich ist, dann muß die Minderheit aufgerufen werden, ihre Gründe deutlicher darzulegen. Der Verantwortliche wird dann den eigentlichen Grund der Meinungsverschiedenheit herauszufinden suchen und ihn in einer weiteren Frage formulieren, die wiederum so klar wie möglich gestellt sein sollte. Darauf folgt eine weitere Entscheidung über diese neue Fragestellung. Jeder sagt wieder das Für und das Wider und stimmt schriftlich mit Ja oder Nein ab und gibt dabei den wesentlichen Grund seiner Entscheidung an. So wird nach und nach jede Frage geklärt, und die Gruppe kommt zu einer endgültigen Entscheidung.

Ich glaube nicht, daß man immer Einstimmigkeit erreichen muß, aber natürlich bedarf es in wichtigen Dingen einer starken Mehrheit.

Es kann geschehen, daß ein Verantwortlicher der Gemeinschaft mit dem Abstimmungsergebnis nicht zufrieden ist, er spürt, daß es gegen sein Gewissen als Verantwortlicher geht. Weil er die Gnade der Verantwortung hat, muß er auch das Recht haben, die endgültige Entscheidung auszusetzen, um sich mit einer äußeren Autorität zu beraten oder eine andere Bezugsperson anzurufen, die der Gruppe hilft, von neuem zu entscheiden – oder aber dem Verantwortlichen hilft, die bereits getroffene Entscheidung anzunehmen.

Sicher können wir hier den Prozeß gemeinsamer Entscheidungsfindung nicht in aller Ausführlichkeit erörtern. Man braucht einfach erfahrene Leute, um gerechte Entscheidungen zu treffen.

Selbst wenn sie gut vorbereitet und im Gebet getragen wird, muß eine gemeinsame Entscheidung nicht direkt von Gott kommen. Wir sind alle sterblich und schwach, aber wir versuchen, unsere Leidenschaften und unsere Gefühle zu überwinden, um in der Wahrheit und nach dem Willen Gottes zu leben. Mit dem, was wir sind und was wir haben, versuchen wir unser Bestes zu tun. Die Entscheidungsfindung wird so zur Quelle der Einheit für die Gemeinschaft. Die Tatsache, sich auf eine positive Art auszudrücken, die die verschiedenen Gesichtspunkte und die Sorgen der einzelnen nicht in Frage stellt, ist hilfreich für alle Beteiligten. Man hört sich gegenseitig zu, und man versteht die verschiedenen Standpunkte besser. So entwickelt sich die Gruppe – und das Bewußtsein wandelt sich. Und ist das nicht das letztlich Entscheidende?

ZEHNTES KAPITEL

Der Alltag

Den Alltag leben

Eines der Zeichen für die Lebendigkeit einer Gemeinschaft ist die Gestaltung ihrer Umgebung: Einrichtung und Sauberkeit, Blumenschmuck und Tischdekoration bei den Mahlzeiten – und so viele andere Kleinigkeiten, aus denen das Herz des Menschen spricht. Manchen mag diese Sorge um das Materielle lästig erscheinen. Sie möchten mehr Zeit haben, miteinander zu sprechen und Beziehungen zu pflegen. Sie haben noch nicht verstanden, daß die tausend kleinen Dinge des Alltags, etwa der Zyklus des Beschmutzens und Säuberns, von Gott gegeben sind, um dem Menschen durch die Materie die Möglichkeit zur Beziehung zu geben. Auch mit Kochen und Putzen kann man anderen seine Liebe erweisen. Sieht man die demütigste materielle Arbeit auf diese Art, so wird alles zur Gabe und zur Möglichkeit innerer Verbundenheit, ja, alles wird zum Fest. Denn es ist ein Fest, sich geben zu können.

Dazu ist es auch wichtig, die bescheidensten und konkretesten Gaben der anderen zu erkennen und ihnen dafür zu danken. Die Gaben der anderen anzuerkennen ist entscheidend wichtig für das gemeinsame Leben und verwirklicht sich durch ein Lächeln und ein „Dankeschön".

Sobald man etwas mit Liebe tut, wird die Arbeit schön und trägt Frucht. In einer Gemeinschaft, in der es Häßlichkeit gibt, fehlt es an Liebe. Die größte Schönheit findet sich freilich in jener Einfachheit, in der alles auf die Begegnung mit Gott und den Menschen hingeordnet ist.

Die Art, wie man sich mit Haus und Garten beschäftigt, zeigt, ob man sich zu Hause fühlt, ob man sich in seinem

Körper wohl fühlt. Auf gewisse Weise ist das Haus ein Nest. Es ist wie ein zweiter Körper. Manchmal vergißt man die Bedeutung der Umgebung für das eigene Wachstum und die innere Befreiung.

Unser Leben in der Arche ist von entwaffnender Einfachheit. Wir sagen oft, daß man die Hälfte der Zeit damit verbringt, etwas schmutzig zu machen, und die andere, es wieder sauber zu machen. Das stimmt nicht ganz, weil es auch noch andere Arbeiten gibt, außerdem Feiern, Mahlzeiten und das Gebet. Aber es sagt etwas über die Gewöhnlichkeit unseres Lebens. Es ist besonders offensichtlich bei Menschen, die eine schwere geistige Behinderung haben: Sie brauchen sehr viel Gegenwart und Liebe bei den grundlegenden körperlichen Aktivitäten: beim Bad, bei der Toilette, dem Anziehen, der Ernährung usw. Man kann sie während des Tages nicht allein lassen, selbst für kurze Zeit nicht, ihre Angst wäre zu groß. Ihr Leben spielt sich auf der Ebene körperlicher Berührung ab: Man muß sie auf den Arm nehmen, sie baden, mit ihnen spielen – es gibt nicht viel Möglichkeit zu interessanten Gesprächen! Die Kommunikation kann sich nur auf der Ebene der Zärtlichkeit, des Spiels und des Lachens bewegen. Wir leben die innere Verbundenheit mit diesen Menschen in den ganz kleinen Dingen, die täglich getan werden müssen.

Wir sind berufen, keine außergewöhnlichen Dinge zu tun, sondern im Gegenteil sehr gewöhnliche – aber mit einer außergewöhnlichen Liebe, die aus dem Herzen Gottes kommt. Paulus schreibt: Auch wenn wir außergewöhnliche Dinge tun, mit Zungen von Engeln und Menschen reden, die ganze Weisheit und die Fülle des Glaubens besitzen, alle Güter den Armen geben und unseren Leib dem Martyrium aussetzen, aber das alles ohne Liebe geschieht, dann ist es wertlos. Danach sagt er uns, was Liebe wirklich ist: „Die Liebe ist langmütig, die Liebe ist gütig. Sie ereifert sich nicht, sie prahlt nicht, sie bläht sich nicht auf. Sie handelt nicht ungehörig, sucht nicht ihren Vorteil, läßt sich nicht zum Zorn reizen, trägt das Böse nicht nach. Sie freut sich nicht über das Unrecht, sondern freut sich an der Wahrheit. Sie erträgt alles, glaubt alles, hofft alles, hält allem stand" (1Kor 13,4-7). Die Liebe ist innere Verbundenheit mit Gott und unseren Brüdern und Schwestern. Nicht durch Heldentaten entsteht eine Gemeinschaft, sondern durch die Liebe, die sich in den ganz kleinen Dingen des Alltags offenbart.

Gewisse Gemeinschaften sind immer dabei, große Projekte zu entwickeln und große Taten zu vollbringen. Sie schreiten von Projekt zu Projekt, alles ist andauernd begeisternd und prophetisch. Gott scheint ständig auf überwältigende Weise einzugreifen. Das alles kann wahr sein und ist durchaus bewunderungswürdig. Aber diese Gemeinschaften müssen sich daran erinnern, was das Wesentliche ist, nämlich daß es in den ganz kleinen Liebestaten jedes Tages besteht, zum Beispiel Geduld zu haben mit denen, die uns auf die Nerven gehen.

Ich finde, es gibt eine große Ähnlichkeit zwischen den beschaulichen Klöstern und den Gemeinschaften der Arche. Auf den ersten Blick gibt es keinen größeren Gegensatz als diese beiden Arten zu leben. Aber wenn man näher hinschaut, entdeckt man, daß beide sich auf die Wirklichkeit der *Gegenwart* und der *inneren Verbundenheit*, auf das Gebet und die körperliche Arbeit konzentrieren – und daß man dort nicht versucht, große Dinge zu tun und sich wie Helden vorzukommen. Beide Gemeinschaftsformen aber werden heute von vielen Menschen als unnötig und wertlos erachtet.

Die Gemeinschaften, die andauernd das Großartige und Heldenhafte suchen, fliehen dabei vielleicht das Wesentliche. Sie sollten die Worte des Propheten Micha meditieren: „Es ist dir gesagt worden, Mensch, was gut ist und was der Herr von dir erwartet: Nichts anderes als dies: Recht tun, Güte und Treue lieben, in Ehrfurcht den Weg gehen mit deinem Gott" (Mi 6,8).

Ihr seid von Gott geliebt, seid seine auserwählten Heiligen. Darum bekleidet euch mit aufrichtigem Erbarmen, mit Güte, Demut, Milde, Geduld! Ertragt euch gegenseitig, und vergebt einander, wenn einer dem anderen etwas vorzuwerfen hat. Wie der Herr euch vergeben hat, so vergebt auch ihr! Vor allem aber liebt einander, denn die Liebe ist das Band, das alles zusammenhält und vollkommen macht. In eurem Herzen herrsche der Friede Christi; dazu seid ihr berufen als Glieder des einen Leibes. Seid dankbar! Das Wort Christi wohne mit seinem ganzen Reichtum bei euch. Belehrt und ermahnt einander in aller Weisheit! Singt Gott in eurem Herzen Psalmen, Hymnen und Lieder, wie sie der Geist eingibt, denn ihr seid in Gottes Gnade. Alles, was ihr in Worten und Werken tut, geschehe im Namen Jesu, des Herrn. Durch ihn dankt Gott, dem Vater!" (Kol 13, 12–17).

Eine Gemeinschaft mit einem Sinn für gediegene Arbeit, die diskret und leise in der Demut und der Liebe zu anderen verrichtet wird, kann zu einem Ort werden, wo man zutiefst die Gegenwart Gottes lebt. Jeder ist dann an seinem Platz. Er vollbringt die kleinen Gesten des Alltags mit Sanftmut und Fachwissen. Er schätzt sich glücklich, den anderen zu dienen, die anderen höher zu schätzen als sich selbst, eine friedliche Beziehung zu Gott, den anderen und der Natur zu haben und in Gott zu bleiben, wie Gott in ihm bleibt. Durch solche Menschen nimmt die Gemeinschaft eine kontemplative Dimension an.

Viele Menschen meinen, gemeinsames Leben bestehe hauptsächlich in der Konfliktlösung: Spannungen und Probleme zu beheben, die durch Randfiguren oder durch Strukturen entstehen. Bewußt oder unbewußt erwarten sie den Tag, an dem es keine Probleme mehr gibt! Je weiter man im gemeinschaftlichen Leben kommt, desto deutlicher sieht man, daß es nicht so sehr darauf ankommt, Probleme zu lösen, als vielmehr in Geduld mit ihnen zu leben. Tatsächlich löst man die Probleme meistens *nicht.* Mit der Zeit und mit einer gewissen Hellhörigkeit lösen sich die Probleme von selbst, wenn man es am wenigsten erwartet hätte. Dafür aber wird es immer wieder andere geben!

Allzuoft sucht man nach den „großen Augenblicken" des Gemeinschaftslebens, den rauschenden Festen – und man vergißt, daß die kräftigste und herzerfrischendste Nahrung gerade jene der ganz kleinen Gesten ist: der Treue, der Zärtlichkeit, der Demut, des Vergebens, der Einfühlung und der Annahme des Alltäglichen. Sie bilden den Herzschlag des gemeinsamen Lebens. In ihnen begegnen wir der Wirklichkeit der Liebe. Sie rühren die Herzen an und lassen die Gaben offenbar werden.

Der Rhythmus des Alltäglichen

Als ich bei Chris in einer unserer Gemeinschaften in Kerala (Indien) war, habe ich mit Freude und Staunen den indischen Maurern zugesehen, die das Haus bauten. Diese Menschen arbeiten hart, aber in einem Geist der Freiheit und Entspanntheit. Man spürt, daß sie Freude an der gemeinsamen Arbeit haben, um ein schönes Werk zu vollenden (also nicht nur ein einträgliches!). Die Frauen tragen stapelweise Mauersteine auf dem Kopf und lachen dabei. Am Abend waren sie sicher müde, aber sie gingen sicher auch voller Frieden zu Bett.

Genau und gut getane Arbeit hat etwas sehr Schönes an sich. Sie ist wie eine Teilhabe am Wirken Gottes, der alles mit Ordnung und Weisheit geschaffen hat – und bis in das geringste Detail noch schön. In unserer Zeit der Automatik vergißt man den Wert gut gemachter Handarbeit. Der Handwerker hat etwas Beschauliches an sich. Der Tischler, der das Holz liebt und sein Werkzeug kennt, hat es nicht eilig und regt sich nicht auf. Er kennt jeden Handgriff, und jeder Handgriff sitzt genau.

Was so entsteht, ist einfach schön. Eine Gemeinschaft, in der man hart und genau arbeitet, in der jeder an seinem Platz ist, ist meist auch besonders geeint. Gemeinschaften, in denen es zuviel Luxus und Freizeit, zuviel verlorene Zeit und zuviel Ungenauigkeit gibt, werden schnell zu lauen Gemeinschaften, in denen der Krebsschaden des Egoismus sich ausbreitet.

In derselben Gemeinschaft in Kerala in Indien muß man sich Zeit nehmen, um Wasser für die Küche zu schöpfen, um sich zu waschen, zu trinken, die Wäsche zu waschen und die Gärten zu bewässern. Eine natürliche Aktivität wie diese läßt uns naturverbunden bleiben und verbindet uns auch untereinander.

Ich mag diesen Text aus dem Buch Deuteronomium: „Dieses Gebot, auf das ich dich heute verpflichte, geht nicht über deine Kraft und ist nicht fern von dir. Es ist nicht im Himmel, so daß du sagen müßtest: Wer steigt für uns in den Himmel hinauf, holt es herunter und verkündet es uns, damit wir es halten können? Es ist auch nicht jenseits des Meeres, so daß du sagen müßtest: Wer fährt für uns über das Meer, holt es herüber und verkündet es uns, damit wir es halten können? Nein, das Wort ist ganz nah bei dir, es ist in deinem Mund und in deinem Herzen, du kannst es halten“ (Dtn 30,11–14).

Nein, der Alltag gemeinsamen Lebens übersteigt unsere Kräfte nicht.

Das Kleine und Gewöhnliche ist manchmal schwer anzunehmen. Ich erinnere mich an einen Sommer, in dem ich Verantwortlicher einer Feriengruppe meiner Gemeinschaft war. Wir waren fünfzehn. Freunde hatten uns ein Haus in der Nähe eines Trappistenklosters zur Verfügung gestellt. Ich stand gern früh auf, um mit den Mönchen beten zu gehen. Die Stille und der Frieden taten mir wohl. Gegen acht Uhr mußte ich wieder zu Hause sein. Mir war ein bißchen schwer ums Herz. Ich wußte, daß ich jetzt einige aus dem Bett aufnehmen mußte, die eingenäßt hatten, um sie zu waschen und zu kleiden. Dann würde das Frühstück kommen – und die ganz gewöhnlichen Aufgaben und Streitereien des gemeinsamen Lebens mit allem, was dazugehört. Das alles war so weit entfernt vom Frieden und der Stille des Klosters!

Dieses Leiden hat mir ermöglicht, die Spiritualität der Arche tiefer zu verstehen: Ich mußte meine innere Einheit wiederfinden. Es ging nicht um einen Moment intensiven geistlichen Lebens zu Beginn des Tages und dann die alltägliche Arbeit bis zum Abend, sondern ich mußte herausfinden, wie ich die Liebe und das Gebet in das Abwaschen und all die anderen kleinen Aufgaben und das Miteinander der Gemeinschaft einfließen lassen konnte.

Ich finde es wunderbar, daß Jesus mit Maria und Josef dreißig Jahre lang in Nazaret verborgen gelebt hat. Niemand hat ihn dort als den Christus, den Sohn Gottes, erkannt. Er hat demütig die Seligpreisungen gelebt. Er hat das Leben seiner Familie als einer Gemeinschaft geteilt. Er hat Holz und Steine bearbeitet. Er hat den Alltag im Herzen der jüdischen Gemeinde und in der Liebe zum Vater gelebt. Erst nachdem er die Frohbotschaft bereits gelebt hatte, hat er sie anderen verkündet.

Der zweite Abschnitt im Leben Jesu ist der Kampf, in dem er diese Botschaft durchzusetzen versuchte. Er setzte Zeichen, um seine Vollmacht zu erweisen.

Besteht für einige Christen nicht die Gefahr darin, zuviel von jenen Wirklichkeiten zu sprechen, die sie gar nicht leben, und Theorien zu verkünden, die sie nicht erfahren haben? Sie drücken damit mehr aus, was in ihrem Kopf vorgeht, als was sich in ihrem Herzen tut. Das verborgene Leben Jesu ist das Vorbild für jedes gemeinschaftliche Leben.

Die dritte Zeit im Leben Jesu ist diejenige der Hingabe an seine Freunde und der Verfolgung durch die zivilen und religiösen Behörden. Die dritte Zeit kann Menschen, die in Gemeinschaft leben, durchaus zur eigenen Wirklichkeit werden.

Spiritualität der Bewegung und Spiritualität des Kreises

In jeder Gemeinschaft haben einzelne eine Spiritualität der Bewegung und der Hoffnung. Man spürt eine gewisse Dynamik. Sie sind berufen zu reisen, um die Frohbotschaft weiterzutragen und große Dinge für das Reich Gottes zu tun. Die Spiritualität des Paulus und der Apostel war dieser Art. Sie waren vom Verlangen erfüllt, Jesus bekannt zu machen und neue christliche Gemeinschaften zu gründen. Andere haben eine Spiritualität des Verweilens. Das nenne ich die Spiritualität des Kreises. Sie bedürfen eher eines regelmäßigen Tagesablaufs als der Dynamik und der Bewegung. Sie nutzen ihre Energien, um in der Gegenwart Gottes zu verweilen und voller Aufmerksamkeit für die Brüder und Schwestern zu sein, überhaupt für die unmittelbare Umgebung und den Augenblick dazusein. Es ist die Spiritualität des Feingefühls und des Mitleidens im Alltag.

Manchmal sind jene, die eine Spiritualität der Bewegung haben, derart von der Zukunft ergriffen, daß sie Mühe haben, in der Gegenwart zu leben. Sie haben Kopf und Herz voller Pläne. In einem zu regelmäßigen Leben werden die einen ungeduldig, sie bedürfen des Abenteuers und des Unerwarteten. Die anderen dagegen haben Angst vor zuviel Neuem. Sie bedürfen der Regelmäßigkeit. In einer Gemeinschaft braucht es dynamische Menschen, die aufbauen und große Dinge tun. Aber es braucht vor allem Menschen, die in einer Spiritualität des Alltäglichen Wurzeln schlagen.

Zur Spiritualität von Nazaret oder Spiritualität des Kreises (denn es handelt sich darum, immer wieder auf dasselbe zurückzukommen) gehört die Liebe zu den kleinen Dingen, die Demut. Das ist nicht einfach in unserer Welt. Man hat uns von klein auf beigebracht, die Leiter menschlichen Erfolgs hinaufzusteigen: Erster zu sein, Erfolg zu haben, Preise zu gewinnen, uns durchzusetzen und unabhängig zu sein. Wir haben gelernt, daß es wichtig ist, Wissen zu besitzen, Erfolg zu haben, Macht auszuüben und einen gewissen

Ruf zu genießen. Und man hat uns gelehrt, die äußeren Werte höher zu schätzen als die inneren. Und dennoch ruft uns das Evangelium zur Liebe: die Seligpreisungen zu leben und uns selbst zu sterben. Dazu aber bedarf es einer grundlegenden Wandlung unserer Haltung, einer Bekehrung. Und das kann nicht geschehen, solange wir uns nicht wirklich auf Jesus besinnen und seinen Geist empfangen. Wir werden niemals fähig sein, die Kleinheit der Liebe zu leben, solange wir nicht wirklich entschieden sind, dem Ruf Jesu zu folgen. Dazu aber müssen wir im Gebet verwurzelt sein.

Die Gesetze der Materie

Es gibt materielle Gesetze, die grundlegend für eine Gemeinschaft sind. Man muß unbedingt auf die wirtschaftliche Seite achten: die Art, wie man die Finanzen verwaltet und wie man das zum Leben Notwendige findet, sei es nun durch bezahlte Arbeit oder auf andere Weise. Eine Gemeinschaft braucht Strukturen, eine Disziplin, eine Regel – und ginge es auch nur um die Festsetzung der gemeinsamen Mahlzeiten. Man muß wissen, wer was entscheidet und wie. Diese Dinge sind wie das Skelett jenes Leibes, den die Gemeinschaft bildet. Achtet man nicht darauf, wird die Gemeinschaft bald sterben. Aber natürlich sind Güterverwaltung und hierarchische Strukturen nur Mittel zum Zweck, nämlich daß der Geist und die Zielsetzung einer Gemeinschaft sich klären, entfalten und vertiefen können.

Man begegnet manchmal Menschen, die alles Körperliche ablehnen, ob es nun ihren eigenen Körper betrifft oder den der Gemeinschaft – so als hätte der Körper etwas Ungesundes, als bestände er nur aus bösen Trieben. Sie wollen keine Strukturen. Sie haben Angst davor. Sie lehnen jede Regel, jede Disziplin, jede Autorität ab. Sie respektieren nicht einmal die Mauern. Sie vergeuden Nahrung, Strom und Benzin. Sie haben keinerlei Sinn für den Wert des Geldes und wissen nicht, was es bedeutet, für die materiellen

Dinge verantwortlich zu sein. Sie möchten ausschließlich spirituelle Gemeinschaft, die aus Liebe, Warmherzigkeit und Spontaneität besteht. Diese Leute aber schweben ein wenig in den Wolken. Jede Gemeinschaft besteht gleichzeitig aus Leib, Seele und Geist.

Wenn einige Gemeinschaften sich auflösen, weil sie die Gesetzmäßigkeiten menschlichen Lebens nicht sehen wollen, dann können andere auch erstickt werden von jenen, die nur an das Gesetz und eine gut funktionierende Wirtschaft und Verwaltung glauben. Sie töten Herz und Geist.

Stephen Verney sagt: „Wir gehören mehr zum Himmel und zur Erde, als wir zuzugeben wagen." Für eine Gemeinschaft gilt das genauso. Der Leib ist wichtig, er ist schön, man muß ihn pflegen, aber er ist geschaffen, Herz und Geist Raum zu geben, damit jene hoffen und wachsen können, für die die Gemeinschaft existiert.

Liebe und Armut

Wie schwierig ist doch die Frage der Armut! Wie schnell kann eine Gemeinschaft sich bereichern – und das mit allen guten Gründen dieser Welt! Man braucht einen Eisschrank, um das Fleisch billiger einkaufen und die Reste aufbewahren zu können. Und als nächstes braucht man eine Tiefkühltruhe! Um weniger auszugeben, braucht man oft viel mehr Geld! Man kauft ein Auto, weil es absolut notwendig ist für die Öffentlichkeitsarbeit der Gemeinschaft und natürlich auch, um noch günstiger einzukaufen – und schon läßt man das Fahrrad stehen und geht nicht mehr zu Fuß. Es gibt viele Menschen, welche die Dinge schneller und besser machen – aber durch die gewisse gemeinsame Arbeiten wegfallen. Ich wäre wirklich traurig, wenn man in den Hausgemeinschaften der Arche in Trosly eines Tages eine Geschirrspülmaschine anschaffen wollte. Abwaschen ist einer der schönsten Augenblicke des Tages, den wir gemeinsam verbringen – und mit wieviel Gelächter! Andere Gemeinschaften könnten dasselbe von der Zubereitung des

Gemüses sagen: Es ist eine Zeit des Teilens und des Sichmitteilens. Schließlich werden durch bestimmte Maschinen schwächere Menschen arbeitslos, denen kleinere Arbeiten in Haus und Küche Beschäftigung geben. Das ist *ihre* Art, zur Gemeinschaft beizutragen. Es wäre schade, diese Gaben einfach zu unterdrücken. Sehr schnell wird dann nämlich das gemeinsame Leben nach dem Vorbild eines Unternehmens, eines Krankenhauses oder einer anderen Einrichtung oder eher nach dem Schema der modernen Gesellschaft organisiert: Die Arbeitsfähigen und Gesunden machen sehr vieles sehr schnell mit Hilfe der Maschinen, sie werden zu Aktivisten, die dauernd überbeschäftigt sind und alle Welt herumkommandieren. Die weniger Arbeitsfähigen dagegen werden dazu verdammt, gar nichts zu tun und vor dem Fernseher herumzusitzen.

Gibt es Normen im Bereich der Armut? Eines ist sicher: Eine Gemeinschaft, die sich bereichert, die nichts mehr braucht, die ganz und gar unabhängig ist, isoliert sich – eben weil sie keine Hilfe mehr braucht. Sie verschließt sich und verläßt sich auf ihre eigenen Kraftquellen. Ihre Ausstrahlung geht verloren. Sie kann zwar Dinge für die Nachbarn tun, aber die Nachbarn können nichts mehr für die Gemeinschaft tun. Es gibt keinen Austausch mehr. Die Gemeinschaft wird zum reichen Nachbarn. Worin besteht dann aber ihr Zeugnis?

Eine Gemeinschaft, die alles hat, was sie braucht und noch mehr, läuft Gefahr, sich nicht mehr darum zu bemühen, ihre Ausgaben zu senken. Sie wird verschwenderisch oder verbraucht das, was sie hat, um jeden Preis. Sie achtet die Materie nicht mehr. Sie verliert jede Form schöpferischer Fähigkeit in diesem Bereich. Schlamperei schleicht sich ein. Körperlich und moralisch geht es ihr zwar gut, aber sie kann nicht mehr zwischen dem Wünschbaren und dem Notwendigen unterscheiden. Einer reichen Gemeinschaft fehlt es sehr bald an der Dynamik der Liebe.

Ich erinnere mich noch, wie Bruder Andreas von den Missionaren der Nächstenliebe aus Kalkutta erzählte, wo er vierzehn Jahre lebte: „Es ist die schlimmste aller Städte wegen des ungeheuren Elends. Aber es ist auch die schönste, weil es die Stadt ist, in der es die meiste Liebe gibt.“ Sobald man reich wird, richtet man Barrieren um sich auf. Manchmal wird man gar zu einem bissigen Hund, der seinen Besitz verteidigt. Die Armen aber haben nichts zu verteidigen. Sie verteilen oft noch das wenige, das sie haben.

In einer armen Gemeinschaft hilft und unterstützt man sich gegenseitig, ganz zu schweigen von der Hilfe, die von außen kommt. Die Armut wird zum Zement der Einheit. Das ist in der Arche sehr deutlich zu spüren: Unternimmt man eine gemeinsame Pilgerfahrt, dann hilft jeder mit. Alles wird in Freuden geteilt, und manchmal ist man doch mit sehr wenig zufrieden. Wenn man reich wird, dann wird man anspruchsvoller und schwieriger – und jeder geht seine eigenen Wege: Er isoliert sich.

In den armen Dörfern Afrikas gibt es noch echtes Teilen und gegenseitige Unterstützung – und es gibt Feste. In den modernen Städten schließt sich jeder in seine Wohnung ein, wo er alles Notwendige zum Leben hat. Die Menschen brauchen sich anscheinend nicht mehr. Jeder genügt sich selbst. Es gibt keine gegenseitige Abhängigkeit mehr. Es gibt keine Liebe mehr.

Eine Gemeinschaft, die viel vor dem Fernseher sitzt, verliert sehr schnell den Sinn für das Schöpferische, das Teilen und das Feiern. Man begegnet sich nicht mehr. Jeder ist auf seinen Bildschirm fixiert.

Wenn man sich wirklich liebt, ist man mit sehr wenig zufrieden. Hat man Freude im Herzen, dann braucht man keine äußeren Reichtümer. Die liebendsten Gemeinschaften sind oft die ärmsten. Man kann den Armen nicht nahe sein, wenn man ein Leben der Verschwendung führt. Jemanden lieben heißt, sich mit ihm zu identifizieren und mit ihm zu teilen.

Eine Gemeinschaft muß wissen, wovon sie Zeugnis geben will. Die Armut ist nur ein Mittel, um Zeugnis zu geben von der Liebe Gottes und von einem Lebensstil.

Nadine von der Gemeinschaft der Arche in Tegucigalpa

(Honduras) erzählte mir, in der Casa Nazaret (das ist der Name der Gemeinschaft) haben sie Rita und Marcia aufgenommen, zwei sichtbar körperlich Behinderte, beide aus sehr armen Familien. Es wäre wichtig, daß ihr neues Heim wie alle Häuser des Viertels ständig den Nachbarn offenstehe. So lebe man dort eben. Rita und Marcia dürften nicht abgesondert leben wie in einer Institution. Sie müßten viel Freunde haben und wie alle anderen leben können. Die Nachbarskinder wären ständig im Haus, sie spielten, lachten, schwatzten und sängen gemeinsam. Ich habe Nadine gefragt, ob ihnen mit einem Kassettenrecorder gedient wäre. Nein, nein, sagte sie, die Kinder würden damit spielen und ihn schnell kaputtmachen. Oder man müßte ihn abschließen, und der Schrank und das verschlossene Zimmer würden zu einem Geheimort, wo man Dinge verbirgt – und mehr noch zu einer Mauer bei der Aufnahme von Gästen. Nadine fügte hinzu, es dürfe in unserem Haus keine Dinge geben, die die Nachbarn nicht auch hätten. Sie würden dann von den Dingen angezogen, wollten damit spielen oder sie auch haben. Die materiellen Dinge würden dann zu Barrieren, die sehr schnell Eifersucht aufkommen ließen oder ein Gefühl der Minderwertigkeit bei den Nachbarn hervorrufen: jene, die besitzen, sind die Mächtigen und die Großen.

Die Armut muß immer im Dienst der Liebe und der Aufnahme anderer stehen. Die Frage ist immer dieselbe: Willst du für die Liebe und die Aufnahme anderer Zeugnis geben durch dein Leben – oder willst du dich lieber hinter der Bequemlichkeit und der Sicherheit verschanzen?

Gemeinschaften, die größer und materiell reicher sind, sollten daran nicht verzweifeln! Sie müssen nur Zeugnis von einer anderen Form der Armut geben und Vertrauen zu dieser Armut haben. Und sie können auf vielerlei Weise vermeiden, im Luxus zu leben und Güter zu verschwenden. Sie können zum Beispiel ihre Gebäude dazu verwenden, noch mehr Menschen aufzunehmen. Ihre Reichtümer sind eine Gabe Gottes, die nicht der Gemeinschaft gehört, sondern nur von ihr verwaltet wird. Sie muß sie dazu gebrauchen, die Frohbotschaft der Liebe und des Teilens weiterzugeben.

Der Konflikt zwischen gelebter Kleinheit und politischem Engagement

Wir haben eine kleine Gemeinschaft in Betanien in dem von Israel besetzten Teil Jordaniens. Es gibt viel Leid im Dorf und in der Region. Das palästinensische Volk kämpft um sein Überleben, die Israelis kämpfen auch um ihr Überleben. Sie versuchen die Aufstände oft mit viel Grausamkeit zu unterdrücken. Es ist schwierig und störend, dort einfach zu leben mit Rulah und Siham, ihnen beim Essen und beim Anziehen zu helfen und sich um die Kleinigkeiten des Alltags zu sorgen, während sich so viele große Dinge um uns herum abspielen. Wenn wir uns zu sehr um das kümmern, was sich in den Aufständen des palästinensischen Volkes ereignet, dann können wir für jene nicht mehr geistlich und psychisch gegenwärtig sein, die unsere Gegenwart und unsere Aufmerksamkeit zum Leben brauchen. Und dennoch fühlen wir uns hin und her gerissen und schuldig, uns nur um diese Kleinigkeiten zu sorgen, wenn sich um uns herum so große und wichtige Dinge abspielen, die für viele den Lauf der Geschichte verändern. Es ist nicht immer einfach, an die Bedeutung der kleinen Dinge zu glauben, wenn der politische Kampf mit solcher Heftigkeit tobt.

Die politische Dimension der Gemeinschaft

Christliche Gemeinschaften können sich nicht gut aus der Gesellschaft heraushalten. Sie sind weder Fluchtburgen noch Drogen, um die Traurigkeit des Alltags zu fliehen, noch Beruhigungsmittel für das Gewissen, um vor der Gegenwart in einen Traum vom Jenseits zu fliehen. Sie sind im

Gegenteil Kraftquellen, Menschen dabei zu helfen, in ihre innere Freiheit hineinzuwachsen, damit jeder den anderen zu lieben vermag, wie Jesus ihn liebt. „Es gibt keine größere Liebe, als sein Leben hinzugeben für die Freunde." Die Botschaft Jesu ist eindeutig. Er greift die Reichen und die Stolzen an, und er erhebt die Demütigen. Die christlichen Gemeinschaften müssen im Herzen der Gesellschaft gegenwärtig sein, sichtbar für jeden: „Man stellt eine Lampe nicht unter den Schemel." Sie müssen Zeichen dafür sein, daß man mit wenig Geld und ohne künstliche Mittel andauernd in Hochstimmung sein kann, einfach weil man sich über den anderen Menschen, der uns nahe ist, freut, weil man sich an der Schönheit der Schöpfung freut. Die Gemeinschaft muß auch Zeichen dafür sein, daß es möglich ist, zusammenzuarbeiten, damit unser Wohnviertel, unser Dorf oder unsere Stadt zu Orten der Gerechtigkeit, des Friedens und der Freundschaft, zu Orten des menschlichen Wachstums werden.

Christliche Gemeinschaften haben also sehr wohl auch eine politische Dimension.

Manche Christen sind von der Politik wie fasziniert. Sie sind manchmal erschreckend antikommunistisch. Der Kommunismus wird zum Sündenbock, den man vertreiben muß. Diese Christen versuchen, politische Gruppierungen mit einem nahezu faschistischen Charakter zu bilden. Oder aber sie sind im Gegenteil antikapitalistisch und marxistisch und kämpfen für neue Strukturen, die ihrer Meinung nach die Gleichheit der Einkommen fördern. Beide Tendenzen treffen sich in der Forderung nach weitgehender staatlicher Zentralisierung, sei es nun zum Schutz der freien Marktwirtschaft oder um alles zu nationalisieren.

Ich frage mich manchmal, ob die Christen ihre Energien nicht besser in die Schaffung christlicher Lebensgemeinschaften investieren sollten, die soweit wie möglich nach den Seligpreisungen leben. Gemeinschaften, die für andere Werte als die des materiellen Fortschritts und des politischen Kampfes leben, können zum Sauerteig der Gesellschaft werden. Sie würden nicht die politischen Strukturen zu verändern suchen, sondern die Herzen und den Geist der Menschen wandeln, indem sie ihnen eine neue Dimension des menschlichen Lebens aufzeigen, nämlich jene der Verinnerlichung, der Liebe, der Beschauung, des Staunens und des Teilens: jene, in der weder der Arme noch der Schwache beiseite geschoben werden, sondern in der sie ihren Platz im Herzen der Gesellschaft haben.

Wenn sich der Geist der Gemeinschaft wirklich verbreitet, werden sich die gesellschaftlichen Verhältnisse von selbst ändern. Denn die Strukturen spiegeln nur wider, was in den Herzen vorgeht – außer natürlich in den Diktaturen. Dazu gehört freilich, daß einige von jetzt an dafür arbeiten, auch die wirtschaftlichen und politischen Strukturen zu verändern und zu verbessern, um die Schaffung einer Gesellschaft zu erleichtern, in der es mehr Gerechtigkeit gibt und in der Gemeinschaften entstehen und ausstrahlen können – in der Menschen wirklich Menschen sein können.

Man könnte ungefähr dasselbe von denen sagen, die für die großen Dinge kämpfen. Einige kämpfen für den Frieden und sind sogar den rivalisierenden Friedensbewegungen gegenüber sehr aggressiv. Aber müßte nicht gerade diese Form des Engagements ihre Quelle in einem Gemeinschaftsleben haben, in dem man lernt, sich zu versöhnen, Meinungsverschiedenheiten und die eigene Finsternis anzunehmen – und in dem man lernt zu feiern? Ist es nicht eine Gefahr, wenn gerade jene Gruppen, die sich mit den großen menschlichen Anliegen befassen, derart aggressiv werden und die Welt in Gute und Böse einteilen? Diese Art elitären Verhaltens kann sehr gefährlich werden und eine Art von Apartheid und Unterdrückung denen gegenüber provozieren, die die Meinung dieser Gruppen nicht teilen.

Gemeinschaften, die Einfachheit und Armut leben, ohne etwas zu vergeuden, ohne den ganzen Tag das Fernsehen laufen zu lassen, können einen neuen Lebensstil erkennen lassen, bei dem keine finanziellen Mittel gefordert, sondern die Beziehungsfähigkeiten der einzelnen gefördert werden.

Wäre das nicht eines der geeignetsten Mittel, um die täglich wachsende Kluft zwischen den armen und reichen Ländern zu überbrücken? Für Menschen, die von der Liebe ergriffen sind, geht es nicht nur darum, den armen Ländern bei ihrer Entwicklung zu helfen, sondern auch den reichen Ländern zu zeigen, daß Glück nicht nur in der Suche nach materiellen Gütern besteht, sondern in einfachen und liebevollen Beziehungen, die man am besten in einer vom Reichtum entschlackten Gemeinschaft lebt.

In den Industrieländern hat man ein naturfernes, künstliches Leben entwickelt. Die Häuser sind voll elektrischer Spielereien. In der Freizeit begnügt man sich oft mit Kino und Fernsehen. Die Städte sind voller Gewalt – und dazu kommen noch jene Informationen aus aller Welt, die sie nicht aufzunehmen vermögen: Erdbeben in Guatemala, Hungerkatastrophe in der Sahelzone, Bürgerkrieg in Jugoslawien, Unruhen in Südafrika, Indien, Lateinamerika, Morde, Brandstiftungen, Bombenattentate ... Alles ist dazu angetan, uns zu verwirren. Die Menschen unserer Zeit fühlen sich unfähig, all das zu verstehen. Sie sind zu klein und zu schwach, all diese Informationen in ihr ohnehin schon angeschlagenes Dasein aufzunehmen. Deswegen hängen sie sich leicht an neue Mythen, die das Heil der Welt versprechen, an fanatische Sekten, die behaupten, die Wahrheit zu besitzen. Je verängstigter der Mensch ist, desto mehr hängt er sich an neue Heilsbringer – seien sie nun politischer, psychoanalytischer, religiöser oder mystischer Prägung.

Gemeinschaften müssen Zeichen dafür sein, daß es möglich ist, menschlicher zu leben, daß man selbst in heutigen Strukturen nicht Sklave unmenschlicher Arbeitsvorgänge zu sein braucht – und auch nicht künstlich erregender Freizeitbeschäftigungen.

Die Gemeinschaft ist wesentlich der Ort, an dem man lernt, den Rhythmus des Menschen zu leben, dem menschlichen Herzschlag und dem Rhythmus der Natur zu folgen. Wir sind aus Erde geschaffen, und wir brauchen Sonnenenergie, Meerwasser und Luft zum Atmen. Wir sind Naturwesen, und unser Körper unterliegt Naturgesetzen. Das heißt nicht, daß wissenschaftliche Entdeckungen nicht auch ihren Wert hätten. Aber sie müssen im Dienst des Lebens stehen, sie müssen eine Umwelt schaffen helfen, in der der Mensch wirklich in all seinen Dimensionen wachsen kann, ob das nun in der Stadt oder auf dem Lande ist, in verlassenen Dörfern oder in Elendsvierteln, in Luxusquartieren oder Ghettos.

Eine Gemeinschaft darf nicht zuerst eine Ansammlung von Elite sein, sondern eine Gemeinschaft von Menschen, die Zeichen dafür sein wollen, daß es möglich ist, gemeinsam zu leben, zu lieben und zu feiern, für eine bessere Welt, für Brüderlichkeit und Frieden zu arbeiten. In unserer materialistischen Welt, in der die Menschen sich oft gar nicht mehr kennen, ja sich gegenseitig umbringen, müssen Gemeinschaften Zeichen dafür sein, daß die Liebe möglich ist und daß man nicht viel Geld braucht, um glücklich zu sein – im Gegenteil. Die Gemeinschaften der Arche sollten noch mehr Wert auf Lebensqualität legen. Jeden Tag müssen wir neu leben lernen und den Rhythmus des inneren und äußeren Lebens immer neu entdecken.

In den reichen Ländern gibt es heute eine wachsende Opposition gegen Einwanderer und Asylanten aus den armen Ländern, sie werden oft schlecht behandelt und unter erschreckenden Bedingungen untergebracht. Die Apartheid gibt es nicht nur in Südafrika, sie existiert auch in jedem Land und in unserem Herzen. Wir haben alle die Neigung zu einem Gruppengeist, uns hinter unseren Ängsten im Freundeskreis zu verbergen: bei denen, die wie wir denken und uns schmeicheln. Ist es nicht gerade auch vom politischen Standpunkt her wichtig, zu bezeugen, daß wir auch gemeinsam leben können, daß die Mauern des Hasses, die uns trennen, nicht unvermeidbar sind? Ist es nicht wichtig, zu zeigen, daß gerade auch Menschen, die aus verschiedenen Kulturen und religiösen Traditionen stammen, sich achten und lieben können, daß Krieg und Unterdrückung nicht unvermeidbar sind? Ist es nicht wichtig, daß es in einer Welt, in der die Menschen mit einer Behinderung schon vor oder bald nach der Geburt wie Aussätzige behandelt werden, Gemeinschaften gibt, die deren Schönheit und Wert ins rechte Licht stellen?

In Afrika bemerke ich immer wieder, daß die Menschen in den Dörfern noch eine echte Lebensqualität haben. Sie wissen, wie man in der Familie und im Dorf miteinander lebt, selbst wenn sie nicht immer wirksam zu handeln verstehen. Die Missionare, denen ich begegne, wissen oft alles Mögliche zu tun, nämlich Schulen und Krankenhäuser zu bauen, zu lehren, zu pflegen – und manchmal sich sogar wirksam im politischen Kampf zu engagieren. Oft aber verstehen sie nicht, miteinander zu leben. Man fühlt sich in ihren Häusern nicht wohl. Es herrscht dort kein Leben. Sie haben keine Gemeinschaft, in der sich jeder wohl fühlen und entspannen kann und Bande der Freundschaft entstehen. Das ist wirklich schade, denn Christen müßten vor allem das Beispiel eines solchen Lebens geben. Heute ist dies um so wichtiger, weil die Länder Afrikas zwischen der Tradition ihres Dorfes und dem Geschmack an Geld und am Fortschritt hin und her gerissen sind. Oft machen die Missionare leider den Eindruck von Menschen, die zum Leben teure Maschinen brauchen und damit Erfolg haben. Das reicht vom Auto bis zum Kühlschrank. Ich bin darum immer von neuem begeistert von den Kleinen Schwestern Jesu, den Schwestern von Mutter Teresa und anderen Gemeinschaften, die mitten unter den Einheimischen wohnen und durch ihr Leben Zeugnis von Christus geben.

In unserer Gemeinschaft in Kalkutta fragen wir uns oft, was wir dort eigentlich machen. Wir sind etwa fünfzehn Menschen, einige davon lebten vorher auf der Straße – sie waren untätig und wegen ihrer geistigen Behinderung verelendet – im Herzen eines übervölkerten Elendsviertels rund um den Bahnhof Sealdah, dem geschäftigsten Bahnhof der Welt. Wir sind dort glücklich, natürlich mit allem

Auf und Ab des täglichen Lebens. Wir haben genug zu essen, und die Philips-Fabrik gibt uns Arbeit. Wir bewegen uns auf eine finanzielle Unabhängigkeit zu, auch wenn wir nicht wissen, ob wir sie je erreichen werden. Auf der Straße gibt es eine Menge Armer und Arbeitsloser und etwas weiter in der Stadt Reiche, die sich ihrer Verantwortung nicht bewußt sind. Wir fragen uns also, was wir dort machen – ein winziger Tropfen in einem Meer des Leidens und des Elends. Wir müssen uns ständig daran erinnern, daß wir nicht die Retter der Welt sind, sondern ein ganz kleines Zeichen unter tausend anderen, daß Liebe möglich ist, daß es noch Hoffnung gibt – und das alles nur, weil wir glauben, daß der Vater uns liebt und uns den Heiligen Geist sendet, um unsere Herzen zu wandeln und uns vom Egoismus zur Liebe zu führen, damit wir im Alltag als Brüder und Schwestern leben können!

Sartre hat unrecht: Der andere ist nicht die Hölle, der andere ist der Himmel. Er wird nur dann zur Hölle, wenn ich schon dort bin, das heißt, wenn ich eingeschlossen bin in meine Finsternis und meine Selbstsucht. Damit der andere zum Himmel wird, muß ich langsam vom Egoismus zur Liebe finden. Augen und Herz müssen neu sehen lernen.

Ich bin manchmal tief beeindruckt, wenn ich eine Familie besuche, die einen Sohn oder eine Tochter mit einer schweren geistigen Behinderung hat. Die Eltern haben kaum Unterstützung und wenig Zeit, sich auszuruhen. Sie werden weder bewundert noch verehrt für das, was sie tun. Manchmal kritisiert man sie dafür, daß sie ihr Kind nicht abgetrieben haben oder daß sie es nicht in eine Institution am Rande der Gesellschaft geben. In der Arche dagegen haben wir Urlaub, freie Tage, man hilft und ermutigt uns durch Fachleute und von kirchlicher Seite, wir erhalten sogar ein Gehalt für unsere Arbeit. Oft finden die Leute uns wunderbar und hochherzig – aber leben jene Familien die Tiefe der Liebe, der Demut und der Hingabe an Gott nicht viel intensiver? Verbreiten nicht gerade diese Familien, die in den Ghettos der großen Städte leben und dafür kämpfen müssen, daß sie ihre Kinder ernähren können, ein neues Bild der Wahrheit, was Menschsein heißt? Wichtig sind durchaus nicht immer die, die sich für ein Leben in Gemeinschaft entschieden haben, sondern jene Millionen, die die Liebe auf eine ganz verborgene Art leben, die wirklich *leben*, was Annahme und Vergebung heißt. Wer sich entschieden hat, in Gemeinschaft zu leben, hat sehr viel von diesen Menschen zu lernen.

ELFTES KAPITEL

Das Fest

Im Herzen der Gemeinschaft: das Fest

Im Zentrum der Gemeinschaft stehen die Versöhnung und das Fest. Im Grunde sind es zwei Seiten einer einzigen Wirklichkeit: der Liebe. Das Fest ist eine gemeinsame Erfahrung der Freude, ein Danklied. Man feiert die Tatsache, zusammenzusein – und man dankt für diese Gabe. Das Fest nährt und stärkt die Herzen und gibt neue Kraft und Hoffnung, die Schwierigkeiten und Leiden des Alltags durchzustehen.

Je ärmer ein Volk ist, desto lieber feiert es. Immer wieder bin ich überwältigt von der Art, wie in Afrika oder Indien gerade die Ärmsten oft tagelang zu feiern verstehen. Alle Ersparnisse geben sie für großartige Festmähler und für schöne Kleider her. Sie winden Blumengirlanden und veranstalten Feuerwerke (Licht und Lärm gehören wirklich zum Fest dazu!). Diese Feste haben fast immer etwas mit dem Jahrestag eines religiösen Geschehens zu tun. Sie haben also einen heiligen Charakter.

In den reichen Ländern haben wir die Kunst des Feierns verlernt. Die Menschen gehen ins Kino, sitzen vor dem Fernseher oder suchen sich andere Vergnügen. Sie gehen zu Parties. Aber den Sinn für das Feiern haben sie verloren.

Reich gewordene Gesellschaften haben den Sinn für das Feiern verloren, weil sie den Sinn für die Tradition verloren haben. Das Fest ist an familiäre und religiöse Traditionen gebunden. Sobald sich ein Fest von der Tradition entfernt, wird es künstlich. Man braucht Stimmungsmacher wie den

Alkohol, um es in Schwung zu bringen. Nur ist es dann kein Fest mehr.

Unsere Zeit hat eher einen Sinn für die „Party", das heißt für Zusammenkünfte, bei denen man ißt und trinkt und auch miteinander tanzt, aber meist nur zu zweit. Unsere Zeit liebt zwar das Theater, das Kino, das Fernsehen, aber den Sinn für das Feiern hat sie verloren.

Das Fest ist ein der Gemeinschaft eigenes Geschehen zur Freude der einzelnen, um dem Vater zu danken, daß er sie zusammengeführt hat, über sie wacht und sie liebt, daß sie nicht mehr isoliert und eingeschlossen in ihre Einsamkeit und Unabhängigkeit sind, sondern daß sie einen Leib bilden, in dem jeder seinen Platz hat. Das Fest ist ein Freudenschrei all jener, die einen Bund geschlossen haben, weil sie aus der Isolierung heraus in diesen Bund geführt worden sind, von der Entmutigung zur Hoffnung.

Feste haben sicher auch eine Rolle in der Annahme der alltäglichen Leiden zu spielen, sie sind ein Moment der Entspannung, aber sie ausschließlich als Flucht oder Droge sehen hieße die Wahrheit des Menschlichen verkennen.

Jeder lebt den Alltag mit allem, was dazugehört: Die Tage gleichen sich, man macht etwas schmutzig, man säubert es wieder, man gräbt die Erde um, man sät, und man erntet. Es gibt endlose Fahrtstunden, bis man zu seiner Arbeit kommt, die einen frustriert. Man muß diszipliniert und effizient sein, um das Soll zu erfüllen. Dadurch aber entsteht Spannung.

Im Familienleben gibt es Blockaden und einen Mangel an Kommunikation zwischen den einzelnen. Man kann sich dem anderen verschließen und fernsehen. Man kann lesen oder etwas anderes tun. Man fühlt sich schuldig, und man beschuldigt die anderen. Man fügt sich gegenseitig Leid zu.

Wie wir den Tag brauchen, um zu arbeiten, zu beten, zu feiern, und die Nacht, um zu schlafen, wie wir die vier Jahreszeiten mit ihren verschiedenen klimatischen Bedingungen brauchen, so brauchen wir neben der Mühsal aller

Tage auch die Freuden des Festes, nämlich den Sabbat. Das menschliche Herz braucht etwas jenseits von Frustration und alltäglicher Routine. Es hat Hunger und Durst nach jenem Glück, das unerreichbar scheint auf dieser Erde. Das menschliche Herz hat Sehnsucht nach dem Unendlichen, dem Universellen, dem Ewigen, nach etwas, das dieser Routine und dem Alltag einen Sinn gibt. Das Fest ist wie ein Zeichen dieses Jenseits, das wir Himmel nennen. Es ist Symbol dessen, wonach die Menschheit sich sehnt: eine Erfahrung innerer Verbundenheit.

Das Fest drückt auf spürbare Art die Zielsetzung einer Gemeinschaft aus. Es ist ein wesentliches Element gemeinsamen Lebens. Beim Fest ist alles Irritierende des Alltags wie weggeblasen. Man vergißt die kleinen Streitereien, der ekstatische Charakter (Ekstase bedeutet: „aus sich herausgehen") des Festes vereint die Herzen. Das Leben pulsiert. Es ist ein Augenblick der Begeisterung. Die Freuden des Körpers und der Sinne sind eng an die Freude des Geistes gebunden. Es ist der menschlichste, aber auch der gottbegnadetste Augenblick im Leben der Gemeinschaft. Die Liturgie des Festes vereint Musik, Tanz und Lied mit Licht, Früchten und Blumen. Dadurch wird sie zu einem Moment, in dem man mit Gott und miteinander vereint ist durch Gebet und Danksagung - aber auch durch ein gutes Essen. Ein festliches Essen ist wirklich wichtig dabei!

Je mühsamer der Alltag ist, desto mehr bedürfen die Herzen dieses Augenblicks des Feierns und der Begeisterung. Sie brauchen diese Zeit, zu der alle sich versammeln, Dank sagen, singen und tanzen - und zu der es ein besonderes Essen gibt. Wie jedes Volk, so hat auch jede Gemeinschaft ihre Liturgie des Festes.

Das Fest ist gleichzeitig Nahrung, Stärkung, Erfrischung. Die Zielsetzung der Gemeinschaft wird durch dieses Symbol gegenwärtig. Das Fest gibt neue Hoffnung und neue Kraft, den Alltag mit noch mehr Liebe zu bestehen. Es ist Zeichen der Auferstehung. Es gibt uns die Kraft, das Kreuz jedes Tages zu tragen. Zwischen Fest und Kreuz besteht eine enge Beziehung.

Die größten Leiden des Menschen sind Trennung und Isolierung. Immer führen sie zu Schuldgefühl, Zorn, Rache und Neid – und das wiederum führt zum Krieg. All das ist ein Vorgeschmack des Todes. Der tiefste Schrei des menschlichen Herzens ist ein Schrei nach Leben. Leben aber ist Einheit und Frieden. Die Freude kommt aus der Einheit und die Einheit aus der Liebe, die tagtäglich neu bezeugt wird, aus der gegenseitigen Annahme und Vergebung. Das Fest ist ein Gesang der Freude und des Dankes, der aus dem Gefühl der Einheit geboren wird, sie aber auch schafft und vertieft.

Für Eheleute werden Liebe und Zärtlichkeit, die sich körperlich ausdrücken, zu einem Fest der Einheit. Sie werden ein Fleisch, sie gehören einander. Die Glieder einer Gemeinschaft sind ebenfalls berufen, ihre Einheit zu feiern, nämlich ihre Zugehörigkeit zueinander und zu Gott. Tun sie das nicht, dann bleiben ihre Gefühle frustriert und verwundet, und sie haben mehr Schwierigkeiten, die Sexualität in die Beziehungen zu integrieren.

Es ist wichtig für eine Familie, zusammen zu feiern. Es ist wichtig für die Kinder, zu lachen, zu spielen und mit ihren Eltern zu singen – und zu sehen, daß ihre Eltern glücklich sind, zusammen zu sein.

Wie traurig sind dagegen die Gedenktage politischer Befreiungen! Es gibt weder Tanz noch Fest, nur Militärparaden, über die Düsenjäger dahinbrausen. Es ist eine Demonstration der Macht. Die Menschen schauen zwar mit einer gewissen Erregung zu, aber es ist doch kein Fest. Selbst in einer nichtchristlichen Umgebung gibt es erhebliche Unterschiede zwischen der Freude und der Zärtlichkeit von Weihnachten, wenn man sich ganz natürlich ein „Frohes Fest" wünscht, und dem Nationalfeiertag, an dem man etwa in Frankreich eine Schweigeminute vor dem Mahnmal verbringt, um die Republik zu ehren – und dann ins Bistro geht, um einen zu trinken. Früher tanzte man wenigstens noch auf den Straßen, aber das geschieht immer seltener.

Wenn Menschen sich versammeln, um Erfolge zu feiern und den Siegern Preise zu verleihen, dann ist das kein Fest. Man applaudiert und ist stolz, wenn der Sieger zu meinem Klub, meiner Gruppe, meiner Familie oder meinem Land gehört. Man identifiziert sich mit dem Sieger und hat den Eindruck, der Beste zu sein. Aber es gibt auch viele, die verloren haben, die keinen Erfolg und keine Macht dazugewonnen haben. Das Fest ist ein Gesang der Liebe und der Annahme der anderen – und kein Gefühl der Macht und der Überlegenheit.

Heute haben wir vielfach eine Freude ohne Gott oder einen Gott ohne Freude. Das hängt zusammen mit einem jahrhundertelang moralistisch verengten religiösen Lebensgefühl: Gott ist immer noch der gestrenge Allmächtige. Die Freude hat sich vom Göttlichen losgelöst.

Das Fest aber ist eine Freude *mit* Gott. Jede Kultur und jede Tradition drückt diese Freude auf ihre Art aus – die einen eher nach außen, die anderen eher nach innen gewandt.

In der Arche können wir schallend lachen und uns freuen – und gleich darauf in die Stille und ins Gebet gehen. Aber sollte sich nicht jedes Fest in der Stille und im Gebet vollenden – im Fest der persönlichen Begegnung mit Gott?

Es ist wichtig, daß im Gemeinschaftsleben das Lachen dazugehört. Dadurch verschwindet viel Leiden.

Das Lachen ist etwas sehr Menschliches. Ich bin nicht sicher, ob die Engel lachen können. Sie beten an! Wenn die Menschen zu ernst sind, geraten sie in Spannung. Lachen aber entspannt. So arm und klein wir auch sind – mit all unseren tierischen Bedürfnissen sind wir dennoch berufen, mehr zu werden als die Engel, nämlich Brüder und Schwestern Gottes: des Wortes, das Fleisch geworden ist. Das scheint so lächerlich und doch so wunderbar, so töricht und dennoch so voller Ekstase. Und die Abgelehntesten sind berufen, im Zentrum des Gottesreiches zu sein. Alles ist auf den Kopf gestellt – es ist also nicht erstaunlich, daß die Menschen in den ernsthaftesten Augenblicken plötzlich Lust haben zu lachen.

Feiern heißt Gott Dank sagen für ein geschichtliches Ereignis, durch das er den Menschen seine liebende Kraft offenbart hat. Es heißt, sich zu erinnern, daß Gott andauernd gegenwärtig ist, daß er über sein Volk und seine Gemeinschaft wacht wie ein Vater über seine Kinder. Man feiert nicht nur die Vergangenheit, sondern die Gegenwart und ihre Wirklichkeit.

Für das jüdische Volk erinnert das Osterfest (Pessach) an den Augenblick, in dem der Engel des Herrn vorüberging und Gott sein Volk von der Knechtschaft Ägyptens befreite. Das Volk dankt seinem Gott, daß er sein Hirte ist, sein Beschützer, sein Vater. Es dankt Gott, daß er weiter sein Begleiter, sein Hirte, sein Beschützer, sein Vater ist, der sein Volk liebt.

Wenn wir Weihnachten feiern, dann feiern wir dieselbe Wirklichkeit, dieselbe Liebe des Vaters, der seinen einzigen Sohn in die Welt gesandt hat, um uns zu retten. Jesus wird in unseren Herzen geboren, um uns zu einen, zu heilen und zu retten. Das Fest läßt jenes Ereignis gegenwärtig werden, das sich vor zweitausend Jahren abgespielt hat. Feiern heißt nicht nur, sich erinnern, was einst geschehen ist, sondern es heißt auch, es heute leben.

Darum ist es traurig, wenn die Menschen vergessen, was Weihnachten feiern bedeutet, und wenn das Fest nur aus Essen und Trinken besteht und wenn man meint, Kindern, die sowieso schon verwöhnt sind, teure Geschenke machen zu müssen.

Weihnachten ist das Fest der Armen und der Kinder. Es ist das Fest der Familie, das Fest des Friedens.

In vielen Hausgemeinschaften der Arche feiern wir am Gründonnerstag, an dem Tag, an dem Jesus zum erstenmal seinen Jüngern Brot und Wein gegeben hat, ein Ostermahl. Während dieses Mahles erinnern wir uns an alle Momente der Gnade, die wir gemeinsam im Lauf des Jahres erlebt haben, dann waschen wir uns gegenseitig die Füße und bitten einander um Vergebung. Das alles geschieht in Liebe und Einfachheit und mit einem echten Sinn für das Heilige. Dann gehen wir in die Kapelle und beten. Wir verbringen eine gewisse Zeit mit Jesus, der im Ölgarten gesagt hat: „Könnt ihr nicht einmal eine Stunde mit mir wachen?"

Jede Gemeinschaft sollte ihre Geburtstage, ihre Geschichte und ihre Traditionen entsprechend feiern können: den Geburtstag, an dem Gott die Gründung der Gemeinschaft möglich machte, oder den Tag eines besonderen Geschehens, durch das man die schützende Hand Gottes besonders deutlich gespürt hat.

Es ist wichtig, sich zu erinnern und aus Anlaß eines Festes unsere persönliche Geschichte sowie die Geschichte der Gemeinschaft wiederzulesen, um Gott zu danken für die Art, wie er all die Jahre hindurch über uns gewacht, uns beschützt und gerettet hat. Man muß sich auch ins Gedächtnis rufen, daß Gott die Gemeinschaft ins Leben gerufen und in der Vergangenheit über sie gewacht hat, daß er sie darum auch heute beschützen wird und daß er auch in Zukunft nicht müde wird, bei all unseren Problemen, Schwierigkeiten und Spannungen für uns zu sorgen.

Es gibt auch die Silvester-Feier, an der die Gemeinschaft für alles dankt, was sie empfangen hat. Und es gibt die Geburtstage, Hochzeiten, Geburten und Taufen. Das ist dann jeweils das Fest des einzelnen: Man feiert und dankt für seine Einzigartigkeit, seinen besonderen Platz und seine Gabe.

Zum Feiern gehören schließlich auch jene kleinen Festlichkeiten des Alltags, die sich rund um das Essen zutragen oder bei Begegnungen entstehen. Als der Vater dem verlorenen Sohn wieder begegnete, sagte er zu seinen Dienern: „Holt schnell das beste Gewand, und zieht es ihm an, steckt ihm einen Ring an die Hand, und zieht ihm Schuhe an. Bringt das Mastkalb her, und schlachtet es; wir wollen essen und fröhlich sein. Denn mein Sohn war tot und lebt wieder; er war verloren und ist wiedergefungen worden. Und sie begannen, ein fröhliches Fest zu feiern" (Lk 15,22–24).

Das Evangelium ist von Festen durchzogen. Das erste Wunder Jesu geschieht während der Hochzeit zu Kana: Jesus verwandelt Wasser in Wein, um das Fest zu verschönern. Und er hat nicht nur einige Flaschen verwandelt, sondern mehr als vierhundert Liter – und das für Menschen, die schon eine ganze Menge getrunken hatten! Was für eine Großzügigkeit unseres Gottes! Jesus geht zu den Festen nach Jerusalem in den Tempel und verkündet eine Frohbotschaft, die zum Fest paßt. Und gestorben ist Jesus am jüdischen Osterfest! Wir müssen lernen, bei jedem Fest durch Worte und Gesten die entsprechenden Botschaften der Liebe und der Hoffnung zum Ausdruck zu bringen. Es gibt eine Botschaft für jeden Tag, sie kann das Herz stärken, unsere Vision erneuern und vertiefen und neues Leben schaffen.

Im Zentrum des Festes aber steht immer der Arme. Wenn man den Geringsten ausschließt, ist es kein Fest mehr. Man muß also Tänze und Spiele erfinden, bei denen die Ärmsten, die Kinder und die Greise und überhaupt alle Schwachen mittun können. Das Fest muß immer das Fest der Armen sein, und zwar das Fest *mit* den Armen – und nicht für die Armen.

Man braucht nicht von jedem zu verlangen, zum Fest zu kommen. Es gibt immer jemand, der leidet, der keine Lust hat zu feiern. Es gibt auch die, die Schwierigkeiten haben, sich in der Gruppe zu bewegen. Sie bleiben draußen und hören zu, was geschieht. Sie sind gleichzeitig in der Gruppe und außerhalb der Gruppe. Und es gibt jene, die sich von Jesus berufen fühlen, schweigend mit ihm in der Kapelle zu bleiben. Auch sie haben am Fest teil, aber auf eine geheimnisvolle, mystische Art.

Manche Menschen sind kaum geneigt, zu den Festen der Gemeinschaft zu erscheinen. Sie sind ein bißchen müde und in sich selbst verschlossen – gehen sie aber dennoch hin, dann kommen sie wie neu geboren zurück, und sie fühlen sich innerlich befreit.

Besucher sind immer wieder erstaunt über die Freude, die in der Arche herrscht. Ich bin überrascht, denn ich kenne die Vielzahl der Leiden, die manche Männer und Frauen in unseren Gemeinschaften fast erdrücken. Man kann sich fragen, ob all diese Freude nicht gerade aus dem Leiden und dem Opfer erwächst. Können die Reichen, die in Luxus und Sicherheit leben, die alles haben, was sie brauchen, die den Leidenden nicht zu nahe kommen wollen, wirklich Freude empfinden? Hält sie nicht ein Gewicht unbewußter Schuld gefangen? Freude kommt von der Offenheit. Ich bin sicher, daß die Armen sich wirklich freuen können. In Momenten des Festes bersten sie vor Freude. Es ist, als wären plötzlich alle Leiden und Frustrationen überwunden. Sie erleben einen Augenblick der Befreiung, das Gewicht des Alltäglichen ist aufgehoben, und ihre Herzen hüpfen vor Freude. Das gilt auch für Menschen, die in Gemeinschaft leben, die gelernt haben, ihre Wunden, ihre Grenzen und ihre Armut anzunehmen. Ihnen ist vergeben, sie sind geliebt, sie haben die Befreiung entdeckt. Sie haben keine Angst mehr, sie selbst zu sein. Sie brauchen sich nicht mehr zu verbergen. Sie sind frei, befreit durch die Freiheit des Heiligen Geistes.

Eines der großen Feste ist die Hochzeit, das Geistige und das Menschliche werden eins in der Freude. „Das Himmelreich ist wie ein Hochzeitsmahl ...“ Dieses Fest ist Zeichen des ewigen Festmahls – und jedes kleine Fest unserer Gemeinschaften sollte Zeichen dieses himmlischen Hochzeitsmahls sein.

Ein Fest ist etwas anderes als eine Aufführung, bei der einige Schauspieler oder Musiker die Zuschauer unterhalten und entspannen. Beim Fest ist *jeder* Schauspieler und *jeder* Zuschauer. *Jeder* muß spielen und teilnehmen, sonst ist es kein Fest.

Auf dieser Erde wird freilich jedes Fest auch etwas Melancholisches an sich haben. Man kann nicht feiern, ohne zumindest daran zu denken: Es gibt immer auch Menschen, die nicht feiern können, die verzweifelt, hoffnungslos, im Elend und im Todeskampf sind, die trauern und die hungern. Deswegen sollte jedes Fest, auch wenn es ein großer Lobpreis und ein einziges Danklied ist, sich in der Stille vollenden, in der man jene, die nicht feiern können, vor Gott bringt.

Jede Gemeinschaft feiert ihre Feste ihrer Tradition entsprechend, jede hat ihre eigene Liturgie, eine besondere Form, Eucharistie zu feiern, ihre Art, die Kapelle zu gestalten, das Essen auszurichten und bei Tisch zu bedienen, den Eßraum mit Kerzen, Girlanden, Blumen zu dekorieren, sich zu kleiden, zu singen, sogar sich zu verkleiden und zu tanzen. Ein Trappistenkloster wird ein Fest oder einen Geburtstag anders feiern als eine Gemeinschaft der Arche. Jede Gemeinschaft hat ihr eigenes Charisma und ihre eigene Art, Dank zu sagen, daß sie von Gott berufen ist, einen Leib zu bilden. In den Gemeinschaften, in denen es viel Stille und Gebet gibt, sind die Gesten der Feier einfacher, aber vielleicht gerade deswegen auch ausdrucksvoller.

In unseren Gemeinschaften, in denen die Menschen aus ganz verschiedenen Kulturen zusammenkommen, kann jeder seine Freizeit seinen Gewohnheiten und seiner Kultur entsprechend gestalten. Ein Kanadier geht gern ein Bier trinken, jemand aus Volta möchte lieber jemand anders besuchen gehen, ein anderer zieht sich am liebsten in sein Zimmer zurück, um ein Buch zu lesen. Freizeit also trennt voneinander: Jeder geht seines Weges. Das Fest dagegen ist kein Augenblick der Entspannung im Rahmen einer gegebenen Kultur, keine Zeit, in der die Anspannung nachläßt, in der man „für sich allein“ ist, sondern eine gut vorbereitete Begegnung in einer Freude und Begeisterung, die alle kulturellen Unterschiede überbrückt.

Es ist wunderbar, wie sich die Kirche den Sinn für das Feiern bewahrt hat. Jeder Tag ist bei ihr ein Fest! Es gibt die großen liturgischen Feste und das immerwährende Fest derer, die uns in den Himmel vorausgegangen sind. Mittelpunkt jeden Tages aber bleibt die Feier der Eucharistie. Ich bin immer wieder betroffen von der Wortwahl der Texte: Feier und Fest, Gegenwart, Kommunion, Mahl, Opfer, Vergebung, Eucharistie, Danksagung.

In diesen Wörtern ist das ganze Gemeinschaftsleben zusammengefaßt. Füreinander müssen wir Gegenwart Gottes sein. Untereinander müssen wir innerlich verbunden sein, weil wir mit Jesus verbunden sind. Dann wird der Gottesdienst zu einem Fest. Dieses Fest nährt und stärkt uns: Gegenseitig werden wir uns zum Brot, weil Gott für uns zum Brot geworden ist. Es ist ein Mahl im Herzen der Gemeinschaft. Denn das Opfer steht immer im Mittelpunkt des Gemeinschaftslebens: Es geht darum, seine eigenen Interessen den Interessen der anderen aufzuopfern, wie Jesus sein Leben hingegeben hat, damit wir seinen Geist empfangen. Das Fest beginnt mit der Bitte um Vergebung und endet mit der Danksagung.

Die Eucharistie ist nicht nur dazu da, unsere persönliche Frömmigkeit zu stärken, sie ist eine aktive Feier der ganzen Gemeinschaft für die ganze Kirche und die ganze Menschheit. Die Eucharistie ist einer der Höhepunkte gemeinschaftlichen Lebens. Sie eint uns am stärksten. Alles wird dem Vater in Jesus Christus aufgeopfert. Für die Christen ist sie der Höhepunkt und das Herzstück aller Gottesdienste, sie ist das Zentrum der ganzen Gemeinschaft.

In einer Zeit, in der es so viele Depressive und so viele Menschen gibt, die Angst vor der Zukunft haben, ist es wichtig, unsere Hoffnung auf Gott zu verkünden und zu feiern. Es kann Kriege und Revolutionen geben, es kann Krankheiten und Naturkatastrophen geben, aber Gott wacht über die Menschheit in Liebe. Der Tod ist nicht das Ende aller Dinge. Die Liebe hat Haß und Tod überwunden. Das Fest der Liebe muß nicht notwendig etwas Lautes sein. Es kann sehr still gefeiert werden. Es kann einfach ein Lied unseres Vertrauens und unserer Liebe sein, Ausdruck der Einheit des Leibes, Verkündigung der Frohbotschaft Gottes: Gott ist unter uns. Er ist gegenwärtig in unserem Herzen. Er ist auferstanden, und er lebt.

Das Mahl

Das Mahl ist das kleine Fest jedes Tages. Alle finden sich um denselben Tisch zusammen, um sich zu nähren und sich in der Freude einander mitzuteilen. Es ist aber auch ein besonderes Vergnügen für Leib und Sinne. Deswegen sollte man es nicht zu eilig haben unter dem Vorwand, man hätte Wichtigeres oder Geistigeres zu tun. Es ist ein gemeinsames Erleben, das gut vorbereitet und voll ausgekostet werden sollte. Das Mahl ist der Augenblick, in dem sich die Freude guten Essens und Trinkens mit der Freude der Begegnung verbindet. Es ist eine wunderbar menschliche Wirklichkeit. Die Beziehung zwischen dem Mahl und der Liebe wurzelt in den ersten Mahlzeiten des Säuglings. Für eine Mutter ist das Stillen des Kindes eine Geste der Liebe, der gegenseitigen Gegenwart, der Freude und des Spiels. Ein Kind, das lieblos ernährt wird oder mechanisch die Flasche bekommt, leidet häufig unter Verdauungsstörungen. Der Mensch ist kein Tier, er ernährt sich nicht allein für sich. Durch die Liebe wird diese so materielle Angelegenheit zu einer ganz und gar menschlichen, ja zu einer göttlichen.

Es ist deswegen gut, beim Essen aggressive Gespräche und überhaupt jeden tierischen Ernst zu vermeiden. „Arbeitsessen“ sind nicht das Wahre! Das Mahl ist Entspannung für Körper, Seele und Geist. Lachen ist gut für die Verdauung. Allzu ernsthafte Diskussionen führen zu Magengeschwüren und Verdauungsstörungen. Manche Kinder leiden unter erheblichen Störungen, weil es zu Hause bei Tisch nicht entspannt zugeht. Ich weiß für meinen Teil, daß Spannungen am Tisch mir den Appetit verschlagen – und auch meine Leber bekommt es zu spüren.

Während des Essens sollte jeder am Tisch mit allen anderen sprechen – und sei es auch nur durch ganz kleine Gesten: „Möchtest du noch Kartoffeln?“ So ergeben sich natürliche Beziehungen, die einige aus ihrer Isolierung herausholen. Sie können sich nicht hinter den Schranken ihrer Depression verschanzen, wenn sie etwas brauchen. „Würdest du mir bitte das Salz reichen?“ Das Bedürfnis nach Nahrung ist ein Anreiz zur Beziehung.

Eine der schlimmsten Erfindungen ist die Selbstbedienung: jeder für sich mit seinem kleinen Tablett, seiner kleinen Weinflasche und seinem Zucker-Salz-und-Pfeffer-Beutel wie im Flugzeug. Es ist wirklich fürchterlich, jedem dieselbe Quantität Essen und Trinken aufzuzwingen und ihn damit allein zu lassen. Es ist viel menschlicher, eine große Flasche für alle zu haben und jeden sich nach seinen Bedürfnissen bedienen zu lassen, freilich immer darauf bedacht, daß auch der andere noch bekommt, was er braucht – und dem Nachbarn den besseren Teil zu lassen. Das Mahl ist sonst nur noch ein trauriger Alleingang. Aber es kommt die Zeit, zu der jeder gibt, teilt und liebt.

Eine Hausfrau weiß, daß ein gutes Essen viel Vorbereitung bedarf: von der Zusammenstellung des Menüs über den Einkauf der Lebensmittel, das Kochen und Anrichten bis hin zum Tischdecken, zum Blumenschmuck und zur Tischordnung.

Auch das Gespräch bei Tisch sollte vorbereitet sein: worüber man sprechen kann und worüber nicht. Es ist sicher gut, daß während des Essens jeweils einige unter sich sprechen können, aber es braucht auch Augenblicke, wo sich alle an einem Gespräch von allgemeinem Interesse beteiligen können – und gemeinsam lachen!

Wenn schon die Vorbereitung eines häuslichen Mahles soviel Mühe kostet, dann gilt das erst recht für ein Fest oder eine andere Veranstaltung in der Gemeinschaft. Man muß nicht glauben, daß man alles der Improvisation überlassen kann. Ein kleiner Kreis sollte alles gründlich vorbereiten und zunächst zu erkennen suchen, was man eigentlich will. Dann aber darf man die Dinge nicht dem Zufall überlassen. Erst im Rahmen einer gut vorbereiteten Veranstaltung kann auch die Spontaneität Platz haben, können Veränderungen und eine Entwicklung eintreten. Während eines Festes oder Mahles sollte man den vielleicht ganz unerwarteten Augenblick der Einheit, der Gnade oder der Begeisterung nicht verkennen, wenn plötzlich durch die helle Freude ein neuer Lichtstrahl aufscheint. Ist ein Fest nicht gut vorbereitet, wird sicher jemand davon profitieren, um seine Pläne durchzusetzen, sich selbst in den Mittelpunkt zu spielen und beklatschen zu lassen – oder aber alles löst sich in Langeweile auf: Es entsteht nichts Gemeinsames, also kein Fest.

Nach jeder gemeinsamen Veranstaltung, welcher Art sie auch sein mag, sollte man sie auswerten oder sich zumindest fragen, ob man das angestrebte Ziel erreicht hat. Man sollte sich Pannen und Mängel ruhig eingestehen, um es das nächste Mal besser zu machen. Gott hat uns dazu mit Intelligenz, Gedächtnis und Phantasie begabt. Die Amerikaner lieben es, alles hinterher auszuwerten. Oft sind sie dabei vielleicht etwas oberflächlich, aber wirtschaftlich sind sie uns darin voraus. Die Franzosen schätzen zwar diese Art des Auswertens nicht gar zu sehr, man sollte aber zumindest versuchen, die Auswirkungen von Veranstaltungen richtig einzuschätzen.

Ludwig von Gonzaga war es, glaube ich, der jeden Tag komische Geschichten vorbereitete, um die Brüder während der Rekreation zum Lachen zu bringen. Er hatte keine natürliche Begabung dafür, vielleicht wäre er von sich aus lieber verborgen geblieben. Aber aus Liebe zu den Brüdern versuchte er, in die freie Zeit nach dem Essen einige Fröhlichkeit zu bringen. Man muß nicht alles der Spontaneität überlassen, denn Spontaneität ist oft eine Frage der Stimmung und des Augenblicks.

Für einige ist es eine echte Aufgabe, zu lernen, wie man ein Fest immer neu und schöpferisch gestaltet: neue Lieder einzuüben, vielleicht fröhlichere und passendere, neue Geschichten zu erzählen und von interessanten Begegnungen zu berichten. Wenn man sie gut vorbereitet, können Mahlzeiten und andere Veranstaltungen der Gemeinschaft zu erstaunlich intensiven Augenblicken des Teilens, des Feierns, der Offenheit des Geistes und der Vermittlung neuer Kenntnisse werden. Zu viele kommen nur als Verbraucher zum Essen. Sie machen sich keine Vorstellung davon, welche Rolle die Mahlzeit für den Aufbau der Gemeinschaft spielen kann.

Wenn es in unseren Gemeinschaften der Arche zum Nachtisch Apfelsinen gibt, beginnt man manchmal mit Schalen zu werfen. Eines Tages fragte ein Engländer, ob das in Frankreich Tradition wäre. Ich glaube nicht, daß es eine französische Tradition dieser Art gibt. Aber ich weiß, daß es für manche ein Augenblick ist, aus ihrer Isolierung herauszukommen und ihrer Freude Ausdruck zu geben. Vor allem, wenn sie nicht sprechen können. Einige Arme können sich an interessanten Tischgesprächen nicht beteiligen, wohl aber an Spielen mit Gesten. Wenn sie eine Apfelsinenschale auf die Nase erhalten, dann freuen sie sich diebisch, sie zurückzuwerfen. Ich habe diese Art des Feierns einmal bei Exerzitien für Ordensoberinnen in Neuseeland erklärt. Am letzten Tag hatten wir ein feierliches Essen mit dem Bischof. Und wie das Leben so spielt, gab es zum Nachtisch Apfelsinen. Man muß miterlebt haben, wie tiefernste und bis dahin etwas zugeknöpfte Provinzialoberinnen sich ein Vergnügen daraus machten, unter den erstaunten Blicken des Bischofs mit Apfelsinenschalen zu werfen! Der Bischof hatte nämlich nicht an den Exerzitien teilgenommen – ich habe ihn nachträglich aufklären müssen.

Die Art, den Tisch zu decken, ist ebenso wichtig wie die Art, die Menschen zu plazieren. Wenn man weiß, daß jemand etwas nervös ist, sollte man gewisse Menschen einfach nicht neben ihn setzen. Auch in diesem Bereich gibt es eine Gabe der Erkenntnis in Liebe. Ist jemand traurig, kann man ihm etwas kochen, das er besonders gern hat. Die Mahlzeit kann der Ort von tausend kleinen Freuden und Gesten der Zärtlichkeit sein.

Gut essen muß nicht heißen, viel Geld auszugeben. Man kann sehr gute Sachen mit sehr wenig Geld machen. Das ist eine Sache des Erfindergeistes, der Raffinesse und des Könnens! Auch Saucen sind wichtig, Spaghetti ohne Sauce sind schwer verdaulich. Eine Gemeinschaft, die immer nur Teigwaren und Hülsenfrüchte ißt, „weil sie billiger sind und man sie en gros einkaufen kann", wird niemals eine fröhliche Gemeinschaft sein.

Gewisse Mahlzeiten, die man in der Stille, bei Kerzenlicht und Musik einnimmt, können eine sehr menschliche und gemeinschaftliche Atmosphäre erzeugen. In den Klöstern ist es normal, daß man schweigend ißt. Es gibt auch nicht immer viel Neuigkeiten, das Gespräch zu beleben. Auf jeden Fall fördert das Schweigen die Verinnerlichung und Besinnung. Die Stille schließt im übrigen eine gewisse Kommunikation nicht aus. Feinfühlige Gesten tragen manchmal mehr zur Einheit der Gemeinschaft bei als viele Worte.

Feste gestalten

Einige weigern sich, ein Fest zu gestalten, um den Platz anderen zu überlassen und nicht in den Ruf des Leiters zu kommen. Aber wenn das ihre Gabe ist, warum sollten sie es dann der Gemeinschaft abschlagen? Vielleicht können sie den anderen beibringen, wie man es macht. Man könnte nämlich dasselbe von allen Künsten: dem Theater, dem Tanz, der Pantomime sagen. Jede künstlerische Tätigkeit kann eine Botschaft vermitteln, die den einzelnen anrührt und die Herzen in Einklang schlagen läßt. Man darf die Kunst keinesfalls mißachten. Jede Gemeinschaft muß ihre Art und ihre besondere Ausdrucksform finden. Alles, was menschlich ist, kann in den Dienst des Göttlichen und der Liebe gestellt werden. Jeder muß seine Gabe ausüben, um an der Gemeinschaft mitzubauen.

Die Lieder einer Gemeinschaft sind besonders wichtig. Die Mitglieder der Gemeinschaft Bundeena in Australien haben mir gesagt, einige Mitglieder ihrer Gemeinschaft können die Heilige Schrift nicht lesen. Sie haben darum einfach einige Schriftstellen vertont, damit das Wort Gottes tiefer in den Geist der einzelnen eindringen kann. Ludwig Maria Grignion de Montfort nahm Volkslieder, um auf dieselben Melodien Gebete und Loblieder zu schreiben.

Bei uns in der Arche werden die Lieder immer melancholischer! Wir müssen uns bemühen, fröhlichere religiöse Lieder zu finden. Es ist eine Kunst für sich, zu spüren, welches Lied man in welchem Augenblick singen sollte. Es gibt Lieder, die zum Gebet und zur Sammlung führen, andere dagegen regen zum Handeln an. Viel mehr Menschen unserer Gemeinschaften müssen darüber nachdenken und sich auf diesen Bereich konzentrieren. Zu oft verläßt man sich auf die Spontaneität und den Augenblick. Man sollte aber ein Lied nicht wählen, weil es dem Leiter gefällt oder weil es seinem Zustand entspricht, sondern weil es für die Gelegenheit am besten paßt. Wolf Wolfensberger hat mir neulich gesagt, man müßte allgemeine Volkstänze erfinden, die leicht zu erlernen sind, und dann Worte hinzufügen. Bei unseren Festen tanzt man immer dieselben Reigen, nur weil man nichts anderes gelernt hat. Es gibt sicher auch Tänze, an denen Behinderte teilnehmen können.

Nur um sich nicht hervorzutun, sagt man allzuoft, man habe eine bestimmte Gabe nicht. Aber man kann doch Gott darum bitten, uns gewisse Gaben zuteil werden zu lassen, vor allem jene, die der brüderlichen Liebe und dem Aufbau der Gemeinschaft dienen. Jede Teilwirklichkeit gemeinsamen Lebens ist wichtig, und manchmal muß man hart daran arbeiten, auf die bestmögliche Art zu einer der Veranstaltung entsprechenden Atmosphäre der Freude und der Sammlung beizutragen.

Bei Festen, Gesprächen und gemeinsamen Gebeten sollte jeder so sprechen, daß alle es verstehen können. Man muß also laut und deutlich sprechen oder beten. Begegnungen, bei denen Menschen aus Schüchternheit sich etwas in den Bart murmeln, sind tödlich. Wenn man bei einer Zusammenkunft der ganzen Gemeinschaft das Wort ergreift, muß man an den am weitesten entfernten Zuhörer denken und nötigenfalls auch aufstehen. Man sollte nicht zuviel Ideen in einen Satz verpacken wollen, sondern sich immer in die Lage aller Zuhörer versetzen. Es ist besser, daß jeder ein oder zwei leicht verständliche Ideen mitnimmt als einen unverdaulichen Salat. Man muß immer daran denken, daß es oft nicht so sehr darauf ankommt, was man sagt, sondern auf den Glauben und die Überzeugung, mit denen man es sagt, damit die Botschaft das Herz erreicht. Es ist wichtig, durch das Wort tatsächlich eine Botschaft zu vermitteln.

Gemeinsame Mahlzeiten sind Augenblicke, in denen die ganze Gemeinschaft sich jenes Lebensstromes bewußt wird, der sie eint. Es sind Gnadenmomente, in denen man die Freude des Zusammenseins erlebt, indem man feiert und betet. Ich erinnere mich eines Abends in einer unserer

Gemeinschaften, die gerade erst gegründet worden war. Ich war zunächst mit ihnen essen gegangen, und die Mahlzeit war eher ein bißchen traurig. Jeder sprach nur mit dem Nachbarn, es gab keine Einheit am Tisch. Nach dem Essen aber saßen wir alle zusammen im Salon. Einer nahm eine Gitarre, und wir begannen zu singen. Einer nach dem anderen begann in die Hände zu klatschen und im Takt mit einem Löffel an ein Glas zu schlagen. Und plötzlich war Leben da! Die Gesichter begannen zu leuchten, es war eine Gnadenstunde. Wir waren wirklich beisammen – Herzen und Hände schlugen im Einklang. Aber das hat nicht lange gedauert: Es gab zuviel innerlich Verletzte, die keine Lust hatten, es sich gutgehen zu lassen und glücklich zu sein. Sie hatten noch zuviel Zorn in sich, weil sie von ihren Familien abgelehnt wurden. Manchmal muß man lange warten, um ein Fest feiern zu können, bei dem wirklich alle mitmachen.

„Geladen zum Hochzeitsmahl“

Schon immer habe ich dieses Wort aus dem Gleichnis vom königlichen Hochzeitsmahl gemocht: „Geht hinaus auf die Straßen und ladet alle, die ihr trefft, ein“ (Mt 22,9). Ladet *alle* ein – die ganze Menschheit! Wir sind nicht dazu da, traurig zu sein, immer nur zu arbeiten, gehorsam zu sein und zu kämpfen.

Auch wir sind zum Hochzeitsmahl geladen, und unsere Gemeinschaften sollten vor allem Zeichen der Freude und des Festes sein! Sind sie es wirklich, wird es immer mehr geben, die sich engagieren. Traurige Gemeinschaften sind steril. Es riecht dort eher nach Leichenhalle. Gewiß, nichts ist vollkommen auf Erden, auch die Freude nicht. Aber unsere Feste sind ein bescheidener Abglanz des ewigen Festes – jenes Hochzeitsmahls, zu dem wir alle geladen sind.

Schluß

Wir haben sehr viel von Gemeinschaft gesprochen: Gemeinschaft als Ort der Versöhnung und des Festes, Gemeinschaft als Ort des Wachstums und der Befreiung. Aber wenn alles gesagt und getan scheint, bleibt doch immer noch das eine: nämlich daß auf dem Grunde des Herzens jeder seine Einsamkeit annehmen muß, Tag für Tag. Tatsächlich gibt es im Herzen jedes einzelnen eine Wunde der Einsamkeit, die sich in Augenblicken des Versagens neu öffnet, vor allem aber im Augenblick des Todes. Dieser Übergang geschieht niemals in Gemeinschaft, sondern immer im Alleinsein. Und jedes Leiden, jede Traurigkeit, jede Form der Depression ist ein Vorgeschmack des Todes, eine Offenbarung der Wunde in der Tiefe des Herzens. Denn unser nach dem Ewigen verlangendes Herz kann sich mit jenen Grenzen, die immer Zeichen des Todes sind, nicht zufriedengeben. Deswegen wird es auch immer unzufrieden sein.

Es gibt von Zeit zu Zeit Berührungen mit dem Unendlichen: in der Kunst, in der Musik, in der Dichtung. Es gibt auch Momente der Einheit und der Liebe, Momente des Gebets und der Ekstase. Aber diese Augenblicke sind immer nur kurz. Schnell fällt man in die Unzufriedenheit der eigenen Begrenztheit und die der anderen zurück.

Erst wenn wir entdeckt haben, daß unser Versagen, unsere Depressionen und selbst unsere Sünden aufgeopfert werden können und dadurch ein Tor zur Ewigkeit entsteht, finden wir einen gewissen Frieden. Erst wenn wir das menschliche Dasein mit all seinen Grenzen und Widersprüchen, mit der andauernden Suche nach Glück wirklich annehmen und so entdecken, daß das ewige Hochzeitsmahl wie eine Gabe nach dem Tode kommt, können wir vertrauen.

Selbst die schönste und größte Gemeinschaft kann diese Wunde der Einsamkeit, die wir in uns tragen, niemals ganz heilen. Erst wenn wir entdeckt haben, daß die Einsamkeit zum Sakrament werden kann, sind wir der Weisheit begegnet. Denn das Sakrament ist Ort der Reinigung und der Gegenwart Gottes. Wenn wir diese Einsamkeit nicht mehr fliehen, wenn wir diese Wunde annehmen, entdecken wir, daß wir durch sie hindurch Jesus Christus begegnen. Erst wenn wir nicht mehr in die Überaktivität fliehen, sondern bei dieser Wunde innehalten, begegnen wir Gott. Denn er ist der Tröster, der auf unseren Schrei antwortet, der aus dem Abgrund des Dunkels unserer Einsamkeit hervortritt.

Wer eine Ehe eingeht und meint, sein Hunger nach menschlicher Beziehung würde damit endgültig gestillt und die Wunde geheilt, wird niemals glücklich werden. Ebenso werden jene, die in eine Gemeinschaft mit der Hoffnung eintreten, die innere Leere werde dadurch erfüllt und die Wunde geheilt, enttäuscht sein. Erst wenn wir diese Wunde recht verstanden und angenommen und die Gegenwart des Heiligen Geistes darin entdeckt haben, werden wir den wahren Sinn der Ehe und den wahren Sinn der Gemeinschaft erfahren. Erst wenn ich all meine Leiden und Einsamkeiten durchzustehen bereit bin und eher die der anderen mittrage, als mich auf mich selbst zurückzuziehen, kann ich ganz in der Gemeinschaft oder in der Ehe aufgehen. Erst wenn ich nicht mehr glaube, daß die anderen für mich eine Zuflucht sein können und ich trotz all meiner Wunden Quelle des Trostes und des Lebens sein kann, entdecke ich den Frieden.

Jesus ist der Herr jeder Gemeinschaft. Seine Lehre weist den Weg zur Gründung von Gemeinschaften, die auf Versöhnung aufbauen und im Fest ihren Höhepunkt finden. Aber Jesus ist von seinen Freunden verlassen und von der menschlichen Gesellschaft verworfen, ja gekreuzigt worden. Der Herr rief: „Gott, mein Gott, warum hast du mich verlassen?" und „Mich dürstet."

Das gemeinsame Leben ist dazu da, mir zu helfen, diese tiefinnere Wunde meiner Einsamkeit nicht zu fliehen, sondern in der Wirklichkeit der Liebe auszuharren, immer mehr an die Heilung meiner Illusionen und Egoismen zu glauben und selbst Brot für die anderen zu werden. Im Gemeinschaftsleben sind wir füreinander da, um gemeinsam zu wachsen und unsere Wunden dem Unendlichen zu öffnen, damit sich ihnen die Gegenwart Jesu offenbaren kann. Aber wir können unsere inneren Wunden nicht annehmen, bevor wir entdeckt haben, daß die Gemeinschaft ein Wurzelboden des Herzens ist, ein Zuhause. Diese Verwurzelung ist nicht zur eigenen Bequemlichkeit da und auch nicht, um sich auf sich selbst zurückzuziehen, sondern um zu wachsen und Frucht zu tragen für Gott und die Menschen. Wurzeln schlagen heißt, den Bund all jener zu entdecken, die berufen sind, zusammenzuleben, aber auch den Bund mit Gott und den Armen. Denn die Gemeinschaft ist niemals nur für sich selbst da, sondern vor allem für die anderen: für die Armen, für die Kirche und für die Gesellschaft. Sie ist wesentlich missionarisch: sie ist eine Botschaft der Hoffnung und der Liebe für alle Menschen, vor allem aber für die Armen und Leidenden. Von daher hat die Gemeinschaft auch eine politische Dimension.

Die Gemeinschaft kann nicht wirklich existieren, solange sie keine lebenspendende Beziehung zu den Armen hat, solange sie nicht Quelle für die Armen ist – und die Armen Quelle für sie sind.

Gemeinsames Leben nimmt damit einen weiteren Sinn an: Es wird zwar von den Mitgliedern der Gemeinschaft gelebt, aber auch von der größeren Gemeinschaft der Nachbarn, der Armen und all jener, die ihre Hoffnung teilen möchten. Sie wird zum Ort der Versöhnung und Vergebung, an dem jeder sich von den anderen getragen weiß und sie zu tragen sucht. Sie wird zum Ort der Freundschaft all jener, die sich schwach wissen, aber die auch wissen, daß sie geliebt sind und ihnen vergeben ist. Damit aber wird die Gemeinschaft zum Ort des Festes.

Dieses Feiern ist Zeichen dafür, daß uns jenseits aller Leiden, aller Reinigung und allen Todes das ewige Hochzeitsmahl erwartet: das große Fest des Lebens mit Gott. Als eine ganz persönliche Begegnung wird es uns erfüllen, allen Durst nach dem Unendlichen stillen und die Wunde unserer Einsamkeit endgültig heilen.

Deswegen lohnt es sich, zusammen weiterzugehen und den Pilgerweg fortzusetzen. Denn wir dürfen hoffen.

Das Gebet der Arche-Gemeinschaft in Nordamerika, Australien und Irland

O Vater, wir bitten dich, uns zu segnen
und uns in deiner Liebe zu halten.
Möge die Arche ein wirkliches Zuhause für uns sein,
wo die geistlich Armen Leben finden;
ein Ort, wo alle Leidenden getröstet werden.

Herr, gib uns offene Herzen,
Herzen, demütig und sanft,
so daß wir die, die du uns sendest, willkommen heißen
mit Liebe und Mitgefühl.

Gib uns Herzen voller Barmherzigkeit,
daß wir lieben können und dienen,
da, wo Zwietracht herrscht,
gib uns die Kraft, Wunden zu heilen
und Frieden zu bringen.
Mach uns fähig, in jedem Bruder, der leidet,
in jeder Schwester, die leidet, deinen Sohn zu sehen,
der lebendig mitten unter uns ist.

Herr, wir bitten dich, daß du uns segnest
durch die Hände deiner geringen Brüder und Schwestern.
Daß du auf uns lächelst mit den Augen derer,
die abgelehnt und zurückgewiesen werden.

Herr, gewähre allen deinen Kindern Freiheit,
Gemeinschaft und Einheit.
Und an dem Tag, an dem du wiederkommst,
heiß jeden willkommen
in deinem Königreich.

Amen

Adreßhinweise

Gemeinschaften der Arche im deutschen Sprachraum:

Arche Volksdorf
Farmsener Landstraße 198
22359 Hamburg-Volksdorf
Tel.: 040/6032490

Arche Regenbogen
Bodelschwinghweg 6
49545 Tecklenburg
Tel.: 05482/7700

Arche Ravensburg
Eisenbahnstraße 38
88212 Ravensburg

Arche Im Nauen
Oberdorfstraße 9
CH-4146 Hochwald
Tel.: 061/784933

Internationales Sekretariat der Arche:

L'Arche
29, rue d'Orléans – Trosly-Breuil
F-60350 Cuise-la-Motte
Boîte Postale 35 – Tel.: 0033-3-44854444

Für Informationen und Publikationen:

Arche Publik Nord
Reiner Burhoff
Ostpreußenstraße 1
D-49492 Westerkappeln

Arche Publik Süd (Arche Projekt Süd)
Erik Thouet
Kapuzinerstraße 8
D-88212 Ravensburg

Verantwortliche für „Glaube und Licht“:

Elisabeth Weippert
Amtsgasse 9
D-73479 Ellwangen
Tel.: 07961/52071

Martha Neuwirth
Auhofstraße 12/8/1
A-1130 Wien
Tel.: 01/8228992

Giuliana Janner
Via Convento 17
CH-6500 Bellinzona
Tel.: 092/256442

Internationales Sekretariat von „Glaube und Licht“:

Foi et lumière
3, rue du Laos
F-75015 Paris

Richard Foster
Nachfolge feiern
Geistliche Übungen neu entdeckt
176 Seiten, Paperback, Bestell-Nr. 224 400

Arne Völkel
Wurzeln schlagen
Hilfen zur persönlichen
Glaubenserneuerung
144 Seiten, Paperback,
Bestell-Nr. 224 401

James Smith/Richard Foster
Daß Gott
mich wirklich liebt
Mit dem Herzen glauben
176 Seiten, Paperback,
Bestell-Nr. 224 402

Richard Foster
Gottes Herz steht allen offen
Eine Einladung zum Gebet
288 Seiten, Paperback, Bestell-Nr. 224 403

R. BROCKHAUS VERLAG WUPPERTAL

BUNDES-VERLAG WITTEN